PHP 5.2

Développer un site Web dynamique et interactif

ISBN : 978-2-7460-3992-6
ISSN : 1627-8224
Imprimé en France

Editions ENI

ZAC du Moulin Neuf
Rue Benjamin Franklin
44800 St HERBLAIN

Tél : 02.51.80.15.15
Fax : 02.51.80.15.16

e-mail : editions@ediENI.com
http://www.editions-eni.com

Auteur : Olivier HEURTEL
Collection **Ressources Informatiques** dirigée par Joëlle MUSSET

Certains éléments de cet ouvrage sont téléchargeables à partir du site des Éditions ENI : **http://www.editions-eni.com**.
Cliquez sur le signe ⊞ du cadre **Nos collections**. Cliquez sur la collection **Ressources Informatiques** puis sur **PHP 5.2 - Développer un site Web dynamique et interactif**.
Dans l'encadré **En savoir plus**, cliquez sur **Des fichiers complémentaires**.

Introduction — Chapitre 1

Vue d'ensemble de PHP — Chapitre 2

Variables, constantes, types et tableaux — Chapitre 3

Opérateurs

Chapitre 4

Structures de contrôle

Chapitre 5

Accéder aux bases de données — Chapitre 8

Gérer les sessions — Chapitre 9

Gérer les erreurs dans un script

Chapitre 12

Annexe

Chapitre 1 : Introduction

A. Objectif de l'ouvrage

L'objectif de cet ouvrage est d'apprendre à développer un site Web dynamique et interactif à l'aide de PHP 5.

Pour répondre à cet objectif, ce livre présente rapidement les fonctionnalités de base du langage PHP avant d'étudier en détail les fonctionnalités nécessaires au développement d'un site Web dynamique et interactif :

- gestion des formulaires ;
- accès aux bases de données, notamment MySQL, Oracle et Microsoft SQL Server ;
- gestion des sessions (authentification, gestion d'un contexte, utilisation des cookies) ;
- envoi de courriers électroniques, notamment au format HTML et avec pièce jointe ;
- gestion des fichiers (dont le transfert de fichiers du poste de l'utilisateur vers le serveur "file upload").

Cet ouvrage s'adresse à des chefs de projet, à des concepteurs ou développeurs ayant une connaissance de base de la programmation Web en HTML (*HyperText Markup Language*) et quelques notions de SQL (*Structured Query Language* - langage standard d'accès aux bases de données relationnelles) pour le chapitre consacré aux bases de données.

Ce livre aborde la version 5 de PHP, les fonctionnalités nouvelles, spécifiques à cette version, étant clairement indiquées ; il est basé sur la version 5.2.3 sortie en mai 2007.

B. Bref historique de PHP

Le langage PHP (historiquement *Personal Home Page*, officiellement acronyme récursif de PHP : *Hypertext Preprocessor*) a été conçu en 1994 par Rasmus Lerdorf pour ces besoins personnels, avant d'être rendu public au début de l'année 1995.

Courant 1995, une nouvelle version, complètement réécrite, est publiée sous le nom PHP/FI version 2. Cette version, capable de gérer les formulaires et d'accéder à la base mSQL, permet au langage de se développer rapidement.

En 1997, le développement du langage est pris en charge par une équipe autour de Rasmus Lerdorf et aboutit à la sortie de la version 3.

En 2000, l'analyseur PHP est migré sur le moteur d'analyse Zend afin d'offrir de meilleures performances et de supporter un plus grand nombre d'extensions : c'est la version 4 de PHP.

En 2004, la version 5 voit le jour. Cette nouvelle version, basée sur la version 2 du moteur Zend, apporte plusieurs nouveautés, la plupart concernant le développement orienté objet.

À ce jour, les analystes estiment que PHP est utilisé par plus de 20 millions de sites Web dans le monde (en nombre de domaines).

C. Où se procurer PHP ?

De nombreux sites Web sont consacrés au langage PHP. Ils permettent de télécharger le langage, de consulter des exemples de scripts ou de dialoguer sur des forums :

Adresse	Contenu
www.php.net	Site officiel de PHP qui propose le téléchargement des sources et un manuel de référence en ligne très pratique. Vous pouvez notamment saisir `www.php.net/nom_fonction` pour accéder directement à l'aide en ligne d'une fonction PHP.
www.phpindex.com	Site en français consacré à PHP qui propose des news, des exemples ainsi qu'un forum de discussion... Bref, un site très complet à mettre dans ses favoris.
www.phpfrance.com	Autre site francophone consacré à PHP proposant des rubriques similaires.
www.easyphp.org	Site francophone qui propose gratuitement un produit installable (Easy PHP) sur plate-forme Windows. Ce produit comprend : un serveur Apache, PHP et MySQL. Vous téléchargez le produit et double cliquez sur l'exécutable qui installe les différents éléments. Cinq minutes après, votre environnement PHP est opérationnel. Ce site est indispensable pour ceux qui souhaitent monter rapidement une configuration opérationnelle complète sur Windows. Les versions utilisées par Easy PHP présentent toujours un léger retard par rapport aux dernières versions officielles.
www.zend.com/fr	Site officiel du moteur de script Zend qui propose lui aussi les rubriques classiques de téléchargement, d'exemples, de forum...
www.editions-eni.com/ exemples/	*Page du site des Éditions ENI sur laquelle les exemples traités dans cet ouvrage peuvent être téléchargés.*

Cette liste est évidemment non exhaustive mais tous les sites présentés proposent de nombreux liens vers d'autres sites. N'hésitez pas à surfer !

D. Conventions d'écriture

La syntaxe des fonctions est décrite de la manière suivante dans cet ouvrage :

`type_retour nom_fonction(type_paramètre nom_paramètre)`

type_retour	Type de retour de la fonction.
nom_fonction	Nom de la fonction.
type_paramètre	Type du paramètre accepté par la fonction.
nom_paramètre	Nom donné au paramètre.

Les types de données possibles seront présentés dans le chapitre 3. Dans le cas où la fonction accepte un paramètre de n'importe quel type et/ou retourne une valeur de n'importe quel type, le terme `mixte` est utilisé.

Si la fonction ne retourne pas de valeur, l'information *`type_retour`* est omise.

Exemple

```
nom_fonction(type_paramètre nom_paramètre)
```

Si la fonction ne prend aucun paramètre, les informations *`type_paramètre`* et `nom_paramètre` sont omises.

Exemple

```
type_retour nom_fonction()
```

Les paramètres optionnels sont indiqués entre crochets ([]).

Exemple

```
type_retour nom_fonction([type_paramètre nom_paramètre])
```

Si la fonction accepte plusieurs paramètres, ces derniers sont indiqués, séparés par une virgule, selon la même convention.

Exemple

```
type_retour nom_fonction(type_paramètre_1 nom_paramètre_1,
type_paramètre_2 nom_paramètre_2)
```

Si un paramètre peut être répété un nombre quelconque de fois, il est simplement suivi de la séquence [, ...].

Exemple

```
type_retour nom_fonction(type_paramètre nom_paramètre[, ...])
```

Chapitre 2 : Vue d'ensemble de PHP

A. Qu'est-ce que PHP ?

PHP est un langage de script qui s'exécute côté serveur, le code PHP étant inclus dans une page HTML classique. Il peut donc être comparé à d'autres langages de script qui fonctionnent sur le même principe : ASP (*Active Server Pages*), JSP (*Java Server Pages*) ou PL/SQL Server Pages (PSP).

À la différence d'un langage comme le JavaScript, où le code est exécuté côté client (dans le navigateur), le code PHP est exécuté côté serveur. Le résultat de cette exécution est intégré dans la page HTML qui est envoyée au navigateur. Ce dernier n'a aucune connaissance de l'existence du traitement qui s'est déroulé sur le serveur.

Cette technique permet de réaliser des pages Web dynamiques dont le contenu peut être complètement ou partiellement généré au moment de l'appel de la page, grâce à des informations récupérées dans un formulaire ou extraites d'une base de données.

Exemple simple de page PHP :

```
<HTML>
<HEAD>
<TITLE>Exemple de page PHP</TITLE>
</HEAD>
<BODY>
<?php
echo "Bonjour Olivier !";
?>
</BODY>
</HTML>
```

La partie en gras est du code PHP inclus dans la page HTML à l'intérieur des balises `<?php` et `?>`. Sur cet exemple simple, le code PHP se contente d'afficher un texte statique "Bonjour Olivier !" grâce à la fonction `echo`. Dans un vrai programme PHP, il est probable que ce texte serait généré dynamiquement en fonction de l'identification de l'utilisateur.

Pour indiquer au serveur Web qu'une page HTML contient du code PHP à exécuter, il suffit de donner au fichier une extension particulière : `.php` (sauf configuration particulière du serveur).

Les schémas ci-après expliquent comment est traité un fichier PHP par rapport à un fichier HTML normal.

Cas du fichier HTML

Dans le cas du fichier HTML, la page demandée est directement retournée au navigateur.

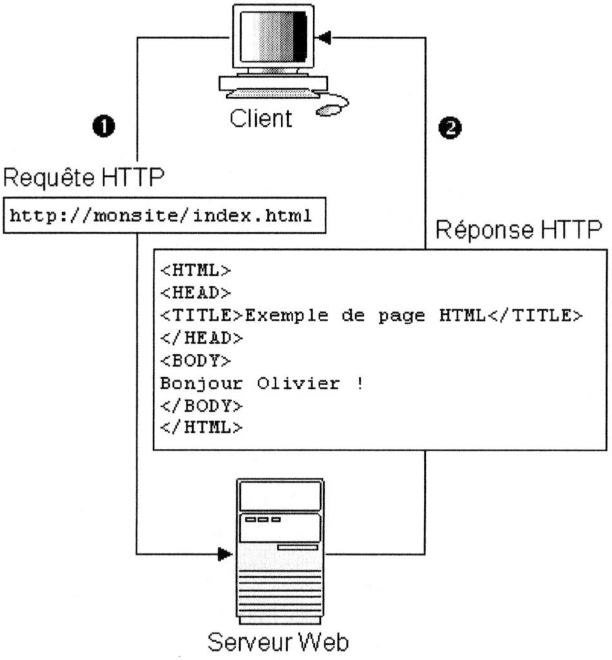

Cas du fichier PHP

Dans le cas du fichier PHP, le code PHP inclus dans la page HTML est d'abord exécuté sur le serveur. Le résultat de cette exécution est inséré dans la page à la place du code PHP et la page est renvoyée au navigateur. Cette exécution côté serveur est parfaitement transparente pour le poste client.

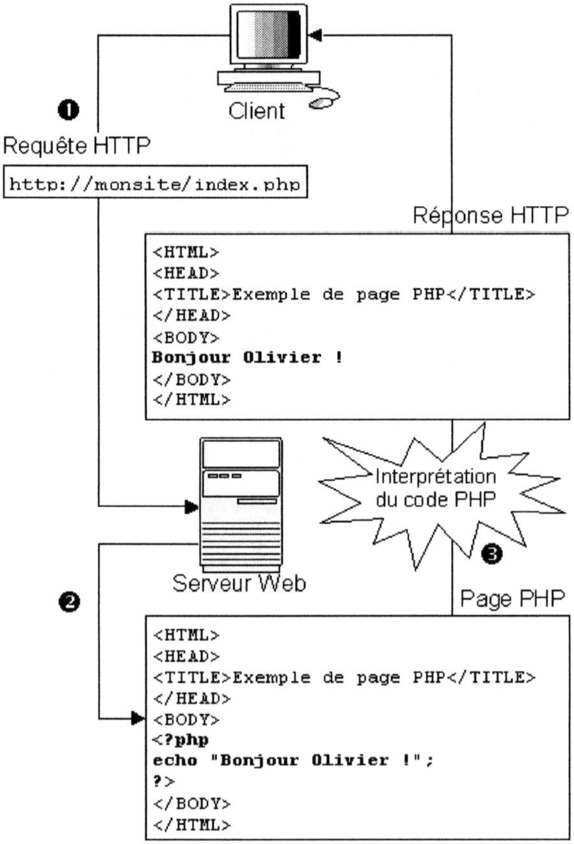

Dans les deux cas, le résultat affiché dans le navigateur sera le même : "Bonjour Olivier !". D'autres langages, comme le PERL (*Practical Extraction and Report Language*) ou le C, permettent d'écrire des scripts CGI (*Common Gateway Interface*) dans le but d'obtenir le même résultat. Ces langages sont souvent considérés comme moins pratiques et moins lisibles que PHP pour réaliser une page Web dynamique. En effet, le programme doit générer l'intégralité de la page HTML alors qu'en PHP, seule la partie réellement dynamique sera codée à l'intérieur de la page. En PERL, l'exemple présenté précédemment offrirait la structure suivante :

```
print "content-type : text/html\n\n";
print "<html>";
print "<HEAD>";
print "<TITLE>Exemple de page PHP</TITLE>";
print "</HEAD>";
print "<BODY>";
print " Bonjour Olivier !";
print "</BODY>";
print "</html>";
```

De plus, PHP a été écrit spécialement pour le Web et possède des fonctionnalités parfaitement adaptées à ce type de développement, ce qui n'est le cas ni de PERL ni du C (qui sont par ailleurs d'excellents langages).

B. Structure de base d'une page PHP

1. Les balises PHP

Comme nous l'avons vu précédemment, le code PHP est inclus dans une page HTML à l'intérieur de balises (aussi appelées tags).

PHP accepte quatre syntaxes pour les balises :

- <?php ... ?> ;
- <? ... ?> ;
- <script language="php"> ... </script> ;
- <% ... %>.

La première syntaxe est la syntaxe habituelle, recommandée.
La deuxième syntaxe n'est envisageable que si elle a été autorisée dans le fichier de paramétrage de PHP (`php.ini`) en mettant le paramètre `short_open_tag` à `on`. Il est déconseillé d'utiliser cette syntaxe si votre code doit être déployé sur un serveur dont vous ne maîtrisez pas la configuration et qui ne supporterait pas cette syntaxe.
La troisième syntaxe, plus lourde, utilise la balise standard `SCRIPT` ; elle peut être utile si votre éditeur HTML interprète mal les autres syntaxes.
La quatrième syntaxe permet d'employer la balise ASP mais elle est envisageable uniquelent si elle a été autorisée dans le fichier de paramétrage de PHP en mettant le paramètre `asp_tags` à `on`.

Dans l'exemple suivant, quatre lignes "Bonjour ..." sont affichées en utilisant les différentes syntaxes (en supposant que le fichier de paramétrage de PHP est correctement configuré).

```
<HTML>
<?php
echo "Bonjour Olivier !";
?>
<BR>
<?
echo "Bonjour Valérie !";
?>
<BR>
<script language="php">
echo "Bonjour Philippe !";
</script>
<BR>
<%
echo "Bonjour Anne !";
%>
</HTML >
```

Résultat :

```
Bonjour Olivier !
Bonjour Valérie !
Bonjour Philippe !
Bonjour Anne !
```

2. La fonction echo

La fonction `echo` est la fonction de base de toute page PHP. Elle permet d'afficher une ou plusieurs chaînes et donc d'inclure du texte dans la page HTML envoyée au navigateur.

Syntaxe :

```
echo(chaîne texte)
echo chaîne texte[,...]
```

`texte` texte à afficher.

La première syntaxe n'accepte qu'un paramètre alors que la deuxième en accepte plusieurs.

Exemple :

```
<HTML>
<?php
echo("Bonjour Olivier !");
?>
<?php
echo "Bonjour ","Valérie ", "!";
?>
</HTML>
```

Résultat :

```
Bonjour Olivier !Bonjour Valérie !
```

Il n'y pas de saut de ligne automatique dans le résultat de l'exécution du code PHP. En cas de besoin, il est donc nécessaire d'insérer la balise HTML `<BR>` qui provoque un saut de ligne dans la page HTML finale.

*Exemple avec insertion d'une balise
 :*

```
<HTML>
<?php
echo("Bonjour Olivier !");
?>
<BR>
<?php
echo "Bonjour ","Valérie ", "!";
?>
</HTML>
```

Résultat :

```
Bonjour Olivier !
Bonjour Valérie !
```

Le texte passé en paramètre à la fonction `echo` peut être écrit sur plusieurs lignes dans le source mais il est affiché sur une seule dans le résultat :

Exemple :

```
<HTML>
<?php
echo "Bonjour
Olivier ", "!";
?>
</HTML>
```

Résultat :

```
Bonjour Olivier !
```

3. Le séparateur d'instructions

En PHP, toutes les instructions doivent se terminer par un point-virgule.

Exemple :

```
<HTML>
<?php
echo("Bonjour ");
echo("Olivier !");
?>
</HTML>
```

Résultat :

```
Bonjour Olivier !
```

En cas d'omission, une erreur est générée.

Exemple :

```
<HTML>
<?php
echo("Bonjour ")
echo("Olivier !");
?>
</HTML>
```

Résultat :

```
Parse error: parse error, unexpected T_ECHO, expecting ',' or ';' in
d:\scripts php\index.php on line 4
```

La seule exception concerne l'instruction qui précède la balise de fin pour laquelle le point-virgule peut être omis.

Exemple :

```
<HTML>
<?php
echo("Bonjour ");
echo("Olivier !")
?>
</HTML>
```

Résultat :

```
Bonjour Olivier !
```

Il est conseillé de systématiquement mettre le point-virgule, même sur la dernière instruction. En effet, lors d'une modification du code, il est possible que cette instruction ne soit plus la dernière ; il est alors fréquent d'oublier de lui ajouter le point-virgule.

Plusieurs instructions peuvent être écrites sur la même ligne à partir du moment où elles sont séparées par un point-virgule. Néanmoins, cette écriture nuit parfois à la lisibilité du code.

Exemple :

```
<HTML>
<?php
echo("Bonjour "); echo("Olivier !");
?>
</HTML>
```

Résultat :

```
Bonjour Olivier !
```

4. Le commentaire

PHP propose deux syntaxes :

- `//` ou `#` pour insérer du commentaire sur une ligne "dédiée" ou à la suite d'une instruction ;
- `/* ... */` pour insérer du commentaire sur plusieurs lignes.

Exemple :

```
<HTML>
<?php
// commentaire sur une seule ligne
# commentaire sur une seule ligne
/* commentaire sur
plusieur lignes */
echo("Bonjour "); // commentaire jusqu'à la fin de la ligne
echo("Olivier !"); # commentaire jusqu'à la fin de la ligne
?>
</HTML>
```

Résultat :

```
Bonjour Olivier !
```

Les commentaires /* ... */ ne doivent pas être imbriqués.

Exemple :

```
<HTML>
<?php
/* commentaire sur
/* plusieurs lignes */
qui pose problème */
echo("Bonjour Olivier !");
?>
</HTML>
```

Résultat :

```
Parse error: syntax error, unexpected T_STRING in d:\scripts php\index.php
on line 5
```

5. Mixer du PHP et de l'HTML

Il existe de nombreuses approches pour mixer du PHP et de l'HTML.

Ces différentes approches reposent néanmoins sur deux principes très simples :

- La page peut contenir une ou plusieurs inclusion(s) de code PHP.
- Le code PHP génère du "texte" qui est intégré dans la page HTML envoyée au navigateur. Tout "texte" compréhensible par le navigateur peut donc être généré par le code PHP : du texte simple, du code HTML, du code JavaScript...

Les exemples qui suivent utilisent des variables et des fonctions PHP (récupération de la date et de l'heure). Ces notions sont présentées plus en détail dans le chapitre 3.

Exemple de page contenant du code PHP en plusieurs endroits :

```
<?php
// déclaration de variables qui sont utilisées plus loin
// cette section de code PHP ne génère pas de sortie dans la page
// HTML (pas d'appel à la fonction echo)
$nom = "Olivier"; // nom de l'utilisateur
$titre_page = "Les Éditions ENI présentent ..."; // titre de la page
$aujourdhui = date("d/m/Y"); // date du jour
$heure = date("H:i:s"); // heure
?>
<HTML>
<HEAD>
<TITLE> <?php /* affichage du titre */ echo $titre_page; ?> </TITLE>
</HEAD>
<BODY>
<?php
/* affichage du nom de l'utilisateur
   les balises de mise en gras du nom (<B>) et de retour à la ligne
   (<BR>) sont incluses dans la chaîne envoyée par la fonction echo */
echo "Bonjour <B>$nom</B> !<BR>";
// affichage de la date et de l'heure
echo "Nous sommes le $aujourdhui ; il est $heure.";
?>
</BODY>
</HTML>
```

Résultat :

```
Bonjour Olivier !
Nous sommes le 12/07/2007 ; il est 19:07:37.
```

Source de la page dans le navigateur (les éléments générés par PHP sont en gras) :

```
<HTML>
<HEAD>
<TITLE> Les Éditions ENI présentent ... </TITLE>
</HEAD>
<BODY>
Bonjour <B>Olivier</B> !<BR>Nous sommes le 12/07/2007 ; il est
19:07:37.</BODY>
</HTML>
```

Exemple de page générée entièrement par du code PHP (suivant le principe CGI) :

```
<?php
// déclaration de variables qui sont utilisées plus loin
$nom = "Olivier"; // nom de l'utilisateur
$titre_page = "Les Éditions ENI présentent ..."; // titre de la page
$aujourdhui = date("d/m/Y"); // date du jour
$heure = date("H:i:s"); // heure
// génération des balises d'ouverture du document HTML
echo "<HTML>";
echo "<HEAD>";
echo "<TITLE> $titre_page </TITLE>";
echo "</HEAD>";
echo "<BODY>";
/* affichage du nom de l'utilisateur
   les balises de mise en gras du nom (<B>) et de retour à la ligne
   (<BR>) sont incluses dans la chaîne envoyée par la fonction echo */
echo "Bonjour <B>$nom</B> !<BR>";
// affichage de la date et de l'heure
echo "Nous sommes le $aujourdhui ; il est $heure.";
// génération des balises de fermeture du document HTML
echo "</BODY>";
echo "</HTML>";
?>
```

Résultat :

```
Bonjour Olivier !
Nous sommes le 12/07/2007 ; il est 19:15:25.
```

Source de la page dans le navigateur (tout est sur une ligne) :

```
<HTML><HEAD><TITLE> Les éditions ENI présentent ... </TITLE></HEAD>
<BODY>Bonjour <B>Olivier</B> !<BR>Nous sommes le 12/07/2007 ;
il est 19:15:25.</BODY></HTML>
```

Exemple de page contenant du code PHP qui génère du JavaScript (en gras) :

```
<?php
// déclaration de variables qui sont utilisées plus loin
$nom = "Olivier"; // nom de l'utilisateur
$titre_page = "Les Éditions ENI présentent ..."; // titre de la page
?>
<HTML>
<HEAD>
<TITLE> <?php /* affichage du titre */ echo $titre_page; ?> </TITLE>
</HEAD>
<BODY>
<?php
// génération du code JavaScript chargé de l'affichage echo
"<SCRIPT LANGUAGE=\"JavaScript\"\n";
echo "aujoudhui = new Date()\n";
echo "document.write('Bonjour <B>$nom</B> !<BR>')\n";
echo "document.write('Nous sommes le ')\n";
echo "document.write(aujoudhui.getDate(),'/')\n";
echo "document.write(aujoudhui.getMonth()+1,'/')\n";
echo "document.write(aujoudhui.getFullYear(),' ;')\n";
echo "document.write('il est ')\n";
echo "document.write(aujoudhui.getHours(),':')\n";
echo "document.write(aujoudhui.getMinutes(),':')\n";
echo "document.write(aujoudhui.getSeconds(),'.')\n";
echo "/SCRIPT\n";
?>
</BODY>
</HTML>
```

Résultat :

```
Bonjour Olivier !
Nous sommes le 12/7/2007 ; il est 19:17:42.
```

Source de la page dans le navigateur (les éléments générés par PHP sont en gras) :

```
<HTML>
<HEAD>
<TITLE> Les Éditions ENI présentent ... </TITLE>
</HEAD>
<BODY>
<SCRIPT LANGUAGE="JavaScript">
aujoudhui = new Date()
document.write('Bonjour <B>Olivier</B> !<BR>')
document.write('Nous sommes le ')
document.write(aujoudhui.getDate(),'/')
document.write(aujoudhui.getMonth()+1,'/')
document.write(aujoudhui.getFullYear(),' ;')
document.write('il est ')
document.write(aujoudhui.getHours(),':')
document.write(aujoudhui.getMinutes(),':')
document.write(aujoudhui.getSeconds(),'.')
</SCRIPT>
</BODY>
</HTML>
```

Sur ce dernier exemple, c'est le code JavaScript, exécuté dans le navigateur, qui provoque l'affichage du résultat dans la page HTML.

Il n'y a pas de règle pour mixer du PHP et de l'HTML. Une approche couramment employée par les développeurs consiste à utiliser PHP uniquement pour générer la partie réellement dynamique de la page ; le reste est directement écrit en HTML dans le fichier. Cette technique rend le code moins lourd et permet de voir tout de suite où se trouve la logique applicative.

6. Directives de configuration

Tout au long de cet ouvrage, nous rencontrerons plusieurs directives de configuration utilisables pour modifier le comportement de PHP.

Ces directives de configuration sont saisies dans le fichier de paramétrage de PHP (`php.ini`).

PHP fournit deux exemples de fichiers `php.ini` : `php.ini-dist` et `php.ini-recommended`.

Le fichier `php.ini-dist` est un exemple de fichier de configuration, plutôt destiné à être utilisé dans un environnement de développement. À l'inverse, le fichier `php.ini-recommended` est plutôt destiné à être employé dans un environnement d'exploitation ; il contient des réglages qui rendent PHP plus sécurisé et/ou performant.

Ces deux fichiers présentent beaucoup de commentaires qui expliquent le rôle de chaque directive et donnent des conseils sur leur usage.

Pour utiliser un de ces fichiers, copiez-le à l'emplacement approprié sur votre plate-forme et renommez-le en `php.ini`. Le fichier `php.ini` est notamment recherché dans les endroits suivants (dans cet ordre) :

- un endroit spécifique au serveur Web (par exemple, la directive `PHPIniDir` d'Apache 2).
- un endroit défini par la variable d'environnement `PHPRC`.
- le dossier `/usr/local/lib` sous Linux/Unix et `c:\windows` ou `c:\winnt` sous Windows.

Dans cet ouvrage, et sauf indication contraire, nous supposerons que deux directives relatives à la gestion des erreurs sont positionnées de la manière suivante :

`display_errors = on`	Les erreurs sont affichées.
`error_reporting = E_ALL & ~E_NOTICE`	Toutes les erreurs sont affichées, sauf les erreurs de niveau `E_NOTICE` (simples informations, par exemple lors de l'utilisation d'une variable non initialisée).

La gestion des erreurs est traitée en détail dans le chapitre 12.

7. Informations sur la configuration

PHP propose deux fonctions particulièrement utiles pour obtenir des informations sur la configuration : `phpversion` et `phpinfo`.

La fonction `phpversion` retourne le numéro de version de PHP et la fonction `phpinfo` affiche une grande quantité d'informations sur la configuration de PHP et son environnement. Le numéro de version est aussi disponible via la constante prédéfinie `PHP_VERSION`.

Syntaxe

```
chaîne phpversion([chaîne extension])
booléen phpinfo([entier quoi])
```

Avec

`extension`

Si ce paramètre est spécifié, la fonction retourne la version de l'extension portant ce nom (ou `FALSE` si la version est inconnue ou si l'extension n'est pas disponible).

`quoi`

Nature de l'information désirée. Utiliser une ou plusieurs (somme) des constantes suivantes :
`INFO_GENERAL (1)` : informations générales (version, emplacement du fichier php.ini, système d'exploitation, etc.)
`INFO_CREDITS (2)` : informations sur les auteurs.
`INFO_CONFIGURATION (4)` : informations sur la configuration (valeurs des directives).
`INFO_MODULES (8)` : informations sur les modules chargés, avec leur configuration respective.
`INFO_ENVIRONMENT (16)` : informations sur l'environnement (voir la variable `$_ENV` en annexe).
`INFO_VARIABLES (32)` : valeurs de toutes les variables prédéfinies (voir l'annexe).
`INFO_LICENSE (64)` : informations sur la licence.
`INFO_ALL (-1)` : toutes les informations (valeur par défaut).

`phpinfo` retourne `TRUE` en cas de succès et `FALSE` en cas d'erreur.

Exemple 1 :

```
<?php
echo phpversion();
?>
```

Résultat :

```
5.2.3
```

Exemple 2 :

```
<?php
// informations générales et informations
// de licence
phpinfo(INFO_GENERAL+INFO_LICENSE);
?>
```

Résultat :

PHP Version 5.2.3

System	Windows NT HERMES 5.1 build 2600
Build Date	May 31 2007 09:36:39
Configure Command	cscript /nologo configure.js "--enable-snapshot-build" "--with-gd=shared"
Server API	Apache 2.0 Handler
Virtual Directory Support	enabled
Configuration File (php.ini) Path	C:\WINDOWS
Loaded Configuration File	D:\PHP\conf\php.ini
PHP API	20041225
PHP Extension	20060613
Zend Extension	220060519
Debug Build	no
Thread Safety	enabled
Zend Memory Manager	enabled
IPv6 Support	enabled
Registered PHP Streams	php, file, data, http, ftp, compress.zlib
Registered Stream Socket Transports	tcp, udp
Registered Stream Filters	convert.iconv.*, string.rot13, string.toupper, string.tolower, string.strip_tags, convert.*, consumed, zlib.*

This program makes use of the Zend Scripting Language Engine:
Zend Engine v2.2.0, Copyright (c) 1998-2007 Zend Technologies

Powered By

PHP License

This program is free software; you can redistribute it and/or modify it under the terms of the PHP License as published by the PHP Group and included in the distribution in the file: LICENSE

This program is distributed in the hope that it will be useful, but WITHOUT ANY WARRANTY; without even the implied warranty of MERCHANTABILITY or FITNESS FOR A PARTICULAR PURPOSE.

If you did not receive a copy of the PHP license, or have any questions about PHP licensing, please contact license@php.net.

Exemple 3 :

```
<?php
// toutes les informations
phpinfo();
?>
```

Voir aussi les fonctions `ini_get_all`, `ini_get` et `get_loaded_extensions` qui permettent d'obtenir des informations sur les directives de compilation et les extensions chargées.

8. Utiliser PHP en ligne de commande

Depuis la version 4.3, PHP peut être utilisé en ligne de commande. Ce mode de fonctionnement ne nécessite pas de serveur Web et convient par exemple au développement des scripts d'administration.

Syntaxe simplifiée

```
php [options] [script]
```

Avec

`options`	Options de la ligne de commande (par exemple, `-h` pour obtenir l'aide, `-v` pour la version, etc.).
`script`	Fichier contenant le code PHP à exécuter.

Exemples

```
C:\>php -v
PHP 5.2.3 (cli) (built: May 31 2007 09:37:22)
Copyright (c) 1997-2007 The PHP Group
Zend Engine v2.2.0, Copyright (c) 1998-2007 Zend Technologies

C:\>php script.php Olivier
Bonjour Olivier !
```

Contenu du script `script.php` :

```
<?php
// afficher un simple message
// en utilisant le paramètre
// passé sur la ligne de commande
echo "Bonjour $argv[1] !";
?>
```

C. Règles de nommage

Toute entité PHP nommée (variable, constante, fonction...) doit avoir un nom qui respecte les règles suivantes :

- commencer par une lettre ou un souligné (_) ;
- comporter ensuite des lettres, des chiffres ou le caractère souligné.

Dans cette définition, une lettre représente toute lettre minuscule ou majuscule comprise entre a et z (a à z et A à Z) ainsi que tout caractère de code ASCII compris entre 127 et 255. Les caractères accentués sont donc autorisés, mais pas les caractères du type #$%& qui ont une signification spéciale dans le langage PHP.

Chapitre 3 : Variables, constantes, types et tableaux

A. Constantes

1. Définition

La fonction `define` permet de définir une constante.
Une constante est une zone mémoire identifiée par un nom qui contient une valeur lisible mais non modifiable dans le programme.

Syntaxe

`*booléen* define(*chaîne* nom, *mixte* valeur[, *booléen* sensible_casse)`

`nom`	Nom de la constante (cf. chapitre 2 - C - Règles de nommage).
`valeur`	Valeur de la constante.
`sensible_casse`	Indique si le nom de la constante est sensible à la casse (`TRUE` - valeur par défaut) ou non (`FALSE`).

La fonction `define` retourne `TRUE` en cas de succès et `FALSE` en cas d'erreur.

Tout type de donnée scalaire (cf. C - Types de données dans ce chapitre) peut être utilisé comme type de donnée d'une constante.

Le nom d'une constante ne doit pas commencer par un $ car ce préfixe est réservé au nom des variables (cf. B - Variables dans ce chapitre). Définir une constante dont le nom commence pas un $ ne génère pas d'erreur (`define` retourne `TRUE`). Cependant, à l'utilisation, la constante sera vue comme une variable non initialisée.

Une fois créée, une constante n'est plus modifiable, ni par un nouvel appel à `define` (retourne `FALSE` et laisse la valeur de la constante inchangée), ni par une affectation directe (génère une erreur d'analyse du script).

Exemples

```
<?php
// définir une constante (dont le nom est par défaut
// sensible à la casse)
define("CONSTANTE","valeur de CONSTANTE");
// afficher la valeur de CONSTANTE (=> OK)
echo "CONSTANTE = ",CONSTANTE,"<BR>";
// afficher la valeur de constante (=> vide)
echo "constante = ",constante;
echo " => interprété en littéral<BR>";
// tentative de modification de CONSTANTE
define("CONSTANTE","nouvelle valeur de CONSTANTE");
echo "CONSTANTE = ",CONSTANTE;
echo " => inchangée<BR>";
// utilisation d'un mauvais nom de constante
define($MAUVAISNOM,"mauvais nom de constante");
echo "\$MAUVAISNOM = ",$MAUVAISNOM;
echo " => c'est une variable (non initialisée)<BR>";
?>
```

Résultat

```
CONSTANTE = valeur de CONSTANTE
constante = constante => interprété en littéral
CONSTANTE = valeur de CONSTANTE => inchangée
$MAUVAISNOM = => c'est une variable (non initialisée)
```

Traditionnellement, les noms des constantes sont définis en majuscules.

Sur l'exemple précédent, la notation \$ est utilisée afin d'empêcher une interprétation particulière liée à la présence d'un $ dans une chaîne de caractères (cf. chapitre 3 - C - 1. Types disponibles).

Utiliser une constante non définie (ou une variable non initialisée) ou tenter de redéfinir une constante déjà définie génère une erreur de niveau `E_NOTICE`. Le niveau d'erreur effectivement signalé par PHP dépend de directives de configuration dans le fichier `php.ini` (voir le chapitre 12). Le résultat précédent correspond à une configuration dans laquelle les erreurs de niveau `E_NOTICE` ne sont pas affichées ; dans le cas contraire, nous obtiendrions le résultat suivant :

Résultat

```
CONSTANTE = valeur de CONSTANTE
constante =
Notice: Use of undefined constant constante - assumed 'constante'
in d:\scripts php\index.php on line 8
constante => interprété en littéral

Notice: Constant CONSTANTE already defined in d:\scripts php\index.php
on line 11
CONSTANTE = valeur de CONSTANTE => inchangée
Notice: Undefined variable: MAUVAISNOM in d:\scripts php\index.php
on line 15
$MAUVAISNOM =
Notice: Undefined variable: MAUVAISNOM in d:\scripts php\index.php
on line 16
=> c'est une variable (non initialisée)
```

2. Portée

La portée d'une constante est le script dans lequel elle est définie. Une constante peut donc être définie dans une première section de code PHP et utilisée dans une autre section de code PHP du même script.

Exemple

```
<?php
// définir une constante
define("NOM","Olivier");
?>
<HTML>
<BODY>
Bonjour <B><?php echo NOM; ?></B> !
</BODY>
</HTML>
```

Résultat

```
Bonjour Olivier !
```

3. Fonctions utiles

La fonction `defined` permet de savoir si une constante est définie ou non.

Syntaxe

```
booléen defined(chaîne nom)
```

`nom` Nom de la constante.

`defined` retourne `TRUE` si la constante est définie et `FALSE` dans le cas contraire.

Exemple

```
<?php
// tester si la constante CONSTANTE est définie
$ok = defined("CONSTANTE");
if ($ok) {
  echo "CONSTANTE est définie.<BR>";
} else {
  echo "CONSTANTE n'est pas définie.<BR>";
};
// définir la constante CONSTANTE
define("CONSTANTE","valeur de CONSTANTE");
// tester si la constante CONSTANTE est définie
$ok = defined("CONSTANTE");
if ($ok) {
  echo "CONSTANTE est définie.<BR>";
} else {
  echo "CONSTANTE n'est pas définie.<BR>";
};
?>
```

Résultat

```
CONSTANTE n'est pas définie.
CONSTANTE est définie.
```

Cet exemple utilise la structure de contrôle `if` qui permet de tester une condition et d'agir en conséquence (cf. chapitre 5 - Structures de contrôle).

La fonction `constant` retourne la valeur d'une constante dont le nom est passé en paramètre.

Syntaxe

```
mixte constant(chaîne nom)
```

Avec

`nom` Nom de la constante.

Cette fonction est pratique pour récupérer la valeur d'une constante dont le nom n'est pas connu a priori.

Exemple

```
<?php
// définir le nom de la constante dans une variable
$nomConstante = "CONSTANTE";
// définir la valeur de la constante
define($nomConstante,"valeur de CONSTANTE");
// afficher la valeur de la constante
echo $nomConstante," = ",constant($nomConstante);
?>
```

Résultat

```
CONSTANTE = valeur de CONSTANTE
```

D'autres fonctions permettent de connaître le type d'une constante (cf. C - 3. Fonctions utiles).

B. Variables

Une variable est une zone mémoire identifiée par un nom qui contient une valeur lisible ou modifiable dans le programme.

1. Initialisation et affectation

En PHP, les variables sont identifiées par le préfixe $ suivi d'un nom qui respectent les règles de nommage présentées dans le chapitre 2.

Le nom des variables est sensible à la casse : $nom et $Nom sont vues par PHP comme deux variables différentes. Ce comportement est dangereux car, en cas d'utilisation d'une mauvaise syntaxe, une nouvelle variable vide est créée avec une simple erreur de niveau `E_NOTICE` qui n'est pas forcément affichée (voir le chapitre 12). Il est donc primordial d'adopter une convention de nommage et de la respecter. Quelques suggestions :

- tout en minuscules (`$nom`) ;
- première lettre en majuscule et le reste en minuscules (`$Nom`) ;
- première lettre de chaque mot en majuscule et le reste en minuscules (`$NomDeFamille`).

Les variables PHP sont automatiquement définies lors de leur première utilisation. Il n'y a pas d'instruction spécifique pour créer une variable.

Les variables PHP sont typées automatiquement ; lors de chaque affectation d'une valeur à une variable, le type de la variable est automatiquement défini ou redéfini (cf. C - Types de données).

Une valeur peut être affectée à une variable grâce à l'opérateur d'affectation "=" (cf. chapitre 4 pour la liste de tous les opérateurs).

Exemple

```
<?php
// initialiser une variable $nom
$nom = "Olivier";
// afficher la variable $nom
echo "\$nom = ",$nom,"<BR>";
// afficher la variable $Nom
echo "\$<B>N</B>om = ",$Nom;
echo " => vide (c'est une autre variable)<BR>";
// modifier la valeur (et le type) de la variable $nom
$nom = 123;
// afficher la variable $nom
echo "\$nom = ",$nom,"<BR>";
?>
```

Résultat (les erreurs de niveau `E_NOTICE` ne sont pas affichées)

```
$nom = Olivier
$Nom = => vide (c'est une autre variable)
$nom = 123
```

Tout au long de cet ouvrage, nous aurons l'occasion de rencontrer des variables automatiquement définies par PHP et contenant des valeurs relatives à l'environnement, à PHP, aux formulaires, aux cookies...

2. Portée et durée de vie

La portée d'une variable est le script dans lequel elle est définie. Une variable peut donc être définie dans une première section de code PHP et utilisée dans une autre section de code PHP du même script.

La durée de vie d'une variable est le temps de l'exécution du script. Lorsque le script se termine, les variables sont supprimées. Si le même script est appelé plus tard, de nouvelles variables sont définies.

Exemple

```
<?php
// afficher le contenu de la variable $nom
echo "\$nom = ",$nom,"<BR>";
// initialiser la variable $nom
$nom = "Olivier";
// afficher de nouveau le contenu de la variable $nom
echo "\$nom = ",$nom,"<BR>";
?>
```

Résultat du premier appel du script

```
$nom =
$nom = Olivier
```

Résultat du deuxième appel du script

```
$nom =
$nom = Olivier
```

Entre les deux appels, la variable a été supprimée. Au début du deuxième appel, elle ne contient plus la valeur qu'elle possédait à la fin du premier appel (ce n'est plus la même variable).

Nous verrons dans le chapitre 9 comment conserver la valeur d'une variable au-delà de l'exécution du script ou comment transmettre la valeur d'une variable d'un script à un autre.

3. Fonctions utiles

PHP propose un certain nombre de fonctions utiles sur les variables :

Nom	Rôle
`empty`	Indique si une variable est vide ou non.
`isset`	Indique si une variable est définie ou non.
`unset`	Supprime une variable.
`var_dump`	Affiche des informations sur une variable (type et valeur).

empty

La fonction `empty` permet de tester si une variable est vide ou non.

Syntaxe

booléen `empty(`*mixte* `variable)`

`variable` Variable à tester.

`empty` retourne `TRUE` si la variable est vide et `FALSE` dans le cas contraire.

Une variable est considérée comme vide si elle n'a pas été affectée ou si elle contient une chaîne vide (""), une chaîne égale à 0 ("0"), 0, `NULL` ou `FALSE`.

Exemple

```
<?php
// test d'une variable non initialisée
$vide = empty($variable);
echo "\$variable = ",$variable,"<BR>";
if ($vide) {
  echo "=> \$variable est vide.<BR>";
} else {
  echo "=> \$variable n'est pas vide.<BR>";
}
// test d'une variable contenant une chaîne vide
$variable = "";
$vide = empty($variable);
echo "\$variable = ",$variable,"<BR>";
if ($vide) {
  echo "=> \$variable est vide.<BR>";
} else {
  echo "=> \$variable n'est pas vide.<BR>";
}
```

```
// test d'une variable contenant une chaîne égale à 0
$variable = "0";
$vide = empty($variable);
echo "\$variable = ",$variable,"<BR>";
if ($vide) {
  echo "=> \$variable est vide.<BR>";
} else {
  echo "=> \$variable n'est pas vide.<BR>";
}
// test d'une variable contenant 0
$variable = 0;
$vide = empty($variable);
echo "\$variable = ",$variable,"<BR>";
if ($vide) {
  echo "=> \$variable est vide.<BR>";
} else {
  echo "=> \$variable n'est pas vide.<BR>";
}
// test d'une variable contenant une chaîne non vide
$variable = "x";
$vide = empty($variable);
echo "\$variable = ",$variable,"<BR>";
if ($vide) {
  echo "=> \$variable est vide.<BR>";
} else {
  echo "=> \$variable n'est pas vide.<BR>";
}
// test d'une variable contenant une valeur différente de 0
$variable = 1;
$vide = empty($variable);
echo "\$variable = ",$variable,"<BR>";
if ($vide) {
  echo "=> \$variable est vide.<BR>";
} else {
  echo "=> \$variable n'est pas vide.<BR>";
}
?>
```

Résultat

```
$variable =
=> $variable est vide.
$variable =
=> $variable est vide.
$variable = 0
=> $variable est vide.
$variable = 0
=> $variable est vide.
$variable = x
=> $variable n'est pas vide.
$variable = 1
=> $variable n'est pas vide.
```

isset

La fonction `isset` permet de tester si une variable est définie ou non.

Syntaxe

```
booléen isset(mixte variable)
```

`variable` Variable à tester.

`isset` retourne `TRUE` si la variable est définie et `FALSE` dans le cas contraire.
Une variable est considérée comme non définie si elle n'a pas été affectée ou si elle contient `NULL`. À la différence de la fonction `empty`, une variable qui contient une chaîne vide (""), une chaîne égale à 0 ("0"), un 0 ou `FALSE`, n'est pas considérée comme non définie.

Exemple

```
<?php
// test d'une variable non initialisée
$définie = isset($variable);
echo "\$variable = ",$variable,"<BR>";
if ($définie) {
  echo "=> \$variable est définie.<BR>";
} else {
  echo "=> \$variable n'est pas définie.<BR>";
}
// test d'une variable contenant une chaîne vide
$variable = "";
$définie = isset($variable);
echo "\$variable = ",$variable,"
";
if ($définie) {
  echo "=> \$variable est définie.<BR>";
} else {
  echo "=> \$variable n'est pas définie.<BR>";
}
// test d'une variable contenant une chaîne égale à 0
$variable = "0";
$définie = isset($variable);
echo "\$variable = ",$variable,"<BR>";
if ($définie) {
  echo "=> \$variable est définie.<BR>";
} else {
  echo "=> \$variable n'est pas définie.<BR>";
}
// test d'une variable contenant 0
$variable = 0;
$définie = isset($variable);
echo "\$variable = ",$variable,"<BR>";
if ($définie) {
  echo "=> \$variable est définie.<BR>";
} else {
  echo "=> \$variable n'est pas définie.<BR>";
}
```

```
// test d'une variable contenant une chaîne non vide
$variable = "x";
$définie = isset($variable);
echo "\$variable = ",$variable,"<BR>";
if ($définie) {
  echo "=> \$variable est définie.<BR>";
} else {
  echo "=> \$variable n'est pas définie.<BR>";
}
// test d'une variable contenant une valeur différente de 0
$variable = 1;
$définie = isset($variable);
echo "\$variable = ",$variable,"<BR>";
if ($définie) {
  echo "=> \$variable est définie.<BR>";
} else {
  echo "=> \$variable n'est pas définie.<BR>";
}
?>
```

Résultat

```
$variable =
=> $variable n'est pas définie.
$variable =
=> $variable est définie.
$variable = 0
=> $variable est définie.
$variable = 0
=> $variable est définie.
$variable = x
=> $variable est définie.
$variable = 1
=> $variable est définie.
```

unset

La fonction `unset` permet de supprimer une variable.

Syntaxe

`unset(mixte variable[, ...])`

`variable` Variable à supprimer (éventuellement plusieurs, séparées par une virgule).

`unset` accepte une liste de variables.

Après suppression, la variable se trouve dans le même état que si elle n'avait jamais été affectée. L'utilisation de la fonction `isset` sur une variable supprimée retourne `FALSE` notamment.

Exemple

```
<?php
// définir une variable
$variable = 1;
// afficher la variable et tester si elle est définie
$définie = isset($variable);
echo "\$variable = ",$variable,"<BR>";
if ($définie) {
```

```
  echo "=> \$variable est définie.<BR>";
} else {
  echo "=> \$variable n'est pas définie.<BR>";
}
// supprimer la variable
unset($variable);
// afficher la variable et tester si elle est définie
$définie = isset($variable);
echo "\$variable = ",$variable,"<BR>";
if ($définie) {
  echo "=> \$variable est définie.<BR>";
} else {
  echo "=> \$variable n'est pas définie.<BR>";
}
?>
```

Résultat

```
$variable = 1
=> $variable est définie.
$variable =
=> $variable n'est pas définie.
```

Affecter un 0 ou une chaîne vide à une variable ne la supprime pas.

var_dump

La fonction `var_dump` affiche des informations sur une variable (type et contenu).

Syntaxe

```
var_dump(mixte variable)
```

`variable`	Variable à afficher.

La fonction `var_dump` est surtout intéressante lors des phases de mise au point.

Exemple

```
<?php
// afficher les informations sur une variable non initialisée
var_dump($variable);
// initialiser la variable avec un nombre entier
$variable = 10;
// afficher les informations sur la variable
echo "<BR>";
var_dump($variable);
// modifier la valeur (et le type) de la variable
$variable = 3.14; // nombre décimal
// afficher les informations sur la variable
echo "<BR>";
var_dump($variable);
// modifier la valeur (et le type) de la variable
$variable = "abc";
// afficher les informations sur la variable
echo "<BR>";
var_dump($variable);
?>
```

Résultat

```
NULL
int(10)
float(3.14)
string(3) "abc"
```

Pour une variable non initialisée, `var_dump` retourne `NULL`. Pour un nombre, `var_dump` indique le type (`int` = entier, `float` = nombre décimal) suivi de la valeur entre parenthèses. Pour une chaîne, `var_dump` indique le type (`string`) suivi de la longueur entre parenthèses, suivie de la valeur entre guillemets.

PHP propose aussi les fonctions `print_r` et `var_export` semblables à la fonction `var_dump`. La fonction `print_r` affiche ou retourne le contenu de la variable sous une forme plus lisible, sans mention du type de données. La fonction `var_export` affiche ou retourne une chaîne donnant un code PHP de définition de la variable ; cette fonction est nouvelle en version 5.

Dans la section C - Types de données de ce chapitre, nous étudierons d'autres fonctions qui permettent de déterminer le type d'une variable et d'effectuer des conversions de type (nombre en chaîne, chaîne en nombre...).

4. Variable dynamique (ou variable variable)

PHP propose une fonctionnalité de variable dynamique (aussi appelée variable variable) utile dans certaines situations.

Le principe consiste à employer une variable qui stocke le nom d'une autre variable et d'y faire référence ensuite avec une notation, du type $$variable ou ${$variable}. Avec cette notation, le $variable "intérieur" est remplacé par la valeur de la variable $variable (valeur par exemple) qui est alors utilisée comme nom de variable par le $ "extérieur" (soit $valeur sur notre exemple).

Exemple

```
<?php
$une_variable = 10;
$nom_variable = "une_variable";
echo "\$une_variable = ",$une_variable,"<BR>";
echo "\$nom_variable = ",$nom_variable,"<BR>";
echo "\$\$nom_variable = ",$$nom_variable,"<BR>";
?>
```

Résultat

```
$une_variable = 10
$nom_variable = une_variable
$$nom_variable = 10
```

C. Types de données

1. Types disponibles

PHP propose quatre types de données scalaires (ne pouvant contenir qu'une valeur), deux types composés (pouvant contenir plusieurs valeurs) et deux types spéciaux :

- Types scalaires :
  - nombre entier ;
  - nombre à virgule flottante ;
  - chaîne de caractère ;
  - booléen.
- Types composés :
  - tableau (cf. D - Tableaux dans ce chapitre) ;
  - objet (cf. chapitre 6 - Fonctions et classes).
- Types spéciaux :
  - NULL ;
  - Ressource.

Entier

Le type entier (*integer*) permet de stocker un nombre entier signé sur 32 bits, soit des valeurs comprises entre -2 147 483 648 (-2^31) et +2 147 483 647 (+2^31-1).

En cas de dépassement de capacité dans un calcul, le résultat est automatiquement converti en nombre à virgule flottante.

Nombre à virgule flottante

Le type nombre à virgule flottante (*float*) permet de stocker un nombre décimal sur une plage de valeurs dépendante de la plate-forme (généralement de l'ordre de 10^{-308} à 10^{+308}).

Un tel nombre peut être exprimé en notation décimale x.y (par exemple 123.456) ou en notation scientifique x.yEz ou x.yez (par exemple 1.23456E2).

En cas de conversion d'un nombre à virgule flottante en entier, le nombre est tronqué (pas arrondi) à l'entier le plus proche (1.9 donne 1 par exemple). En cas de dépassement de capacité, aucun message n'est affiché, mais la valeur à l'arrivée est indéfinie (fréquemment 0).

Des librairies particulières (aussi appelées Bibliothèques) sont proposées par PHP pour traiter les nombres de grande taille (librairies BC ou GMP).

Chaîne de caractères

Le type chaîne de caractères (*string*) permet de stocker toute séquence de caractères sur un octet (code ASCII compris entre 0 et 255), sans limite de taille.

Une expression littérale de type chaîne de caractères peut être spécifiée entre guillemets ("`ceci est une chaîne`") ou entre apostrophes ('`ceci aussi est une chaîne`') avec des différences de comportement très importantes qui sont exposées ci-après.

Les guillemets présents dans une chaîne délimitée par des guillemets ou les apostrophes présents dans une chaîne délimitée par des apostrophes doivent être "échappés", c'est-à-dire précédés du caractère anti-slash (\). En complément, un anti-slash présent en fin de chaîne, juste avant le guillemet ou l'apostrophe finaux, doit lui aussi être échappé par un anti-slash.

Exemple

```
<?php
echo "c'est l'été => pas de problème.<BR>";
echo 'je dis "bonjour" => pas de problème.<BR>';
// echo 'c'est l'été => erreur de compilation.<BR>';
echo 'c\'est l\'été => problème corrigé.<BR>';
// echo "je dis "bonjour" => erreur de compilation.<BR>";
echo "je dis \"bonjour\" => problème corrigé.<BR>";
// echo "c:\"," => erreur de compilation.<BR>";
echo "c:\\"," => problème corrigé.<BR>";
// echo 'c:\'," => erreur de compilation.<BR>";
echo 'c:\\'," => problème corrigé.<BR>";
?>
```

Résultat

```
c'est l'été => pas de problème.
je dis "bonjour" => pas de problème.
c'est l'été => problème corrigé.
je dis "bonjour" => problème corrigé.
c:\ => problème corrigé.
c:\ => problème corrigé.
```

Une chaîne peut être saisie sur plusieurs lignes.

Exemple

```
<?php
$chaîne = "Je m'appelle Olivier
et j'habite en France.";
echo $chaîne;
?>
```

Résultat (dans le navigateur)

```
Je m'appelle Olivier et j'habite en France.
```

Résultat (dans le source)

```
Je m'appelle Olivier
et j'habite en France.
```

Le retour à la ligne présent dans la chaîne initiale est retrouvé dans le source de la page, mais n'est pas interprété comme tel par le navigateur. Il faut une balise <BR> pour obtenir un retour à ligne dans le résultat affiché.

Exemple

```
<?php
$chaîne = "Je m'appelle Olivier<BR>
et j'habite en France.";
echo $chaîne;
?>
```

Résultat (dans le navigateur)

```
Je m'appelle Olivier
et j'habite en France.
```

Lorsqu'une chaîne est délimitée par des guillemets, toute séquence de caractères commençant par le signe $ est interprétée comme une variable et remplacée par la valeur de la variable : c'est le mécanisme de substitution des variables par leur valeur. Cette fonctionnalité, très pratique, ne fonctionne pas avec les chaînes délimitées par des apostrophes (première différence entre les deux types de chaînes).

Exemple

```
<?php
$nom = "Olivier";
echo "Je m'appelle $nom.<BR>";
echo "... est plus simple à écrire que<BR>";
echo "Je m'appelle ",$nom,".<BR>";
echo "... et donne le même résultat.<BR>";
echo 'Je m\'appelle $nom, par contre ne fonctionne pas.<BR>';
?>
```

Résultat

```
Je m'appelle Olivier.
... est plus simple à écrire que
Je m'appelle Olivier.
... et donne le même résultat.
Je m'appelle $nom, par contre ne fonctionne pas.
```

Dans certains cas, ce comportement peut ne pas être désiré. Il suffit d'échapper le signe $ avec l'anti-slash (\) pour qu'il se comporte comme un $.

Exemple

```
<?php
$nom = "Olivier";
echo "\$nom = $nom";
?>
```

Résultat

```
$nom = Olivier
```

Dans d'autres cas, le comportement peut être souhaité avec le besoin d'accoler du texte complémentaire derrière le nom de la variable.

Exemple

```
<?php
$fruit = "pomme";
echo "Une $fruit ne coûte pas cher.<BR>";
echo "Deux $fruits coûtent deux fois plus cher.<BR>";
?>
```

Résultat

```
Une pomme ne coûte pas cher.
Deux coûtent deux fois plus cher.
```

Sur cet exemple, le "s" du pluriel est interprété par PHP comme appartenant à la séquence de caractères située derrière le $; c'est donc la variable `$fruits` qui est reconnue et remplacée par sa valeur (vide puisque la variable n'a jamais été initialisée).
La solution consiste à délimiter le nom de la variable par des accolades sous la forme `{$variable}` ou `${variable}`. Avant la version 5.1.1, le caractère d'échappement anti-slash pouvait être utilisé devant la première accolade pour annuler cette interprétation des accolades. Depuis la version 5.1.1, ce caractère d'échappement ne fonctionne plus pour l'accolade, ainsi, à partir de cette version nous utiliserons la notation {{$fruit}} à la place de \{$fruit} (voir exemple ci-dessous). Quoi qu'il en soit, une accolade qui n'est pas précédée ou suivie d'un $ non échappé est laissée telle quelle.

Exemple

```
<?php
$fruit = "pomme";
echo "Une $fruit ne coûte pas cher.<BR>";
echo "Deux {$fruit}s coûtent deux fois plus cher.<BR>";
echo "Trois ${fruit}s coûtent trois fois plus cher.<BR>";
echo "{\$fruit} = {{$fruit}}.<BR>";
?>
```

Résultat

```
Une pomme ne coûte pas cher.
Deux pommes coûtent deux fois plus cher.
Trois pommes coûtent trois fois plus cher.
{$fruit} = {pomme}.
```

Il n'y a pas de mécanisme de substitution équivalent pour les constantes ; c'est une raison valable pour utiliser des variables en lieu et place de vraies constantes.

En complément, d'autres séquences d'échappement peuvent être utilisées dans les chaînes délimitées par des guillemets, mais pas dans celles délimitées par des apostrophes (deuxième différence entre les deux types de chaînes).

Séquence	Valeur
`\n`	Saut de ligne (= LF = code ASCII 10)
`\r`	Retour chariot (= CR = code ASCII 13)
`\t`	Tabulation (= HT = code ASCII 9)
`\\`	\ (déjà abordé)

Séquence	Valeur
\$	$ (déjà abordé)
\nnn	Le caractère désigné par le code ASCII nnn exprimé en octal
\xnn	Le caractère désigné par le code ASCII nn exprimé en hexadécimal

Exemple

```
<?php
echo "Je m'appelle Olivier.<BR>\n";
echo "Je m'appelle \117\154\151\166\151\145\162.";
?>
```

Résultat

```
Je m'appelle Olivier.
Je m'appelle Olivier.
```

Rappel : un saut de ligne dans le source de la page envoyée au navigateur ne provoque pas de saut de ligne dans la page affichée. C'est le cas de la séquence "\n" utilisée dans notre exemple. Ici la balise `<BR>` provoque le retour à la ligne dans la page affichée.

PHP est capable de convertir une chaîne en nombre (entier ou décimal) à l'aide des règles suivantes :

- Si le premier caractère non "blanc" (autre que espace, tabulation, LF, CR) n'est ni un chiffre, ni un point ni le signe "moins", la chaîne est évaluée à 0 (entier).
- Dans le cas contraire, PHP va extraire tous les caractères non "blancs" du début de chaîne jusqu'à rencontrer un caractère non numérique (c'est-à-dire non compris entre 1 et 9, différent du point, du signe "moins" et du symbole scientifique "e" ou "E") ; la séquence ainsi obtenue est convertie en entier (pas de point ni de symbole scientifique) ou en décimal (en cas de présence d'un point ou du symbole scientifique).

Exemple

```
<?php
echo '1 + "1" = ',var_dump(1 + "1"),"<BR>";
echo '1 + "1.5" = ',var_dump(1 + "1.5"),"<BR>";
echo '1 + "1.5E2" = ',var_dump(1 + "1.5E2"),"<BR>";
echo '1 + "1e3" = ',var_dump(1 + "1e3"),"<BR>";
echo '1 + 1abc = ',var_dump(1 + "1abc"),"<BR>";
echo '1 + "1.5abcd" = ',var_dump(1 + "1.5abcd"),"<BR>";
echo '1 + "1.5 abcd" = ',var_dump(1 + "1.5 abcd"),"<BR>";

echo '1 + ".5" = ',var_dump(1 + ".5"),"<BR>";
echo '1 + "-5" = ',var_dump(1 + "-5"),"<BR>";
echo '1 + " \t\n\r 5" = ',var_dump(1 + " \t\n\r 5"),"<BR>";
echo '1 + "abc1" = ',var_dump(1 + "abc1"),"<BR>";
?>
```

Résultat

```
1 + "1" = int(2)
1 + "1.5" = float(2.5)
1 + "1.5E2" = float(151)
1 + "1e3" = float(1001)
```

```
1 + 1abc = int(2)
1 + "1.5abcd" = float(2.5)
1 + "1.5 abcd" = float(2.5)
1 + ".5" = float(1.5)
1 + "-5" = int(-4)
1 + " \t\n\r 5" = int(6)
1 + "abc1" = int(1)
```

Le dernier exemple montre qu'une chaîne qui ne commence pas par un caractère numérique est convertie en entier égal à 0.

Ces mécanismes de conversion se révèlent pratiques dans certains cas mais peuvent également conduire à des problèmes difficiles à détecter car PHP refuse peu de chose à la compilation du script !

Il est possible d'accéder au nième caractère d'une chaîne grâce à la notation `$x{i}` (ou `$x[i]` pour la compatibilité ascendante), `$x` désignant la variable de type chaîne et `i` le numéro du caractère (le premier caractère portant le numéro 0).

Booléen

Le type booléen (*boolean*) peut prendre deux valeurs : `TRUE` (ou `true`) et `FALSE` (ou `false`).

Ce type de données est principalement utilisé dans les structures de contrôle pour tester une condition (cf. chapitre 5 - Structures de contrôle).

PHP est capable de convertir tout type de donnée en booléen selon les règles suivantes :

Valeur	Résultat Conversion
nombre entier 0 nombre décimal 0.000... chaîne vide ("") chaîne égale à 0 ("0") tableau vide objet vide constante NULL (cf. Le "type" Null)	FALSE
tout le reste	TRUE

Une valeur égale à -1 est convertie en `TRUE` avec PHP.

Inversement, PHP est capable d'opérer les conversions suivantes :

	`TRUE`	`FALSE`
Booléen -> Nombre	1	0
Booléen -> Chaîne	"1"	"" (chaîne vide)

Compte tenu de la logique de conversion indiquée précédemment, toute variable peut être testée en tant que booléen (PHP se chargeant de la conversion). Ce fonctionnement est souvent pratique mais peut facilement conduire à des erreurs délicates à déceler.

Le "type" NULL

Ce type, introduit dans PHP 4, est un peu particulier et correspond au type d'une variable utilisée sans jamais avoir été initialisée. Il possède une seule valeur, la valeur NULL définie par la constante `NULL` (ou `null`).

En cas de conversion en booléen, `NULL` prend la valeur `FALSE`.

Exemple

```
<?php
var_dump($variable_non_définie);
?>
```

Résultat

```
NULL
```

Le type ressource (resource)

Ce type générique, introduit dans PHP 4, est un peu particulier, et correspond à une référence vers une ressource externe : fichier ouvert, connexion de base de données, etc.

À plusieurs reprises dans cet ouvrage, nous aurons l'occasion de présenter des fonctions qui permettent de manipuler ces données de type ressource.

2. Conversions

PHP est capable d'effectuer des conversions automatiques implicites de type, selon les règles présentées dans le sous-titre précédent Types disponibles.

Lorsqu'une valeur/expression est affectée à une variable, la variable devient du type de la valeur/expression.

Pour déterminer le type d'une expression composée d'opérandes de types différents, PHP évalue (mais ne convertit pas) les opérandes en fonction des opérateurs traités dans l'ordre de précédence (cf. chapitre 4 - I - Précédence des opérateurs). Par exemple, les deux opérandes utilisés dans une addition sont évalués en nombre alors que deux opérandes utilisés avec l'opérateur de concaténation (cf. chapitre 4 - D - L'opérateur de chaîne) sont évalués en chaîne.

Exemple

```
<?php
$nombre = 123;
$chaîne = "456abc";
echo '$nombre + $chaîne = ';
var_dump($nombre + $chaîne);
echo '<BR>';
echo '$nombre . $chaîne = ';
var_dump($nombre . $chaîne);
echo '<BR>';
```

```
echo '$nombre = ';
var_dump($nombre);
echo '<BR>';
echo '$chaîne = ';
var_dump($chaîne);
?>
```

Résultat

```
$nombre + $chaîne = int(579)
$nombre . $chaîne = string(9) "123456abc"
$nombre = int(123)
$chaîne = string(6) "456abc"
```

Sur le premier exemple, la variable `$chaîne` est évaluée en nombre pour être du type attendu par l'opérateur "+" alors que dans le deuxième exemple, c'est `$nombre` qui est évalué en chaîne pour être du type attendu par l'opérateur "." (concaténation). Par contre, les deux derniers affichages montrent que les variables en question n'ont pas été converties lors des opérations : elles conservent leur type respectif initial.

En complément, PHP propose une notation et une fonction pour effectuer une conversion manuelle explicite.

Notation

La notation consiste à indiquer le nom du type souhaité entre parenthèses devant l'expression à convertir. Les valeurs autorisées sont les suivantes :

Notation	Conversion en
`(int)` ou `(integer)`	entier
`(bool)` ou `(boolean)`	booléen
`(real)`, `(double)` ou `(float)`	nombre à virgule flottante
`(string)`	chaîne
`(array)`	tableau
`(object)`	objet

Exemple

```
<?php
echo '(float)"1abc" = ',var_dump((float)"1abc"),"<BR>";
echo '(float)"1.5abc" = ',var_dump((float)"1.5abc"),"<BR>";
echo '(float)"abc1" = ',var_dump((float)"abc1"),"<BR>";
echo '(int)1.7 = ',var_dump((int)1.7),"<BR>";
echo '(int)TRUE = ',var_dump((int)TRUE),"<BR>";
echo '(int)FALSE = ',var_dump((int)FALSE),"<BR>";
echo '(bool)-1 = ',var_dump((bool)-1),"<BR>";
echo '(bool)0 = ',var_dump((bool)0),"<BR>";
echo '(bool)1 = ',var_dump((bool)1),"<BR>";
echo '(bool)"" = ',var_dump((bool)""),"<BR>";
echo '(bool)"0" = ',var_dump((bool)"0"),"<BR>";
echo '(bool)"1" = ',var_dump((bool)"1"),"<BR>";
echo '(bool)"a" = ',var_dump((bool)"a"),"<BR>";
?>
```

Résultat

```
(float)"1abc" = float(1)
(float)"1.5abc" = float(1.5)
(float)"abc1" = float(0)
(int)1.7 = int(1)
(int)TRUE = int(1)
(int)FALSE = int(0)
(bool)-1 = bool(true)
(bool)0 = bool(false)
(bool)1 = bool(true)
(bool)"" = bool(false)
(bool)"0" = bool(false)
(bool)"1" = bool(true)
(bool)"a" = bool(true)
```

Ces différents exemples permettent de retrouver les règles de conversion évoquées précédemment.

Fonction de conversion

La fonction `settype` permet de convertir une variable d'un type à un autre.

Syntaxe

`booléen settype(`*`mixte`*` variable, `*`chaîne`*` type)`

`variable`	Variable à convertir
`type`	Type souhaité en utilisant une des valeurs suivantes : `boolean` ou `bool` (conversion en booléen) `integer` ou `int` (conversion en entier) `double` ou `float` (conversion en nombre à virgule flottante) `string` (conversion en chaîne de caractères) `array` (conversion en tableau) `object` (conversion en objet)

`settype` retourne `TRUE` en cas de succès et `FALSE` en cas d'erreur.

Exemple

```
<?php
$x = "1abc";
settype($x,"integer");
echo "\"1abc\" converti en entier = ",var_dump($x),"<BR>";
$x = 1.7;
settype($x,"integer");
echo "1.7 converti en entier = ",var_dump($x),"<BR>";
$x = TRUE;
settype($x,"string");
echo "TRUE converti en chaîne = ",var_dump($x),"<BR>";
$x = "0";
settype($x,"boolean");
echo "\"0\" converti en booléen = ",var_dump($x),"<BR>";
$x = -1;
settype($x,"boolean");
echo "-1 converti en booléen = ",var_dump($x),"<BR>";
?>
```

Résultat

```
"1abc" converti en entier = int(1)
1.7 converti en entier = int(1)
TRUE converti en chaîne = string(1) "1"
"0" converti en booléen = bool(false)
-1 converti en booléen = bool(true)
```

En règle générale, il est conseillé de choisir la conversion explicite : le code est plus lisible, plus facile à maintenir et à mettre au point.

3. Fonctions utiles

En complément, PHP propose plusieurs fonctions utiles relatives au type des variables :

Nom	Rôle
`is_*`	Indique si la variable est du type donné par * : `array` = tableau ; `bool` = booléen ; `double, float, real` = nombre à virgule flottante ; `int, integer, long` = entier ; `null` = type NULL ; `numeric` = entier ou nombre à virgule flottante ou chaîne contenant un nombre (entier ou décimal) ; `object` = objet ; `string` = chaîne ; `resource` = ressource ; `scalar` = type scalaire.
`strval`	Convertit une variable en chaîne.
`floatval` `doubleval`	Convertit une variable en nombre à virgule flottante.
`intval`	Convertit une variable en entier.

is_*

La fonction `is_*` permet de tester si une variable est d'un type donné.

Syntaxe

booléen `is_*` (*mixte* `variable`)

`variable` Variable à tester.

Les déclinaisons sont les suivantes :

Fonction	Type testé
`is_array`	tableau
`is_bool`	booléen

Fonction	Type testé
is_double is_float is_real	nombre à virgule flottante
is_int is_integer is_long	entier
is_null	type NULL
is_numeric	entier ou nombre à virgule flottante ou chaîne contenant un nombre (entier ou décimal).
is_object	objet
is_string	chaîne
is_resource	ressource
is_scalar	type scalaire

La fonction retourne `TRUE` si la variable est du type demandé et `FALSE` dans le cas contraire.

Exemple

```
<?php
if (is_null($x)) {
  echo "Pour l'instant, \$x est du type NULL.<BR>";
}
$x = (1 < 2);
if (is_bool($x)) {
  echo "\$x = (1 < 2) est du type booléen.<BR>";
}
$x = "123abc";
if (is_string($x)) {
  echo "\$x = \"123abc\" est du type chaîne ...<BR>";
}
if (is_numeric($x)) {
  echo "... mais aussi est du << type >> <I>numeric</I>.<BR>";
} else {
  echo "... mais pas du "type" <I>numeric</I>.<BR>";
}
$x = "1.23e45";
if (is_numeric($x)) {
  echo "Par contre, \$x = \"1.23e45\" est du << type >>
    <I>numeric</I>.<BR>";
}
?>
```

Résultat

```
Pour l'instant, $x est du type NULL.
$x = (1 < 2) est du type booléen.
$x = "123abc" est du type chaîne ...
... mais pas du << type >> numeric.
Par contre, $x = "1.23e45" est du << type >> numeric.
```

Sur cet exemple, la fonction `is_numeric` n'applique pas tout à fait les mêmes règles pour évaluer si une chaîne contient un nombre que celles utilisées pour la conversion. Avec la fonction `is_numeric`, la chaîne ne doit contenir aucun caractère non numérique.

strval

La fonction `strval` retourne la valeur d'une variable après conversion en chaîne.

Syntaxe

chaîne `strval(`*mixte* `variable)`

`variable` Variable à traiter.

Cette fonction ne s'applique qu'aux variables de type scalaire (non valable pour les tableaux, ni les objets).
Le type de la variable reste inchangé.

Exemple

```
<?php
$x = TRUE;
echo var_dump($x)," => ",var_dump(strval($x)),"<BR>";
$x = 1.23e45;
echo var_dump($x)," => ",var_dump(strval($x)),"<BR>";
?>
```

Résultat

```
bool(true) => string(1) "1"
float(1.23E+45) => string(8) "1.23E+45"
```

floatval (ou doubleval)

La fonction `floatval` retourne la valeur d'une variable après conversion en nombre à virgule flottante. La fonction `doubleval` est un alias de la fonction `floatval`.

Syntaxe

nombre `floatval(`*mixte* `variable)`

`variable` Variable à traiter.

Cette fonction ne s'applique qu'aux variables de type scalaire (non valable pour les tableaux, ni les objets). Le type de la variable reste inchangé.

Exemple

```
<?php
$x = TRUE;
echo var_dump($x)," => ",var_dump(floatval($x)),"<BR>";
$x = 123;
echo var_dump($x)," => ",var_dump(floatval($x)),"<BR>";
$x = "1.23e45";
echo var_dump($x)," => ",var_dump(floatval($x)),"<BR>";
$x = "123abc";
echo var_dump($x)," => ",var_dump(floatval($x)),"<BR>";
$x = " \n\t\r 123.45abc";
echo var_dump($x)," => ",var_dump(floatval($x)),"<BR>";
?>
```

Résultat

```
bool(true) => float(1)
int(123) => float(123)
string(7) "1.23e45" => float(1.23E+45)
string(6) "123abc" => float(123)
string(14) " 123.45abc" => float(123.45)
```

Les règles de conversion évoquées précédemment sont respectées.

intval

La fonction `intval` retourne la valeur d'une variable après conversion en entier.

Syntaxe

```
nombre intval(mixte variable)
```

`Variable`	Variable à traiter

Cette fonction ne s'applique qu'aux variables de type scalaire (non valable pour les tableaux, ni les objets).

Le type de la variable reste inchangé.

Exemple

```
<?php
$x = TRUE;
echo var_dump($x)," => ",var_dump(intval($x)),"<BR>";
$x = 123.9;
echo var_dump($x)," => ",var_dump(intval($x)),"<BR>";
$x = "1.23e45";
echo var_dump($x)," => ",var_dump(intval($x)),"<BR>";
$x = "123abc";
echo var_dump($x)," => ",var_dump(intval($x)),"<BR>";
$x = " \n\t\r 123.45abc";
echo var_dump($x)," => ",var_dump(intval($x)),"<BR>";
?>
```

Résultat

```
bool(true) => int(1)
float(123.9) => int(123)
string(7) "1.23e45" => int(1)
string(6) "123abc" => int(123)
string(14) " 123.45abc" => int(123)
```

Les règles de conversion évoquées précédemment sont respectées. Là encore, il faut rappeler qu'un nombre à virgule flottante converti en entier est tronqué et non arrondi : sur notre exemple, 123.9 donne 123 et non 124. Pour convertir un nombre à virgule flottante en entier, avec arrondi, il faut utiliser la fonction `round()`.

Exemple

```
<?php
$x = 123.9;
echo "round($x) => ",var_dump(round($x)),"<BR>";
echo "intval(round($x)) => ",
  var_dump(intval(round($x))),"<BR>";
echo "(int) round($x) => ",
  var_dump((int) round($x)),"<BR>";
?>
```

Résultat

```
round(123.9) => float(124)
intval(round(123.9)) => int(124)
(int) round(123.9) => int(124)
```

La fonction `round()` retourne un nombre entier arrondi, mais avec un type de nombre à virgule flottante. Si l'on souhaite obtenir un "vrai" type entier à l'arrivée, il suffit de convertir le résultat de `round()` en entier avec la méthode de votre choix.

D. Tableaux

1. Définition

En PHP, un tableau est une collection (liste d'éléments) ordonnée de couples clé/valeur.
La clé peut être de type entier ou de type chaîne. Dans le premier cas, le tableau est dit numérique et la clé est désignée par le terme indice. Dans le deuxième cas, le tableau est dit associatif : les clés ne sont pas forcément consécutives, ni ordonnées, et ce tableau peut présenter des clés entières et des clés de type chaîne.

La valeur associée à la clé peut être de n'importe quel type, et notamment de type tableau ; dans ce cas, le tableau est dit multidimensionnel.

Exemple

- Tableau numérique (indices ordonnés consécutifs)

Clé/Indice	Valeur
0	zéro
1	un
2	deux
3	trois

- Tableau numérique (indices non ordonnés, non consécutifs)

Clé/Indice	Valeur
20	vingt
30	trente
10	dix

- Tableau mixte

Clé/Indice	Valeur
0	zéro
zéro	0
un	1
1	un
deux	2
2	deux
trois	3
3	trois

- Tableau multidimensionnel (liste de villes par pays)

Clé/Indice	Valeur	
FRANCE	**Clé/Indice**	**Valeur**
	0	Paris
	1	Lyon
	2	Nantes
ITALIE	**Clé/Indice**	**Valeur**
	0	Rome
	1	Venise

2. Création

Une variable de type tableau peut être définie explicitement grâce à la fonction `array` ou implicitement en utilisant une notation à crochets ([]).

Notation à crochets ([ ])

Une variable utilisée pour la première fois avec une notation de la forme `$variable[...]`, est automatiquement créée avec le type tableau.

La même opération effectuée sur une variable déjà définie, avec un type scalaire, provoque un message d'erreur.

Le contenu d'un tableau peut être ainsi défini par plusieurs affectations du type `$tableau[...] = valeur`.

Avec une affectation du type `$tableau[] = valeur`, PHP recherche le plus grand indice entier utilisé et associe la valeur à l'indice immédiatement supérieur. Si le tableau est vide, l'élément est placé à l'indice 0.

Avec une affectation du type `$tableau[clé] = valeur`, PHP associe la valeur à la clé indiquée (qui peut être de type entier ou de type chaîne).

Les deux notations peuvent être mélangées dans une séquence d'affectation.

Exemple

```
<?php
$nombres[] = "zéro"; // => indice 0
$nombres[] = "un"; // => indice max (0) + 1 = 1
$nombres[] = "deux"; // => indice max (1) + 1 = 2
$nombres[] = "trois"; // => indice max (2) + 1 = 3
$nombres[5] = "cinq"; // => indice 5
$nombres[] = "six"; // => indice max (5) + 1 = 6
$nombres["un"] = 1; // indice "un"
$nombres[] = "sept"; // => indice max (6) + 1 = 7
$nombres[-1] = "moins un"; // => -1
?>
```

Résultat

Clé/Indice	Valeur
0	zéro
1	un
2	deux
3	trois
5	cinq
6	six
un	1
7	sept
-1	moins un

Ces notations peuvent être utilisées pour construire un tableau multidimensionnel, sous la forme `$tableau[...] = $tableau_intérieur` ou `$tableau[...][...] = valeur`. La première notation permet de stocker un tableau dans un emplacement d'un autre tableau, et la deuxième notation, de stocker une valeur directement dans un emplacement situé à l'intérieur d'un autre tableau.

Exemple

- Première méthode :

```
<?php
// création d'un tableau contenant les villes de France
$villes_france[] = "Paris";
$villes_france[] = "Lyon";
$villes_france[] = "Nantes";
// stockage du tableau des villes de France dans le tableau
// des villes
$villes["FRANCE"] = $villes_france;
// idem avec les villes d'Italie
$villes_italie[] = "Rome";
$villes_italie[] = "Venise";
$villes["ITALIE"] = $villes_italie;
?>
```

- Deuxième méthode :

```
<?php
// stockage direct des villes dans le tableau
//    - pour la France
$villes["FRANCE"][] = "Paris";
$villes["FRANCE"][] = "Lyon";
$villes["FRANCE"][] = "Nantes";
//    - pour l'Italie
$villes["ITALIE"][] = "Rome";
$villes["ITALIE"][] = "Venise";
?>
```

Résultat (dans les deux cas)

Clé/Indice	Valeur	
FRANCE	**Clé/Indice**	**Valeur**
	0	Paris
	1	Lyon
	2	Nantes
ITALIE	**Clé/Indice**	**Valeur**
	0	Rome
	1	Venise

La fonction array

La fonction `array` permet de créer un tableau à partir d'une liste d'éléments.

Syntaxe

tableau `array([`*mixte* `valeur[, ...]])`

ou

tableau `array([{`*chaîne* | *entier*`} clé =>` *mixte* `valeur[, ...]])`

`valeur`	Élément du tableau.
`clé`	Valeur de la clé.

Dans la première syntaxe, les clés/indices ne sont pas spécifiées et c'est un tableau numérique à indices consécutifs commençant à 0 qui est créé : le premier argument de la fonction étant stocké à l'indice 0, le deuxième à l'indice 1, etc.

Dans la deuxième syntaxe, l'indice ou la clé sont spécifiés soit par un entier, soit par une chaîne ; et une valeur lui est associée par l'opérateur =>.

Les deux syntaxes peuvent être mélangées. Dans ce cas, lorsque l'indice ou la clé n'est pas spécifié(e), PHP recherche le plus grand indice entier utilisé et associe la valeur à l'indice immédiatement supérieur ; s'il n'existe aucun indice entier, l'élément est placé à l'indice 0.

La fonction `array`, appelée sans argument, crée un tableau vide.

Exemple

```
<?php
$nombres = array("zéro","un","deux","trois",
  5 => "cinq","six","un" => 1,"sept",-1 => "moins un");
?>
```

Résultat

Clé/Indice	Valeur
0	zéro
1	un
2	deux
3	trois
5	cinq
6	six
un	1
7	sept
-1	moins un

La fonction `array` accepte en argument les données de type tableau (soit une variable, soit un appel imbriqué à `array`), ce qui permet de construire un tableau multidimensionnel.

Exemple

- Première méthode :

```
<?php
// création d'un tableau contenant les villes de France
$villes_france = array("Paris","Lyon","Nantes");
// idem avec les villes d'Italie
$villes_italie = array("Rome","Venise");
// stockage des 2 tableaux dans le tableau des villes
$villes = array("FRANCE" => $villes_france,
                "ITALIE" => $villes_italie);
?>
```

- Deuxième méthode :

```
<?php
// création par imbrication des appels à array
$villes = array("FRANCE" => array("Paris","Lyon","Nantes"),
  "ITALIE" => array("Rome","Venise"));
?>
```

Résultat (dans les deux cas)

Clé/Indice	Valeur	
FRANCE	**Clé/Indice**	**Valeur**
	0	Paris
	1	Lyon
	2	Nantes
ITALIE	**Clé/Indice**	**Valeur**
	0	Rome
	1	Venise

3. Manipulation

Deux besoins "types" existent, relatifs à la manipulation d'un tableau :

- accéder à un élément individuel du tableau,
- parcourir le tableau.

Accéder à un élément individuel du tableau

La notation à crochets est utilisée pour accéder, en lecture ou en écriture, à un élément individuel du tableau :

- `$tableau[i]` permet d'accéder à l'élément d'indice i du tableau (cas du tableau numérique, i étant un entier).
- `$tableau["x"]` permet d'accéder à l'élément de clé "x" du tableau (cas du tableau associatif, "x" étant une chaîne).
- `$tableau[]` permet d'accéder, en écriture uniquement, à un nouvel élément du tableau qui se verra affecter un indice entier immédiatement supérieur au plus grand indice entier existant dans le tableau (0 s'il n'y en a pas).

Pour les tableaux multidimensionnels, plusieurs séries de crochets doivent être utilisées.

Exemple

```
<?php
$nombres = array("zéro","un","deux","trois",
  5 => "cinq","six","un" => 1,"sept",-1 => "moins un");
echo $nombres[1],"<BR>";
echo $nombres["un"],"<BR>";
$villes = array("FRANCE" => array("Paris","Lyon","Nantes"),
    "ITALIE" => array("Rome","Venise"));
echo $villes["FRANCE"][0],"<BR>";
echo $villes["ITALIE"][1],"<BR>";
?>
```

Résultat

```
un
1
Paris
Venise
```

PHP accepte que vous omettiez le délimiteur de chaîne (guillemet ou apostrophe) lorsque vous spécifiez une clé de type chaîne dans un tableau associatif.

Exemple

```
<?php
$nombres = array("un" => 1,"deux" => 2);
// utilisation de $nombres[un] et non $nombres["un"]
echo $nombres[un],"<BR>";
?>
```

Résultat (si les erreurs de type `E_NOTICE` ne sont pas affichées)

```
1
```

Résultat (si les erreurs de type `E_NOTICE` sont affichées)

```
Notice: Use of undefined constant un - assumed 'un' in d:\scripts php\
index.php on line 4
1
```

Cette syntaxe est acceptée (et fonctionne) mais génère une erreur de type `E_NOTICE`. PHP constate que la constante `un` n'existe pas et la remplace par la chaîne `'un'` ..., ce qui permet d'obtenir le bon résultat ... jusqu'au jour où vous définissez une constante `un` valant `1` par exemple ! En conséquence, il est vivement déconseillé d'utiliser cette syntaxe "simplifiée".

Le principe de substitution des variables dans les chaînes délimitées par des guillemets fonctionne avec les tableaux.

Exemple

```
<?php
$nombres = array("zéro","un","deux","trois",
  5 => "cinq","six","un" => 1,"sept",-1 => "moins un");
echo "\$nombres[1] = $nombres[1]<BR>";
echo "\$nombres[\"un\"] = $nombres[un]<BR>";
echo "\$nombres[\"un\"] = {$nombres['un']}<BR>";
$villes = array("FRANCE" => array("Paris","Lyon","Nantes"),
     "ITALIE" => array("Rome","Venise"));
echo "\$villes[\"France\"][0] = $villes[FRANCE][0]<BR>";
echo "\$villes[\"France\"][0] = {$villes[FRANCE][0]}<BR>";
?>
```

Résultat

```
$nombres[1] = un
$nombres["un"] = 1
$nombres["un"] = 1
$villes["France"][0] = Array[0]
$villes["France"][0] = Paris
```

Ces exemples appellent deux remarques :

- Pour les clés de type chaîne exprimées sous forme de littéral, la syntaxe avec délimiteur nécessite des accolades (`{$nombres['un']}`). Écrire directement `$nombres['un']`, `$nombres["un"]` ou `$nombres[\"un\"]` génère une erreur. Dans ce cas, il est acceptable d'utiliser la syntaxe sans délimiteur (`$nombres[un]`).
- Pour les tableaux multidimensionnels, il <u>faut</u> utiliser des accolades (`{$villes['FRANCE'][0]}`). La syntaxe `$villes['FRANCE'][0]` génère une erreur et la syntaxe `$villes[FRANCE][0]` donne un mauvais résultat car PHP interprète `$villes[FRANCE]` comme une variable et la remplace par sa valeur (mais c'est un tableau que PHP ne sait pas afficher nativement).

Parcourir le tableau

De nombreuses méthodes peuvent être utilisées pour parcourir un tableau à l'aide des constructions suivantes :

- la structure de contrôle itérative `for`,
- la structure de contrôle itérative `while`,
- la structure de parcours de tableau `foreach` (introduite dans PHP 4).

Dans ce chapitre, nous allons étudier les deux méthodes les plus simples, et finalement les plus efficaces. Elles ne nécessitent aucune connaissance particulière sur la nature du tableau (numérique, associatif, plage des indices/clés...).

- la structure `foreach` sans conteste la méthode la plus simple pour parcourir un tableau.

Syntaxe

```
foreach(tableau as variable_valeur)
  { instructions }
ou
foreach(tableau as variable_clé => variable_valeur)
  { instructions }
```

La première syntaxe permet de parcourir le tableau du début à la fin ; à chaque itération, la valeur courante du tableau est stockée dans la variable `variable_valeur` et les instructions entre accolades sont exécutées. Cette syntaxe est suffisante si le traitement n'a pas besoin de faire référence aux valeurs de la clé.
La deuxième syntaxe fonctionne sur le même principe, mais à chaque itération, la clé courante est stockée dans la variable `variable_clé` et la valeur dans la variable `variable_valeur`. Cette syntaxe est pratique si le traitement a besoin de faire référence aux valeurs de la clé.

Exemple

```
<?php
// initialisation d'un tableau
$nombres = array("zéro","un","deux",
    "zéro" => 0,"un" => 1,"deux" => 2);
// Parcours du tableau avec la première syntaxe
echo "Première syntaxe :<BR>";
foreach($nombres as $nombre) {
  echo "$nombre<BR>";
}
```

```
// Parcours du tableau avec la deuxième syntaxe
echo "Deuxième syntaxe :<BR>";
foreach($nombres as $clé => $nombre) {
  echo "$clé => $nombre<BR>";
}
?>
```

Résultat

```
Première syntaxe :
zéro
un
deux
0
1
2

Deuxième syntaxe :
0 => zéro
1 => un
2 => deux
zéro => 0
un => 1
deux => 2
```

Ces deux exemples montrent bien qu'aucune connaissance préalable du tableau n'est nécessaire pour le parcourir : ni sa taille, ni sa structure de clés.

Par ailleurs, la valeur courante du tableau est copiée dans une variable ; modifier cette variable n'a aucun effet sur le contenu du tableau. Pour affecter le contenu du tableau, à l'aide d'une structure `foreach`, il faut modifier la valeur dans le tableau.

Exemple

```
<?php
// initialisation d'un tableau
$nombres = array("zéro","un","deux",
    "zéro" => 0,"un" => 1,"deux" => 2);
// Parcours du tableau pour le modifier (mauvaise méthode)
foreach($nombres as $clé => $nombre) {
  $nombre = "($nombre)"; // mettre le nombre entre ()
}
// Parcours du tableau pour l'afficher
echo "Résultat de la mauvaise méthode :<BR>";
foreach($nombres as $clé => $nombre) {
  echo "$clé => $nombre<BR>";
}

// Parcours du tableau pour le modifier (bonne méthode)
foreach($nombres as $clé => $nombre) {
  $nombres[$clé] = "($nombre)"; // mettre le nombre entre ()
}
// Parcours du tableau pour l'afficher
echo "Résultat de la bonne méthode :<BR>";
foreach($nombres as $clé => $nombre) {
  echo "$clé => $nombre<BR>";
}
?>
```

Résultat

```
Résultat de la mauvaise méthode :
0 => zéro
1 => un
2 => deux
zéro => 0
un => 1
deux => 2
Résultat de la bonne méthode :
0 => (zéro)
1 => (un)
2 => (deux)
zéro => (0)
un => (1)
deux => (2)
```

Une autre méthode (structure `while` en version 3), proche de la méthode `foreach`, peut être utilisée pour parcourir un tableau.

Syntaxe

```
while(list(variable_clé,variable_valeur) = each(tableau))
{ instructions }
```

Cette construction permet de parcourir le tableau du début à la fin ; à chaque itération, la clé courante du tableau est stockée dans la variable `variable_clé`, la valeur dans la variable `variable_valeur` et les instructions entre accolades sont exécutées. L'une ou l'autre des variables peut être omise si le traitement n'en a pas besoin.

En complément, si le tableau a préalablement été manipulé, il faut faire appel à la fonction `reset` pour remettre le pointeur interne du tableau sur la première ligne et ainsi être certain de bien repartir du début. Dans la pratique, cette fonction est systématiquement appelée.

Syntaxe

```
mixte reset(tableau tableau)
```

`tableau`	Tableau concerné.

La fonction `reset` positionne le pointeur interne du tableau sur la première ligne et retourne la valeur (pas la clé) de cette première ligne.

Exemple de parcours de tableau avec la méthode while

```
<?php
$nombres = array("zéro","un","deux",
             "zéro" => 0,"un" => 1,"deux" => 2);
reset($nombres); // ici le reset est important
while(list($clé,$nombre) = each($nombres)) {
    echo "$clé => $nombre<BR>";
}
?>
```

Résultat

```
0 => zéro
1 => un
2 => deux
zéro => 0
un => 1
deux => 2
```

Pour modifier le contenu du tableau à l'aide de cette structure, il faut utiliser la même technique qu'avec la construction `foreach`.

En cas de besoin, dans les deux constructions, l'instruction `break` (cf. chapitre 5) peut être employée pour interrompre le parcours du tableau avant la fin.

Comme indiqué lors de la description de la fonction `reset`, un tableau possède un pointeur interne manipulable avec différentes fonctions pour le déplacer (fonctions `reset`, `next`, `prev` et `end`) ou récupérer la valeur pointée (`current`). Ces fonctions ne sont pas présentées plus en détail dans cet ouvrage car elles sont d'un usage moins courant.

La structure `for` (cf. chapitre 5) peut aussi être utilisée pour parcourir un tableau mais elle est moins pratique car elle nécessite de bien connaître le contenu du tableau.

Dans le chapitre 6, nous allons construire une fonction générique qui permet d'afficher le contenu d'un tableau sans connaissance préalable de sa structure (le tableau pourra même être multidimensionnel).

4. Portée

Les variables de type tableau suivent les mêmes règles de portée et de durée de vie que les variables de type scalaire (cf. B - Variables - 2. Portée et durée de vie).

5. Fonctions utiles

PHP propose un grand nombre de fonctions permettant de manipuler les tableaux.

Les fonctions les plus utilisées sont les suivantes :

Nom	Rôle
`count`	Compte le nombre d'éléments dans un tableau.
`in_array`	Teste si une valeur est présente dans un tableau.
`array_search`	Recherche une valeur dans un tableau.
`[a|k][r]sort`	Trie un tableau (plusieurs variantes possibles).
`explode`	Découpe une chaîne selon un séparateur et stocke les éléments dans un tableau.

Nom	Rôle
implode	Regroupe les éléments d'un tableau dans un chaîne à l'aide d'un séparateur.
str_split	Découpe une chaîne en morceaux de longueur fixe et stocke les éléments dans un tableau.

La fonction is_array (cf. C - Types de données - 3. Fonctions utiles) permet de savoir si une variable est de type tableau. Ne l'oubliez pas.

De nombreuses autres fonctions existent, la description de chaque fonction est accessible en ligne sur le site www.php.net. Vous y trouverez notamment des fonctions pour :

- réaliser des calculs (somme...) ;
- extraire un sous-tableau d'un tableau ;
- fusionner des tableaux ;
- dédoublonner un tableau...

count

La fonction count permet de connaître le nombre d'éléments dans une variable en général, un tableau en particulier.

Syntaxe

```
entier count (mixte variable)
```

variable — Variable concernée.

La fonction count retourne le nombre d'éléments dans la variable. Si la variable n'est pas initialisée, count retourne 0. Si la variable est initialisée mais n'est pas un tableau, count retourne 1 (il y a effectivement un élément dans une variable scalaire). Si la variable est un tableau, count retourne le nombre d'éléments présents dans le tableau (0 si le tableau est vide).

Exemple

```
<?php
echo "\$x variable non initialisé => ",count($x),"<BR>";
$x = 1;
echo "\$x variable de type scalaire => ",count($x),"<BR>";
$x = array();
echo "\$x tableau vide => ",count($x),"<BR>";
$x = array(1,2);
echo "\$x tableau de 2 éléments => ",count($x),"<BR>";
?>
```

Résultat

```
$x variable non initialisé => 0
$x variable de type scalaire => 1
$x tableau vide => 0
$x tableau de 2 éléments => 2
```

in_array

La fonction `in_array` permet de tester si une valeur est présente dans un tableau.

Syntaxe

`booléen in_array(mixte valeur_cherchée, tableau tableau[, booléen même_type])`

`valeur_cherchée`	Valeur cherchée dans le tableau.
`tableau`	Tableau dans lequel s'effectue la recherche.
`même_type`	Indique si la comparaison doit vérifier que les éléments sont du même type (`FALSE` par défaut).

`in_array` retourne `TRUE` si l'élément cherché est présent dans le tableau et `FALSE` dans le cas contraire.

> PHP propose aussi la fonction `array_key_exists` qui permet de tester si une valeur est présente dans les clés d'un tableau.

Exemple

```
<?php
$nombres = array("zéro","un","deux",
    "zéro" => 0,"un" => 1,"deux" => 2);
echo '"un" type indifférent => ',
    var_dump(in_array("un",$nombres)),"<BR>";
echo '"un" même type => ',
    var_dump(in_array("un",$nombres,TRUE)),"<BR>";
echo '"trois" type indifférent => ',
    var_dump(in_array("trois",$nombres)),"<BR>";
echo '"trois" même type => ',
    var_dump(in_array("trois",$nombres,TRUE)),"<BR>";
echo '1 type indifférent => ',
    var_dump(in_array(1,$nombres)),"<BR>";
echo '1 même type => ',
    var_dump(in_array(1,$nombres,TRUE)),"<BR>";
echo '3 type indifférent => ',
    var_dump(in_array(3,$nombres)),"<BR>";
echo '3 même type => ',
    var_dump(in_array(3,$nombres,TRUE)),"<BR>";
echo '"1" type indifférent => ',
    var_dump(in_array("1",$nombres)),"<BR>";
echo '"1" même type => ',
    var_dump(in_array("1",$nombres,TRUE)),"<BR>";
?>
```

Résultat

```
"un" type indifférent => bool(true)
"un" même type => bool(true)
"trois" type indifférent => bool(true)
"trois" même type => bool(false)
1 type indifférent => bool(true)
1 même type => bool(true)
3 type indifférent => bool(false)
3 même type => bool(false)
```

```
"1" type indifférent => bool(true)
"1" même type => bool(false)
```

Les deux exemples avec `"trois"` montrent que la fonction `in_array` est à manipuler avec beaucoup de précaution lorsque le tableau contient des éléments de type différent. En effet, sur la recherche de même type, `in_array` fonctionne correctement (il n'y a pas de chaîne `"trois"` dans le tableau). Sur la recherche où le type est indifférent, tout se passe comme si la chaîne était convertie en entier (`"trois"` converti en entier donne 0) et que la recherche s'effectuait sur le résultat de cette conversion (0 est bien présent dans le tableau). La preuve en est le résultat lorsque l'élément 0 est enlevé du tableau.

Exemple

```
<?php
$nombres = array("zéro","un","deux",
    "zéro" => "0 est enlevé","un" => 1,"deux" => 2);
echo '"trois" type indifférent => ',
    var_dump(in_array("trois",$nombres)),"<BR>";
echo '"trois" même type => ',
    var_dump(in_array("trois",$nombres,TRUE)),"<BR>";
?>
```

Résultat

```
"trois" type indifférent => 0
"trois" même type => 0
```

Cette fois, les deux recherches donnent le même (bon) résultat.

array_search

La fonction `array_search` permet de chercher un élément dans un tableau et de récupérer la clé de cet élément, s'il est présent.

Syntaxe

`mixte array_search(mixte valeur_cherchée, tableau tableau[, booléen même_type])`

`valeur_cherchée`	Valeur cherchée dans le tableau.
`tableau`	Tableau dans lequel s'effectue la recherche.
`même_type`	Indique si la comparaison doit vérifier que les éléments sont du même type (`FALSE` par défaut).

`array_search` retourne la clé associée à l'élément, si ce dernier est présent dans le tableau et `FALSE` dans le cas contraire (`NULL` avant la version 4.2.0).

Exemple

```
<?php
$nombres = array("zéro","un","deux",
    "zéro" => 0,"un" => 1,"deux" => 2);
echo '"un" type indifférent => ',
    var_dump(array_search("un",$nombres)),"<BR>";
echo '"un" même type => ',
    var_dump(array_search("un",$nombres,TRUE)),"<BR>";
echo '"trois" type indifférent => ',
    var_dump(array_search ("trois",$nombres)),"<BR>";
```

```
echo '"trois" même type => ',
    var_dump(array_search ("trois",$nombres,TRUE)),"<BR>";
echo '1 type indifférent => ',
    var_dump(array_search(1,$nombres)),"<BR>";
echo '1 même type => ',
    var_dump(array_search(1,$nombres)),"<BR>";
echo '3 type indifférent => ',
    var_dump(array_search(3,$nombres)),"<BR>";
echo '3 même type => ',
    var_dump(array_search(3,$nombres)),"<BR>";
echo '"1" type indifférent => ',
    var_dump(array_search("1",$nombres)),"<BR>";
echo '"1" même type => ',
    var_dump(array_search("1",$nombres,TRUE)),"<BR>";
?>
```

Résultat

```
"un" type indifférent => int(1)
"un" même type => int(1)
"trois" type indifférent => string(4) "zéro"
"trois" même type => bool(false)
1 type indifférent => string(2) "un"
1 même type => string(2) "un"
3 type indifférent => bool(false)
3 même type => bool(false)
"1" type indifférent => string(2) "un"
"1" même type => bool(false)
```

Nous retrouvons, sur ces exemples, le problème évoqué avec la fonction `in_array` : la recherche sur "`trois`", en type indifférent, donne la clé "`zéro`" qui correspond effectivement à la valeur `0` dans le tableau.

[a|k][r]sort

Les fonctions `sort`, `rsort`, `asort`, `arsort`, `ksort` et `krsort` permettent de trier un tableau selon différentes variantes.

Syntaxe

```
booléen [a|k][r]sort(tableau tableau[, entier indicateur])
```

Avec

`tableau` Tableau à trier.

`indicateur` Paramètre optionnel permettant de modifier le comportement du tri :

- `SORT_REGULAR` (valeur par défaut) : compare les éléments normalement (ne modifie pas les types).
- `SORT_NUMERIC` : compare les éléments numériquement.
- `SORT_STRING` : compare les éléments comme des chaînes de caractères.
- `SORT_LOCALE_STRING` (apparu dans la version 5.0.2) : compare les éléments en utilisant la configuration locale définie par la fonction `setlocale`.

Trier un tableau comportant des valeurs de différents types donne un résultat imprévisible.

Les variantes de fonctionnement sont les suivantes :

Fonction	Nature du tri
`sort`	Tri croissant sur la valeur, <u>sans</u> préservation des couples clé/valeur. Quelle que soit la situation de départ, après le tri, les indices du tableau sont des entiers consécutifs à partir de 0.
`rsort`	Tri décroissant sur la valeur, <u>sans</u> préservation des couples clé/valeur. Quelle que soit la situation de départ, après le tri, les indices du tableau sont des entiers consécutifs à partir de 0.
`asort`	Tri croissant sur la valeur, <u>avec</u> préservation des couples clé/valeur.
`arsort`	Tri décroissant sur la valeur, <u>avec</u> préservation des couples clé/valeur.
`ksort`	Tri croissant sur la clé, <u>avec</u> préservation des couples clé/valeur.
`krsort`	Tri décroissant sur la clé, <u>avec</u> préservation des couples clé/valeur.

Ces fonctions retournent `TRUE` en cas de succès et `FALSE` en cas d'échec.

Exemple

```
<?php
$tableau = array("c3" => "rouge","c1" => "vert",
    "c2" => "bleu");
// affichage de contrôle
echo "<B>Tableau de départ :</B><BR>";
foreach($tableau as $clé => $valeur)
  { echo "$clé => $valeur<BR>"; }
// sort
echo "<B>sort : tri sur valeur, clés non préservées</B><BR>";
$tableau_bis = $tableau;
sort($tableau_bis);
foreach($tableau_bis as $clé => $valeur)
  { echo "$clé => $valeur<BR>"; }

// asort
echo "<B>asort : tri sur valeur,
  couples clé/valeur préservés</B><BR>";
$tableau_bis = $tableau;
asort($tableau_bis);
foreach($tableau_bis as $clé => $valeur)
  { echo "$clé => $valeur<BR>"; }
// ksort
echo "<B>ksort : tri sur clé,
    couples clé/valeur préservés</B><BR>";
$tableau_bis = $tableau;
ksort($tableau_bis);
foreach($tableau_bis as $clé => $valeur)
  { echo "$clé => $valeur<BR>"; }
?>
```

Résultat

```
Tableau de départ :
c3 => rouge
c1 => vert
c2 => bleu
sort : tri sur valeur, clés non préservées
0 => bleu
1 => rouge
2 => vert
asort : tri sur valeur, couples clé/valeur préservés
c2 => bleu
c3 => rouge
c1 => vert
ksort : tri sur clé, couples clé/valeur préservés
c1 => vert
c2 => bleu
c3 => rouge
```

explode

La fonction `explode` permet de découper une chaîne selon un séparateur et de stocker les éléments dans un tableau.

Syntaxe

`tableau explode(chaîne séparateur, chaîne à_découper[, entier limite])`

`séparateur`	Séparateur recherché.
`à_découper`	Chaîne à découper.
`limite`	Si spécifié, nombre maximum d'éléments dans le tableau résultat.

Exemple

```
<?php
$liste = "bleu, blanc, rouge";
$couleurs = explode(", ",$liste);
    // séparateur = virgule+espace
foreach($couleurs as $clé => $valeur)
  { echo "$clé => $valeur<BR>"; }
?>
```

Résultat

```
0 => bleu
1 => blanc
2 => rouge
```

implode

La fonction `implode` permet de regrouper les éléments d'un tableau dans une chaîne à l'aide d'un séparateur.

`chaîne implode(chaîne séparateur, tableau éléments)`

`séparateur`	Séparateur utilisé.
`éléments`	Tableau contenant les éléments à regrouper.

Exemple

```
<?php
$couleurs = array("bleu","blanc","rouge");
$liste = implode(", ",$couleurs);
    // séparateur = virgule+espace
echo $liste;
?>
```

Résultat

```
bleu, blanc, rouge
```

str_split

La fonction `str_split` découpe une chaîne en morceaux de longueur fixe et stocke les éléments dans un tableau.

Syntaxe

```
tableau str_split(chaîne chaîne[,entier longueur])
```

`chaîne`	Chaîne à découper.
`longueur`	Longueur des morceaux (1 par défaut).

Exemple

```
<?php
$chaîne = "A1B2C3";
$tableau = str_split($chaîne,2);
foreach($tableau as $clé => $valeur) {
echo "\$tableau[$clé] = $valeur<br>";
}
?>
```

Résultat

```
$tableau[0] = A1
$tableau[1] = B2
$tableau[2] = C3
```

E. Quelques fonctions utiles sur les chaînes de caractères, les dates et les nombres

1. Préambule

L'objectif de cette section est de présenter les fonctions les plus utiles, relatives à la manipulation des chaînes de caractères et des dates, types de données très fréquemment utilisées dans les applications.

PHP propose de nombreuses fonctions ; la description de chaque fonction est accessible en ligne sur le site www.php.net.

2. Manipulation des chaînes de caractères

Les fonctions les plus utiles pour manipuler les chaînes de caractères sont les suivantes :

Nom	Rôle
`strlen`	Retourne le nombre de caractères d'une chaîne.

`strtolower`
`strtoupper`
`ucfirst`
`ucwords`
	Conversions minuscules/majuscules éventuellement limitées au(x) premier(s) mot(s).

`strcmp` `strcasecmp`	Comparaison de chaîne (sensible à la casse ou non).
`[s]printf` `v[s]printf`	Mise en forme d'une chaîne (identique aux fonctions C équivalentes).
`number_format`	Mise en forme d'un nombre.
`[l|r]trim`	Suppression de caractères "blancs".
`substr`	Extraction d'une sous-chaîne dans une chaîne.
`str_repeat`	Construction d'une chaîne par répétition de caractères.
`str[r][i]pos`	Recherche de la position d'une occurrence (caractère ou chaîne) à l'intérieur d'une chaîne.
`str[i]str` `strrchr`	Extraction de la sous-chaîne dans une chaîne commençant à partir d'une certaine occurrence d'un caractère ou d'une chaîne.
`str_[i]replace`	Remplacement des occurrences d'une chaîne par une autre chaîne.
`strtr`	Remplacent des occurrences d'un caractère par un autre caractère ou d'une chaîne par une autre chaîne.
`ereg[i]` `ereg[i]_replace`	Recherche et remplacement à l'aide d'expressions régulières.

N'oubliez pas les fonctions `explode`, `implode` et `str_split` précédemment présentées (cf. D - Tableaux, 5. Fonctions utiles).

D'autres fonctions, plus spécifiquement liées à la gestion des formulaires sont étudiées dans le chapitre 7.

strlen

La fonction `strlen` retourne le nombre de caractères d'une chaîne.

Syntaxe

```
entier strlen(chaîne chaîne)
```

`chaîne` Chaîne concernée.

strtolower - strtoupper - ucfirst - ucwords

Ces fonctions permettent de réaliser des conversions minuscules/majuscules, éventuellement limitées au(x) premier(s) mot(s) de la chaîne.

Syntaxe

```
chaîne strtolower(chaîne chaîne)
chaîne strtoupper(chaîne chaîne)
chaîne ucfirst(chaîne chaîne)
chaîne ucwords(chaîne chaîne)
```

`chaîne` Chaîne à traiter.

La fonction `strtolower` convertit tous les caractères d'une chaîne en minuscules.
La fonction `strtoupper` convertit tous les caractères d'une chaîne en majuscules.
La fonction `ucfirst` convertit le premier caractère d'une chaîne en majuscules.
La fonction `ucwords` convertit le premier caractère de chaque mot d'une chaîne en majuscules.

Exemple

```
<?php
echo "strtolower(\"OLIVIER\") = ",
    strtolower("OLIVIER"),"<BR>";
echo "strtoupper(\"olivier\") = ",
    strtoupper("olivier"),"<BR>";
echo "ucfirst(\"olivier heurtel\") = ",
    ucfirst("olivier heurtel"),"<BR>";
echo "ucwords(\"olivier heurtel\") = ",
    ucwords("olivier heurtel"),"<BR>";
?>
```

Résultat

```
strtolower("OLIVIER") = olivier
strtoupper("olivier") = OLIVIER
ucfirst("olivier heurtel") = Olivier heurtel
ucwords("olivier heurtel") = Olivier Heurtel
```

strcmp - strcasecmp

Ces fonctions permettent de comparer deux chaînes en tenant compte ou pas des majuscules et minuscules.

Syntaxe

```
entier strcmp(chaîne chaîne1,chaîne chaîne2)
entier strcasecmp(chaîne chaîne1,chaîne chaîne2)
```

`chaîne1` et `chaîne2` Chaînes à comparer.

Les deux fonctions retournent un nombre négatif si `chaîne1` est plus petit que `chaîne2`, un nombre égal à 0 si elles sont égales, et un nombre positif si `chaîne1` est plus grand que `chaîne2`.

`strcmp` est sensible à la casse alors que `strcasecmp` ne l'est pas.

Exemple

```
<?php
echo "strcmp(\"Olivier\",\"olivier\") = ",
        strcmp("Olivier","olivier"),"<BR>";
echo "strcasecmp(\"Olivier\",\"olivier\") = ",
        strcasecmp("Olivier","olivier"),"<BR>";
?>
```

Résultat

```
strcmp("Olivier","olivier") = -1
strcasecmp("Olivier","olivier") = 0
```

[s]printf

Les fonctions `printf` et `sprintf` permettent de mettre en forme une chaîne (identiques aux fonctions C équivalentes).

Syntaxe

```
chaîne sprintf(chaîne format[, mixte valeur[, ...]])
entier printf(chaîne format[, mixte valeur[, ...]])
```

`format` Chaîne de mise en forme présentant diverses directives selon les spécifications données ci-après.

`valeur` Valeur à intégrer dans la chaîne.

`sprintf` retourne le résultat mis en forme (ou `FALSE` en cas d'erreur) alors que `printf` affiche directement le résultat (comme l'instruction `echo`) et retourne la longueur de la chaîne mise en forme en cas de succès ou `FALSE` en cas d'erreur.

La chaîne `format` doit contenir une directive de formatage pour chaque argument `valeur` ; cette directive de formatage précise l'emplacement et la mise en forme de la valeur correspondante. La correspondance entre une directive de formatage et une valeur est positionnelle (première directive pour la première valeur...).

Les directives de formatage commencent par le caractère % suivi d'une à cinq informations, la dernière étant la seule obligatoire :

```
%[remplissage][alignement][longueur][précision]type
```

Les informations sont les suivantes :

`remplissage` Précise le caractère éventuellement utilisé pour le remplissage. Le caractère par défaut est l'espace. Tout autre caractère peut être employé en le mentionnant précédé d'une apostrophe (seul le caractère zéro peut être indiqué directement) : 'x indique que le caractère de remplissage est le "x".

`alignement` Précise l'alignement. Par défaut, l'alignement est à droite. Le caractère moins ("-") permet d'obtenir un alignement à gauche.

`longueur` Indique le nombre minimum de caractères de l'élément mis en forme.

`précision` Indique le nombre de chiffres utilisés pour la mise en forme d'un nombre à virgule flottante (valable uniquement si l'élément associé est un nombre).

`type` Donne le type de la valeur à insérer :
c : entier à remplacer par le caractère dont le code ASCII a cette valeur ;
d : entier à représenter comme tel ;
f : nombre à virgule flottante à représenter comme tel (tient compte de la locale utilisée) ;
F : nombre à virgule flottante à représenter comme tel (ne tient pas compte de la locale utilisée). Apparu avec la version 5.0.3 ;
s : quelconque, à représenter comme une chaîne.

Pour obtenir un caractère "%" dans le résultat final, il faut le doubler dans le format.

Quelques exemples :

Directive	Valeur	Résultat	Explication
`%d`	`1`	`1`	Nombre entier sans mise en forme particulière.
`%02d`	`1`	`01`	`02` = compléter avec le caractère zéro, pour une longueur de deux minimum.
`%f`	`1/3`	`0.333333`	Nombre à virgule flottante sans mise en forme particulière.
`%.2f`	`1/3`	`0.33`	`.2` = deux chiffres après le séparateur décimal.
`%02.3f`	`1/3`	`00.333`	`.3` = trois chiffres après le séparateur décimal. `02` = compléter avec le caractère zéro, avant le séparateur décimal, pour une longueur de deux minimum.
`%s`	`Olivier`	`Olivier`	Chaîne sans mise en forme particulière.
`%'.10s`	`Olivier`	`...Olivier`	`'.10` = compléter avec un point pour atteindre une longueur minimum de dix caractères (alignement par défaut).
`%'.-10s`	`Olivier`	`Olivier...`	`'.-10` = compléter avec un point pour atteindre une longueur minimum de dix caractères (signe - = alignement à gauche).
`%'.5.2f`	`9.9`	`....9.90`	`.2` = deux chiffres après le séparateur décimal. `'.5` = compléter avec un point pour atteindre une longueur minimum de cinq caractères avant le point décimal (alignement par défaut).

Exemple

```
<?php
echo "Mise en forme d'une date : ",
      sprintf("%02d/%02d/%04d",1,1,2001),"<BR>";
echo "Mise en forme de nombres : ",
      sprintf("1er = %01.2f - 2ème = %01.2f",
         1/3,12345678.9),"<BR>";
echo "Pourcentage : ",
      sprintf("%01.2f %%",12.3),"<BR>";
echo "Utilisation des options de remplissage :<BR>";

echo "<TT>"; // police non proportionnelle
printf("%'.-10s%'.5.2f<BR>","Livres",9.35); // printf direct
printf("%'.-10s%'.5.2f<BR>","Disques",99.9); // printf direct
echo "</TT>";
?>
```

Résultat

```
Mise en forme d'une date : 01/01/2001
Mise en forme de nombres : 1er = 0.33 - 2ème = 12345678.90
Pourcentage : 12.30 %
Utilisation des options de remplissage :
Livres........9.35
Disques......99.90
```

v[s]printf

Les fonctions `vprintf` et `vsprintf` sont identiques aux fonctions `printf` et `sprintf` mais acceptent en deuxième paramètre un tableau contenant les différentes valeurs à utiliser (à la place des paramètres multiples).

Syntaxe

```
chaîne vsprintf(chaîne format[, tableau valeurs])
entier vprintf(chaîne format[, tableau valeurs])
```

Avec

`format` Chaîne de mise en forme comprenant diverses directives selon les spécifications données précédemment.

`valeurs` Tableau donnant les valeurs à intégrer dans la chaîne.

Exemple

```
<?php
$données = array(array("Livres",9.35),array("Disques",99.9));
echo "<TT>"; // police non proportionnelle
foreach($données as $ligne) {
vprintf("%'.-10s%'.5.2f<BR>",$ligne); // printf direct
}
echo "</TT>";
?>
```

Résultat

```
Livres........9.35
Disques......99.90
```

number_format

La fonction `number_format` permet de mettre en forme un nombre.

Syntaxe

```
chaîne number_format(nombre valeur[, entier décimales[, chaîne sépara-
teur_décimal, chaîne séparateur_milliers]])
```

`valeur`	Nombre à mettre en forme.
`décimales`	Nombre de décimales (aucune partie décimale par défaut).
`séparateur_décimal`	Séparateur décimal (point par défaut).
`séparateur_milliers`	Séparateur des milliers (virgule par défaut).

La fonction peut être appelée avec un, deux ou quatre arguments, pas trois : si le troisième est fourni, le quatrième est obligatoire.

Si le nombre a une précision supérieure à celle demandée (paramètre `décimales`), le nombre est arrondi à laprécision demandée.

Exemple

```
<?php
$x = 1234.56;
echo "number_format(\"$x\") = ",
        number_format($x),"<BR>";
echo "number_format(\"$x\",1) = ",
        number_format($x,1),"<BR>";
echo "number_format(\"$x\",1,\".\",\" \") = ",
        number_format($x,1,"."," "),"<BR>";
echo "number_format(\"$x\",3,\".\",\" \") = ",
        number_format($x,3,"."," "),"<BR>";
?>
```

Résultat

```
number_format("1234.56") = 1,235
number_format("1234.56",1) = 1,234.6
number_format("1234.56",1,"."," ") = 1 234.6
number_format("1234.56",3,"."," ") = 1 234.560
```

Notez, sur ces exemples, les arrondis automatiques lorsque la précision demandée est inférieure à la précision du nombre.

ltrim - rtrim - trim

Ces fonctions permettent de supprimer les caractères "blancs", ou d'autres caractères, en début de chaîne, en fin de chaîne ou des deux côtés.

Syntaxe

```
chaîne ltrim(chaîne chaîne[, chaîne caractères])
chaîne rtrim(chaîne chaîne[, chaîne caractères])
chaîne trim(chaîne chaîne[, chaîne caractères])
```

Avec

`chaîne`	Chaîne à traiter.
`caractères`	Chaîne donnant la liste des caractères à supprimer. Si ce paramètre est absent, les caractères "blancs" sont supprimés.

Les trois fonctions retournent une chaîne égale à la chaîne initiale dans laquelle les caractères "blancs" ou les caractères spécifiés ont été supprimés au début (`ltrim avec -l` = *left* = à gauche), à la fin (`rtrim avec -r` = *right* = à droite) ou des deux côtés (`trim`).

Les caractères "blancs" sont le saut de ligne (\n = code ASCII 10), le retour chariot (\r = code ASCII 13), la tabulation (\t = code ASCII 9), le caractère NULL (\0 = code ASCII 0) et l'espace.

Exemple 1

```
<?php
$x = "\0\t\t x \n\r";
echo "strlen(\$x) = ",strlen($x),"<BR>";
echo "strlen(ltrim(\$x)) = ",strlen(ltrim($x)),"<BR>";
echo "strlen(rtrim(\$x)) = ",strlen(rtrim($x)),"<BR>";
echo "strlen(trim(\$x)) = ",strlen(trim($x)),"<BR>";
?>
```

Résultat

```
strlen($x) = 8
strlen(ltrim($x)) = 4
strlen(rtrim($x)) = 5
strlen(trim($x)) = 1
```

Exemple 2

```
<?php
$x = "***+-Olivier-+***";
echo "trim(\"$x\",\"*+-\") = ",trim($x,"*+-"),"<BR>";
?>
```

Résultat

```
trim("***+-Olivier-+***","*+-") = Olivier
```

substr

La fonction `substr` permet d'extraire une sous-chaîne dans une chaîne.

Syntaxe

```
chaîne substr(chaîne chaîne, entier début[, entier longueur])
```

`chaîne`	Chaîne à traiter.
`début`	Position du premier caractère de la sous-chaîne à extraire (attention 0 = 1er caractère).
`longueur`	Nombre de caractères à extraire (par défaut, jusqu'à la fin de la chaîne).

- Si l'argument `début` est positif, la sous-chaîne extraite commence au caractère début (0 = 1er caractère).
- Si l'argument `début` est négatif, la sous-chaîne extraite commence au caractère début en partant de la fin (-1 = dernier caractère).
- Si l'argument `longueur` n'est pas spécifié, la sous-chaîne extraite se termine à la fin de la chaîne.
- Si l'argument `longueur` est spécifié et positif, `substr` extrait le nombre de caractères indiqué par l'argument `longueur`.
- Si l'argument `longueur` est spécifié et négatif, la sous-chaîne extraite se termine à la fin de la chaîne, moins le nombre de caractères indiqué par la valeur absolue de l'argument `longueur`.

Exemple

```
<?php
//    012345678901234 => pour le contrôle
$x = "Olivier Heurtel";
echo "substr(\"$x\",8) = ",substr($x,8),"<BR>";
echo "substr(\"$x\",8,3) = ",substr($x,8,3),"<BR>";
echo "substr(\"$x\",8,-3) = ",substr($x,8,-3),"<BR>";
echo "substr(\"$x\",-7) = ",substr($x,-7),"<BR>";
echo "substr(\"$x\",-7,3) = ",substr($x,-7,3),"<BR>";
echo "substr(\"$x\",-7,-3) = ",substr($x,-7,-3),"<BR>";
?>
```

Résultat

```
substr("Olivier Heurtel",8) = Heurtel
substr("Olivier Heurtel",8,3) = Heu
substr("Olivier Heurtel",8,-3) = Heur
substr("Olivier Heurtel",-7) = Heurtel
substr("Olivier Heurtel",-7,3) = Heu
substr("Olivier Heurtel",-7,-3) = Heur
```

str_repeat

La fonction `str_repeat` permet de construire une chaîne par répétition de caractères.

Syntaxe

chaîne `str_repeat(`*chaîne* `séquence,` *entier* `répétitions)`

`séquence`	Séquence de caractères à répéter.
`répétitions`	Nombre de répétitions souhaitées.

Cette fonction a été introduite avec PHP 4.

Exemple

```
<?php
echo str_repeat("abc",3);
?>
```

Résultat

```
abcabcabc
```

strpos - strrpos - stripos - strripos

Ces fonctions permettent de rechercher la position d'une occurrence (caractère ou chaîne) à l'intérieur d'une chaîne.

Syntaxe

```
entier strpos(chaîne à_traiter, chaîne rechercher[, entier début])
entier strrpos (chaîne à_traiter, chaîne chercher[, entier début])
entier stripos(chaîne à_traiter, chaîne chercher[, entier début])
entier strripos (chaîne à_traiter, chaîne chercher[, entier début])
```

Avec

`à_traiter`	Chaîne à traiter.
`chercher`	Élément recherché.
`début`	Numéro du caractère (0 = premier caractère) à partir duquel la recherche doit être réalisée (par défaut, le début de la chaîne).

`strpos` recherche, dans la chaîne `à_traiter`, la première occurrence de la chaîne `chercher`, en commençant éventuellement au caractère numéro `début` (0 = premier caractère).

`strrpos` recherche, dans la chaîne `à_traiter`, la dernière occurrence de la chaîne `chercher`, en commençant éventuellement au caractère numéro `début` (0 = premier caractère). Si `début` est négatif (`-n`), les `n` derniers caractères de la chaîne `à_traiter` sont ignorés. Le paramètre `début` a été ajouté dans la version 5. En version 4, seul le premier caractère de la chaîne `chercher` était pris en compte.

Les deux fonctions sont sensibles à la casse (une majuscule n'est pas égale à une minuscule). Les fonctions `stripos` et `strripos` sont identiques respectivement aux fonctions `strpos` et `strrpos`, mais ne sont pas sensibles à la casse ; elles ont été introduites en version 5.

Ces quatre fonctions retournent la position de l'occurrence trouvée (0 = premier caractère) ou `FALSE` si l'élément recherché n'est pas trouvé.

`FALSE` étant équivalent à 0, il est facile de confondre le cas où l'élément n'a pas été trouvé et le cas où il a été trouvé en début de chaîne. La technique, avec PHP 4, consiste à utiliser l'opérateur de comparaison "===" (trois signes égal) qui permet de comparer la valeur et le type de deux expressions (pour plus de détail, cf. chapitre 4 - Opérateurs).

Exemple

```
<?php
//        0123456789 ... => pour le contrôle
$mail = "contact@olivier-heurtel.fr";
// strrpos
$position = strrpos($mail,"@");
echo "@ est à la position $position dans $mail<BR>";
// strpos
$position = strpos($mail,"olivier");
echo "'olivier' est à la position $position dans $mail<BR>";
```

```
// occurrence en début de chaîne
$position = strpos($mail,"contact");
if (! $position) { // mauvais test
  echo "'contact' est introuvable dans $mail<BR>";
} else {
  echo "'contact' est à la position $position
    dans $mail<BR>";
}
if ($position === FALSE) { // bon test : ===
  echo "'contact' est introuvable dans $mail<BR>";
} else {
  echo "'contact' est à la position $position
    dans $mail<BR>";
}
// occurrence non trouvée
$position = strpos($mail,"information");
if ($position === FALSE) { // bon test : ===
  echo "'information' est introuvable dans $mail<BR>";
} else {
  echo "'information' est à la position $position
    dans $mail<BR>";
}
?>
```

Résultat

```
@ est à la position 7 dans contact@olivier-heurtel.fr
'olivier' est à la position 8 dans contact@olivier-heurtel.fr
'contact' est introuvable dans contact@olivier-heurtel.fr
'contact' est à la position 0 dans contact@olivier-heurtel.fr
'information' est introuvable dans contact@olivier-heurtel.fr
```

strstr - stristr - strrchr

Ces fonctions permettent d'extraire la sous-chaîne commençant à partir d'une certaine occurrence d'un caractère ou d'une chaîne.

Syntaxe

```
chaîne strstr(chaîne à_traiter, chaîne rechercher)
chaîne stristr(chaîne à_traiter, chaîne rechercher)
chaîne strrchr(chaîne à_traiter, caractère rechercher)
```

`à_traiter`	Chaîne à traiter.
`rechercher`	Élément recherché.

`strstr` et `stristr` recherchent, dans la chaîne `à_traiter`, la première occurrence de la chaîne `rechercher`, et retournent la portion terminale de la chaîne commençant à cette occurrence (incluse). `strstr` est sensible à la casse (une majuscule est différente d'une minuscule) alors que `stristr` ne l'est pas.

`strrchr` recherche, dans la chaîne `à_traiter`, la dernière occurrence du caractère `rechercher` et retourne la portion terminale de la chaîne commençant à cette occurrence (incluse). Si `rechercher` est une chaîne de plusieurs caractères, seul le premier est pris en compte. `strrchr` est sensible à la casse.
Ces trois fonctions retournent `FALSE` si l'élément recherché n'est pas trouvé.

Exemple

```
<?php
$mail = "Olivier-Heurtel@olivier-heurtel.fr";
echo "Reste de $mail commençant par :<BR>";
// strrchr
$reste = strrchr($mail,"-");
echo "- la dernière occurrence de '-'<BR>----> $reste <BR>";
// strstr
$reste = strstr($mail,"olivier");
echo "- la première occurrence de 'olivier'
    (sensible à la casse)<BR>----> $reste <BR>";
// stristr
$reste = stristr($mail,"olivier");
echo "- la première occurrence de 'olivier'
    (insensible à la casse)<BR>----> $reste <BR>";
?>
```

Résultat

```
Reste de Olivier-Heurtel@olivier-heurtel.fr commençant par :
- la dernière occurrence de '-'
----> -heurtel.fr
- la première occurrence de 'olivier' (sensible à la casse)
----> olivier-heurtel.fr
- la première occurrence de 'olivier' (insensible à la casse)
----> Olivier-Heurtel@olivier-heurtel.fr
```

str_replace - str_ireplace

La fonction `str_replace` permet de remplacer les occurrences d'une chaîne par une autre chaîne. La recherche est sensible à la casse.

La fonction `str_ireplace` permet la même action mais n'est pas sensible à la casse ; elle a été introduite en version 5.

Syntaxe

```
mixte str_replace(mixte rechercher, mixte remplacer, mixte à_traiter[,entier
nombre])
mixte str_ireplace(mixte rechercher, mixed remplacer, mixed à_traiter
[,entier nombre])
```

`à_traiter`	Chaîne à traiter ou tableau de chaînes à traiter.
`rechercher`	Chaîne à rechercher ou tableau de chaînes à rechercher.
`remplacer`	Chaîne de remplacement ou tableau donnant une liste de chaînes de remplacement.
`nombre`	Variable permettant de récupérer le nombre de remplacements (version 5).

Si `rechercher` et `remplacer` sont des chaînes, `str_replace` recherche toutes les occurrences de `rechercher` et les remplace par `remplacer`.

Si `rechercher` et `remplacer` sont des tableaux, `str_replace` recherche toutes les occurrences de chaque élément de `rechercher` et les remplace par l'élément correspondant de `remplacer`.

Dans les deux cas, le traitement est effectué sur la chaîne `à_traiter` ou sur chaque élément de `à_traiter`, si cette dernière est un tableau.

Exemple

```
<?php
// première syntaxe
$x = "cet été, à la plage";
$rechercher = "été";
$remplacer = "hiver";
echo "<B>Première syntaxe :</B><BR>";
echo "$rechercher => $remplacer <BR>";
echo "$x => ",str_replace($rechercher,$remplacer,$x),"<BR>";
// deuxième syntaxe
$x = array("cet été, à la plage","le bateau bleu et vert");
$rechercher = array("été","plage","bleu","vert");
$remplacer = array("hiver","montagne","rouge","jaune");
echo "<B>Deuxième syntaxe :</B><BR>";
foreach($rechercher as $indice => $avant)
  { echo "$avant => $remplacer[$indice]<BR>"; }
// utilisation de la variable $nombre pour récupérer
// le nombre de remplacements
$y = str_replace($rechercher,$remplacer,$x,$nombre);
echo "$x[0] = $y[0]<BR>";
echo "$x[1] = $y[1]<BR>";
echo "$nombre remplacements<BR>";
?>
```

Résultat

```
Première syntaxe :
été => hiver
cet été, à la plage => cet hiver, à la plage
Deuxième syntaxe :
été => hiver
plage => montagne
bleu => rouge
vert => jaune
cet été, à la plage => cet hiver, à la montagne
le bateau bleu et vert => le bateau rouge et jaune
4 remplacements
```

strtr

La fonction `strtr` permet de remplacer les occurrences d'un caractère par un autre caractère ou d'une chaîne par une autre chaîne.

Syntaxe

```
chaîne strtr(chaîne à_traiter, chaîne rechercher, chaîne remplacer)
ou
chaîne strtr(chaîne à_traiter, tableau correspondance)
```

`à_traiter`	Chaîne à traiter.
`rechercher`	Chaîne donnant la liste des caractères à remplacer.
`remplacer`	Chaîne donnant la liste des caractères de remplacement.
`correspondance`	Tableau associatif donnant une correspondance chaîne à remplacer/chaîne de remplacement.

`strtr` accepte deux syntaxes, la première permettant de remplacer des caractères par d'autres, et la deuxième, de remplacer des chaînes par d'autres.

Avec la première syntaxe, la correspondance entre les caractères à remplacer et les caractères de remplacement est donnée par deux chaînes (le caractère n de la première étant à remplacer par le caractère n de la deuxième).

Avec la deuxième syntaxe, la correspondance entre les chaînes à remplacer et les chaînes de remplacement est donnée par un tableau associatif (la clé étant la chaîne à rechercher, et la valeur, la chaîne de remplacement).

Exemple

```
<?php
// première syntaxe
$x = "cet été, à la plage";
$avant = "éèà";
$après = "eea";
echo "<B>Première syntaxe :</B><BR>";
echo "$avant => $après<BR>";
echo "$x => ",strtr($x,$avant,$après),"<BR>";
// deuxième syntaxe
$x = "le bateau bleu et vert";
$correspondance = array("bleu"=>"rouge","vert"=>"jaune");
echo "Deuxième syntaxe :</B><BR>";
foreach($correspondance as $avant => $après)
  { echo "$avant => $après<BR>"; }
echo "$x => ",strtr($x,$correspondance),"<BR>";
?>
```

Résultat

```
Première syntaxe :
éèà => eea
cet été, à la plage => cet ete, a la plage
Deuxième syntaxe :
bleu => rouge
vert => jaune
le bateau bleu et vert => le bateau rouge et jaune
```

Les expressions régulières - ereg[i] - ereg[i]_replace

PHP propose plusieurs fonctions qui permettent d'effectuer des recherches ou des remplacements dans une chaîne à l'aide d'un modèle appelé "expression régulière" décrivant l'élément recherché.

Syntaxe

```
entier ereg(chaîne rechercher, chaîne à_traiter[, tableau
résultat])
entier eregi(chaîne rechercher, chaîne à_traiter[, tableau
résultat])
chaîne ereg_replace(chaîne rechercher, chaîne remplacer,
chaîne à_traiter)
chaîne eregi_replace(chaîne rechercher, chaîne remplacer,
chaîne à_traiter)
```

`à_traiter` Chaîne à traiter.

`rechercher` Chaîne donnant le modèle (l'expression régulière) de l'élément recherché.

`remplacer` Chaîne de remplacement.

`résultat` Sous forme de tableau, liste des portions de la chaîne `à_traiter` qui correspondent au modèle recherché.

`ereg` et `eregi` recherchent, dans la chaîne `à_traiter`, s'il existe une chaîne qui correspond au modèle spécifié par `rechercher` (voir ci-après pour les règles). `ereg` est sensible à la casse (une majuscule est différente d'une minuscule) alors que `eregi` ne l'est pas. Ces fonctions retournent la longueur de l'occurence trouvée si le modèle est trouvé, et `FALSE` dans le cas contraire.

En complément, si le modèle le demande (voir ci-après pour les règles) et si un troisième paramètre est fourni, les différentes portions de la chaîne `à_traiter` qui correspondent au modèle sont stockées sous forme de tableau dans le troisième paramètre.

`ereg_replace` et `eregi_replace` effectuent la recherche sur le même principe et remplacent les différentes portions de la chaîne `à_traiter` qui correspondent au modèle, par la chaîne `remplacer`. `ereg_replace` est sensible à la casse alors que `eregi_replace` ne l'est pas. Si aucune occurrence n'est trouvée, la chaîne `à_traiter` est retournée, inchangée.

Plusieurs caractères spéciaux peuvent être utilisés dans le modèle pour décrire l'élément recherché :

Caractère spécial	Signification
`^`	Si ^ est présent comme premier caractère du modèle, indique que la chaîne doit commencer par ce qui suit.
`$`	Si $ est présent comme dernier caractère du modèle, indique que la chaîne doit terminer par ce qui précède : `^abc` : doit commencer par abc. `xyz$` : doit terminer par xyz. `^abcxyz$` : doit commencer par `abcxyz` et se terminer par `abcxyz` (bref être égal à `abcxyz` !). Un modèle ne comprenant ni ^, ni $, indique que le modèle est recherché n'importe où à l'intérieur de la chaîne : `abc` : contient `abc`.
`*`	Indique que le caractère qui précède, ou la séquence qui précède (voir ci-après), peut être présente zéro, une ou plusieurs fois : `ab*c` accepte `ac, abc, abbc...`
`+`	Indique que le caractère qui précède, ou la séquence qui précède (voir ci-après), doit être présente une ou plusieurs fois : `ab+c` accepte `abc, abbc...` mais refuse `ac`.
`?`	Indique que le caractère qui précède, ou la séquence qui précède (voir ci-après), peut être présente zéro ou une fois : `ab?c` accepte `ac` et `abc` mais refuse `abbc`, `abbbc`...

{x} {x,} {x,y} Indique que le caractère qui précède, ou la séquence qui précède (voir ci-après), doit être présente exactement x fois ({x}) ou au minimum x fois ({x,}) ou entre x et y fois ({x,y}) :
ab{2}c n'accepte que abbc.
ab{2,4}c accepte abbc, abbbc, et abbbbc mais refuse abc (manque un b) ou abbbbbc (un b de trop).
ab{2,}c accepte abbc, abbbc, abbbbc... mais refuse abc (manque un b).

(...) Permet de marquer une séquence recherchée, typiquement avec les symboles relatifs au nombre d'occurrences :
a(bc)*d accepte ad, abcd, abcbdd... mais refuse abd ou acd (la séquence bc n'est pas trouvée).

x|y Recherche de x ou de y (généralement utilisé avec les parenthèses pour éviter toute confusion) :
a(b|c)*d accepte ad, abd, acd, abcd, abbcd, accbd, ... (en clair, un nombre quelconque de b ou de c situés dans n'importe quel ordre entre un a et un d).

[...] Permet de spécifier une série de caractères acceptés, soit sous la forme c1c2...cn pour une liste exhaustive précise, soit sous la forme c1-c2 pour une plage de caractères, soit en mélangeant les deux :
[abcd] accepte un caractère parmi abcd équivalent à (a|b|c|d).
[a-z] accepte un caractère compris entre a et z.
[123a-zA-z] accepte un caractère compris entre a et z, ou compris en A et Z ou égal à 1 ou 2 ou 3.
[a-zA-z0-9] accepte un caractère compris entre a et z, ou entre A et Z ou entre 0 et 9.
Une exclusion peut être spécifiée en plaçant un ^ en premier caractère à l'intérieur des crochets :
[^0-9] refuse tout caractère compris entre 0-9.
[^abc] refuse les caractères a, b et c.
Peut être combiné avec les symboles relatifs au nombre d'occurrences.
a[0-9]{1,3}b accepte toute séquence comprenant un a suivi de deux à trois caractères compris entre 0 et 9, suivi d'un b : a01b, a11b, a000b mais pas a1234b (trop de chiffres) ni a0b (pas assez de chiffres) ni a0xb (caractère parasite avant le b).
Remarque : compte tenu de sa signification particulière, le signe -, s'il est recherché en tant que tel, doit figurer en premier ou en dernier entre les crochets :
[a-z-] accepte tout caractère compris entre a et z ainsi que le caractère -.

. Indique <u>un</u> caractère quelconque :
a.b accepte toute séquence comprenant un a suivi d'un caractère quelconque, suivi d'un b : axb, ayb, mais pas ab ni axyb.
Peut être combiné avec les symboles relatifs au nombre d'occurrences.
a.{0,2}b accepte toute séquence comprenant un a, suivi de 0 à 2 caractères quelconques, suivi d'un b : ab, axb, axyb, mais pas axyzb.

\ Permet d'échapper les caractères spéciaux (`^.[$()|*+?{\`) lorsque ceux-ci sont recherchés en tant que tel, <u>sauf</u> lorsqu'il sont mentionnés entre crochets :
`a\*{2,4}b` permet de rechercher les séquences commençant par un `a` suivi de deux à quatre étoiles suivies d'un `b` (notez le `\*`).
`a[$*+]{2,4}b` permet de rechercher les séquences commençant par un `a` suivi de deux à quatre caractères (pris parmi `$`, `*` et `+`), suivis d'un `b` (pas besoin de \).

(...) Les parenthèses ont une deuxième signification lorsqu'elles englobent tout le modèle ou des parties du modèle. Elle permettent de "capturer" dans la chaîne les séquences qui répondent au modèle ou à la portion de modèle entre parenthèses. Dans le cas de l'utilisation des fonctions `ereg` et `eregi`, les portions capturées sont stockées sous forme de tableau dans le troisième paramètre (s'il est spécifié) : la première ligne (indice 0) du tableau contient une copie de la chaîne correspondant à la totalité du modèle et les portions capturées sont stockées dans les lignes suivantes. Dans le cas de l'utilisation des fonctions `ereg_replace` et `eregi_replace`, les portions capturées peuvent être reprises dans la chaîne de remplacement grâce à la notation \\n, avec n entier (0 désignant la portion de la chaîne correspondant à la totalité du modèle et les numéros 1 à n les portions capturées).

Les expressions régulières sont des outils très puissants pour effectuer des recherches dans une chaîne ou valider la conformité d'une saisie à certaines règles.

Les différents sites Web présentés dans le chapitre 1, regorgent d'exemples de code utilisant les expressions régulières.

En complément des quelques exemples présentés ci-après, le chapitre 7 illustre l'utilisation des expressions régulières pour valider la saisie d'un utilisateur.

<u>Exemple</u>

```
<?php
// vérifier qu'une chaîne commence par une lettre et
// est suivie d'au moins 3 lettres ou chiffres ou caractères
// spéciaux _#*$
// utilisation de eregi (insensible à la casse)
$chaîne = "A0_#b*1$2";
echo "$chaîne OK => ",
   (int) eregi("^[a-z][a-z0-9_#*$]{3,}",$chaîne),"<BR>";
$chaîne = "0_#b*1$2"; // ne commence pas par une lettre
echo "$chaîne : ne commence pas par une lettre => ",
   (int) eregi("^[a-z][a-z0-9_#*$]{3,}",$chaîne),"<BR>";
$chaîne = " A0_#"; // longueur insuffisante
echo "$chaîne : longueur insuffisante => ",
   (int) eregi("^[a-z][a-z0-9_#*$]{3,}",$chaîne),"<BR>";
$chaîne = " A0__#"; // caractère invalide
echo "$chaîne : caractère invalide => ",
   (int) eregi("^[a-z][a-z0-9_#*$]{3,}",$chaîne),"<BR>";
?>
```

<u>Résultat</u>

```
A0_#b*1$2 OK => 1
0_#b*1$2 : ne commence pas par une lettre => 0
A0_# : longueur insuffisante => 0
A0__# : caractère invalide => 0
```

Le résultat de `eregi` est converti en entier pour l'affichage (`0=FALSE, 1=TRUE`).

Quelques explications sur l'expression régulière utilisée (`^[a-z][a-z0-9_#*$]{3,}`) :

- `eregi` est utilisée afin de ne pas faire de différence entre majuscules et minuscules.
- `^` = commence par ...
- `[a-z]` = une lettre entre `a` et `z` (ou `A` et `Z` `eregi` étant utilisée) ...
- `[a-z0-9_#*$]{3,}` = suivi d'au moins 3 (`{3,}`) caractères parmi ceux indiqués : `a` à `z` (et donc `A` à `Z`), `0` à `9` et les caractères `_#*$`.

Exemple

```
<?php
// effectuer des remplacements simples (en l'occurrence,
// remplacer par une chaîne vide = supprimer)
$chaîne = "aBc12dEFg453hijk";
echo "Expurger $chaîne :<BR>";
echo "- des chiffres => ",
         ereg_replace("[0-9]+","",$chaîne),"<BR>";
echo "- des lettres => ",
         eregi_replace("[a-z]+","",$chaîne),"<BR>";
           // eregi_replace => insensible à la casse
?>
```

Résultat

```
Expurger aBc12dEFg453hijk :
- des chiffres => aBcdEFghijk
- des lettres => 12453
```

Exemple

```
<?php
// vérifier qu'une chaîne a une structure conforme à celle
// d'une date au format [J]J/[M]M/AAAA et récupérer
// les 3 composantes jour, mois et année.
$date = "21/09/2001";
$ok = ereg(
    "^([0-9]{1,2})/([0-9]{1,2})/([0-9]{4})$",
    $date,
    $résultat);
if ($ok) {
  echo "$date valide.
";
  echo "- jour = $résultat[1]<BR>";
  echo "- mois = $résultat[2]<BR>";
  echo "- année = $résultat[3]<BR>";
} else {
  echo "$date invalide.<BR>";
}
$date = "1/2/2001";
$ok = ereg(
    "^([0-9]{1,2})/([0-9]{1,2})/([0-9]{4})$",
    $date,
    $résultat);
if ($ok) {
  echo "$date valide.<BR>";
  echo "- jour = $résultat[1]<BR>";
  echo "- mois = $résultat[2]<BR>";
```

```
  echo "- année = $résultat[3]<BR>";
} else {
  echo "$date invalide.<BR>";
}
$date = "21/09/01";
$ok = ereg(
    "^([0-9]{1,2})/([0-9]{1,2})/([0-9]{4})$",
    $date,
    $résultat);
if ($ok) {
  echo "$date valide.<BR>";
  echo "- jour = $résultat[1]<BR>";
  echo "- mois = $résultat[2]<BR>";
  echo "- année = $résultat[3]<BR>";
} else {
  echo "$date invalide (année incomplète).<BR>";
}
$date = "210/09/2001";
$ok = ereg(
    "^([0-9]{1,2})/([0-9]{1,2})/([0-9]{4})$",
    $date,
    $résultat);
if ($ok) {
  echo "$date valide.<BR>";
  echo "- jour = $résultat[1]<BR>";
  echo "- mois = $résultat[2]<BR>";
  echo "- année = $résultat[3]<BR>";
} else {
  echo "$date invalide (jour trop long).<BR>";
}
$date = "Olivier";
$ok = ereg(
    "^([0-9]{1,2})/([0-9]{1,2})/([0-9]{4})$",
    $date,
    $résultat);
if ($ok) {
  echo "$date valide.<BR>";
  echo "- jour = $résultat[1]<BR>";
  echo "- mois = $résultat[2]<BR>";
  echo "- année = $résultat[3]<BR>";
} else {
  echo "$date invalide (rien à voir !).<BR>";
}
?>
```

Résultat

```
21/09/2001 valide.
- jour = 21
- mois = 09
- année = 2001
1/2/2001 valide.
- jour = 1
- mois = 2
- année = 2001
21/09/01 invalide (année incomplète).
210/09/2001 invalide (jour trop long).
Olivier invalide (rien à voir !).
```

Quelques explications sur l'expression régulière utilisée (`^([0-9]{1,2})/([0-9]{1,2})/([0-9]{4})$`) :

- `^` = commence par ...
- `[0-9]{1,2}` = un ou deux chiffres ...
- / = suivi du caractère " / " ...
- `[0-9]{1,2}` = un ou deux chiffres ...
- / = suivi du caractère " / " ...
- `[0-9]{4}` = suivi de quatre chiffres ...
- `$` = suivi de ... rien du tout ! La chaîne doit se terminer immédiatement.

Ce test permet de vérifier qu'une chaîne censée contenir une date est bien formée. Il convient ensuite de vérifier, avec la fonction `checkdate` par exemple, que les trois composantes correspondent à une date valide.

Exemple

```
<?php
// utiliser ereg_replace pour réorganiser une chaîne
// en l'occurrence, il s'agit de transformer une date
// au format JJ/MM/AAAA en date au format AAAA-MM-JJ
$avant = "21/09/2001";
$après = ereg_replace(
    "^([0-9]{2})/([0-9]{2})/([0-9]{4})$",
    "\\3-\\2-\\1",
    $avant);
echo "$avant => $après";
?>
```

Résultat

```
21/09/2001 => 2001-09-21
```

Dans la chaîne de remplacement, les séquences \\n désignent les trois portions capturées par les parenthèses :

- `\\1` = première (`[0-9]{2}`)= 21 ;
- `\\2` = deuxième (`[0-9]{2}`)= 09 ;
- `\\3` = troisième (`[0-9]{4}`)= 2001.

Le résultat de la recherche, qui est égal à la chaîne complète dans ce cas, est ensuite remplacé par la chaîne "`\\3-\\2-\\1`" soit `2001-09-21`.

3. Manipulation des dates

PHP ne gère pas les dates avec un type de donnée spécifique. Néanmoins, des dates peuvent être manipulées, soit sous la forme d'une chaîne de caractères, soit sous la forme d'un *timestamp* Unix (correspondant au nombre de secondes écoulées depuis le 1er janvier 1970 01:00:00).

Plusieurs fonctions permettent de manipuler les dates sous l'une ou l'autre de ces formes :

Nom	Rôle
`checkdate`	Vérifie que trois entiers représentant le jour, le mois et l'année correspondent à une date valide.
`date`	Convertit en chaîne une date donnée sous la forme d'un *timestamp* Unix.
`strftime`	Convertit en chaîne une date donnée sous la forme d'un *timestamp* Unix, en utilisant des caractéristiques locales.
`getdate`	Stocke dans un tableau les différentes composantes d'une date donnée sous la forme d'un *timestamp* Unix.
`time`	Donne le *timestamp* Unix actuel.
`mktime`	Crée un *timestamp* Unix à partir des différentes composantes d'une date.
`microtime`	Donne le *timestamp* Unix actuel accompagné du nombre de microsecondes écoulées depuis la dernière seconde.
`idate`	Donne les composantes d'une date fournie sous la forme d'un *timestamp* Unix.

checkdate

La fonction `checkdate` vérifie que trois entiers représentant le jour, le mois et l'année correspondent à une date valide.

Syntaxe

booléen `checkdate(`*entier* `mois,` *entier* `jour,` *entier* `année)`

`mois`	Numéro du mois (1 à 12).
`jour`	Numéro du jour (1 à 31).
`année`	Année (1 à 32767).

`checkdate` retourne `TRUE` si la date construite avec les trois composantes est valide et `FALSE` dans le cas contraire. Cette fonction tient compte des années bissextiles.

Exemple

```
<?php
$jour = 13; $mois = 8 ; $année = 1994;
echo "$jour/$mois/$année => ",
    var_dump(checkdate($mois,$jour,$année)),"<BR>";
$jour = 31; $mois = 9 ; $année = 2001;
echo "$jour/$mois/$année => ",
    var_dump(checkdate($mois,$jour,$année)),"<BR>";
$jour = 29; $mois = 2 ; $année = 2000;
echo "$jour/$mois/$année => ",
    var_dump(checkdate($mois,$jour,$année)),"<BR>";
$jour = 29; $mois = 2 ; $année = 2001;
echo "$jour/$mois/$année => ",
    var_dump(checkdate($mois,$jour,$année)),"<BR>";
$jour = 29; $mois = 2 ; $année = 2004;
echo "$jour/$mois/$année => ",
    var_dump(checkdate($mois,$jour,$année)),"<BR>";
?>
```

Résultat

```
13/8/1994 => bool(true)
31/9/2001 => bool(false)
29/2/2000 => bool(true)
29/2/2001 => bool(false)
29/2/2004 => bool(true)
```

date

La fonction convertit en chaîne une date donnée sous la forme d'un *timestamp* Unix.

Syntaxe

`chaîne date(chaîne format[, entier timestamp])`

`format`	Format de conversion.
`timestamp`	*Timestamp* à convertir (par défaut le *timestamp* actuel).

Le format peut être spécifié à l'aide des caractères suivants :

Caractère	Signification
d	Jour du mois, sur deux chiffres (01 à 31)
j	Jour du mois, sur un ou deux chiffres (1 à 31)
m	Numéro du mois, sur deux chiffres (01 à 12)
n	Numéro du mois, sur un ou deux chiffres (1 à 12)
Y	Année sur quatre chiffres (2001 par exemple)
y	Année sur deux chiffres (01 par exemple)
h	Heure, au format 12h, sur deux chiffres (01 à 12)
g	Heure, au format 12h, sur un ou deux chiffres (1 à 12)
H	Heure, au format 24h, sur deux chiffres (00 à 23)
G	Heure, au format 24h, sur un ou deux chiffres (0 à 23)
i	Minutes sur deux chiffres (00 à 59)
s	Secondes sur deux chiffres (00 à 59)
z	Jour de l'année (0 à 365)
w	Numéro du jour de la semaine (0 = dimanche à 6 = samedi)
a	Symbole "am"/"pm" (minuscules)
A	Symbole "AM"/"PM" (majuscules)
D	Trois premières lettres du nom du jour de la semaine (en anglais)
l (" L " minuscule)	Nom du jour de la semaine (en anglais)
M	Trois premières lettres du nom du mois (en anglais)
F	Nom du mois (en anglais)
S	Suffixe (en anglais) pour le numéro du jour ("st" ou "nd" par exemple)

Caractère	Signification
I (" i " majuscule)	1 si l'heure d'hiver est activée, 0 sinon
L	1 si l'année est bissextile, 0 sinon
t	Nombre de jours dans le mois donné (entre 28 et 31)
B	Heure Internet Swatch (000 à 999)
r	Format de date de la RFC 822 (par exemple, "Thu, 20 Sep 2001 15:47:00 +0200")
T	Abréviation du fuseau horaire de la machine (par exemple : "CEST")
U	Timestamp (!)
Z	Décalage horaire en secondes (entre -43 200 et 43 200)
c	Date au format ISO 8601 (par exemple, "2004-03-09T17:39:12+01:00")
O	Décalage horaire en heures (par exemple "+0100")
W	Numéro de la semaine dans l'année, selon la norme ISO 8601
N	Représentation numérique ISO 8601 du jour de la semaine (1 = lundi à 7 = dimanche). Ajouté dans la version 5.1.0
o	Année ISO 8601. Identique à Y
e	Nom du fuseau horaire (par exemple " Europe/Paris "). Ajouté dans la version 5.1.0
P	Décalage horaire en heures
u	Millisecondes. Ajouté dans la version 5.2.2

Depuis la version 5.1.1, des formats standards peuvent être spécifiés à l'aide de constantes, par exemple :

`DATE_ISO8601`	ISO-8601 (exemple : 2007-07-13T17:53:10+0200).
`DATE_RFC822`	RFC 822 (exemple : Fri, 13 Jul 07 17:53:10 +0200).
`DATE_RSS`	RSS (exemple : Fri, 13 Jul 2007 17:53:10 +0200).

En cas de besoin, ces différents caractères peuvent être échappés avec un anti-slash (\).

Exemple

```
<?php
// sans deuxième paramètre = utilisation du timestamp courant
echo "Format long (anglais uniquement) : ",
   date("l j F Y"),"<BR>";
echo "Date au format JJ/MM/AAAA : ",
   date("d/m/Y"),"<BR>";
echo "Date au format J/M/AA : ",
   date("j/n/y"),"<BR>";
echo "Heure : ",
   date("H:i:s"),"<BR>";
```

```
echo "Utilisation du \ : ",
   date("\N\o\u\s \s\o\m\m\e\s \l\e d/m/Y."),"<BR>";
echo "Unix a fêté sa milliardième seconde le ",
   date("d/m/Y à H:i:s",1000000000),"<BR>";
?>
```

Résultat

```
Format long (anglais uniquement) : Friday 13 July 2007
Date au format JJ/MM/AAAA : 13/07/2007
Date au format J/M/AA : 13/7/07
Heure : 17:39:33
Utilisation du \ : Nous sommes le 13/07/2007.
Unix a fêté sa milliardième seconde le 09/09/2001 à 03:46:40
```

strftime

La fonction `strftime` convertit en chaîne une date donnée sous la forme d'un *timestamp* Unix, en utilisant des caractéristiques locales.

Syntaxe

`chaîne strftime(chaîne format[, entier timestamp])`

`format` Format de conversion.

`timestamp` *Timestamp* à convertir (par défaut le *timestamp* actuel).

À la différence de la fonction `date`, `strftime` utilise les caractéristiques linguistiques locales (celles du serveur).

Le format peut être spécifié à l'aide des caractères suivants :

Caractère	Signification
%d	Numéro du jour du mois, sur deux positions, complété par un zéro (01 à 31)
%m	Numéro du mois sur deux chiffres (01 à 12)
%y	Année sur deux chiffres (par exemple 01)
%Y	Année sur quatre chiffres (par exemple 2001)
%H	Heure, au format 24h
%I (" i " majuscule)	Heure, au format 12h, sur deux chiffres (01 à 12)
%M	Minutes sur deux chiffres (00 à 59)
%S	Secondes sur deux chiffres (00 à 59)
%j	Jour de l'année sur trois chiffres (001 à 366)
%w	Numéro du jour de la semaine (0 = dimanche à 6 = samedi)
%p	Symbole "AM"/"PM" (majuscules)
%a	Nom abrégé du jour de la semaine
%A	Nom complet du jour de la semaine
%b	Nom abrégé du mois

Caractère	Signification
%B	Nom complet du mois
%U	Numéro de semaine dans l'année ; en considérant le premier dimanche de l'année comme le premier jour de la première semaine
%W	Numéro de semaine dans l'année, en considérant le premier lundi de l'année comme le premier jour de la première semaine
%Z, %z	Fuseau horaire, ou nom ou abréviation
%c	Format par défaut pour la date et l'heure
%x	Format par défaut pour la date seule
%X	Format par défaut pour l'heure seule
%%	Un caractère % littéral
%C	Numéro du siècle sur deux chiffres
%D	Identique à %m/%d/%y
%e	Numéro du jour du mois, sur deux positions, complété par un espace
%G	Année sur 4 chiffres correspondant au numéro de la semaine selon la norme ISO 8601 (voir %V)
%g	Année sur 2 chiffres correspondant au numéro de la semaine selon la norme ISO 8601 (voir %V)
%h	Nom abrégé du mois (identique à %b)
%n	Retour à la ligne
%r	Heure avec la notation AM/PM
%R	Heure avec la notation 24 h
%t	Tabulation
%T	Identique à %H:%M:%S
%u	Numéro du jour dans la semaine (1 = lundi)
%V	Numéro de la semaine dans l'année selon la norme ISO 8601

Tous les symboles ne sont pas forcément supportés sur toutes les plates-formes.

Les caractéristiques linguistiques locales peuvent être lues et modifiées par l'intermédiaire de la fonction `setlocale`.

Syntaxe

`chaîne setlocale(mixte catégorie, chaîne langue)`

`catégorie` Fonctionnalité concernée par les caractéristiques linguistiques locales et définie à l'aide d'une des constantes suivantes :
`LC_COLLATE` : comparaison de chaîne avec la fonction `strcoll` ;
`LC_CTYPE` : classification et conversions (fonction `stroupper` par exemple) ;
`LC_NUMERIC` : séparateurs décimaux ;
`LC_MONETARY` : symbole monétaire (fonction `localeconv`) ;
`LC_TIME` : formats de date (fonction `strftime`) ;
`LC_ALL` : toutes les précédentes.

`langue` Code de la langue devant gouverner la fonctionnalité associée. Extrait des valeurs possibles :
`du` : Hollande ;
`fr` : France ;
`ge` : Allemagne ;
`it` : Italie ;
`ru` : Russie ;
`sp` : Espagne ;
`sw` : Suède ;
`en` : Royaume-Uni ;
`us` : États-unis.

`setlocale` retourne la nouvelle valeur ou `FALSE` en cas d'erreur. Si le deuxième paramètre est égal à `"0"`, `setlocale` retourne simplement la valeur courante. S'il est égal à `NULL` ou `""`, `setlocale` prend la valeur correspondant à l'environnement du système d'exploitation.

Exemple

```
<?php
echo "Date au format JJ/MM/AAAA : ",
    strftime("%d/%m/%Y "),"<BR>";
echo "Date au format JJ/MM/AA : ",
    strftime("%d/%m/%y"),"<BR>";
echo "Heure : ",
    strftime("%H:%M:%S"),"<BR>";
setlocale(LC_ALL,"fr");
echo "Format long (français) : ",
    strftime("%A %d %B %Y"),"<BR>";
setlocale(LC_ALL,"en");
echo "Format long (anglais) : ",
    strftime("%A %d %B %Y"),"<BR>";
setlocale(LC_ALL,"ge");
echo "Format long (allemand) : ",
    strftime("%A %d %B %Y"),"<BR>";
setlocale(LC_ALL,"sp");
echo "Format long (espagnol) : ",
    strftime("%A %d %B %Y"),"<BR>";
?>
```

Résultat

```
Date au format JJ/MM/AAAA : 13/07/2007
Date au format JJ/MM/AA : 13/07/07
Heure : 18:22:10
Format long (français) : vendredi 13 juillet 2007
Format long (anglais) : Friday 13 July 2007
Format long (allemand) : Freitag 13 Juli 2007
Format long (espagnol) : viernes 13 julio 2007
```

getdate

La fonction `getdate` stocke, dans un tableau, les différentes composantes d'une date donnée sous la forme d'un *timestamp* Unix.

Syntaxe

```
tableau getdate([entier timestamp])
```

`timestamp` *Timestamp* à utiliser (par défaut le *timestamp* actuel).

La fonction `getdate` retourne un tableau associatif comprenant les clés suivantes :

Clé	Valeur
seconds	Secondes (0 à 59)
minutes	Minutes (0 à 59)
hours	Heures (0 à 24)
mday	Numéro du jour du mois
wday	Numéro du jour de la semaine (0 = dimanche à 6 = samedi)
mon	Numéro du mois (1 à 12)
year	Année
yday	Numéro du jour dans l'année (0 à 365)
weekday	Nom du jour de la semaine
month	Nom du mois
0	Le *timestamp*

Exemple

```
<?php
$date = getdate(); // maintenant
foreach($date as $clé => $valeur) {
  echo "$clé => $valeur<BR>";
}
?>
```

Résultat

```
seconds => 18
minutes => 26
hours => 18
mday => 13
wday => 5
mon => 7
year => 2007
yday => 193
weekday => Friday
month => July
0 => 1184343978
```

time

La fonction `time` donne le *timestamp* Unix actuel.

Syntaxe

```
entier time()
```

Exemple

```
<?php
$ts = time();
echo "timestamp Unix actuel = $ts";
?>
```

Résultat

```
timestamp Unix actuel = 1184344088
```

mktime

La fonction `mktime` crée un *timestamp* Unix à partir des différentes composantes d'une date.

Syntaxe

```
entier mktime([entier heure[, entier minutes[, entier secondes[, entier mois[, entier jour[, entier année]]]]]])
```

`heure`	Heure (0 à 23).
`minutes`	Minutes (0 à 59).
`secondes`	Secondes (0 à 59).
`mois`	Mois (1 à 12).
`jour`	Jour (1 à 31).
`année`	Année sur 2 ou 4 chiffres. L'année, sur 4 chiffres, doit être comprise entre 1902 (1970 avant la version 5.1.0) et 2038. Pour une année sur 2 chiffres, d'après la documentation, la plage 0-69 est censée correspondre à 2000-2069 et la plage 70-99 à 1970-1999. Dans la pratique, j'ai constaté des résultats différents de ceux annoncés dans la documentation, avec de plus des différences en fonction de la version ; aussi, je déconseille de spécifier l'année sur 2 chiffres.

Les paramètres omis prennent leur valeur actuelle.

La fonction `mktime` a la particularité intéressante de corriger les valeurs incorrectes en effectuant un calcul de date intelligent. Exemples :

- Le 35/12/2001 sera corrigé en 31/12/2001 + 4 jours = 04/01/2002.
- Le 30/14/2001 sera corrigé en 30/12/2001 + 2 mois = 30/02/2002 qui lui-même sera corrigé en 28/02/2002 + 2 jours = 02/03/2002.

Ce fonctionnement est très pratique pour réaliser des calculs sur les dates.

Exemple

```
<?php
$ts = mktime();
echo "mktime() = maintenant = ",
   date("d/m/Y - H:i:s",$ts),"<BR>";
$ts = mktime(1,0,0,1,1,1970);
echo "mktime(1,0,0,1,1,1970) = temps zéro d'Unix = $ts<BR>";
$ts = mktime(0,0,0,1,1,2007);
echo "mktime(0,0,0,1,1,2007) = ",
   date("d/m/Y - H:i:s",$ts),"<BR>";
$ts = mktime(0,0,0,12,31,2007);
echo "mktime(0,0,0,12,31,2007) = ",
   date("d/m/Y - H:i:s",$ts),"<BR>";
$ts = mktime(0,0,0,1,1+100,2007);
echo "100 jours après le 01/01/2007 = ",
   date("d/m/Y",$ts),"<BR>";
$ts = mktime(1,0,0,1,1+20000,1970);
echo "Unix fêtera son 20 000 ème jour le ",
   date("d/m/Y",$ts),".<BR>";
?>
```

Résultat

```
mktime() = maintenant = 14/07/2007 - 10:17:50
mktime(1,0,0,1,1,1970) = temps zéro d'Unix = 0
mktime(0,0,0,1,1,2007) = 01/01/2007 - 00:00:00
mktime(0,0,0,12,31,2007) = 31/12/2007 - 00:00:00
100 jours après le 01/01/2007 = 11/04/2007
Unix fêtera son 20 000 ème jour le 04/10/2024.
```

microtime

La fonction `microtime` retourne le *timestamp* Unix actuel avec la fraction de secondes en microsecondes.

Syntaxe

`mixte microtime([booléen type_réel])`

`type_réel` Booléen indiquant si la fonction doit retourner un nombre réel.

Sans paramètre (ou si le paramètre est évalué à `FALSE`), la fonction retourne une chaîne donnant les microsecondes suivies d'un espace et du *timestamp* Unix actuel. Si le paramètre est évalué à `TRUE`, la fonction retourne un nombre réel. Le paramètre a été introduit en version 5.

Exemple

```
<?php
// affichage de microtime sous la forme d'une chaîne
echo microtime()."<BR>";
// affichage de microtime sous la forme d'un réel
echo microtime(TRUE)."<BR>";
// pour ne conserver que les microsecondes, le plus
// simple est de transformer la chaîne en réel
echo (float) microtime()."<BR>";
?>
```

Résultat

```
0.38789700 1078854985
1078854985.3879
0.387924
```

idate

La fonction `idate` retourne les différentes composantes (année, mois, etc.) d'un *timestamp* Unix.

Syntaxe

`*entier* idate(caractère composante [,*entier* timestamp])`

`composante`	Caractère indiquant la composante souhaitée (voir ci-après).
`timestamp`	*Timestamp* à utiliser (par défaut le *timestamp* actuel).

La fonction retourne un entier correspondant à la composante demandée.

La composante peut être spécifiée à l'aide d'un des caractères suivants :

Caractère	Signification
U	Le *timestamp* !
Y	Année sur 4 chiffres
z	Jour de l'année
y	Année sur 2 chiffres
m	Numéro du mois
d	Numéro du jour du mois
H	Heure sur 24
h	Heure sur 12
i	Minutes
s	Secondes
t	Nombre de jours dans le mois
L	Année bissextile (1=oui, 0=non)
Z	Décalage horaire en secondes
B	Heure Internet Swatch
I (" i " majuscule)	Heure d'été (1)/Heure d'hiver (0)

Caractère	Signification
W	Numéro de semaine de l'année
w	Jour de la semaine (0 pour dimanche)

Exemple

```
<?php
// affichage de la date/heure courante pour contrôle
setlocale(LC_ALL,"fr");
echo strftime("%A %d %B %Y - %H:%M:%S"),"<BR>";
// extraction de différentes composantes
$composantes = str_split('UYmdHisztwW');
foreach($composantes as $composante) {
echo "$composante = ",idate($composante),"<BR>";
}
?>
```

Résultat

```
samedi 14 juillet 2007 - 10:27:48
U = 1184401668
Y = 2007
m = 7
d = 14
H = 10
i = 27
s = 48
z = 194
t = 31
w = 6
W = 28
```

4. Générer un nombre aléatoire

Les fonctions `rand` et `srand` permettent respectivement de générer des nombres aléatoires et d'initialiser le générateur de nombres aléatoires.

Syntaxe

```
srand([entier valeur])
entier rand([entier min[, entier max]])
```

`Valeur` Valeur utilisée pour initialiser le générateur de nombres aléatoires. Égale à une valeur aléatoire si non spécifiée.

`min` et `max` Bornes des nombres aléatoires à générer
Valeur par défaut de `min` = 0
Valeur par défaut de `max` = une valeur donnée par la fonction `getrandmax`

La fonction `rand` retourne un nombre aléatoire entier, compris entre la borne minimum et la borne maximum incluses.

Depuis la version 4.2, il n'est plus nécessaire d'appeler la fonction `srand` avant la fonction `rand` ; cela est fait automatiquement. De même, depuis cette version, le paramètre d'initialisation de `srand` est optionnel.

Exemple

```
<?php

// depuis la 4.2, le générateur de nombres aléatoires
// peut être appelé directement

echo rand()."<BR>";
echo rand()."<BR>";
echo rand()."<BR>";


// avant la 4.2, il fallait d'abord initialiser le
// générateur à l'aide de la fonction srand
// pour cela, il était fréquent de faire un calcul
// avec la fonction microtime

// ((float) microtime())*1000000 donne un nombre compris
// entre 0 et 999 999
srand(((float) microtime())*1000000);

// génération de nombres aléatoires
echo rand()."<BR>";
echo rand()."<BR>";
echo rand()."<BR>";

?>
```

Résultat

```
29261
20738
18963
29332
4413
7474
```

Chapitre 4 : Opérateurs

A. L'opérateur d'affectation par valeur

L'opérateur d'affectation est le signe égal (=).

Syntaxe

```
$variable = expression;
```

`expression` peut être une valeur littérale de tout type (`123, "Bonjour", TRUE`...), une autre variable ou toute expression combinant des valeurs littérales, des variables avec des fonctions et des opérateurs.

Exemple

```
<?php
$nom = "Olivier";
$indice = 1;
?>
```

Avec cette syntaxe, l'affectation s'effectue par valeur, c'est-à-dire que la valeur de l'expression située à droite du signe égal est copiée dans la variable mentionnée à gauche. Lors de l'affectation d'une variable dans une autre, la modification ultérieure de la première variable est sans effet sur la seconde.

Exemple

```
<?php
// initialisation d'une variable
$x = 1;
// affectation de la variable $x dans la variable $y
$y = $x;
// modification de la variable $x
$x = 2;
// affichage du résultat
echo "\$x = $x<BR>";
echo "\$y = $y<BR>";
?>
```

Résultat

```
$x = 2
$y = 1
```

L'opération d'affectation est une expression qui possède une valeur égale à la valeur affectée, et qui peut être utilisée directement dans une autre expression. Par exemple, la valeur de l'expression `$x=1` est `1`, et il est licite d'écrire une instruction du type `$y=($x=1)+2` affectant la valeur 3 à `$y`.

Exemple

```
<?php
// affectation en une instruction de $x et $y
$y = ($x = 1) + 2;
// affichage du résultat
echo "\$x = $x<BR>";
echo "\$y = $y<BR>";
?>
```

Résultat

```
$x = 1
$y = 3
```

Cette technique est très pratique mais peut nuire à la lisibilité du code.

Pour tous les opérateurs étudiés dans ce chapitre, des espaces peuvent être présents autour de l'opérateur.

B. L'opérateur d'affectation par référence

Depuis PHP 4, il est possible de réaliser une affectation par référence en utilisant l'opérateur &.

Syntaxe

```
$variable2 = &$variable1;
```

Avec cette syntaxe, la valeur de la variable `$variable1` n'est pas copiée dans la variable `$variable2`. La variable `$variable2` fait référence à la variable `$variable1` ; les deux variables pointent vers la même zone mémoire et la modification d'une des deux variables se répercute sur l'autre.

Exemple

```
<?php
// initialisation d'une variable
$nom = "Olivier";
// affectation dans une autre variable par référence
$patronyme = &$nom;
// affichage du résultat
echo "<B>Initialement :</B><BR>";
echo "\$nom = $nom<BR>";
echo "\$patronyme = $patronyme<BR>";
// modification de première variable
$nom = "Heurtel";
// affichage du résultat
echo "Après modification de \$nom :</B><BR>";
echo "\$nom = $nom<BR>";
echo "\$patronyme = $patronyme<BR>";
// modification de première variable
$patronyme = "Olivier";
// affichage du résultat
echo "<B>Après modification de \$patronyme :</B><BR>";
echo "\$nom = $nom<BR>";
echo "\$patronyme = $patronyme<BR>";
?>
```

Résultat

```
Initialement :
$nom = Olivier
$patronyme = Olivier
Après modification de $nom :
$nom = Heurtel
$patronyme = Heurtel
Après modification de $patronyme :
$nom = Olivier
$patronyme = Olivier
```

C. Les opérateurs arithmétiques

Les opérateurs arithmétiques sont les suivants :

Opération	Opérateur	Exemple ($x=13 et $y=8)
Somme	+	`echo $x + $y;` `=> 21`
Soustraction	-	`echo $x - $y;` `=> 5`
Multiplication	*	`echo $x * $y;` `=> 104`
Division	/	`echo $x / $y;` `=> 1.625`
Modulo (reste de la division entière du premier opérande par le deuxième)	%	`echo $x % $y;` `=> 5`
Opposé	-	`echo -$x;` `=> -13`
Préincrémentation (incrémente la variable <u>avant</u> de retourner la valeur de la variable)	++ avant l'opérande	`echo ++$x;` `=> 14`

Postincrémentation (incrémente la variable <u>après</u> avoir retourné la valeur de la variable)	++ après l'opérande	`echo $x++;`
		`=> 13`
		`echo $x;`
		`=> 14`

Prédécrémentation (décrémente la variable <u>avant</u> de retourner la valeur de la variable)	-- avant l'opérande	`echo --$x;` `=> 12`

Postdécrémentation (décrémente la variable <u>après</u> avoir retourné la valeur de la variable)	-- après l'opérande	`echo $x--;`
		`=> 13`
		`echo $x;`
		`=> 12`

D. L'opérateur de chaîne

Le seul opérateur de chaîne est l'opérateur de concaténation, égal au point (.).

Syntaxe

```
chaîne1.chaîne2;
```

Cette syntaxe retourne une chaîne égale à la première chaîne immédiatement suivie de la deuxième ; aucun séparateur n'est placé entre les deux chaînes.

Exemple

```
<?php
// utilisation de l'opérateur de concaténation sur plusieurs
// expressions littérales
echo "Olivier"." "."Heurtel"."<BR>";
// initialisation de deux variables
$prénom = "Olivier";
$nom = "Heurtel";
// utilisation de l'opérateur de concaténation avec des
// variables et des expression littérales
echo $prénom." ".$nom."<BR>";
// peut être écrit plus simplement en utilisant la
// substitution des variables
echo "$prénom $nom<BR>";
?>
```

Résultat

```
Olivier Heurtel
Olivier Heurtel
Olivier Heurtel
```

E. Les opérateurs de comparaison

Les opérateurs de comparaison sont les suivants :

Opération	Opérateur	Exemple ($x=13, $y=8, $z="8")
Égalité	==	$x == $y => FALSE $y == $z => TRUE
Égalité **et** types identiques	===	$x === $y => FALSE $y === $z => FALSE
Différent	!=	$x != $y => TRUE $y != $z => FALSE
Différent **ou** types différents	!==	$x !== $y => TRUE $y !== $z => TRUE
Inférieur	<	$x < $y => FALSE $y < $x => TRUE $y < $z => FALSE

Opération	Opérateur	Exemple ($x=13, $y=8, $z="8")
Inférieur ou égal	<=	$x <= $y => FALSE $y <= $x => TRUE $y <= $z => TRUE
Supérieur	>	$x > $y => TRUE $y > $x => FALSE $y > $z => FALSE
Supérieur ou égal	>=	$x >= $y => TRUE $y >= $x => FALSE $y >= $z => TRUE

Ne confondez pas l'opérateur d'affectation (=) avec l'opérateur de comparaison (==).

F. Les opérateurs logiques

Les opérateurs logiques sont les suivants :

Opération	Opérateur(s)	Exemple

Et logique	`and`
	`&&`
		`TRUE and TRUE => TRUE`
		`TRUE and FALSE => FALSE`
		`FALSE and FALSE => FALSE`

Ou logique	`or`
	`||`
		`TRUE or TRUE => TRUE`
		`TRUE or FALSE => TRUE`
		`FALSE or FALSE => FALSE`

Ou logique exclusif (`FALSE` si les deux opérandes sont `TRUE`)	`xor`	`TRUE xor TRUE => FALSE`
		`TRUE xor FALSE => TRUE`
		`FALSE xor FALSE => FALSE`

Non logique	`!`	`! TRUE => FALSE` `! FALSE => TRUE`

Les opérateurs `and` et `&&` ainsi que `or` et `||` sont identiques mais n'ont pas la même précédence (cf. I - Précédence des opérateurs).

G. L'opérateur ternaire

Un autre opérateur conditionnel, l'opérateur ternaire "?", fonctionne comme dans le langage C.

Syntaxe

```
expression1?expression2:expression3
```

Cette instruction retourne la valeur de `expression2` si `expression1` est évalué à `TRUE`, et la valeur de `expression3`, si expression1 est évalué à `FALSE`. Si `expression1` n'est pas de type booléen, une conversion est effectuée selon les règles décrites dans le chapitre 3.

Exemple

```
<?php
// affichage d'un message dépendant de la valeur de $nom
echo "Bonjour ".(empty($nom)?"inconnu":$nom)." ! <BR>";
// initialisation de la variable $nom
$nom = "Olivier";
// nouvelle tentative
echo "Bonjour ".(empty($nom)?"inconnu":$nom)." ! <BR>";
// autre méthode (moins lisible ?)
echo "Bonjour ".($nom?$nom:"inconnu")." ! <BR>";
?>
```

Résultat

```
Bonjour inconnu !
Bonjour Olivier !
Bonjour Olivier !
```

Sur le dernier exemple, nous exploitons le fait qu'une chaîne vide est évaluée à `FALSE` et une chaîne non vide à `TRUE`.

H. Les opérateurs combinés

Les opérateurs somme (+), différence (-), multiplication (*), division (/), modulo (%) et concaténation (.) peuvent être combinés avec l'opérateur d'affectation (=) selon la syntaxe suivante :

Syntaxe	Équivalent à
`$variable += expression`	`$variable = $variable + expression`
`$variable -= expression`	`$variable = $variable - expression`
`$variable *= expression`	`$variable = $variable * expression`
`$variable /= expression`	`$variable = $variable / expression`
`$variable %= expression`	`$variable = $variable % expression`
`$variable .= expression`	`$variable = $variable . expression`

I. Précédence des opérateurs

La précédence des opérateurs désigne l'ordre selon lequel les opérateurs sont traités dans une expression complète.

Comme dans tous les langages, les parenthèses peuvent être utilisées pour modifier l'ordre dans le traitement des opérations. Dans la pratique, n'hésitez pas à utiliser les parenthèses pour éviter tout problème et améliorer la lisibilité des expressions.

La précédence des opérateurs est la suivante, du moins prioritaire (traité en dernier) au plus prioritaire (traité en premier) :

Opérateur

or

xor

and

= += -= *= /= %= .=

?:

||

&&

== != ===

< <= > >=

+ - .

* / %

! ++ -- (int) (double) (string) (array) (object)

Chapitre 5 : Structures de contrôle

A. Les contrôles conditionnels

1. If

La structure de contrôle `if` permet une exécution conditionnelle d'instructions.

Cette structure possède deux syntaxes :

Première syntaxe

```
if (condition_1) {
  instructions_1;
[ } elseif (condition_2) {
  instructions_2; ]
[ ... ]
[ } else {
  instructions_n; ]
}
```

Deuxième syntaxe

```
if (condition_1) :
  instructions_1;
[ elseif (condition_2) :
  instructions_2; ]
[ ... ]
[ else :
  instructions_n; ]
endif;
```

Le principe de fonctionnement de la structure de contrôle `if` est le suivant :

- Si `condition_1` est vraie alors les instructions `instructions_1` sont exécutées puis le contrôle est passé aux instructions qui suivent la structure de contrôle. Par exemple, l'exécution du programme se poursuit à l'instruction qui suit directement la fin de la structure de contrôle.
- Si `condition_1` n'est pas vraie, le processus est répété pour les éventuels couples `condition_i/instructions_i` suivants, introduits par le mot clé `elseif`.
- Si aucune condition n'est vraie, les éventuelles instructions `instructions_n`, introduites par le mot clé `else` sont exécutées puis le contrôle est passé aux instructions qui suivent la structure de contrôle.

Plusieurs clauses `elseif` peuvent être présentes.

Si les expressions définissant les conditions ne sont pas de type booléen, une conversion est effectuée selon les règles évoquées dans le chapitre 3.

Exemple

```
<?php
// structure if simple
if (empty($nom)) {
  echo "Bonjour inconnu ! Je vais vous appeler Olivier.<BR>";
  $nom = "Olivier";
}
// structure if / else
if (empty($nom)) {
  echo "Bonjour inconnu !<BR>";
} else {
  echo "Bonjour $nom !<BR>";
}
// structure if / elseif / else
if (empty($nom)) {
  echo "Bonjour inconnu !<BR>";
} elseif (empty($âge)) {
  echo "Bonjour $nom ! Je ne connais pas votre âge.<BR>";
} else {
  echo "Bonjour $nom ! Vous avez $âge ans.<BR>";
}
?>
```

Résultat

```
Bonjour inconnu ! Je vais vous appeler Olivier.
Bonjour Olivier !
Bonjour Olivier ! Je ne connais pas votre âge.
```

L'écriture de la structure est parfaitement libre ; tout peut être écrit sur une ligne.

Exemple

```
<?php
if (empty($nom)) { $nom = "Olivier"; }
if (empty($nom)) { echo "Bonjour inconnu !<BR>"; }
else { echo "Bonjour $nom !<BR>"; }
?>
```

Résultat

```
Bonjour Olivier !
```

L'important est d'adopter une convention d'écriture en essayant de rendre le code le plus lisible possible (notamment en employant des indentations).

La deuxième syntaxe est surtout utilisée pour écrire une structure de contrôle sur plusieurs blocs PHP entre lesquels du code HTML est intercalé.

Deuxième syntaxe (avec incorporation de code HTML)

```
<?php if (condition_1): ?>
  code_HTML_1
[ <?php if elseif (condition_2): ?>
  code_HTML_2 ]
[ ... ]
[ <?php if else: ?>
  code_HTML_n ]
<?php if endif; ?>
```

Le principe d'analyse de la structure `if - elseif - else` est le même qu'avec la première structure, mais au lieu d'exécuter des instructions PHP, le moteur incorpore dans le résultat le code HTML associé à la condition.

Exemple

```
<?php
$nom = "Olivier";
?>
<HTML>
<HEAD><TITLE>Accueil</TITLE></HEAD>
<BODY>
<?php if (empty($nom)) : // condition PHP ?>
  <!-- Code HTML -->
  Bonjour inconnu !<BR>
<?php elseif (empty($âge)) : // suite de la condition PHP ?>
  <!-- Code HTML -->
  Je connais votre <B><FONT COLOR="green">nom</FONT></B>
  mais pas votre <B><FONT COLOR="red">âge</FONT></B>.<BR>
<?php else : // suite de la condition PHP ?>
  <!-- Code HTML -->
  Je connais votre <B><FONT COLOR="green">nom</FONT></B>
  et votre <B><FONT COLOR="green">âge</FONT></B>,
  mais je ne dirai rien !<BR>
<?php endif; // fin de la condition PHP ?>
</BODY>
</HTML>
```

Résultat

Je connais votre **nom** mais pas votre **âge**.

Cette syntaxe est réellement très pratique pour réaliser une construction conditionnelle d'une page HTML, en évitant la lourdeur de l'utilisation d'un seul bloc PHP générant tout le code HTML avec l'instruction `echo`.

2. Switch

La structure de contrôle `switch`, équivalente aux `if - elseif` multiples, est utilisée pour la comparaison du résultat d'une expression avec plusieurs résultats.

Cette structure possède deux syntaxes :

Première syntaxe

```
switch (expression) {
  case expression_1:
    instructions_1;
    [break;]
  [ case expression_2:
    instructions_2;
    [break;] ]
  [ ... ]
  [ default:
    instructions_n;
    [break;] ]
}
```

Deuxième syntaxe

```
switch (expression) :
  case expression_1 :
    instructions_1;
    [break;]
  [ case expression_2 :
    instructions_2;
    [break;] ]
  [ ... ]
  [ default :
    instructions_n;
    [break;] ]
endswitch;
```

Le principe de fonctionnement de la structure de contrôle `switch` est le suivant :

- Si `expression` est égal à `expression_i` alors les instructions associées à `instructions_i` sont exécutées et les comparaisons se poursuivent s'il n'y a pas d'instruction `break`.
- Si aucune égalité n'est trouvée, les éventuelles instructions `instructions_n` introduites par le mot clé `default`, sont exécutées.

Plusieurs clauses `case` peuvent être présentes.

Lorsqu'une égalité est vérifiée et que les instructions associées sont exécutées, l'instruction `switch` n'est pas interrompue et les expressions `case` suivantes sont évaluées. Pour interrompre l'exécution de l'instruction `switch` et l'évaluation des clauses `case`, il faut utiliser l'instruction `break` (force la sortie de la structure de contrôle).

Exemple

```
<?php
// structure switch simple
switch ($nom) {
  case "" :
    echo "Bonjour inconnu !
      Je vais vous appeler Olivier.<BR>";
    $nom = "Olivier";
  case "Olivier" :
    echo "Bonjour Maître $nom !<BR>";
  default :
    echo "Bonjour élève $nom !<BR>";
}
?>
```

Résultat (si les erreurs de niveau `E_NOTICE` ne sont pas affichées)

```
Bonjour inconnu ! Je vais vous appeler Olivier.
Bonjour Maître Olivier !
Bonjour élève Olivier !
```

Nous voyons bien, sur cet exemple, que l'instruction `switch` n'est pas interrompue lorsqu'une expression `case` est vérifiée :

- La première expression `case` est vérifiée, cela provoque l'initialisation de `$nom` et l'évaluation se poursuit.

- Ainsi, la deuxième expression `case` est vérifiée, un message est affiché et l'évaluation se poursuit.
- Au final, l'expression `default` est, elle aussi, vérifiée et un autre message est affiché.

Si ce fonctionnement n'est pas souhaité, il suffit d'ajouter des instructions `break` pour interrompre l'exécution de l'instruction `switch` lorsqu'une expression `case` est vérifiée.

Exemple

```
<?php
// structure switch simple
switch ($nom) {
  case "" :
    echo "Bonjour inconnu !
      Je vais vous appeler Olivier.<BR>";
    $nom = "Olivier";
    break;
  case "Olivier" :
    echo "Bonjour Maître $nom !<BR>";
    break;
  default :
    echo "Bonjour élève $nom !<BR>";
}
?>
```

Résultat (si les erreurs de niveau `E_NOTICE` ne sont pas affichées)

```
Bonjour inconnu ! Je vais vous appeler Olivier.
```

Comme pour le `if`, la deuxième syntaxe permet d'imbriquer du code HTML dans une structure de contrôle `switch`.

Reprise deuxième syntaxe (avec incorporation de code HTML)

```
<?php switch (expression) :
  case (expression_1) : ?
    code_HTML_1
  [ <?php case (condition_2) : ?>
    code_HTML_2 ]
  [ ... ]
  [ <?php default : ?>
    code_HTML_n ]
<?php endswitch; ?>
```

Le premier `case` doit être écrit dans le bloc PHP `switch`.

Exemple

```
<?php
$langue = "français";
?>
<HTML>
<HEAD><TITLE>Accueil</TITLE></HEAD>
<BODY>
<?php switch ($langue) : // switch
  case "anglais" : // premier case ?>
    <!-- Code HTML -->
    Hello
      <B><FONT COLOR="red">my friend</FONT></B> !<BR>
    <?php break; // break premier case ?>
```

```
  <?php case "espagnol" : // deuxième case ?>
    <!-- Code HTML -->
    ¡ Buenos dias
      <B><FONT COLOR="orange">amigo</FONT></B> !<BR>
    <?php break; // break deuxième case ?>
  <?php case "français" : // troisième case ?>
    <!-- Code HTML -->
    Salut <B><FONT COLOR="blue">mon pote</FONT></B> !<BR>
    <?php break; // break troisième case ?>
  <?php default : // default ?>
    <!-- Code HTML -->
    <B><FONT COLOR="red">???????</FONT></B><BR>
<?php endswitch ; // fin du switch ?>
</BODY>
</HTML>
```

Résultat

Salut **mon pote** !

B. Les contrôles itératifs

1. While

La structure de contrôle `while` permet d'exécuter en boucle une série d'instructions tant qu'une condition est vraie.

Comme pour les structures de contrôle conditionnelles, deux syntaxes sont disponibles.

Première syntaxe

```
while (condition) {
  instructions;
}
```

Deuxième syntaxe

```
while (condition):
  instructions;
endwhile;
```

Le principe de fonctionnement de la structure de contrôle `while` est le suivant : tant que la condition `condition` est vraie, les instructions `instructions` sont exécutées.
Si l'expression définissant la condition n'est pas de type booléen, une conversion est effectuée selon les règles évoquées dans le chapitre 3.

Exemple

```
<?php
// initialiser une variable
$nom = "OLIVIER";
// déterminer le nombre de caractères de la variable
$longueur = strlen($nom);
// initialiser un indice
$indice = 0;
// tant que l'indice est inférieur à la longueur de la chaîne
while ($indice < $longueur) {
```

```
    // afficher le caractère correspondant à l'indice suivi
    // d'un saut de ligne
    echo "$nom[$indice]<BR>";
    // incrémenter l'indice
    $indice++;
}
?>
```

Résultat

```
O
L
I
V
I
E
R
```

Classiquement, cette structure adopte les comportements suivants :

- Si la `condition` est fausse à la première itération, les instructions situées à l'intérieur de la boucle ne sont jamais exécutées.
- Si la `condition` n'est jamais fausse, les instructions à l'intérieur de la boucle sont exécutées sans fin (pas tout à fait puisque le temps d'exécution d'un script est limité par la directive de configuration `max_execution_time`).

Comme pour les structures conditionnelles, la deuxième syntaxe permet d'imbriquer du code HTML dans une structure de contrôle `while`.

```
<?php while (condition) : ?>
     code_HTML
<?php endwhile; ?>
```

Reprise deuxième syntaxe (avec incorporation de code HTML)

```
<?php
$numéro = 0;
$nombre = 5;
?>
<HTML>
<HEAD><TITLE>Saisie</TITLE></HEAD>
<BODY>
<!-- Construction d'un formulaire HTML proposant $nombre
---- (5 sur cet exemple) zones de texte -->
<FORM>
Indiquez vos cinq compétences principales :<BR>
<?php while($numéro++ <+$nombre) : // boucle PHP ?>
  <!-- Code HTML -->
  <INPUT TYPE="text" LENGTH="40"><BR>
<?php endwhile; // fin de la boucle PHP ?>
<INPUT TYPE="submit" VALUE = "OK">
</FORM>
</BODY>
</HTML>
```

Résultat

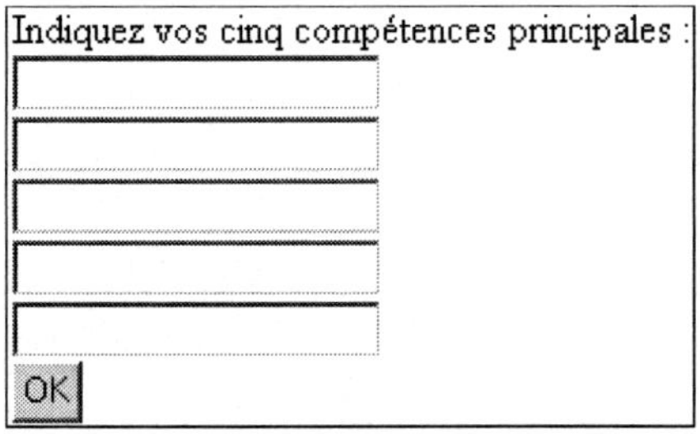

2. Do ... while

La structure de contrôle `do ... while` permet d'exécuter en boucle une série d'instructions tant qu'une condition est vraie.

Contrairement aux autres structures de contrôle, une seule syntaxe est disponible.

Syntaxe

```
do {
  instructions;
} while (expression);
```

Le principe de fonctionnement de la structure de contrôle `do ... while` est le suivant : tant que la condition `condition` est vraie, les instructions `instructions` sont exécutées. À la différence de la structure `while`, la condition est testée à la fin de la boucle ; les instructions `instructions` sont donc forcément exécutées au moins une fois.

Si l'expression définissant la condition n'est pas de type booléen, une conversion est effectuée selon les règles évoquées dans le chapitre 3.

Exemple

```
<?php
// initialiser une variable
$nom = "OLIVIER";
// déterminer le nombre de caractères de la variable
$longueur = strlen($nom);
// initialiser un indice
$indice = 0;
// tant que l'indice est inférieur à la longueur de la chaîne
do {
  // afficher le caractère correspondant à l'indice suivi
  // d'un saut de ligne
  echo "$nom[$indice]<BR>";
  // incrémenter l'indice
  $indice++;
} while ($indice < $longueur);
?>
```

Résultat

```
O
L
I
V
I
E
R
```

Sur cet exemple, les instructions de la boucle sont exécutées une fois même si la chaîne est vide. Ici, l'utilisation d'une structure `while` serait sans doute plus pertinente.

3. For

La structure de contrôle `for`, comme dans le langage C, permet d'exécuter des instructions de manière itérative, en contrôlant les itérations à l'aide de trois expressions.

Deux syntaxes sont disponibles.

Première syntaxe

```
for (expression1; expression2; expression3) {
  instructions;
}
```

Deuxième syntaxe

```
for (expression1; expression2; expression3):
  instructions;
endfor;
```

Le principe de fonctionnement de cette structure de contrôle est le suivant :

- `expression1` est exécutée une fois au démarrage de la boucle.
- `expression2` est exécutée, et le résultat est évalué comme booléen, avant chaque itération (dont la première) : si le résultat est évalué à `TRUE`, les instructions `instructions` sont exécutées ; si le résultat est évalué à `FALSE`, la boucle s'arrête et le contrôle est passé à la première instruction qui suit la construction.
- `expression3` est exécutée à la fin de chaque itération.

Dans la grande majorité des cas, la structure `for` est employée de la manière suivante :

- `expression1` initialise un compteur.
- `expression2` teste la valeur du compteur.
- `expression3` incrémente la valeur du compteur.

Cette utilisation permet d'exécuter des instructions un nombre donné de fois.

Exemple

```
<?php
// utilisation de la structure for pour parcourir un tableau
// à indices entiers consécutifs
// initialisation du tableau
$couleurs = array("bleu","blanc","rouge");
// détermination du nombre d'éléments dans le tableau
$nombre = count($couleurs);
```

```
// boucle utilisant un indice $i qui démarre à 0 ($i = 0)
// qui est incrémenté d'une unité à chaque itération ($i++) ;
// la boucle se poursuit tant que l'indice est inférieur au
// nombre d'éléments présents dans le tableau ($i < $nombre)
for ($i = 0; $i < $nombre; $i++) {
  echo "$couleurs[$i]<BR>";
};
?>
```

Résultat

```
bleu
blanc
rouge
```

Avec un peu d'habitude, il est possible de réaliser des traitements beaucoup plus complexes (au détriment parfois de la lisibilité du code) à l'aide de l'instruction `for` (éventuellement utilisée seule).

Exemple

```
<?php
// tout se passe dans l'instruction for !
for
  (
  // première itération : initialisation d'un indice $i à 1
  // et d'une variable $total à 0
  $i = 1,$total = 0;
  // condition d'arrêt de la boucle : $i = 5
  $i <= 5;
  // à chaque itération : incrémentation de $total avec le
  // valeur courante de $i puis stockage dans un tableau de
  // la valeur courante de $i juste avant de l'incrémenter
  $total += $i,$nombres[] = $i++
  );
// à la sortie de la boucle, le tableau contient la liste des
// cinq premiers entiers, et la variable $total la somme des
// cinq premiers entiers
// il ne reste plus qu'à afficher tout cela ...
echo implode($nombres,"+")."=$total";
?>
```

Résultat

```
1+2+3+4+5=15
```

De manière "classique", la deuxième syntaxe permet d'imbriquer du code HTML dans une structure de contrôle `for` :

Reprise deuxième syntaxe (avec incorporation de code html)

```
<?php for (expression1; expression2; expression3) : ?>
    code_HTML
<?php endfor; ?>
```

Exemple

```
<?php
$nombre = 5;
?>
<HTML>
<HEAD><TITLE>Saisie</TITLE></HEAD>
<BODY>
<!-- Construction d'un formulaire HTML proposant $nombre
---- (5 sur cet exemple) zones de texte -->
<FORM>
Indiquez vos cinq compétences principales :<BR>
<?php for($numéro = 1; $numéro <= $nombre; $numéro++) :
      // boucle PHP ?>
  <!-- Code HTML -->
  <INPUT TYPE="text" LENGTH="40"><BR>
<?php endfor; // fin de la boucle PHP ?>
<INPUT TYPE="submit" VALUE = "OK">
</FORM>
</BODY>
</HTML>
```

Résultat

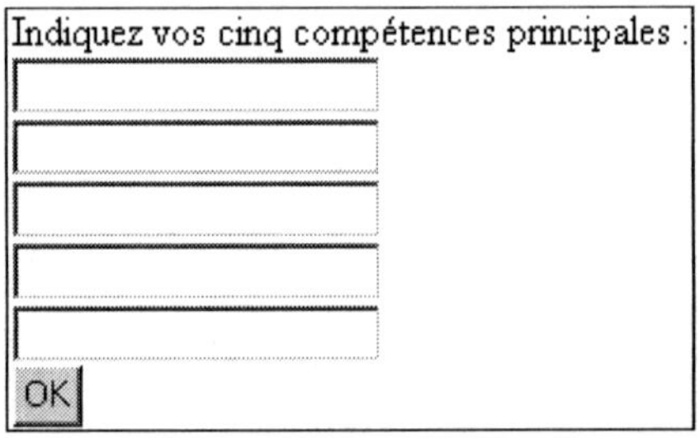

4. Continue

L'instruction `continue` peut être utilisée dans toutes les structures de contrôle itératives pour interrompre l'itération en cours et passer à l'itération suivante.

Syntaxe

```
continue [n];
continue [(n)];
```

L'instruction `continue` accepte un paramètre qui indique de combien de niveau(x) remonter si des structures de contrôle itératives sont imbriquées. Par défaut, l'instruction `continue` remonte d'un niveau.

Exemple (sans utilisation de l'instruction continue)

```
<?php
// boucle qui affiche tous les nombres composés de deux
// chiffres compris entre 1 et 3
for ($premier = 1; $premier <= 3; $premier++) {
  for ($deuxième = 1; $deuxième <= 3; $deuxième++) {
```

```
    echo "$premier$deuxième ";
  }
};
?>
```

Résultat

```
11 12 13 21 22 23 31 32 33
```

Exemple (avec utilisation de l'instruction continue)

```
<?php
// boucle qui affiche tous les nombres composés de deux
// chiffres compris entre 1 et 3
for ($premier = 1; $premier <= 3; $premier++) {
  for ($deuxième = 1; $deuxième <= 3; $deuxième++) {
    if ($deuxième == 2) {
      // passer à la suite si $deuxième = 2
      continue; // = continue 1
    }
    echo "$premier$deuxième ";
  }
};
?>
```

Résultat

```
11 13 21 23 31 33
```

Plus aucun nombre présentant un 2 en deuxième chiffre n'est affiché.

Exemple (avec utilisation de l'instruction continue - paramètre "n" = 2)

```
<?php
// boucle qui affiche tous les nombres composés de deux
// chiffres compris entre 1 et 3
for ($premier = 1; $premier <= 3; $premier++) {
  for ($deuxième = 1; $deuxième <= 3; $deuxième++) {
    if ($deuxième == 2) {
      // passer à la suite de deux niveaux si $deuxième = 2
      continue 2;
    }
    echo "$premier$deuxième ";
  }
};
?>
```

Résultat

```
11 21 31
```

Puisque le contrôle passe à la suite de la boucle principale lorsque le deuxième chiffre est égal à 2, plus aucun nombre présentant un 2, et maintenant un 3, en deuxième chiffre n'est affiché.

C. Inclure un fichier

1. Fonctionnement

Les fonctions `include`, `include_once`, `require` et `require_once` permettent d'inclure un fichier dans un script PHP.

Syntaxe

```
entier include(fichier)
entier include_once(fichier)
require(fichier)
require_once(fichier)
```

`fichier` Nom du fichier à inclure (peut être indiqué avec un chemin absolu ou relatif).

Les fonctions `include` et `include_once` retournent 1 en cas de succès et `FALSE` en cas d'erreur. Les fonctions `require` et `require_once` n'ont pas de code de retour.

En cas d'erreur, les fonctions `include` et `include_once` génèrent une simple erreur de niveau `E_WARNING` qui n'interrompt pas l'exécution du script. Ce n'est pas le cas des fonctions `require` et `require_once` qui provoquent alors une erreur fatale interrompant l'exécution du script.

Le fichier inclus peut contenir du code HTML, du code PHP ou les deux. S'il offre du code PHP, ce code doit être écrit entre les balises PHP habituelles. Le code HTML, présent dans le fichier inclus, est intégré tel quel dans la page envoyée au navigateur, comme s'il était dans le script appelant. Le code PHP, présent dans le fichier inclus, est exécuté là encore, comme s'il était dans le script appelant.

Lors de l'inclusion de code PHP, les variables et constantes, définies dans le fichier inclus sont utilisables dans le script appelant et réciproquement. Tout se passe comme s'il n'y avait qu'un seul script après l'inclusion, et donc, une portée égale à ce script pour les variables et constantes.

Il est possible d'inclure plusieurs fichiers dans un script, ou d'imbriquer les inclusions (inclure un fichier qui lui-même inclut un fichier dans un autre).

Avec les fonctions `include` et `require`, le processus d'inclusion est répété plusieurs fois si le même fichier est inclus plusieurs fois.

Dans certains cas, cette situation peut être indésirable et involontaire, notamment lorsqu'un fichier est inclus une première fois directement dans un script et une deuxième fois indirectement par l'inclusion d'un autre fichier.

Ce comportement peut être évité en utilisant les fonctions `include_once` et `require_once` qui garantissent qu'un fichier ne sera inclus qu'une fois, même s'il est appelé plusieurs fois.

L'extension du fichier à inclure est parfaitement libre. Il n'est notamment pas obligatoire d'utiliser l'extension .php pour inclure du code PHP : le fichier inclus n'est pas directement exécuté par le moteur PHP (c'est le script appelant qui l'est). Pour les fichiers inclus qui ne peuvent ou ne doivent pas être exécutés directement, il est alors possible d'utiliser une autre extension (.inc par exemple).

Exemple - Script principal

```
<?php
// déclaration d'une variable $x dans le script principal
$x = 1;
// inclusion d'un fichier
include("commun.inc");
// affichage de la variable $x
echo "Valeur de \$x dans le script principal : $x<BR>";
// affichage de la variable $y (définie dans le fichier
// inclus)
echo "Valeur de \$y dans le script principal : $y<BR>";
?>
```

Fichier inclus commun.inc

```
<!-- Démarrage du fichier d'inclusion en mode HTML (ouverture
---- d'une balise <B> qui est fermée à la fin du fichier --
<B>Début du fichier commun.inc<BR>
<?php
// déclaration d'une variable $x dans le script principal
$y = 2;
// affichage de la variable $x (définie dans le script
// appelant)
echo "Valeur de \$x dans le fichier inclus : $x<BR>";
// affichage de la variable $y
echo "Valeur de \$y dans le fichier inclus : $y<BR>";
?>
Fin du fichier commun.inc</B><BR>
```

Résultat de l'exécution du script principal

```
Début du fichier commun.inc
Valeur de $x dans le fichier inclus : 1
Valeur de $y dans le fichier inclus : 2
Fin du fichier commun.inc
Valeur de $x dans le script principal : 1
Valeur de $y dans le script principal : 2
```

Exemple - Script principal avec deux inclusions du fichier commun.inc

```
<?php
include("commun.inc");
$x = 1;
echo "Valeur de \$x dans le script principal : $x<BR>";
echo "Valeur de \$y dans le script principal : $y<BR>";
include("commun.inc");
?>
```

Résultat de l'exécution du script principal (si les erreurs de niveau `E_NOTICE` ne sont pas affichées)

```
Début du fichier commun.inc
Valeur de $x dans le fichier inclus :
Valeur de $y dans le fichier inclus : 2
Fin du fichier commun.inc
Valeur de $x dans le script principal : 1
Valeur de $y dans le script principal : 2
Début du fichier commun.inc
Valeur de $x dans le fichier inclus : 1
Valeur de $y dans le fichier inclus : 2
Fin du fichier commun.inc
```

Sur cet exemple, lors de la première inclusion, la variable `$x` n'a pas encore été définie dans le script principal et donne donc une valeur vide lors de l'affichage.

Exemple - Script principal avec deux inclusions include_once du fichier commun.inc

```
<?php
include_once("commun.inc");
$x = 1;
echo "Valeur de \$x dans le script principal : $x<BR>";
echo "Valeur de \$y dans le script principal : $y<BR>";
include_once("commun.inc");
?>
```

Résultat de l'exécution du script principal (si les erreurs de niveau `E_NOTICE` ne sont pas affichées)

```
Début du fichier commun.inc
Valeur de $x dans le fichier inclus :
Valeur de $y dans le fichier inclus : 2
Fin du fichier commun.inc
Valeur de $x dans le script principal : 1
Valeur de $y dans le script principal : 2
```

La deuxième inclusion n'est pas effectuée car le fichier a déjà été inclus et l'inclusion est demandée avec la fonction `include_once`.

Dans le fichier `php.ini`, la directive `include_path` permet de définir des chemins de recherche pour l'inclusion des fichiers.

2. Utilisation

La technique d'inclusion est pratique pour deux grands types d'utilisation :

- Inclure des définitions statiques : constantes, définitions de fonctions. Dans ce cas, il faut plutôt utiliser les fonctions `include_once` ou `require_once` afin d'éviter une éventuelle double inclusion (qui provoquerait une erreur dans la définition des fonctions).
- Inclure du code PHP ou HTML dynamique qui s'exécute effectivement au moment de l'inclusion : section HTML commune à plusieurs pages (en-tête, pied de page) ou code commun à plusieurs pages (bien que dans cette hypothèse, la définition d'une fonction soit plus pertinente). Dans ce cas, il faut plutôt utiliser les fonctions `include` ou `require` afin de garantir que l'inclusion se produit à chaque appel.

La création de fonctions personnalisées est étudiée dans le chapitre 6.

Exemple

- Fichier de définition de constantes (constantes.inc) :

```
<?php
// définition des constantes
// par exemple, le nom du site
DEFINE("NOM_SITE","monSite.com");
?>
```

- Fichier contenant le début de chaque page (début.inc) :

```
<?php
// inclusion du fichier des constantes
include_once("constantes.inc");
?>
<HTML>
<HEAD><TITLE><?php echo NOM_SITE; ?></TITLE></HEAD>
<BODY>
```

- Fichier contenant la fin de chaque page (fin.inc) :

```
</BODY>
</HTML>
```

- Script d'une page :

```
<?php
// inclusion du début de la page
include("début.inc");
?>
Contenu de la page ...
<?php
// inclusion de la fin de la page
include("fin.inc");
?>
```

Résultat (source de la page dans le navigateur)

```
<HTML>
<HEAD><TITLE>monSite.com</TITLE></HEAD>
<BODY>
Contenu de la page ...
</BODY>
</HTML>
```

D. Sortir d'une structure de contrôle

L'instruction `break` permet de sortir d'une structure `for, while, foreach` (cf. chapitre 3 - D - 3. Manipulation) ou `switch`.

Syntaxe

```
break [n];
ou
break[(n)];
```

L'instruction `break` accepte un paramètre qui indique de combien de niveau(x) remonter si des structures de contrôle sont imbriquées. Par défaut, l'instruction `break` remonte d'un niveau.

Exemple (avec utilisation de l'instruction `break`)

```
<?php
// boucle qui affiche tous les nombres composés de deux
// chiffres compris entre 1 et 3
for ($premier = 1; $premier <= 3; $premier++) {
  for ($deuxième = 1; $deuxième <= 3; $deuxième++) {
    if ($deuxième == 2) {
      // interrompre la boucle courante si $deuxième = 2
      break; // = break 1
    }
    echo "$premier$deuxième ";
  }
};
?>
```

Résultat

```
11 21 31
```

Plus aucun nombre comprenant un chiffre supérieur à 2 en deuxième chiffre n'est affiché.

Exemple (avec utilisation de l'instruction `break` - paramètre "n" = 2)

```
<?php
// boucle qui affiche tous les nombres composés de deux
// chiffres compris entre 1 et 3
for ($premier = 1; $premier <= 3; $premier++) {
  for ($deuxième = 1; $deuxième <= 3; $deuxième++) {
    if ($deuxième == 2) {
      // interrompre la boucle principale si $deuxième = 2
    break 2;
    }
    echo "$premier$deuxième ";
  }
};
?>
```

Résultat

```
11
```

La boucle principale est interrompue dès qu'un chiffre 2 est rencontré en deuxième chiffre (soit pour le nombre `12`) ; seul le nombre `11` est donc affiché.

E. Interrompre le script

Les instructions `exit` et `die` permettent d'interrompre l'exécution du script (`die` est un alias d'`exit`).

Syntaxe

```
exit[(chaîne message)];
exit[(entier statut)];
die[(chaîne message)];
die[(entier statut)];
```

`message`	Message à afficher avant d'interrompre le script.
`statut`	Statut de retour (entier entre 1 et 254). Depuis la version 4.2, cette information n'est pas affichée avant l'interruption du script.

Le script s'interrompt brutalement et l'affichage est laissé "en l'état". La page HTML envoyée au navigateur peut donc être incohérente ou vide.

Si l'instruction ou la fonction sont appelées dans un fichier inclus, c'est le script principal qui est interrompu.

Exemple (sans message)

```
<?php
// générer le début de la page
echo "Bonjour ";
// une condition n'est pas vérifiée, interrompre le script
if (empty($nom)) {
  exit(1);    // pas de message ...;
}
// poursuivre la génération de la page
echo $nom;
?>
```

Résultat

```
Bonjour
```

Exemple (avec message)

```
<?php
// générer le début de la page
echo "Bonjour ";
// une condition n'est pas vérifiée, interrompre le script
if (empty($nom)) {
   exit("Utilisateur inconnu.
      Impossible de continuer.</B>");
}
// poursuivre la génération de la page
echo $nom;
?>
```

Résultat

Bonjour **Utilisateur inconnu. Impossible de continuer.**

Chapitre 6 : Fonctions et classes

A. Fonctions

1. Introduction

À l'instar des différents langages de développement, PHP offre la possibilité de définir ses propres fonctions (appelées fonctions "utilisateur") avec tous les avantages associés (modularité, capitalisation...). Une fonction est un ensemble d'instructions identifiées par un nom, dont l'exécution retourne une valeur et dont l'appel peut être utilisé comme opérande dans une expression. Une procédure est un ensemble d'instructions identifiées par un nom qui peut être appelé comme une instruction.

2. Déclaration et appel

Le mot clé `function` permet d'introduire la définition d'une fonction.

Syntaxe

```
function nom_fonction([paramètre]) {
   instructions;
}
```

`nom_fonction` Nom de la fonction (doit respecter les règles de nommage présentées dans le chapitre 2).

`paramètre` Paramètres éventuels de la fonction exprimés sous forme d'une liste de variables (cf. A - 3. Paramètres) : `$paramètre1, $paramètre2, ...`

`instructions` Ensemble des instructions qui composent la fonction.

Si la fonction retourne une valeur, il est possible d'utiliser l'instruction `return` pour définir la valeur de retour de la fonction (cf. A - 4. Valeur de retour).

Le nom de la fonction ne doit pas être un mot réservé PHP (nom de fonction native, d'instruction) ni être égal au nom d'une autre fonction préalablement définie.

Une fonction utilisateur peut être appelée comme une fonction native de PHP : dans une affectation, dans une comparaison...

Exemple

```
<?php
// fonction sans paramètre qui affiche " Bonjour ! "
// pas de valeur de retour
function afficher_bonjour() {
  echo "Bonjour !<BR>";
}
// fonction avec 2 paramètres qui retourne le produit
// des deux paramètres
function produit($valeur1,$valeur2) {
  return $valeur1 * $valeur2;
}
// utilisation de la fonction afficher_bonjour
afficher_bonjour();
// utilisations de la fonction produit
//  - dans une affectation
$résultat = produit(2,4);
echo "$résultat<BR>";
```

```
//  - dans une comparaison
if (produit(10,12) > 100) {
  echo "Le résultat est supérieur à 100.<BR>";
}
//  - dans une affectation et une comparaison (lisibilité ?)
if (($résultat = produit(10,12)) > 100) {
  echo "$résultat est supérieur à 100.<BR>";
}
?>
```

Résultat

```
Bonjour !
8
Le résultat est supérieur à 100.
120 est supérieur à 100.
```

Dans le langage PHP, il n'existe pas à proprement parler de procédure. Pour définir quelque chose d'équivalent à une procédure, il suffit de définir une fonction qui ne retourne pas de valeur et d'appeler la fonction comme s'il s'agissait d'une instruction (comme la fonction `afficher_bonjour` par exemple).

Il est possible d'utiliser une fonction avant de la définir.

Exemple

```
<?php
// utilisation de la fonction produit
echo produit(5,5);
// définition de la fonction produit
function produit($valeur1,$valeur2) {
  return $valeur1 * $valeur2;
}
?>
```

Résultat

```
25
```

Il n'y a donc aucun problème pour définir des fonctions qui s'appellent entre elles.

Une fonction est utilisable uniquement dans le script où elle est définie. Pour l'employer dans plusieurs scripts, il faut, soit recopier sa définition dans les différents scripts (vous perdez l'intérêt de définir une fonction), soit la définir dans un fichier inclus partout où la fonction est nécessaire.

Exemple

- Fichier fonctions.inc contenant des définitions de fonctions :

```
<?php
// définition de la fonction produit
function produit($valeur1,$valeur2) {
  return $valeur1 * $valeur2;
}
?>
```

- Script utilisant les fonctions définies dans fonctions.inc :

```
<?php
// inclusion du fichier contenant la définition des fonctions
include("fonctions.inc");
// utilisation de la fonction produit
echo produit(5,5);
?>
```

Fonction variable

PHP propose une "fonction variable" qui permet de stocker un nom de fonction dans une variable et d'appeler la variable dans une instruction, comme si c'était une fonction, avec la notation `$variable()`. Sur une telle écriture, PHP remplace la variable par sa valeur et cherche à exécuter la fonction correspondante (qui doit, bien entendu, exister).

Exemple

```
<?php
// fonction qui effectue un produit
function produit($valeur1,$valeur2) {
  return $valeur1 * $valeur2;
}
// fonction qui effectue une somme
function somme($valeur1,$valeur2) {
  return $valeur1 + $valeur2;
}
// fonction qui effectue un calcul, le nom du calcul
//("somme" ou "produit") étant passé en paramètre
function calculer($opération,$valeur1,$valeur2) {
  // $opération contient le nom de la fonction
  // à exécuter => appel $opération()
  return $opération($valeur1,$valeur2);
}
// utilisation de la fonction calculer
echo calculer("somme",3,5)."<BR>";
echo calculer("produit",3,5)."<BR>";
?>
```

Résultat

```
8
15
```

3. Paramètres

Les paramètres éventuels de la fonction sont définis sous la forme d'une liste de variables.

Dans ce troisième point, nous allons étudier les possibilités suivantes :
- définir une valeur par défaut pour un paramètre ;
- passer un paramètre par référence ;
- utiliser une liste variable de paramètres (aussi appelés arguments).

Valeur par défaut

Il est possible d'indiquer qu'un paramètre possède une valeur par défaut grâce à la syntaxe suivante :

```
$paramètre = expression littérale
```

La valeur par défaut d'un paramètre doit être une expression littérale et ne peut être ni une variable, ni une fonction, ni une expression composée.

La valeur par défaut est utilisée comme valeur d'un paramètre lorsque la fonction est appelée, sans mentionner de valeur pour le paramètre en question.

Exemple

```
<?php

// définition de la fonction produit avec des valeurs
// par défaut pour les paramètres
function produit($valeur1=1,$valeur2=2) {
  return $valeur1 * $valeur2;
}
// appels
//  - sans paramètre
echo "produit() = ".produit()."<BR>";
//  - avec un seul paramètre = forcément le premier
echo "produit(3) = ".produit(3)."<BR>";
//  - avec un seul paramètre = le deuxième ?
//echo "produit(,4) = ".produit(,4)."<BR>";
    // interdit
    // => contournement ?
echo "produit(\"\",4) = ".produit("",4)."<BR>";
echo "produit(NULL,4) = ".produit(NULL,4)."<BR>";
?>
```

Résultat

```
produit() = 2
produit(3) = 6
produit("", 4) = 0
produit(NULL, 4) = 0
```

Ne pas donner de valeur à un paramètre ayant une valeur par défaut n'est possible qu'en partant de la droite. Passer une valeur de "vide" ("" ou `NULL`) ne résout pas le problème car la valeur en question est convertie par PHP dans le type adéquat (ici en entier égal à 0).

Exemples interdits de valeur par défaut

```
function produit($valeur1,$valeur2=1+1)... // pas d'expression
function produit($valeur1,$valeur2=$x)... // pas de variable
function produit($valeur1,$valeur2=time())...// pas de fonction
```

Exemple autorisé

```
define("UN",1); // définition d'une constante UN (=1)
...
function produit($valeur1=UN,$valeur2=UN)... // constante OK
```

Passer un nombre insuffisant de paramètres et ne pas avoir de valeur par défaut génère une erreur. Passer trop de paramètres ne génère pas d'erreur ; les paramètres en trop sont ignorés.

Passage par référence

Par défaut, le passage des paramètres s'effectue par valeur : c'est une copie de la valeur qui est passée à la fonction. En conséquence, la modification des paramètres à l'intérieur de la fonction n'a aucun effet sur les valeurs dans le script appelant.

Exemple

```
<?php
// définition d'une fonction qui prend un paramètre
function par_valeur($paramètre) {
  // incrémentation du paramètre
  $paramètre++;
  // affichage du paramètre à l'intérieur de la fonction
  echo "\$paramètre = $paramètre<BR>";
}
// initialisation d'une variable
$x = 1;
// affichage de la variable avant l'appel à la fonction
echo "\$x avant appel = $x<BR>";
// appel de la fonction en utilisant la variable comme valeur
// du paramètre
par_valeur($x);
// affichage de la variable après l'appel à la fonction
echo "\$x après appel = $x<BR>";
?>
```

Résultat

```
$x avant appel = 1
$paramètre = 2
$x après appel = 1
```

En cas de besoin, il est possible d'avoir un passage par référence en utilisant l'opérateur de référence & (cf. chapitre 4 - B - L'opérateur d'affectation par référence) devant le nom du paramètre dans la définition de la fonction. Avec une telle définition, c'est une référence vers la variable (plus une copie) qui est passée à la fonction ; cette dernière travaille directement sur la variable du script appelant.

Exemple

```
<?php
// définition d'une fonction qui prend un paramètre
function par_référence(&$paramètre) {
  // incrémentation du paramètre
  $paramètre++;

  // affichage du paramètre à l'intérieur de la fonction
  echo "\$paramètre = $paramètre<BR>";
}
// initialisation d'une variable
$x = 1;
// affichage de la variable avant l'appel à la fonction
echo "\$x avant appel = $x<BR>";
```

```
// appel de la fonction en utilisant la variable comme valeur
// du paramètre
par_référence($x);
// affichage de la variable après l'appel à la fonction
echo "\$x après appel = <B>$x</B><BR>";
?>
```

Résultat

```
$x avant appel = 1
$paramètre = 2
$x après appel = 2
```

Avec une telle définition, il n'est plus possible de passer une constante ou une expression comme valeur du paramètre.

Exemples interdits

```
par_référence(2);
par_référence(1+1);
par_référence(UN); // UN = constante définie précédemment
```

Liste variable de paramètres

À l'intérieur d'une fonction, il est possible d'utiliser les trois fonctions PHP suivantes :

Fonction	Rôle
`func_num_args`	Donne le nombre de paramètres passés à la fonction.
`func_get_args`	Retourne la liste des paramètres passés à la fonction (dans un tableau).
`func_get_arg`	Retourne la valeur d'un paramètre dont le numéro est précisé.

Syntaxe

```
entier func_num_args()
tableau func_get_args()
mixte func_get_arg(entier numéro)
```

`numéro` Numéro du paramètre demandé (0 = premier paramètre).

À l'aide de ces fonctions natives, il est alors très simple d'écrire une fonction qui accepte un nombre variable de paramètres. Les principes sont les suivants :

- déclarer la fonction sans paramètre ;
- récupérer, dans le corps de la fonction, les paramètres avec les fonctions `func_get_args` ou `func_get_arg` et les utiliser (typiquement dans une boucle).

Exemple

```
<?php
// fonction qui effectue le produit de tous les paramètres
function produit() {
  if (func_num_args() == 0) {
    // pas de paramètres => résultat = 0
    $résultat = 0;
  } else {
    // il y a des paramètres
    // récupérer les paramètres dans un tableau
```

```
    $paramètres = func_get_args();
    // initialiser le résultat à 1
    $résultat = 1;
    // faire une boucle sur le tableau des paramètres
    // pour multiplier le résultat par le paramètre
    foreach($paramètres as $paramètre) {
      $résultat *= $paramètre;
    }
  }
  // retourner le résultat
  return $résultat;
}
// appels
echo produit()."<BR>";
echo produit(1)."<BR>";
echo produit(1,2)."<BR>";
echo produit(1,2,3)."<BR>";
echo produit(1,2,3,4)."<BR>";
?>
```

Résultat

```
0
1
2
6
24
```

Dans la pratique, rien n'interdit aux paramètres d'être de types différents.

Par ailleurs, il est possible de déclarer explicitement les premiers paramètres et d'accepter ensuite une liste variable de paramètres complémentaires. Dans ce cas, les paramètres explicitement déclarés sont repris dans le comptage et dans la liste des paramètres. Il convient donc de les éliminer soi-même du traitement.

Supposons, par exemple, que nous souhaitons disposer d'une fonction qui permet de stocker, dans un tableau passé en premier paramètre, plusieurs couples clé/valeur passés en paramètres complémentaires.

Exemple

```
la_fonction(tableau, clé1, valeur1, clé2, valeur2, ...)
```

Résultat

Clé	Valeur
clé1	valeur1
clé2	valeur2
...	

Exemple

```
<?php
function affecte_tableau(&$tableau) {
  // le premier paramètre (tableau à alimenter) est
  // explicitement défini car il doit être passé par
  // référence (la fonction le modifie directement)
```

```
    // récupérer le nombre d'argument (tient compte
    // de &$tableau)
    $nombre_param = func_num_args();
    if ($nombre_param < 2) {
      // pas assez de paramètres => erreur (il doit y avoir au
      // minimum 3 paramètres en tout, le tableau et un couple
      // clé/valeur
      $résultat = "Pas assez de paramètres";
    } elseif ($nombre_param%2 == 0) {
      // nombre de paramètres pair => erreur (le nombre de
      // paramètres doit être impair : un paramètre pour le
      // tableau suivi de N fois deux paramètres pour les
      // couples clé/valeur)
      $résultat = "Le nombre de paramètres
        doit être impair";
    } else { // bon nombre de paramètres
      // faire une boucle pour parcourir les paramètres
      // correspondant aux couples clé/valeur, i.e. en
      // commençant au deuxième paramètre (numéro = 1) et
      // allant de deux en deux
      for($i=1;$inombre_param;$i += 2) {
        // le paramètre $i est la clé dans le tableau
        // le paramètre $i+1 est la valeur associée
        $tableau[func_get_arg($i)] = func_get_arg($i+1);
      } // for
      $résultat = ""; // résultat de la fonction (chaîne vide)
    } // if
    // retourner le résultat
    return $résultat;
  }
  // utilisation de la fonction pour remplir un tableau
  // donnant la capitale d'un pays
  // premier appel (tout le monde peut se tromper)
  affecte_tableau($capitales,"France","Lyon");
  echo "<B>Capitales (premier appel)</B><BR>";
  foreach ($capitales as $pays => $capitale) {
    echo "$pays => $capitale<BR>";
  }
  // deuxième appel (corriger pour la France et compléter)
  affecte_tableau($capitales,"Espagne","Madrid",
      "France","Paris","Italie","Rome");
  echo "<B>Capitales (deuxième appel)</B><BR>";
  foreach ($capitales as $pays => $capitale) {
    echo "$pays => $capitale<BR>";
  }
  // autre exemple avec clé alphabétique et valeur numérique
  affecte_tableau($stock,"CD",5,"Livre",10);
  echo "<B>Stock</B><BR>";
  foreach ($stock as $produit => $quantité) {
    echo "$produit => $quantité<BR>";
  }
  ?>
```

Résultat

Capitales (premier appel)
France => Lyon
Capitales (deuxième appel)
France => Paris

```
Espagne => Madrid
Italie => Rome
Stock
CD => 5
Livre => 10
```

Pour être rigoureux, il faudrait vérifier que les clés sont bien entières ou alphabétiques (par contre, la valeur peut être de n'importe quel type, même du type tableau).

4. Valeur de retour

L'utilisation de l'instruction `return` à l'intérieur d'une fonction, permet de définir la valeur de retour de la fonction et de stopper son exécution.

Syntaxe

```
return expression;
```

`expression` Expression dont le résultat constitue la valeur de retour de la fonction.

Le résultat d'une fonction peut être de n'importe quel type (chaîne, nombre, tableau...).

Si plusieurs instructions `return` sont présentes dans la fonction, c'est la première rencontrée dans le déroulement des instructions qui définit la valeur de retour et provoque l'interruption de la fonction.

Exemple

```
<?php
// définition d'une fonction avec deux appels à return
function valeur_retour($paramètre) {
  if ($paramètre == 1) {
    return "Premier return";
  }
  return "Deuxième return";
}
// appels à la fonction
echo "valeur_retour(1) = ".valeur_retour(1)."<BR>";
echo "valeur_retour(0) = ".valeur_retour(0)."<BR>";
?>
```

Résultat

```
valeur_retour(1) = Premier return
valeur_retour(0) = Deuxième return
```

Si la fonction ne présente aucune instruction `return` (ou si aucune instruction `return` n'est exécutée), la valeur de retour de la fonction est `NULL`.

5. Considérations sur les variables utilisées dans les fonctions

Variable locale

Les variables utilisées à l'intérieur d'une fonction sont locales : elles sont non définies en dehors de la fonction et initialisées à chaque appel de la fonction. Il en est de même des paramètres de la fonction.

Réciproquement, une variable définie en dehors de la fonction (dans le script appelant) n'est pas définie à l'intérieur de la fonction.

Exemple

```
<?php
// définition d'une fonction
function variable_locale() {
  // initialisation de deux variables $x et $z à l'intérieur
  // de la fonction
  $x = 0;
  $z = 3;
  // affichage des variables $x, $y et $z
  echo "Valeur de \$x dans la fonction = $x<BR>";
  echo "Valeur de \$y dans la fonction = $y<BR>";
  echo "Valeur de \$z dans la fonction = $z<BR>";
}
// initialisation de deux variables $x et $y dans le script
// appelant
$x = 1;
$y = 2;
// appel de la fonction
variable_locale();
// affichage des variables $x, $y et $z
echo "<P>";
echo "Valeur de \$x dans le script = $x<BR>";
echo "Valeur de \$y dans le script = $y<BR>";
echo "Valeur de \$z dans le script = $z<BR>";
?>
```

Résultat (si les erreurs de niveau `E_NOTICE` ne sont pas affichées)

```
Valeur de $x dans la fonction = 0
Valeur de $y dans la fonction =
Valeur de $z dans la fonction = 3

Valeur de $x dans le script = 1
Valeur de $y dans le script = 2
Valeur de $z dans le script =
```

Cet exemple illustre les points suivants :

- La variable `$x` de la fonction et celle du script sont deux variables différentes.
- La variable `$y` définie dans le script n'existe pas dans la fonction.
- La variable `$z` définie dans la fonction n'existe pas dans le script.

Variable globale

PHP propose une notion de variable globale pour accéder, dans une fonction, aux variables définies dans le contexte du script appelant.

Pour cela, à l'intérieur de la fonction, il faut déclarer les variables globales que la fonction utilise avec l'instruction `global`.

Syntaxe

```
global $variable[, ...];
```

`$variable` Variable du script appelant que la fonction souhaite utiliser. Plusieurs variables peuvent être mentionnées, en les séparant par une virgule.

Exemple

```
<?php
// définition d'une fonction
function variable_globale() {
  // définition des variables globales (ici $x)
  global $x;
  // affichage de $x au début de la fonction
  echo "Valeur de \$x au début de la fonction = $x<BR>";
  // modification de $x et initialisation de $z à l'intérieur
  // de la fonction
  $x = 0;
  $z = 3;
  // affichage des variables $x, $y et $z
  echo "Valeur de \$x à la fin de la fonction = $x<BR>";
  echo "Valeur de \$y dans la fonction = $y<BR>";
  echo "Valeur de \$z dans la fonction = $z<BR>";
}
// initialisation de deux variables $x et $y dans le script
// appelant
$x = 1;
$y = 2;
// appel de la fonction
variable_globale();
// affichage des variables $x, $y et $z
echo "<P>";
echo "Valeur de \$x dans le script = $x<BR>";
echo "Valeur de \$y dans le script = $y<BR>";
echo "Valeur de \$z dans le script = $z<BR>";
?>
```

Résultat (si les erreurs de niveau `E_NOTICE` ne sont pas affichées)

```
Valeur de $x au début de la fonction = 1
Valeur de $x à la fin de la fonction = 0
Valeur de $y dans la fonction =
Valeur de $z dans la fonction = 3

Valeur de $x dans le script = 0
Valeur de $y dans le script = 2
Valeur de $z dans le script =
```

À la différence de l'exemple initial, la variable $x est maintenant définie à l'entrée de la fonction et sa modification dans la fonction change la valeur dans le script appelant : c'est la même variable qui est utilisée.

Il est possible, sans déclaration, d'accéder aux variables globales à l'intérieur d'une fonction, en utilisant un tableau associatif `$GLOBALS` géré par PHP. Dans ce tableau associatif, la clé est égale au nom de la variable globale (sans le $), et la valeur, à la valeur de la variable globale.

Exemple

```
<?php
// définition d'une fonction
function variable_globale() {
  // affichage de variables globales en utilisant le tableau
  // $GLOBALS
  echo "Valeur de \$x au début de la fonction =
    $GLOBALS[x]<BR>";
  echo "Valeur de \$y au début de la fonction =
      $GLOBALS[y]<BR>";
  // modification de variables globales en utilisant le tableau
  $GLOBALS["x"]++;
  $GLOBALS["y"]++;
}
// initialisation de deux variables $x et $y dans le script
// appelant
$x = 1;
$y = 2;
// appel de la fonction
variable_globale();
// affichage des variables $x, $y et $z
echo "<P>";
echo "Valeur de \$x dans le script = $x<BR>";
echo "Valeur de \$y dans le script = $y<BR>";
?>
```

Résultat

```
Valeur de $x au début de la fonction = 1
Valeur de $y au début de la fonction = 2

Valeur de $x après dans le script = 2
Valeur de $y après dans le script = 3
```

Un paramètre d'une fonction se comporte comme une variable locale à la fonction, sauf, s'il est passé par référence, auquel cas, il est équivalent à une variable globale.

Variable statique

Par défaut, les variables locales d'une fonction sont réinitialisées à chaque appel de la fonction.

L'instruction `static` permet de définir des variables locales statiques qui ont pour propriété de conserver leur valeur d'un appel à l'autre de la fonction, pendant la durée du script.

Syntaxe

```
static $variable = expression_littérale[, ...];
```

`$variable`	Variable concernée.
`expression_littérale`	Valeur initiale affectée à la variable lors du premier appel à la fonction à l'intérieur du script. Seules les expressions littérales et les constantes sont acceptées ; les expressions composées ou les fonctions ne sont pas autorisées.

Exemple

```
<?php
// définition d'une fonction
function variable_statique() {
  // définition d'une variable statique
  static $variable_statique = 0;
  // initialisation d'une autre variable
  $autre_variable = 0;
  // affichage des deux variables
  echo "\$variable_statique = $variable_statique <BR>";
  echo "\$autre_variable = $autre_variable<BR>";
  // incrémentation des deux variables
  $variable_statique++;
  $autre_variable++;
}
// premier appel de la fonction
echo "<B>Premier appel de la fonction :</B><BR>";
variable_statique();
// autres instructions ...
// deuxième appel de la fonction
echo "<B>Deuxième appel de la fonction :</B><BR>";
variable_statique();
// autres instructions ...
// troisième appel de la fonction
echo "<B>Troisième appel de la fonction :</B><BR>";
variable_statique();
?>
```

Résultat

```
Premier appel de la fonction :
$variable_statique = 0
$autre_variable = 0
Deuxième appel de la fonction :
$variable_statique = 1
$autre_variable = 0
Troisième appel de la fonction :
$variable_statique = 2
$autre_variable = 0
```

Cet exemple montre que la valeur de `$variable_statique` est bien conservée d'un appel à l'autre, le premier appel permettant de l'initialiser. Par contre, la variable `$autre_variable` est remise à 0 à chaque appel de la fonction.

> La valeur n'est conservée que pendant la durée du script : lorsque ce dernier se termine, la valeur est perdue et, au prochain appel du script, la variable statique est réinitialisée.

6. Les constantes et les fonctions

Dans le chapitre 3, nous avons observé que la portée des constantes était le script dans lequel elles sont définies.

À la différence des variables, cette portée s'étend aux fonctions appelées dans le script : une constante peut être utilisée à l'intérieur de la fonction sans qu'elle soit déclarée globale.

Réciproquement, une constante définie dans une fonction peut être utilisée dans un script, après appel de la fonction.

Exemple

```
<?php
// définition d'une constante dans le script
define("CONSTANTE_SCRIPT","constante script");
// définition d'une fonction
function constante() {
  // qui définit une constante
  define("CONSTANTE_FONCTION","constante fonction");
  // qui affiche une constante du script appelant
  echo "Dans la fonction, CONSTANTE_SCRIPT = ".
    CONSTANTE_SCRIPT."<BR>";
}
// appel de la fonction
constante();
// affichage de la constante définie dans la fonction
echo "Dans le script, CONSTANTE_FONCTION = ".
    CONSTANTE_FONCTION."<BR>";
?>
```

Résultat

```
Dans la fonction, CONSTANTE_SCRIPT = constante script
Dans le script, CONSTANTE_FONCTION = constante fonction
```

7. Récursivité

À l'instar de nombreux langages, PHP autorise la récursivité, c'est-à-dire la possibilité pour une fonction de s'appeler elle-même.

Pour illustrer cette notion, nous allons écrire une fonction générique qui permet d'afficher le contenu d'un tableau, éventuellement multidimensionnel.

Exemple

```
<?php
function afficher_tableau($tableau,$titre="",$niveau=0) {
  // Paramètres
  //  - $tableau = tableau dont il faut afficher le contenu
  //  - $titre = titre à afficher au-dessus du contenu
  //  - $niveau = niveau d'affichage
  // s'il y a un titre, l'afficher
  if ($titre != "") {
    echo "<P><B>$titre</B><BR>\n";
  }
  // tester s'il y a des données
  if (isset($tableau)) { // il y a des données
    // parcourir le tableau passé en paramètre
    reset ($tableau);
    while (list ($cle, $valeur) = each ($tableau)) {
      // afficher la clé (avec indentation fonction
      // du niveau)
      echo
        str_pad("",12*$niveau, " ").
         htmlentities($cle)." = ";
```

```
        // afficher la valeur
        if (is_array($valeur)) { // c'est un tableau ...
         // mettre une balise <BR>
         echo "<BR>";
          // et appeler récursivement afficher_tableau pour
          // afficher le tableau en question (sans titre et au
          // niveau supérieur pour l'indentation)
          afficher_tableau($valeur,"",$niveau+1);
      } else { // c'est une valeur scalaire
          // afficher la valeur
          echo htmlentities($valeur)."<BR>";
      }
    }
  } else { // pas de données
     // mettre une simple balise <BR>
     echo "<BR>\n";
  }
}
// Afficher un tableau de couleurs
$couleurs = array("Bleu","Blanc","Rouge");
afficher_tableau($couleurs,"Couleurs");
// Afficher un tableau de pays
$pays = array("FR" => "France","IT" => "Italie");
afficher_tableau($pays,"Pays");
// Afficher un tableau à deux dimensions (couleurs et pays)
$cp = array("couleurs" => $couleurs,"pays" => $pays);
afficher_tableau($cp,"Couleurs & Pays");
?>
```

Résultat

```
Couleurs
0 = Bleu
1 = Blanc
2 = Rouge

Pays
FR = France
IT = Italie

Couleurs & Pays
couleurs =
   0 = Bleu
   1 = Blanc
   2 = Rouge
pays =
   FR = France
   IT = Italie
```

Pour être rigoureux, il faudrait vérifier que la variable passée initialement en premier paramètre est bien un tableau.

Nous allons utiliser cette fonction à plusieurs reprises dans cet ouvrage, partant de l'hypothèse qu'elle fait partie d'un jeu de fonctions génériques définies dans un fichier qui est inclus dans le script en cas de besoin.

B. Classes

1. Concept

En version 5, la gestion des objets dans PHP a été complètement réécrite afin d'offrir de meilleures performances et plus de fonctionnalités.

PHP propose maintenant des fonctionnalités classiques de programmation orientée objet :
- définition de classe ;
- utilisation de méthodes constructeur et destructeur ;
- notions d'attribut ou de méthode public, privé, protégé ;
- héritage ;
- notions de classe ou méthode abstraite, de classe ou méthode finale, d'interface, d'attribut ou méthode statique (de classe) ;
- exceptions.

Une classe est un type composite regroupant des variables (appelées attributs de la classe) et des fonctions (appelées méthodes de la classe). En soi, une classe ne contient pas de données ; c'est juste un modèle, une définition.

À partir de la classe, il est possible de définir ("instancier") des objets qui ont la structure de la classe et qui, eux, contiennent des données.

Dans cette partie, nous allons présenter les fonctionnalités de base les plus couramment utilisées : c'est une introduction pratique aux fonctionnalités objet de PHP. Pour plus d'informations, reportez-vous à la documentation de PHP.

2. Définir une classe

Le mot clé `class` permet d'introduire la définition d'une classe.

Syntaxe

```
class nom_classe {
 // définition des attributs
 [
 public | private | protected $attribut [= expression_littérale];
 ...
 ]
 // définition des méthodes
 [
 [public | private | protected] function méthode() {
  ...
 }
 ...
 ]
}
```

`nom_classe`	Nom de la classe (doit respecter les règles de nommage présentées dans le chapitre 2).
`$attribut`	Nom d'une variable correspondant à un attribut de la classe.

`expression_littérale` Valeur initiale de l'attribut. Seules les expressions littérales et les constantes sont acceptées ; les expressions composées ou les fonctions ne sont pas autorisées.

`méthode` Définition d'une fonction correspondant à une des méthodes de la classe.

La visibilité des attributs et des méthodes est définie par un des mots clés suivants :

`public` L'attribut ou la méthode sont publics et l'on peut y accéder de l'extérieur de la classe.

`private` L'attribut ou la méthode sont privés et l'on ne peut y accéder que de l'intérieur de la classe.

`protected` L'attribut ou la méthode sont protégés et l'on ne peut y accéder que de l'intérieur de la classe ou des classes dérivées de la classe (voir la notion d'héritage).

Par défaut, une méthode est publique. Par contre, la visibilité de l'attribut doit être spécifiée.

Ces variantes ont été introduites en version 5. En version 4, les attributs et méthodes sont obligatoirement publics et le mot clé `var` (équivalent à `public`) est utilisé pour introduire la définition d'un attribut (pas de mot clé pour les méthodes).

Les méthodes sont définies comme des fonctions utilisateur classiques (avec paramètres, instruction `return ...`), mais, à l'intérieur de la classe. Une méthode d'une classe peut avoir le même nom qu'une fonction utilisateur ou qu'une autre méthode d'une autre classe.

Une des méthodes peut porter le même nom que la classe dans laquelle elle est définie. Cette méthode particulière, nommée méthode constructeur, est automatiquement appelée à la création ("instanciation") d'un nouvel objet. Généralement, cette méthode est utilisée pour initialiser des attributs qui ne peuvent l'être par une simple expression littérale. En version 5, la méthode constructeur d'une classe peut être nommée de manière unifiée `__construct`. Cette méthode de nommage est conseillée car elle facilite l'appel de la méthode constructeur d'une classe parent dans une classe dérivée (voir la notion d'héritage). En premier, PHP recherche toujours une méthode nommée `__construct` ; s'il n'en trouve pas, il recherche une méthode portant le même nom que la classe.

En complément, en version 5, il est possible de spécifier une méthode destructeur nommée `__destruct` (pas de paramètre). Cette méthode destructeur est automatiquement appelée lorsque la dernière référence à un objet est supprimée. Cette méthode peut être utilisée pour libérer des ressources utilisées par l'objet (du type fichier, informations dans une base de données, etc.).

Enfin, toujours en version 5, il est possible de spécifier une méthode nommée `__toString` (pas de paramètre) qui permet de convertir un objet en chaîne. Cette méthode est automatiquement appelée à chaque fois que l'objet est utilisé dans un contexte où PHP attend une chaîne (par exemple dans un `echo`). Cette méthode doit retourner une chaîne dans laquelle vous pouvez intégrer les informations que vous souhaitez sur l'objet.

À l'intérieur des méthodes, l'objet courant (ou instance courante) peut être référencé par la variable `$this` ; pour accéder aux attributs ou aux méthodes, il suffit d'utiliser l'opérateur `->` suivi du nom de l'attribut ou du nom de la méthode, derrière le nom de la variable `$this`.

Syntaxe

```
$this->attribut
$this->méthode([valeur[, ...]])
```

Le signe $ porte sur le nom de la variable `this`, pas sur le nom de l'attribut.

Exemple

```
<?php
// définition d'une classe destinée à stocker des informations
// sur un utilisateur
class utilisateur {
  // définition des attributs
  public $nom; // nom de l'utilisateur
  public $prénom; // prénom de l'utilisateur
  public $langue = "fr"; // langue de l'utilisateur
     // français par défaut
  private $timestamp; // date/heure de création
     // attribut privé
  // définition des méthodes
  //  - méthode constructeur
  public function __construct($prénom,$nom) {
    // initialiser le nom et le prénom
    // avec les valeurs passées en paramètre
    $this->prénom = $prénom;
    $this->nom = $nom;
    // initialiser le timestamp avec la fonction time()
    $this->timestamp = time();
  }
  //  - méthode destructeur
  public function __destruct() {
    // se contente d'afficher un message
    echo "<P><B>Suppression de $this->nom</B>";
  }
  //  - méthode de conversion de l'objet en chaîne
  public function __toString() {
    // retourne juste le nom et le prénom
    return "__toString = $this->nom - $this->prénom";
  }
  //  - méthode qui modifie la langue de l'utilisateur
  public function langue($langue) {
    $this->langue = $langue;
  }
 //  - méthode (privée) qui met en forme la date/heure
  //     de création de l'utilisateur
  private function miseEnFormeTimestamp() {
    setlocale(LC_TIME,$this->langue);
    return strftime("%c", $this-timestamp);
  }
  //  - méthode qui donne des informations sur l'utilisateur
  public function informations() {
    $création = $this->miseEnFormeTimestamp();
```

```
    return "$this->prénom $this->nom - $création";
  }
}
?>
```

Une classe est utilisable uniquement dans le script où elle est définie. Pour pouvoir l'employer dans plusieurs scripts, il faut, soit recopier sa définition dans les différents scripts (vous perdez l'intérêt de la définition d'une classe), soit la définir dans un fichier qui est inclus partout où la classe est utilisée.

3. Instancier une classe

Instancier une classe signifie créer un objet basé sur la définition de la classe. Dans une certaine mesure, cela revient à définir une variable ayant comme "type", la classe.

L'instanciation s'effectue grâce à l'opérateur `new`.

Syntaxe

```
$nom_objet = new nom_classe[(valeur[, ...])]
```

`$nom_objet`	Variable destinée à stocker l'objet.
`nom_classe`	Nom de la classe qui sert de "modèle" à l'objet.
`valeur`	Paramètre éventuel passé à la méthode constructeur de la classe appelée lors de la création de l'objet.

Après création de l'objet, les attributs et méthodes publics de l'objet peuvent être atteints avec l'opérateur ->, sur la variable `$nom_objet`, comme avec la variable `$this`.

Il n'y a pas de protection des attributs publics des objets ; ils peuvent être manipulés directement.

Exemple

```
<?php
// inclusion du fichier qui contient la définition de la
// classe utilisateur présentée précédemment
include("classes.inc");
// instanciation d'un objet
$moi = new utilisateur("Olivier","Heurtel");
  // la variable $moi contient maintenant un objet
  // basé sur la classe utilisateur
  // les méthodes sont accessibles par l'opérateur ->
// utilisation des méthodes de l'objet
echo "$moi->informations()."<BR>";
$moi->langue("us"); //modification de la langue
echo $moi->informations()."<BR>";
// ou directement des attributs publics
$moi->nom = strtoupper($moi->nom);
echo $moi->nom."<BR>";
// affichage direct de l'objet = utilisation de __toString
echo $moi."<BR>";
```

```
// tentative d'accès à un attribut privé = erreur
echo $moi->timestamp;
?>
```

Résultat

```
Olivier Heurtel - 16/07/2007 07:12:47
Olivier Heurtel - 7/16/2007 7:12:47 AM
HEURTEL
__toString = HEURTEL - Olivier

Fatal error: Cannot access private property utilisateur::$timestamp in
d:\scripts php\index.php on line 20
```

Notez le message d'erreur sur la tentative d'accès à l'attribut privé `$timestamp`.

Les variables objet peuvent être substituées comme les autres (cf. chapitre 3 - C - Types de données), dans les chaînes de caractères délimitées par des guillemets doubles.

Exemple

```
<?php
// inclusion du fichier qui contient la définition de la
// classe utilisateur présentée précédemment
include("classes.inc");
// instanciation d'un objet
$moi = new utilisateur("Olivier","Heurtel");
// affichage
echo "\$moi->nom = $moi->nom";
?>
```

Résultat

```
$moi->nom = Heurtel

Suppression de HEURTEL
```

En cas de besoin, les accolades peuvent être utilisées pour délimiter la variable à l'intérieur de la chaîne.

Les règles de portée et de durée de vie des variables s'appliquent aux objets (cf. chapitre 3 - B - 2. Portée et durée de vie).

4. Héritage

Il est possible de définir une nouvelle classe qui hérite d'une classe existante avec le mot clé `extends`.

Syntaxe

```
class nom_classe extends nom_classe_de_base{
 // définition des attributs supplémentaires
 [
 public | private | protected $attribut [= expression_littérale];
 ...
 ]
```

```
 // définition des méthodes supplémentaires
 [
 public | private | protected function méthode() {
  ...
 }
 ...
 ]
}
```

La signification des différents éléments est la même que pour la définition d'une classe.

La nouvelle classe créée est appelée classe fille et la classe de base (qui a servi de "moule" à cette création) est nommée classe mère.

La nouvelle classe possède implicitement les attributs et méthodes de la classe de base et peut en définir de nouveaux, notamment une classe constructeur nommée `__construct`. Si la classe fille n'a pas de méthode constructeur, c'est la méthode constructeur de la classe mère qui est appelée lors de l'instanciation d'un objet sur la classe fille.

Quand la méthode constructeur existe dans la classe fille, il n'y a pas d'appel automatique à la méthode constructeur de la classe mère : si nécessaire, il faut l'appeler explicitement en utilisant `parent::__construct()`.

Exemple

```
<?php
// définition d'une classe de base
class utilisateur {
 // définition des attributs
 public $nom; // nom de l'utilisateur
 public $prénom; // prénom de l'utilisateur
 // définition des méthodes
 //  - méthode constructeur
 public function __construct($prénom,$nom) {
  // initialiser le nom et le prénom
  // avec les valeurs passées en paramètre
  $this->prénom = $prénom;
  $this->nom = $nom;
 }
 //  - méthode qui donne les informations sur l'utilisateur
 public function informations() {
  return "$this->prénom $this->nom";
 }
}
// définition d'une classe qui hérite de la première
class utilisateur_couleur extends utilisateur{
 // définition des attributs complémentaires
 public $couleurs; // couleurs préférées de l'utilisateur
 // définition des méthodes complémentaires
 //  - méthode constructeur
 public function __construct($prénom,$couleurs) {
  // appel au constructeur de la classe mère
  // pour la première partie de l'initialisation
  parent::__construct ($prénom,"X");
  // initialisation spécifique complémentaire
$this->couleurs = explode(",",$couleurs);
 }
```

```
  // - liste des couleurs préférées de l'utilisateur
  public function couleurs() {
   return implode(",",$this->couleurs);
  }
}
// instanciation d'un objet sur la classe fille
$moi = new utilisateur_couleur("Olivier","bleu,blanc,rouge");
// utilisation des méthodes
//  - de la classe mère
echo $moi->informations()."<BR>"; // existe par héritage
//  - de la classe fille
echo $moi->couleurs()."<BR>"; // existe dans la classe
?>
```

Résultat

```
Olivier X
bleu,blanc,rouge
```

Dans une classe fille, il est possible de redéclarer une méthode ou un attribut qui existe dans la classe mère. Dans ce cas, l'opérateur `parent::` peut être utilisé pour faire référence explicitement aux attributs (`parent::attribut`) ou méthodes (`parent::méthode()`) de la classe mère et lever l'ambiguïté du nommage (cet opérateur peut être utilisé même s'il n'y a pas d'ambiguïté).

5. Autres fonctionnalités sur les classes

Les différentes fonctionnalités présentées dans cette section ont été introduites en version 5.

a. Classe ou méthode abstraite

Une classe abstraite est une classe qui ne peut pas être instanciée (pas de création d'objet sur la classe). Par contre, une telle classe peut servir de base à la définition d'une classe fille qui pourra être instanciée (sauf si elle est elle-même abstraite).

Une méthode abstraite est une méthode qui est définie dans une classe (elle-même obligatoirement abstraite) mais pas implémentée (le code de la méthode n'est pas présent). Une telle méthode pourra être implémentée dans une classe fille. Depuis la version 5.0.5, une méthode abstraite ne peut pas être privée.

En terme de syntaxe, il suffit de mettre le mot clé `abstract` devant la définition de la classe ou de la méthode.
Une classe fille qui n'implémente pas toutes les méthodes abstraites de la classe mère est implicitement abstraite (même si le mot clé `abstract` n'est pas présent).

Exemple

```
<?php
// définition d'une classe abstraite
abstract class classeMère {
   // attribut protégé
   protected $x;
   // deux méthodes pour accéder à l'attribut protégé
   //    - pour lire
   public function get() {
```

```
        return "GET = $this->x";
    }
    //    - pour écrire
    //       > méthode abstraite
    abstract public function put($valeur);
}
// définition d'une classe fille qui hérite de la classe mère
class classeFille extends classeMère {
    // implémentation de la méthode d'écriture
    public function put($valeur) {
        $this->x = $valeur;
    }
}
// utilisation de la classe fille
$objet = new classeFille();
$objet->put(123);
echo $objet->get(),"<BR>";
?>
```

Résultat

```
GET = 123
```

b. Classe ou méthode finale

On ne peut hériter d'une classe finale.
Une méthode finale ne peut pas être redéfinie dans une classe fille.
En terme de syntaxe, il suffit de mettre le mot clé `final` devant la définition de la classe ou de la méthode.

Exemple 1

```
<?php
// définition d'une classe mère avec une méthode finale
class classeMère {
    final public function méthodeFinale() {
        echo "Méthode finale dans la classe mère";
    }
}
// définition d'une classe fille qui hérite de la classe mère
class classeFille extends classeMère {
    // tentative de modification de la classe finale
    public function méthodeFinale() {
        echo "Méthode finale dans la classe fille";
    }
}
?>
```

Résultat

```
Fatal error: Cannot override final method
classeMère::méthodeFinale() in d:\scripts php\index.php on line 14
```

Exemple 2

```
<?php
// définition d'une classe mère finale
final class classeMère {
    public $x;
}
```

```
// tentative de définition d'une classe fille qui hérite
// de la classe mère
class classeFille extends classeMère {
    public $y;
}
?>
```

Résultat

```
Fatal error: Class classeFille may not inherit from final class
(classeMère) in d:\scripts php\index.php on line 10
```

c. Interface

Une interface est une classe qui ne contient que des spécifications de méthodes sans implémentations. Une interface ne contient pas d'attribut non plus.

D'autres classes peuvent être ensuite définies et implémenter une ou plusieurs interfaces, c'est-à-dire implémenter les méthodes d'une ou plusieurs interfaces.

Syntaxe de définition d'une interface

```
interface nom_interface {
    // définition des méthodes
    [public] function méthode();
    ...
}
```

`nom_interface`	Nom de l'interface (doit respecter les règles de nommage présentées dans le chapitre 2).
`méthode`	Spécification d'une méthode de l'interface.

Les méthodes d'une interface sont forcément publiques ; le mot clé `public` peut être omis.

Il est possible de définir une nouvelle classe qui implémente une ou plusieurs interfaces avec le mot clé `implements`.

Syntaxe

```
class nom_classe implements nom_interface1,nom_interface2,... {
...
}
```

Une telle classe doit implémenter les différentes méthodes des interfaces qu'elle implémente. Si l'une des méthodes des interfaces n'est pas implémentée, la classe doit être déclarée abstraite.

Exemple

```
<?php
// définition de deux interfaces
interface lecture {
    function get();
}
interface écriture {
    function put($valeur);
}
```

```
// définition d'une classe qui implémente les deux interfaces
class uneClasse implements lecture,écriture {
    // définition d'un attribut quelconque
    private $x;
    // implémentation de la méthode de lecture
    public function get() {
        return $this->x;
    }
    // implémentation de la méthode d'écriture
    public function put($valeur) {
        $this->x = $valeur;
    }
}
?>
```

d. Attribut ou méthode statique-Constante de classe

Un attribut ou une méthode statique est utilisable directement sans instanciation préalable d'un objet. On parle aussi d'attribut ou de méthode de classe.

Pour définir un attribut ou une méthode statique, il suffit de placer le mot clé `static` devant la définition de l'attribut ou de la méthode.
Pour référencer un attribut ou une méthode statique, il faut utiliser la syntaxe `nom_classe::$nom_attribut` ou `nom_classe::nom_méthode()`.

Une constante de classe est une constante définie dans une classe utilisable directement sans instanciation préalable d'un objet (comme un attribut de classe, mais constant).

Syntaxe de définition d'une constante de classe

```
const nom_constante = valeur;
```

`nom_constante`	Nom de la constante.
`valeur`	Valeur de la constante.

Une constante de classe est implicitement publique.
Pour référencer une constante de classe, il faut utiliser la syntaxe `nom_classe::nom_constante`.

Exemple

```
<?php
// définition d'une classe
class uneClasse {
    // attribut privé quelconque
    private $x;

    // attribut privé statique pour stocker
    // le nombre d'objets instanciés
    static private $nombre = 0;
    // constante de classe pour définir une valeur
    // par défaut
    const DEFAUT = "X";
    // fonction publique statique qui retourne le
    // nombre d'objets
    static public function nombreObjets() {
        return uneClasse::$nombre;
    }
```

```
    // méthode constructeur
    //     - récupérer la valeur de l'attribut (valeur par défaut
    //       = la constante de classe)
    //     - incrémenter le nombre d'objets
    public function __construct($valeur = uneClasse::DEFAUT) {
        $this->x = $valeur;
        uneClasse::$nombre++;
        echo "Création de l'objet : $this->x<BR>";
    }
    // méthode destructeur
    //     - décrémenter le nombre d'objets
    public function __destruct() {
        uneClasse::$nombre--;
        echo "Suppression de l'objet : $this->x<BR>";
    }
}
// créer deux objets
$inconnu = new uneClasse();
$abc = new uneClasse ("ABC");
// afficher le nombre d'objets
echo uneClasse::nombreObjets()," objet(s)<BR>";
// "supprimer" un objet
unset($inconnu);
// afficher le nombre d'objets
echo uneClasse::nombreObjets()," objet(s)<BR>";
?>
```

Résultat

```
Création de l'objet : X
Création de l'objet : ABC
2 objet(s)
Suppression de l'objet : X
1 objet(s)
Suppression de l'objet : ABC
```

6. Exceptions

Les langages de programmation objet comme C++ et Java utilisent la notion d'exception pour gérer les erreurs. Cette fonctionnalité a été introduite dans la gestion des objets de PHP en version 5.

Le principe consiste à inclure le code susceptible de générer des erreurs dans un bloc `try` et à lui associer un bloc `catch` destiné à intercepter les erreurs et à les traiter :

Structure générale

```
try {
    // code susceptible de générer des erreurs
    ...
} catch (Exception $e) {
    // code destiné à traiter les erreurs
    ...
}
```

La classe `Exception` est une classe qui contient notamment les méthodes suivantes :

`__construct`	Méthode constructeur acceptant deux paramètres : un message d'erreur et un code d'erreur (optionnel).
`getMessage`	Méthode permettant de récupérer le message d'erreur.
`getCode`	Méthode permettant de récupérer le code d'erreur.

À l'intérieur du bloc `try`, une exception peut être levée par une instruction du type `throw new Exception(message[,code])`. Dans le bloc `catch`, les méthodes `getMessage` et `getCode` permettent de récupérer des informations sur l'erreur et de la traiter. En cas d'exception dans un bloc `try`, le traitement se branche directement dans le bloc `catch` : le reste du bloc `try` n'est pas exécuté.

Exemple

```
<?php
// définition d'une classe
class uneClasse {
    // un attribut quelconque
    private $x;
    // méthode constructeur
    public function __construct($valeur) {
        $this->x = $valeur;
    }
    // méthode qui effectue une action quelconque
    public function action() {
        // pour une raison donnée l'action est interdite
        // si l'attribut est négatif : une exception est levée
        if ($this->x < 0) {
            throw new Exception("Action interdite",123);
        }
    }
}
// créer deux objets
$objet = new uneClasse(1);
try {
    echo "Objet 1 : ";
    $objet->action(); // ne va pas lever d'exception
    echo "OK<BR>";
} catch (Exception $e) {
    echo "ERREUR ",$e->getCode()," - ",$e->getMessage(),"<BR>";
}
$objet = new uneClasse(-1);
try {
    echo "Objet 2 : ";
    $objet->action(); // va lever une exception
    echo "OK<BR>";
} catch (Exception $e) {
    echo "ERREUR ",$e->getCode()," - ",$e->getMessage(),"<BR>";
}
?>
```

Résultat

```
Objet 1 : OK
Objet 2 : ERREUR 123 - Action interdite
```

Chapitre 7 : Gestion des formulaires

A. Vue d'ensemble

1. Petit rappel sur les formulaires

Le formulaire est un outil de base indispensable pour les sites Web dynamiques puisqu'il permet à l'utilisateur de saisir des informations et donc d'interagir avec le site.

Un formulaire HTML est défini entre les balises `<FORM>` et `</FORM>`.

Syntaxe

```
<FORM
  [ ACTION="url_de_traitement" ]
  [ METHOD="GET"|"POST" ]
  [ NAME="nom_formulaire" ]
>
...
</FORM>
```

Les options de la balise `<FORM>` sont les suivantes :

`ACTION` URL relative ou absolue (*Uniform Resource Locator*), qui va traiter le formulaire, en ce qui nous concerne, un script PHP. Si rien n'est spécifié, la même URL que la page est utilisée.

`METHOD` Mode de transmission vers le serveur des informations saisies dans le formulaire.
GET (valeur par défaut) : les données du formulaire sont transmises dans l'URL.
POST : les données du formulaire sont transmises dans le corps de la requête.

`NAME` Nom du formulaire. Si la page HTML contient plusieurs formulaires, le nom permet de les différencier. En ce qui nous concerne, ce nom ne présente pas d'intérêt car il n'est pas récupéré dans le script de traitement du formulaire. Par contre, il peut être utilisé côté client, en JavaScript par exemple.

Entre les balises `<FORM>` et `</FORM>`, il est possible de placer des balises `<INPUT>`, `<SELECT>` ou `<TEXTAREA>` pour définir des zones de saisies.

Exemple (formulaire HTML complet)

```
<FORM>
Nom :
<INPUT TYPE="text" NAME="nom" VALUE=""
 SIZE="20" MAXLENGTH="20">
Mot de passe :
<INPUT TYPE="password" NAME="mot_de_passe" VALUE=""
 SIZE="20" MAXLENGTH="20">
<BR>Sexe :
<INPUT TYPE="radio" NAME="sexe" VALUE="M"> Masculin
<INPUT TYPE="radio" NAME="sexe" VALUE="F"> Féminin
<INPUT TYPE="radio" NAME="sexe" VALUE="?"
      CHECKED> Ne sait pas
<BR>Photo :
<INPUT TYPE="file" NAME="photo" VALUE="" SIZE="50">
<BR>Couleurs préférées :
<INPUT TYPE="checkbox" NAME="bleu"> Bleu
<INPUT TYPE="checkbox" NAME="blanc"> Blanc
<INPUT TYPE="checkbox" NAME="rouge"> Rouge
```

```
<INPUT TYPE="checkbox" NAME="nesaitpas" CHECKED> Ne sait pas
<BR>Langue :
<SELECT NAME="langue">
 <OPTION VALUE="E">Espagnol
 <OPTION SELECTED VALUE="F">Français
 <OPTION VALUE="I">Italien
</SELECT>
<BR>Fruits préférés :<BR>
<SELECT NAME="fruits" MULTIPLE SIZE="8">
 <OPTION VALUE="A">Abricots
 <OPTION VALUE="C">Cerises
 <OPTION VALUE="F">Fraises
 <OPTION VALUE="P">Pêches
 <OPTION SELECTED VALUE="?">Ne sait pas
</SELECT>
<BR>Commentaire :<BR>
<TEXTAREA NAME="commentaire" ROWS="4" COLS="50"></TEXTAREA>
<BR>
<INPUT TYPE="hidden" NAME="invisible" VALUE="123"><BR>
<INPUT TYPE="submit" NAME="OK" VALUE="OK">
<INPUT TYPE="image" NAME="valider"
       SRC="valider.gif" WIDTH="23" HEIGHT="34">
<INPUT TYPE="reset" NAME="effacer" VALUE="Effacer">
<INPUT TYPE="button" NAME="action" VALUE="Ne fait rien">
</FORM>
```

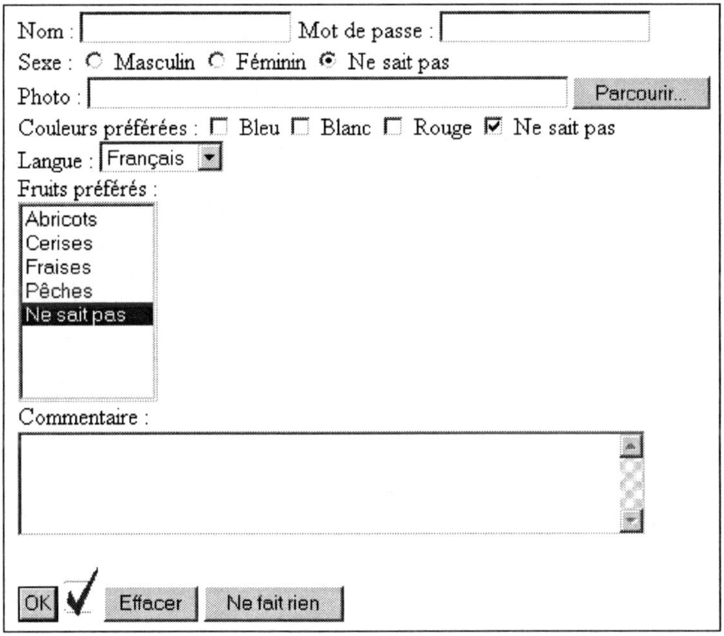

Résultat

2. Interaction entre un formulaire et un script PHP

PHP peut intervenir à deux endroits par rapport au formulaire :

- pour la construction du formulaire, si ce dernier doit contenir des informations dynamiques ;
- pour le traitement du formulaire (c'est-à-dire des données saisies par l'utilisateur dans le formulaire).

Trois grandes méthodes sont utilisables pour faire interagir un formulaire et un script PHP :

- placer le formulaire dans un document HTML "pur" (`.htm` ou `.html`), le formulaire ne contient alors aucun élément dynamique, et indiquer le nom du script PHP qui doit traiter le formulaire dans l'option `ACTION` de la balise `<FORM>` ;
- placer le formulaire dans un script PHP (par exemple, pour construire une partie du formulaire dynamiquement) et faire traiter le formulaire par un autre script PHP (mentionné dans l'option `ACTION` de la balise `<FORM>`) ;
- placer le formulaire dans un script PHP (par exemple, pour construire une partie du formulaire dynamiquement), et le faire traiter par le même script PHP (mentionné dans l'option `ACTION` de la balise `<FORM>` ou appelé par défaut si cette option n'est pas présente).

Exemple ***(première méthode)***

Document HTML saisie.htm

```
<HTML>
<HEAD><TITLE>Saisie</TITLE></HEAD>
<BODY>
<FORM ACTION="traitement.php" METHOD="POST">
Nom : <INPUT TYPE="text" NAME="nom" VALUE=""><BR>
<INPUT TYPE="submit" NAME="OK" VALUE="OK">
</FORM>
</BODY>
</HTML>
```

Script PHP `traitement.php`

```
<?php
/* A faire ...
  - récupérer les informations saisies
  - faire le traitement
  - afficher une nouvelle page
*/
?>
```

Par ailleurs, sur une autre page, un lien (Saisie par exemple) peut être inséré pour appeler le formulaire de saisie :

```
<A HREF="saisie.htm">Saisie</A>
```

Résultat

- Affichage initial du formulaire :

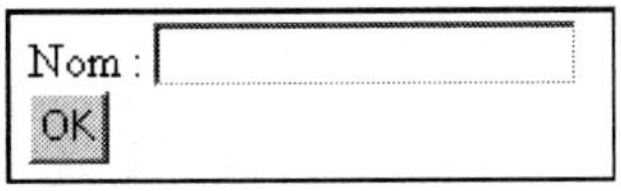

- Saisie d'une information :

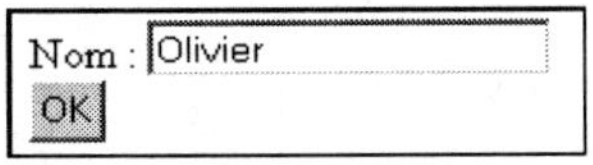

- Le résultat du clic sur le bouton **OK** est une page vide car, pour l'instant, le script de traitement ne fait rien.

*Exemple (**deuxième méthode**)*

Document PHP saisie.php

Un peu de code PHP (en gras) est utilisé pour générer la partie dynamique du formulaire.

```
<?php
// inclure un fichier qui contient des définitions de
// constantes, dont le titre de la page (TITRE_PAGE_SAISIE)
require("constantes.inc");
// initialisation d'une variable qui contient la valeur
// initiale de la zone de saisie (dans la pratique, cette
// valeur vient sans doute d'ailleurs et n'est pas codée
// en dur)
$nom = "X";
// dans le code HTML qui suit, inclusion de deux petits
// bouts de code PHP pour afficher respectivement le titre
// de la page et la valeur initiale de la zone de saisie
?>
<HTML>
<HEAD><TITLE><?php echo TITRE_PAGE_SAISIE ?></TITLE></HEAD>
<BODY>
<FORM ACTION="traitement.php" METHOD="POST">
Nom : <INPUT TYPE="text" NAME="nom"
       VALUE="<?php echo $nom ?>"><BR>
<INPUT TYPE="submit" NAME="OK" VALUE="OK">
</FORM>
</BODY>
</HTML>
```

Script PHP `traitement.php`

```
<?php
/* A faire ...
 - récupérer les informations saisies
 - faire le traitement
 - afficher une nouvelle page
*/
?>
```

Par ailleurs, sur une autre page, un lien (<u>Saisie</u> par exemple) peut être inséré pour appeler le formulaire de saisie :

```
<A HREF="saisie.php">Saisie</A>
```

Résultat

- Affichage initial du formulaire (une valeur initiale dynamique est proposée pour la zone de saisie) :

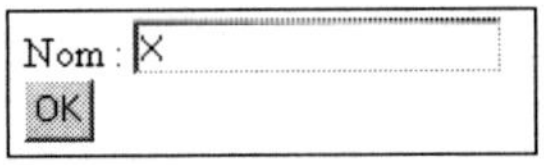

- Saisie d'une information :

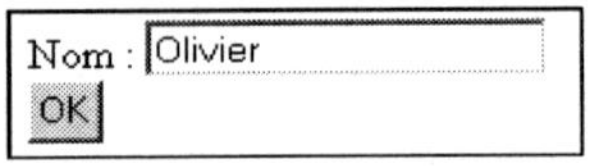

- Le résultat du clic sur le bouton **OK** est une page vide car, pour l'instant, le script de traitement ne fait rien.

*Exemple (**troisième méthode**)*

Document PHP `saisie.php`

C'est le même script que précédemment, dans lequel nous avons simplement changé l'option `ACTION` de la balise `<FORM>` pour indiquer que le formulaire doit être traité par le même script `saisie.php` (ne pas mettre d'option `ACTION` aurait le même effet).

```
<?php
// inclure un fichier qui contient des définitions de
// constantes, dont le titre de la page (TITRE_PAGE_SAISIE)
require("constantes.inc");
// initialisation d'une variable qui contient la valeur
// initiale de la zone de saisie (dans la pratique, cette
// valeur vient sans doute d'ailleurs et n'est pas codée en dur)
$nom = "X";
// dans le code HTML qui suit, inclusion de deux petits
// bouts de code PHP pour afficher respectivement le titre
// de la page et la valeur initiale de la zone de saisie
?>
<HTML>
<HEAD><TITLE><?php echo TITRE_PAGE_SAISIE ?></TITLE></HEAD>
<BODY>
<FORM ACTION="saisie.php" METHOD="POST">
Nom : <INPUT TYPE="text" NAME="nom"
    VALUE="<?php echo $nom ?>"><BR>
<INPUT TYPE="submit" NAME="OK" VALUE="OK">
</FORM>
</BODY>
</HTML>
```

Par ailleurs, sur une autre page, un lien (<u>Saisie</u> par exemple) peut être inséré pour appeler le formulaire de saisie :

```
<A HREF="saisie.php">Saisie</A>
```

Résultat

- Affichage initial du formulaire (une valeur initiale dynamique est proposée pour la zone de saisie) :

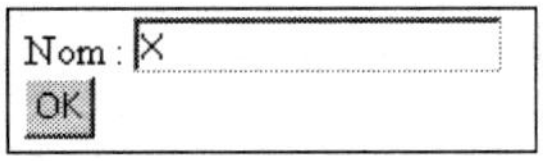

- Saisie d'une information :

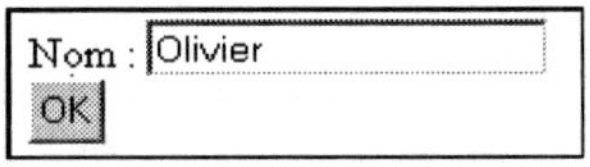

- Le résultat du clic sur le bouton **OK** est la même page de nouveau affichée, car, pour l'instant, le script de traitement ne fait rien de plus.

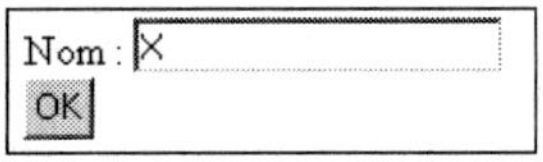

Que s'est-il passé ?

Le script `saisie.php` a été appelé de nouveau, par le clic sur le bouton **OK** ; il s'est donc exécuté comme lors de son premier appel (lien Saisie). Comme le code ne fait rien, pour l'instant, afin de traiter le formulaire, il s'affiche comme initialement. Utiliser le même script pour l'affichage initial et le traitement nécessite d'être en mesure de faire la différence entre les deux types d'appels (cf. B - 2. Les différents types de zones).

Que choisir ?

Le choix de telle ou telle méthode dépend de la complexité du site et des préférences de chacun.

Quelques considérations générales :

- Séparer la page HTML (ou le script PHP qui génère le formulaire) du script PHP présente un inconvénient au niveau de la maintenance : si des modifications sont apportées au formulaire, il y a deux fichiers à modifier (avec des risques d'erreur, d'oubli...).
- Inversement, si le formulaire n'a aucune partie dynamique, l'écrire dans un fichier HTML séparé du script PHP qui le traite, permet de bien séparer l'interface utilisateur (la couche "présentation") du traitement.
- Dans la pratique, pour faciliter la maintenance, il est souhaitable de définir certaines valeurs présentées à plusieurs reprises (nom de société par exemple) dans des constantes ou des variables et d'utiliser ces constantes/variables dans les pages : toutes les pages deviennent un peu dynamiques et la troisième méthode paraît optimale.

Dans la suite de ce chapitre, nous allons rentrer dans le détail du traitement du formulaire en PHP, en utilisant des exemples construits sur le modèle de la troisième méthode.

B. Récupérer les données saisies dans le formulaire

1. Principe

À la différence des scripts CGI, il n'y a pas besoin de réaliser des analyses complexes de chaînes de caractères ("parser") pour récupérer les valeurs saisies par l'utilisateur. ; ces valeurs vont être récupérées directement (ou presque, selon la configuration de PHP).

Première méthode

Par défaut, toutes les zones de formulaire sont automatiquement enregistrées dans le script PHP qui traite le formulaire, dans un tableau associatif `$_POST` pour les formulaires `POST` et `$_GET` pour les formulaires `GET` : la clé du tableau est égale au nom de la zone dans le formulaire (option `NAME` de la balise `<INPUT>`, `<SELECT>` ou `<TEXTAREA>`) et la valeur égale à la valeur saisie dans la zone. Ces informations sont aussi disponibles dans le tableau associatif `$_REQUEST` qui regroupe le contenu des tableaux `$_GET` et `$_POST` (et nous le verrons plus tard du tableau `$_COOKIE` qui contient des informations sur les cookies).

Exemple

```
<HTML>
<HEAD><TITLE>Saisie</TITLE></HEAD>
<BODY>
<?php
// initialisation de deux variables destinées à récupérer
// l'information souhaitée dans les tableaux $_POST
// et $_REQUEST
$nom_POST = "";
$nom_REQUEST = "";
// pour les deux tableaux :
//    - tester si le tableau contient une valeur associée à la
//      clé portant le même nom que la zone de saisie du
//      formulaire
//    - si oui, récupérer cette valeur dans une variable et
//      l'afficher
if ( isset($_POST["nom"]) ) {
    $nom_POST = $_POST["nom"];
    echo "\$_POST -> $nom_POST<BR>";
}
if ( isset($_REQUEST["nom"]) ) {
    $nom_REQUEST = $_REQUEST["nom"];
    echo "\$_REQUEST -> $nom_REQUEST<BR>";
}
// ensuite, affichage du formulaire : c'est du HTML
// noter l'utilisation de la variable $nom_POST dans un petit
// bloc PHP pour initialiser la zone de saisie
?>
<FORM ACTION="saisie.php" METHOD="POST">
Nom : <INPUT TYPE="text" NAME="nom"
        VALUE="<?php echo $nom_POST?>"><BR>
<INPUT TYPE="submit" NAME="OK" VALUE="OK">
</FORM>
</BODY>
</HTML>
```

Résultat

- Affichage initial du formulaire :

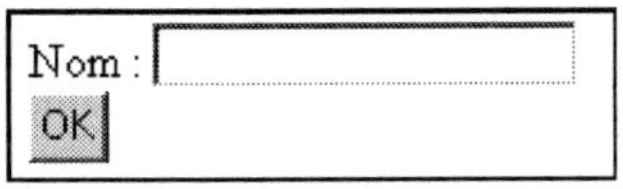

- Saisie d'une valeur :

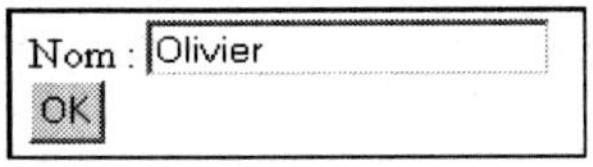

- Résultat du clic sur le bouton **OK** :

Lors du premier appel, les tableaux `$_POST` et `$_REQUEST` ne contiennent pas de valeur associée à une clé portant le même nom que la zone de formulaire : rien n'est affiché, ni en haut, ni dans la zone de saisie.
Après saisie d'une valeur et clic sur le bouton **OK**, le script est de nouveau appelé : cette fois, les tableaux `$_POST` et `$_REQUEST` contiennent une valeur associée à la clé portant le même nom que la zone de formulaire ; la valeur saisie. Cette valeur saisie est affichée en haut, mais aussi dans la zone de saisie. S'il n'y avait pas d'instruction `echo $nom_POST` dans l'option `VALUE`, la valeur saisie ne serait pas réaffichée dans la zone.
Si un autre script était appelé pour traiter le formulaire, les informations seraient disponibles de la même manière.

Exemple de (script `traitement.php`)

```
<?php
// initialisation de deux variables destinées à récupérer
// l'information souhaitée dans les tableaux $_POST
// et $_REQUEST
$nom_POST = "";
$nom_REQUEST = "";
// pour les deux tableaux :
//    - tester si le tableau contient une valeur associée à la
//      clé portant le même nom que la zone de saisie du
//      formulaire
//    - si oui, récupérer cette valeur dans une variable et
//      l'afficher
if ( isset($_POST["nom"]) ) {
    $nom_POST = $_POST["nom"];
    echo "\$_POST -> $nom_POST<BR>";
}
if ( isset($_REQUEST["nom"]) ) {
    $nom_REQUEST = $_REQUEST["nom"];
    echo "\$_REQUEST -> $nom_REQUEST<BR>";
}
?>
```

Résultat

```
$_POST -> Olivier
$_REQUEST -> Olivier
```

Les tableaux `$_GET`, `$_POST` et `$_REQUEST` sont apparus en version 4.1. Avant la version 4.1, `$_GET` et `$_POST` s'appelaient `$HTTP_GET_VARS` et `$HTTP_POST_VARS`, et `$_REQUEST` n'avait pas d'équivalent. Pour des raisons de compatibilité ascendante, ces variables "longues" sont toujours disponibles à condition de positionner la directive de configuration `register_long_array` à `on` (`off` par défaut). Cette directive de configuration est apparue en version 5 ; entre la version 4.1 et la version 5, les variables longues étaient disponibles par défaut. Avant la version 4.0.3, il fallait que la directive de configuration `track_vars` soit à `on` pour que les tableaux `$HTTP_GET_VARS` et `$HTTP_POST_VARS` soient disponibles ; depuis la version 4.0.3, cette directive est toujours à `on` et les tableaux sont donc toujours disponibles.

Deuxième méthode

Les informations saisies dans le formulaire peuvent être automatiquement importées dans des variables PHP grâce à la fonction `import_request_variables`.

Syntaxe

`import_request_variables(`*`chaîne`*` types,`*`chaîne`*` préfixe)`

`types`	Type d'information désirée : `G` ou `g` : informations envoyées par la méthode `GET` ; `P` ou `p` : informations envoyées par la méthode `POST` ; `C` ou `c` : informations envoyées par un cookie (cf. chapitre 9 - F. Utiliser des cookies).
`préfixe`	Préfixe à ajouter devant le nom de la variable.

Lorsque cette fonction est appelée dans le script de traitement d'un formulaire, PHP va créer une variable pour chaque zone du formulaire : le nom de la variable est égal au nom de la zone dans le formulaire précédé du préfixe, et la valeur de la variable est égale à la valeur saisie dans le formulaire.

Le préfixe est optionnel mais une erreur de niveau `E_NOTICE` est générée s'il n'est pas renseigné.

Vous pouvez utiliser une combinaison des différentes lettres de types pour importer en une fois des informations d'origine différente. Par exemple, spécifier `PG` permet de récupérer les informations envoyées par une méthode `POST` ou une méthode `GET`.

Exemple

```
<?php
// importer les informations du formulaire
//    - méthode POST
//    - préfixe form_
import_request_variables("P","form_");
```

```
// tester si la variable $form_nom existe
if ( isset($form_nom) ) {
    // si oui, l'afficher
    echo "\$form_nom = $form_nom<BR>";
} else {
    // si non, l'initialiser
    $form_nom = "";
}
// ensuite, affichage du formulaire : c'est du HTML
// noter l'utilisation de la variable $form_nom dans un petit
// bloc PHP pour initialiser la zone de saisie
?>
<HTML>
<HEAD><TITLE>Saisie</TITLE></HEAD>
<BODY>
<FORM ACTION="saisie.php" METHOD="POST">
Nom : <INPUT TYPE="text" NAME="nom"
        VALUE="<?php echo $form_nom?>"><BR>
<INPUT TYPE="submit" NAME="OK" VALUE="OK">
</FORM>
</BODY>
</HTML>
```

Résultat

- Affichage initial du formulaire :

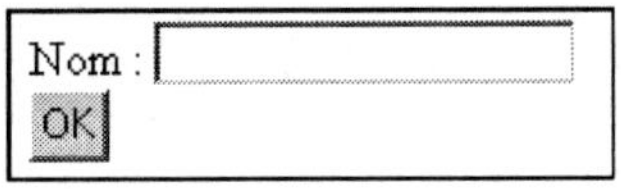

- Saisie d'une valeur :

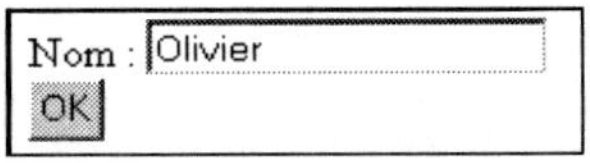

- Résultat du clic sur le bouton **OK** :

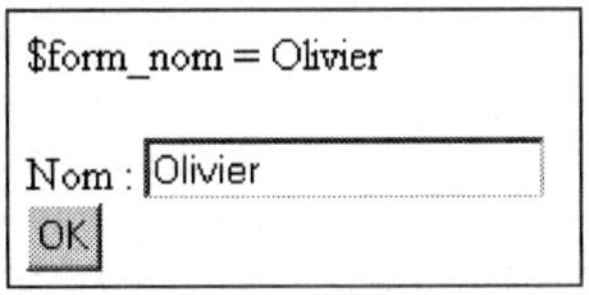

Le fonctionnement est identique à celui du premier exemple. Lors du premier appel, aucune variable n'est importée dans le script (le formulaire n'a pas encore été affiché). Lors du deuxième appel (traitement du formulaire), une variable `$form_nom` est bien créée dans le script avec la valeur saisie.

La fonction `import_request_variables` est apparue en version 4.1.

Troisième méthode (non recommandée)

La troisième méthode est non recommandée car elle est dépendante d'une directive de configuration et elle peut poser des problèmes de performance et de sécurité. Elle est néanmoins présentée brièvement dans cette partie car vous pouvez la rencontrer dans du code PHP "ancien" (venant de la version 3 par exemple).

Si la directive de configuration `register_globals` est à `on`, toutes les zones de formulaire sont automatiquement enregistrées dans des variables dans le script PHP qui traite le formulaire. Les variables héritent du nom (option `NAME` de la balise `<INPUT>`, `<SELECT>` ou `<TEXTAREA>`) de la zone correspondante du formulaire. Ce comportement est valable quelle que soit la méthode (`GET` ou `POST`).

Exemple

```
<?php
// tester s'il existe une variable portant le même nom
// que la zone de saisie du formulaire
if ( isset($nom) ) {
    // si oui, l'afficher
    echo "\$nom = $nom<BR>";
} else {
    // si non, l'initialiser
    $nom = "";
}
// ensuite, affichage du formulaire : c'est du HTML
// noter l'utilisation de la variable $nom dans un petit
// bloc PHP pour initialiser la zone de saisie
?>
<HTML>
<HEAD><TITLE>Saisie</TITLE></HEAD>
<BODY>
<FORM ACTION="saisie.php" METHOD="POST">
Nom : <INPUT TYPE="text" NAME="nom"
            VALUE="<?php echo $nom ?>"><BR>
<INPUT TYPE="submit" NAME="OK" VALUE="OK">
</FORM>
</BODY>
</HTML>
```

Résultat (si `register_globals = on` dans `php.ini`)

- Affichage initial du formulaire :

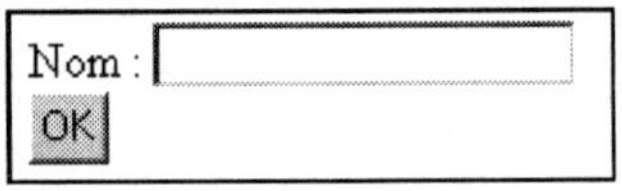

- Saisie d'une valeur :

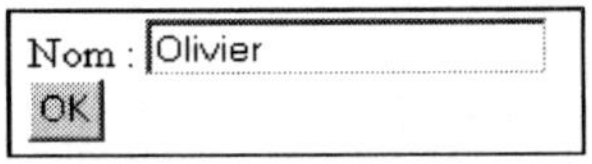

- Résultat du clic sur le bouton **OK** :

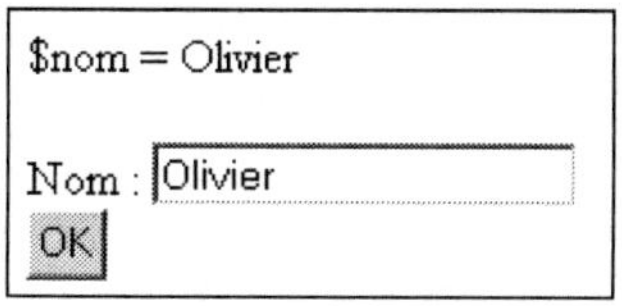

Le fonctionnement est identique à celui des deux exemples précédents. Lors du premier appel, la variable `$nom` n'existe pas : rien n'est affiché, ni en haut, ni dans la zone de saisie. Après saisie d'une valeur et clic sur le bouton **OK**, le script est de nouveau appelé : cette fois, la variable `$nom` est définie et contient la valeur saisie.

Si la directive de configuration `register_globals` est à `off`, les variables de formulaire ne sont pas créées.

> Depuis la version 4.2, la directive `register_globals` est par défaut à `off` et cette méthode ne peut pas être utilisée sans intervention dans le fichier `php.ini`.

Que choisir ?

Une des deux premières méthodes.

Les évolutions successives de PHP vont dans le sens d'une utilisation des tableaux `$_POST` ou `$_GET`, ou de la fonction `import_request_variables`. Dans une future version, la directive de configuration `register_globals` sera définitivement passée à `off` et ne sera pas modifiable dans le fichier `php.ini`. Dans une telle hypothèse, la troisième méthode ne sera plus disponible.

Les auteurs de PHP conseillent vivement d'utiliser l'une des deux premières méthodes pour des raisons de sécurité : en interrogeant le tableau adéquat, ou en important explicitement les variables, on est certain que l'information vient bien de l'endroit prévu et qu'il n'y a pas eu substitution par un utilisateur éventuellement mal intentionné (cf. chapitre 9).

Les deux scripts suivants présentent une manière classique de récupérer les valeurs saisies dans un formulaire en utilisant les deux méthodes.

*Utilisation d'un tableau $_**

```
<?php
// récupération dans des variables PHP des valeurs
// saisies dans le formulaire en utilisant un
// tableau $_* ($_POST ici)
$form_nom = (isset($_POST["nom"]))?$_POST["nom"]:"";
$form_prénom = (isset($_POST["prénom"]))?$_POST["prénom"]:"";
// etc. pour chaque zone
// ensuite, on utilise les variables dans les traitements
// et éventuellement dans le réaffichage du formulaire
?>
<HTML>
<HEAD><TITLE>Saisie</TITLE></HEAD>
<BODY>
<FORM ACTION="saisie.php" METHOD="POST">
```

```
Nom : <INPUT TYPE="text" NAME="nom"
        VALUE="<?php echo $form_nom?>"><BR>
Prénom : <INPUT TYPE="text" NAME="prénom"
        VALUE="<?php echo $form_prénom?>"><BR>
<INPUT TYPE="submit" NAME="OK" VALUE="OK">
</FORM>
</BODY>
</HTML>
```

Utilisation de la fonction `import_request_variables`

```
<?php
// importation dans des variables PHP des valeurs
// saisies dans le formulaire
import_request_variables("P","form_");
// si les variables attendues n'existent pas, les initialiser
if (! isset($form_nom))    $form_nom = "";
if (! isset($form_prénom)) $form_prénom = "";
// etc. pour chaque zone
// ensuite, on utilise les variables dans les traitements
// et éventuellement dans le réaffichage du formulaire
?>
<HTML>
<HEAD><TITLE>Saisie</TITLE></HEAD>
<BODY>
<FORM ACTION="saisie.php" METHOD="POST">
Nom : <INPUT TYPE="text" NAME="nom"
        VALUE="<?php echo $form_nom?>"><BR>
Prénom : <INPUT TYPE="text" NAME="prénom"
        VALUE="<?php echo $form_prénom?>"><BR>
<INPUT TYPE="submit" NAME="OK" VALUE="OK">
</FORM>
</BODY>
</HTML>
```

Dans la suite de ce chapitre, nous utiliserons des formulaires POST et l'une ou l'autre des méthodes.

Que se passe-t-il si deux zones portent le même nom ?

C'est tout simplement la dernière zone rencontrée dans le formulaire qui fixe la valeur.

Exemple

```
<FORM ACTION="saisie.php" METHOD="POST">
Nom : <INPUT TYPE="text" NAME="nom"><BR>
Prénom : <INPUT TYPE="text" NAME="nom"><BR>
<INPUT TYPE="submit" NAME="OK" VALUE="OK">
</FORM>
```

La saisie de `HEURTEL` dans la première zone et de `Olivier` dans la deuxième, donne une seule variable `$nom` ou `$_POST["nom"]` avec la valeur `Olivier`.

Que se passe-t-il s'il y a deux formulaires dans la page HTML ?

Les variables ne sont créées et renseignées que pour le formulaire qui a été validé.

Exemple

Page `saisie.htm`

```
<HTML>
<HEAD><TITLE>Saisie</TITLE></HEAD>
<BODY>
<FORM ACTION="saisie.php" METHOD="POST">
Nom 1 : <INPUT TYPE="text" NAME="nom1"><BR>
<INPUT TYPE="submit" NAME="OK1" VALUE="OK1">
</FORM>
<FORM ACTION="saisie.php" METHOD="POST">
Nom 2 : <INPUT TYPE="text" NAME="nom2"><BR>
<INPUT TYPE="submit" NAME="OK2" VALUE="OK2">
</FORM>
</BODY>
</HTML>
```

Script de traitement `saisie.php`

```
<?php
$nom1 = (isset($_POST["nom1"]))?$_POST["nom1"]:"";
$nom2 = (isset($_POST["nom2"]))?$_POST["nom2"]:"";
echo "nom1 = $nom1<BR>";
echo "nom2 = $nom2<BR>";
?>
```

Résultat

- Affichage initial du formulaire puis saisie de valeurs :

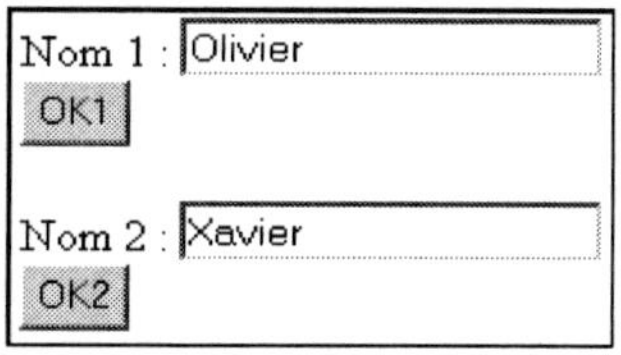

- Résultat après un clic sur le bouton **OK1** :

```
nom1 = Olivier
nom2 =
```

Utilisation d'un tableau pour récupérer les zones saisies

Il est possible d'utiliser une notation de type tableau dans l'option `NAME` des balises `<INPUT>`, `<SELECT>` et `<TEXTAREA>`.

Exemple

```
<FORM ACTION="saisie.php" METHOD="POST">
Nom : <INPUT TYPE="text" NAME="saisie[]"><BR>
Prénom : <INPUT TYPE="text" NAME="saisie[]"><BR>
<INPUT TYPE="submit" NAME="OK" VALUE="OK">
</FORM>
```

La saisie de `HEURTEL` dans la première zone et de `Olivier` dans la deuxième, donne une seule variable `$saisie`, de type tableau, qui contient les lignes suivantes :

Clé	Valeur
0	HEURTEL
1	Olivier

PHP remplit le tableau en ajoutant une ligne pour chaque zone, avec un indice entier consécutif commençant à 0 (comme pour la notation [] étudiée dans le chapitre 3).

Cette technique est intéressante, mais, dans le code, il faut savoir que l'indice 0 correspond au nom et l'indice 1 au prénom. Par ailleurs, un problème peut se présenter si l'ordre des zones change.

Pour améliorer cette technique, il est possible de fixer soi-même la clé, soit avec un numéro, soit avec une chaîne de caractères.

Exemple

```
<FORM ACTION="saisie.php" METHOD="POST">
Nom : <INPUT TYPE="text" NAME="saisie[1]"><BR>
Prénom : <INPUT TYPE="text" NAME="saisie[2]"><BR>
<INPUT TYPE="submit" NAME="OK" VALUE="OK">
</FORM>
```

La saisie de `HEURTEL` dans la première zone et de `Olivier` dans la deuxième, donne le résultat suivant dans le tableau `$saisie` :

Clé	Valeur
1	HEURTEL
2	Olivier

Exemple

```
<FORM ACTION="saisie.php" METHOD="POST">
Nom : <INPUT TYPE="text" NAME="saisie[nom]"><BR>
Prénom : <INPUT TYPE="text" NAME="saisie[prénom]"><BR>
<INPUT TYPE="submit" NAME="OK" VALUE="OK">
</FORM>
```

La saisie de `HEURTEL` dans la première zone et de `Olivier` dans la deuxième, donne le résultat suivant dans le tableau `$saisie` :

Clé	Valeur
nom	HEURTEL
prénom	Olivier

Nous verrons ultérieurement d'autres situations où ce type de notation est obligatoire.

2. Les différents types de zones

Prenons notre formulaire complet de départ et voyons les informations récupérées dans le script PHP.

Exemple - Script saisie.htm

```
<HTML>
<HEAD><TITLE>Saisie</TITLE></HEAD>
<BODY>
<FORM ACTION="traitement.php" METHOD="POST">
Nom :
<INPUT TYPE="text" NAME="nom" VALUE=""
 SIZE="20" MAXLENGTH="20">
Mot de passe :
<INPUT TYPE="password" NAME="mot_de_passe" VALUE=""
 SIZE="20" MAXLENGTH="20">
<BR>Sexe :
<INPUT TYPE="radio" NAME="sexe" VALUE="M"> Masculin
<INPUT TYPE="radio" NAME="sexe" VALUE="F"> Féminin
<INPUT TYPE="radio" NAME="sexe" VALUE="?"
          CHECKED> Ne sait pas
<BR>Photo :
<INPUT TYPE="file" NAME="photo" VALUE="" SIZE="50">
<BR>Couleurs préférées :
<INPUT TYPE="checkbox" NAME="bleu"> Bleu
<INPUT TYPE="checkbox" NAME="blanc"> Blanc
<INPUT TYPE="checkbox" NAME="rouge"> Rouge
<INPUT TYPE="checkbox" NAME="nesaitpas" CHECKED> Ne sait pas
<BR>Langue :
<SELECT NAME="langue">
 <OPTION VALUE="E">Espagnol
 <OPTION SELECTED VALUE="F">Français
 <OPTION VALUE="I">Italien
</SELECT>
<BR>Fruits préférés :<BR>
<SELECT NAME="fruits" MULTIPLE SIZE="8">
 <OPTION VALUE="A">Abricots
 <OPTION VALUE="C">Cerises
 <OPTION VALUE="F">Fraises
 <OPTION VALUE="P">Pêches
 <OPTION SELECTED VALUE="?">Ne sait pas
</SELECT>
<BR>Commentaire :<BR>
<TEXTAREA NAME="commentaire" ROWS="4" COLS="50"></TEXTAREA>
<BR>
<INPUT TYPE="hidden" NAME="invisible" VALUE="123"><BR>
<INPUT TYPE="submit" NAME="OK" VALUE="OK">
<INPUT TYPE="image" NAME="valider"
      SRC="valider.gif" WIDTH="23" HEIGHT="34">
<INPUT TYPE="reset" NAME="effacer" VALUE="Effacer">
<INPUT TYPE="button" NAME="action" VALUE="Ne fait rien">
</FORM>
</BODY>
</HTML>
```

Script *`traitement.php`*

```
<?php
// inclusion d'un fichier contenant des fonctions génériques
// (dont la fonction afficher_tableau définie dans le chapitre 6)
include("fonctions.inc") ;
afficher_tableau($_POST,"\$_POST :");
?>
```

Résultat

- Affichage initial et saisie de différentes valeurs :

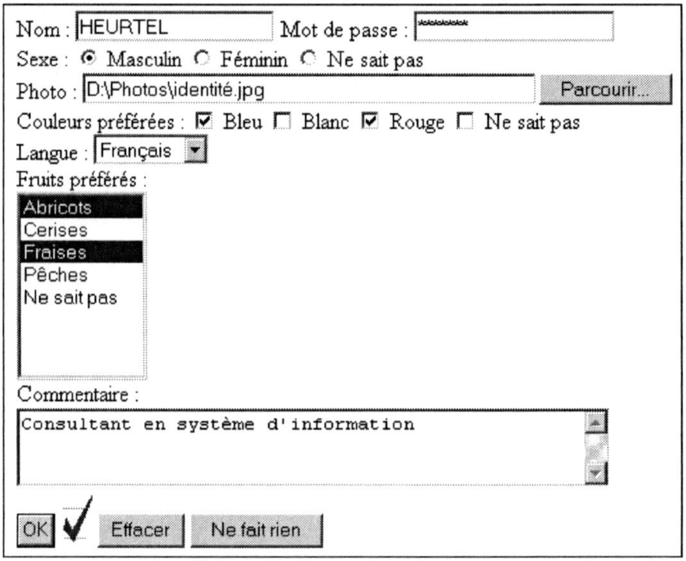

- Résultat du clic sur le bouton **OK** (affichage du contenu de `$_POST`) :

```
$_POST :
nom = HEURTEL
mot_de_passe = olivier
sexe = M
photo = E:\Photos\identité.jpg
bleu = on
rouge = on
langue = F
fruits = F
commentaire = Consultant en système d'information
invisible = 123
OK = OK
```

Zone contenant du texte

Pour les zones comprenant du texte, c'est-à-dire les zones `<INPUT>` de type `text` (`nom`), `password` (`mot_de_passe`), `file` (`photo`) et `hidden` (`invisible`), ainsi que pour la zone `<TEXTAREA>` (`commentaire`), les variables associées contiennent le texte saisi.

Pour l'instant, avec la zone de type `file`, nous avons juste récupéré le nom du fichier, mais pas le fichier lui-même (cf. chapitre 11).

Groupe de boutons radio

Pour avoir un groupe de boutons radio, les zones doivent porter le même nom.

Pour un groupe de boutons radio, c'est-à-dire pour des zones `<INPUT>` de type `radio` (`sexe` dans l'exemple ci-après), la variable associée contient la valeur contenue dans l'option `VALUE` de la balise `INPUT` du bouton sélectionné.

Exemple

```
<INPUT TYPE="radio" NAME="sexe" VALUE="M"> Masculin
<INPUT TYPE="radio" NAME="sexe" VALUE="F"> Féminin
<INPUT TYPE="radio" NAME="sexe" VALUE="?"
      CHECKED> Ne sait pas
```

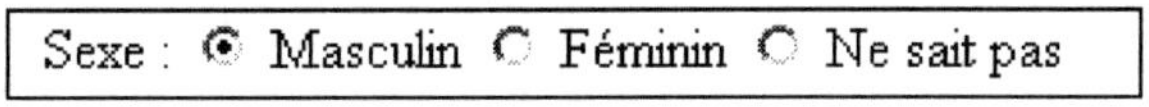

Résultat

```
$_POST :
sexe = M
```

Si l'option `VALUE` est absente, la valeur par défaut est `on`.

Exemple

```
<INPUT TYPE="radio" NAME="sexe"> Masculin
<INPUT TYPE="radio" NAME="sexe"> Féminin
<INPUT TYPE="radio" NAME="sexe"
            CHECKED> Ne sait pas
```

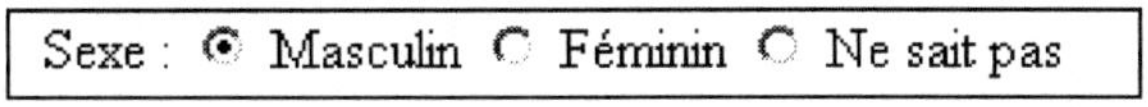

Résultat

```
$_POST :
sexe = on
```

Avec le groupe de boutons radio, ne pas mettre d'option `VALUE` est gênant puisqu'il est alors impossible de connaître l'option sélectionnée. Dans la pratique, il faut mettre l'option `VALUE`.

Case à cocher

Pour des cases à cocher, c'est-à-dire pour des zones `<INPUT>` de type `checkbox`, la variable associée contient la valeur contenue dans l'option `VALUE` de la balise `INPUT` ; si l'option `VALUE` est absente, la valeur par défaut est `on`. Dans les deux cas, la variable associée est définie <u>uniquement</u> pour les cases cochées.

Exemple

```
<INPUT TYPE="checkbox" NAME="bleu"> Bleu
<INPUT TYPE="checkbox" NAME="blanc"> Blanc
<INPUT TYPE="checkbox" NAME="rouge"> Rouge
<INPUT TYPE="checkbox" NAME="nesaitpas" CHECKED> Ne sait pas
```

Couleurs préférées : ☑ Bleu ☐ Blanc ☑ Rouge ☐ Ne sait pas

Résultat

```
$_POST :
bleu = on
rouge = on
```

Autre exemple

```
<INPUT TYPE="checkbox" NAME="bleu" VALUE="b"> Bleu
<INPUT TYPE="checkbox" NAME="blanc"> Blanc
<INPUT TYPE="checkbox" NAME="rouge"> Rouge
<INPUT TYPE="checkbox" NAME="nesaitpas" CHECKED> Ne sait pas
```

Couleurs préférées : ☑ Bleu ☐ Blanc ☑ Rouge ☐ Ne sait pas

Résultat

```
$_POST :
bleu = b
rouge = on
```

Avec la case à cocher, l'option `VALUE` a généralement moins d'importance, car il est possible de déterminer qu'une case est cochée uniquement par le fait que la variable associée a une valeur (peu importe cette valeur).

Dans le code, si vous souhaitez récupérer l'information correspondante sous la forme d'un booléen, vous pouvez écrire une instruction du style :

```
$nom_case = isset($_POST["nom_case"])?TRUE:FALSE;
```

Plusieurs approches sont possibles vis-à-vis de la valeur de l'option `VALUE` :

- L'option `VALUE` utilise la valeur souhaitée au niveau de la logique applicative dans le cas où la case est cochée (`1, oui ...`), sachant que, si la case n'est pas cochée, la variable n'existe pas.
- L'option `VALUE` est omise et le code interprète l'existence de la variable selon les besoins de la logique applicative.

Par contre, il est important que les noms des zones soient différents.

Exemple

```
<INPUT TYPE="checkbox" NAME="couleur"> Bleu
<INPUT TYPE="checkbox" NAME="couleur"> Blanc
<INPUT TYPE="checkbox" NAME="couleur"> Rouge
<INPUT TYPE="checkbox" NAME="couleur" CHECKED> Ne sait pas
```

Couleurs préférées : ☑ Bleu ☐ Blanc ☑ Rouge ☐ Ne sait pas

Résultat

```
$_POST :
couleur = on
```

Autre exemple

```
<INPUT TYPE="checkbox" NAME="couleur" VALUE="bleu"> Bleu
<INPUT TYPE="checkbox" NAME="couleur" VALUE="blanc"> Blanc
<INPUT TYPE="checkbox" NAME="couleur" VALUE="rouge"> Rouge
<INPUT TYPE="checkbox" NAME="couleur" VALUE="?" CHECKED>
       Ne sait pas
```

Couleurs préférées : ☑ Bleu ☐ Blanc ☑ Rouge ☐ Ne sait pas

Résultat

```
$_POST :
couleur = rouge
```

Nous sommes dans le cas où plusieurs zones portent le même nom ; c'est alors la dernière rencontrée qui fixe la valeur.

Par contre, il est envisageable d'utiliser un tableau pour ne pas avoir une variable par case à cocher.

Exemple

```
<INPUT TYPE="checkbox" NAME="couleur[]"> Bleu
<INPUT TYPE="checkbox" NAME="couleur[]"> Blanc
<INPUT TYPE="checkbox" NAME="couleur[]"> Rouge
<INPUT TYPE="checkbox" NAME="couleur[]" CHECKED>
                      Ne sait pas
```

Couleurs préférées : ☑ Bleu ☐ Blanc ☑ Rouge ☐ Ne sait pas

Résultat

```
$_POST :
couleur =
  0 = on
  1 = on
```

PHP ne met une ligne dans le tableau que lorsque la case est cochée, en attribuant des indices entiers consécutifs commençant à 0. De ce fait, ces indices ne correspondent pas à la position de la case cochée parmi l'ensemble des cases. Sans option `VALUE`, il est impossible de déterminer les cases cochées.

Solution : utiliser l'option VALUE

```
<INPUT TYPE="checkbox" NAME="couleur[]" VALUE="bleu"> Bleu
<INPUT TYPE="checkbox" NAME="couleur[]" VALUE="blanc"> Blanc
<INPUT TYPE="checkbox" NAME="couleur[]" VALUE="rouge"> Rouge
<INPUT TYPE="checkbox" NAME="couleur[]" VALUE="?" CHECKED>
                      Ne sait pas
```

Couleurs préférées : ☑ Bleu ☐ Blanc ☑ Rouge ☐ Ne sait pas

Résultat

```
$_POST :
couleur =
   0 = bleu
   1 = rouge
```

C'est mieux, on sait ce qui a été coché.

Autre solution : mettre soi-même un indice et ne pas mettre d'option VALUE

```
<INPUT TYPE="checkbox" NAME="couleur[1]"> Bleu
<INPUT TYPE="checkbox" NAME="couleur[2]"> Blanc
<INPUT TYPE="checkbox" NAME="couleur[3]"> Rouge
<INPUT TYPE="checkbox" NAME="couleur[4]" CHECKED>
              Ne sait pas
```

Couleurs préférées : ☑ Bleu ☐ Blanc ☑ Rouge ☐ Ne sait pas

Résultat

```
$_POST :
couleur =
   1 = on
   3 = on
```

Variante : utiliser un tableau associatif (plus lisible dans le code)

```
<INPUT TYPE="checkbox" NAME="couleur[bleu]"> Bleu
<INPUT TYPE="checkbox" NAME="couleur[blanc]"> Blanc
<INPUT TYPE="checkbox" NAME="couleur[rouge]"> Rouge
<INPUT TYPE="checkbox" NAME="couleur[nesaitpas]" CHECKED>
                             Ne sait pas
```

Couleurs préférées : ☑ Bleu ☐ Blanc ☑ Rouge ☐ Ne sait pas

Résultat

```
$_POST :
couleur =
   bleu = on
   rouge = on
```

Si un tableau est utilisé pour l'ensemble du formulaire, une des solutions les plus lisibles est la suivante :

```
<INPUT TYPE="checkbox" NAME="saisie[couleur][bleu]"> Bleu
<INPUT TYPE="checkbox" NAME="saisie[couleur][blanc]"> Blanc
<INPUT TYPE="checkbox" NAME="saisie[couleur][rouge]"> Rouge
<INPUT TYPE="checkbox" NAME="saisie[couleur][nesaitpas]"
                        CHECKED> Ne sait pas
```

Couleurs préférées : ☑ Bleu ☐ Blanc ☑ Rouge ☐ Ne sait pas

Résultat

```
$_POST :
saisie =
   couleurs =
      bleu = on
      rouge = on
```

ou

```
<INPUT TYPE="checkbox" NAME="saisie[couleur][]"
                    VALUE="bleu"> Bleu
<INPUT TYPE="checkbox" NAME="saisie[couleur][]"
                    VALUE="blanc"> Blanc
<INPUT TYPE="checkbox" NAME="saisie[couleur][]"
                    VALUE="rouge"> Rouge
<INPUT TYPE="checkbox" NAME="saisie[couleur][]"
                    VALUE=" ?" CHECKED> Ne sait pas
```

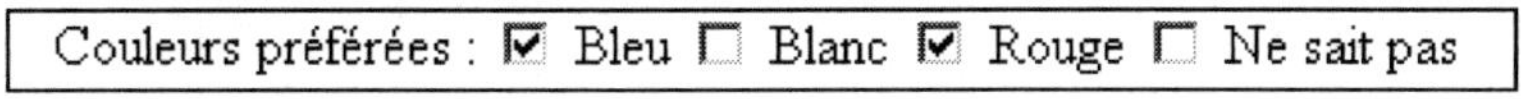

Résultat

```
$_POST :
saisie =
   couleurs =
      0 = bleu
      1 = rouge
```

Liste à sélection unique

Pour les listes à sélection unique, c'est-à-dire pour une zone `<SELECT>` sans option `MULTIPLE` (`langue` dans l'exemple suivant), la variable associée contient la valeur contenue dans l'option `VALUE` de la balise `<OPTION>`, ou, s'il n'y a pas d'option `VALUE`, la valeur affichée dans la liste (c'est-à-dire derrière la balise `<OPTION>`).

Exemple (avec option VALUE)

```
<SELECT NAME="langue">
 <OPTION VALUE="E">Espagnol
 <OPTION SELECTED VALUE="F">Français
 <OPTION VALUE="I">Italien
</SELECT>
```

Résultat

```
$_POST :
langue = F
```

Exemple (sans option VALUE)

```
<SELECT NAME="langue">
 <OPTION>Espagnol
 <OPTION SELECTED>Français
 <OPTION>Italien
</SELECT>
```

Résultat

```
$_POST :
langue = Français
```

L'une ou l'autre des possibilités peut être choisie en fonction des besoins de la logique applicative. Souvent, l'option `VALUE` est utilisée pour mettre un code qui sera stocké dans la base à la place de la valeur affichée. Cette approche présente un inconvénient : la partie interface utilisateur (couche présentation) doit connaître les codes, ce qui n'est pas une bonne idée. La solution optimale consiste à générer dynamiquement le formulaire à partir de la base.

Liste à sélection multiple

Pour les listes à sélection multiple, c'est-à-dire pour une zone `<SELECT>` avec option `MULTIPLE` (`fruits` dans l'exemple ci-après), la variable associée contient la valeur contenue dans l'option `VALUE` de la balise `<OPTION>`, ou, s'il n'y a pas d'option `VALUE`, la valeur affichée dans la liste (c'est-à-dire derrière la balise `<OPTION>`). Attention, ceci est valable uniquement pour la dernière option sélectionnée, si la variable est une variable scalaire.

Exemple

```
<SELECT NAME="fruits" MULTIPLE SIZE="8">
 <OPTION VALUE="A">Abricots
 <OPTION VALUE="C">Cerises
 <OPTION VALUE="F">Fraises
 <OPTION VALUE="P">Pêches
 <OPTION SELECTED VALUE="?">Ne sait pas
</SELECT>
```

Résultat

```
$_POST :
fruits = F
```

La solution consiste à utiliser un tableau.

Exemple

```
<SELECT NAME="fruits[]" MULTIPLE SIZE="8">
 <OPTION VALUE="A">Abricots
 <OPTION VALUE="C">Cerises
```

```
 <OPTION VALUE="F">Fraises
 <OPTION VALUE="P">Pêches
 <OPTION SELECTED VALUE="?">Ne sait pas
</SELECT>
```

Résultat

```
$_POST :
fruits =
  0 = A
  1 = F
```

Comme nous l'avons déjà vu avec la case à cocher, PHP remplit le tableau avec une ligne pour chaque option sélectionnée et numérote lui-même les lignes. Dans le cas de la liste à sélection multiple, ce mode de fonctionnement ne pose pas de problème.

Exemple (sans option VALUE)

```
<SELECT NAME="fruits[]" MULTIPLE SIZE="8">
 <OPTION>Abricots
 <OPTION>Cerises
 <OPTION>Fraises
 <OPTION>Pêches
 <OPTION SELECTED>Ne sait pas
</SELECT>
```

Résultat

```
$_POST :
fruits =
  0 = Abricots
  1 = Fraises
```

L'une ou l'autre des possibilités peut être choisie en fonction des besoins de la logique applicative (mêmes principes que pour la liste à sélection unique).

Exemple : (cas où un tableau est utilisé pour l'ensemble du formulaire)

```
<SELECT NAME="saisie[fruits][]" MULTIPLE SIZE="8">
 <OPTION>Abricots
 <OPTION>Cerises
 <OPTION>Fraises
 <OPTION>Pêches
 <OPTION SELECTED>Ne sait pas
</SELECT>
```

Résultat

```
$_POST :
saisie =
  fruits =
    0 = Abricots
    1 = Fraises
```

Bouton de validation

Pour un bouton de validation, c'est-à-dire pour une zone `<INPUT>` de type `submit` (`OK` sur l'exemple ci-après), PHP crée une variable portant le nom du bouton (option `NAME`) et ayant comme valeur celle de l'option `VALUE`, uniquement si le bouton est cliqué.

Exemple

```
<INPUT TYPE="submit" NAME="OK" VALUE="OK">
```

Résultat (si le bouton est cliqué)

```
$_POST :
OK = OK
```

Autre exemple

```
<INPUT TYPE="submit" NAME="soumettre" VALUE="OK">
```

Résultat (si le bouton est cliqué)

```
$_POST :
soumettre = OK
```

Si le bouton ne porte pas de nom, aucune variable n'est créée. Ce n'est pas grave si :

- Il n'est pas nécessaire de savoir comment le script est appelé (affichage initial ou traitement du formulaire).
- Il n'y a qu'un seul bouton de validation.

Dans les autres cas, il faut nommer le(s) bouton(s).

Le script suivant montre comment faire la différence entre l'appel du script pour affichage initial et l'appel du script pour traitement du formulaire (cf. 2. Interaction entre un formulaire et un script PHP, troisième méthode).

Exemple

```
<?php
// inclure un fichier qui contient des définitions de
// constantes, dont le titre de la page (TITRE_PAGE_SAISIE)
require("constantes.inc");
// Tester comment le script est appelé
if (isset($_POST["OK"])) {
 // une ligne existe dans la variable $_POST
 // correspondant au bouton nommé " OK " = le script
 // est appelé sur la validation du formulaire
 // => traiter le formulaire
 // généralement, commencer par récupérer les valeurs saisies
 $nom = $_POST["nom"];
} else {
 // le script n'est pas appelé par le clic sur le bouton OK
 // s'il n'y pas d'autre bouton "submit", le script est
 // donc appelé pour l'affichage initial
 // => initialiser le formulaire
 $nom = "X"; // par exemple
}
// dans le code HTML qui suit, inclusion de deux petits
// bouts de code PHP pour afficher respectivement le titre
// de la page et la valeur initiale de la zone de saisie
?>
<HTML>
<HEAD><TITLE><?php echo TITRE_PAGE_SAISIE ?></TITLE></HEAD>
<BODY>
<FORM ACTION="traitement.php" METHOD="POST">
Nom : <INPUT TYPE="text" NAME="nom"
     VALUE="<?php echo $nom ?>"><BR>
<INPUT TYPE="submit" NAME="OK" VALUE="OK">
</FORM>
</BODY>
</HTML>
```

Avec ce script, la donnée saisie est bien réaffichée dans le formulaire.

Un problème se pose si le formulaire possède une seule zone de texte, aucun bouton et que l'utilisateur tape ENTER ou RETURN. Dans ce cas, le formulaire est bien soumis mais il n'existe pas de bouton de validation pour réaliser le test dans le script PHP. La solution consiste à tester si la variable `$_*` est vide ou pas (avec `empty` mais pas `isset` car le tableau existe toujours).

Si le formulaire contient deux boutons de validation nommés différemment (option `NAME`), le premier `OK` et le deuxième `annuler`, il est possible de déterminer dans quel contexte le script est appelé.

Exemple

```
// Tester comment le script est appelé
if (isset($_POST["OK"])) {
  // bouton OK
} elsif (isset($_POST["annuler"])) {
```

```
  // bouton Annuler
} else {
  // affichage initial
}
```

Si le formulaire contient deux boutons de validation portant le même nom (option `NAME="soumettre"` par exemple), mais des valeurs (option `VALUE`) différentes, le premier `OK` et le deuxième `Annuler`, il est possible de déterminer dans quel contexte le script est appelé de la manière suivante.

Exemple

```
// Tester comment le script est appelé
if ( isset($_POST["soumettre"]) ) {
    // traitement du formulaire
    if ($_POST ["soumettre"] == "OK") {
        // bouton OK
    } elseif ($_POST ["soumettre"] == "Annuler") {
        // bouton Annuler
    }
} else {
    // affichage initial
}
```

Bouton image

Pour un bouton image, c'est-à-dire pour une zone `<INPUT>` de type `image` (exemple `valider` ci-après), PHP crée deux variables portant le nom du bouton (option `NAME`) suivi de `_x` et `_y` et donnant la position relative, en pixels, du clic par rapport à l'angle situé en haut à gauche de l'image (uniquement si l'image est cliquée).

Exemple

```
<INPUT TYPE="image" NAME="valider" SRC="valider.gif">
```

Résultat si l'image est cliquée

```
$_POST :
valider_x = 5
valider_y = 8
```

Si le bouton ne porte pas de nom, les deux variables sont appelées `x` et `y`.

Exemple

```
<INPUT TYPE="image" SRC="valider.gif">
```

Résultat si l'image est cliquée

```
$_POST :
x = 5
y = 8
```

Il est alors possible de traiter la position du clic si elle est significative du point de vue de la logique applicative.

Si plusieurs boutons image sont présents dans le formulaire, il est possible de déterminer quel bouton a provoqué la soumission du formulaire.

Exemple

```
// Tester comment le script est appelé
if (isset($_POST["valider_x"])) {
   // bouton Valider
} else ...
```

Bouton "reset" ou "button"

Un clic sur des boutons correspondant à des zones <INPUT> de type `reset` ou `button` ne provoque pas la soumission du formulaire, ni l'appel du script de traitement. Ces boutons permettent de faire une simple action côté navigateur (en JavaScript par exemple).

3. Synthèse

Il faut prendre l'habitude de bien désigner (option `NAME`) toutes les zones du formulaire avec des noms distincts ou d'utiliser un nommage de type tableau, plutôt associatif, pour faciliter la maintenance et la lisibilité du code.

Pour les groupes de boutons radio, il faut mettre une option `VALUE` distincte à chaque bouton.

Pour les cases à cocher, il faut employer des noms distincts (option `NAME`), et/ou des valeurs distinctes (option `VALUE`), pour être certain de pouvoir faire la différence à l'arrivée ; en cas d'utilisation d'un tableau, ne laissez pas PHP effectuer la numérotation (pas de []).

Pour les listes à sélection multiple, il faut utiliser un nommage de type tableau pour pouvoir récupérer la liste des valeurs sélectionnées ; employez l'option `VALUE` pour récupérer une valeur différente de celle qui apparaît dans la liste.

De même, Il faut nommer le(s) bouton(s) de validation pour être en mesure de savoir comment le script PHP est appelé. Si plusieurs boutons sont utilisés, il est possible d'employer le même nom du moment que les valeurs (option `VALUE`) sont différentes.

Exemple

```
<HTML>
<HEAD><TITLE>Saisie</TITLE></HEAD>
<BODY>
<FORM ACTION="traitement.php" METHOD="POST">
Nom :
<INPUT TYPE="text" NAME="nom" VALUE=""
  SIZE="20" MAXLENGTH="20">
Mot de passe :
<INPUT TYPE="password" NAME="mot_de_passe" VALUE=""
  SIZE="20" MAXLENGTH="20">
<BR>Sexe :
<INPUT TYPE="radio" NAME="sexe" VALUE="M"> Masculin
<INPUT TYPE="radio" NAME="sexe" VALUE="F"> Féminin
<INPUT TYPE="radio" NAME="sexe" VALUE="?"
      CHECKED> Ne sait pas
<BR>Photo :
<INPUT TYPE="file" NAME="photo" VALUE="" SIZE="50">
<BR>Couleurs préférées :
<INPUT TYPE="checkbox" NAME="couleurs[bleu]"> Bleu
<INPUT TYPE="checkbox" NAME="couleurs[blanc]"> Blanc
```

```
<INPUT TYPE="checkbox" NAME="couleurs[rouge]"> Rouge
<INPUT TYPE="checkbox" NAME="couleurs[nesaitpas]" CHECKED>
      Ne sait pas
<BR>Langue :
<SELECT NAME="langue">
  <OPTION VALUE="E">Espagnol
  <OPTION SELECTED VALUE="F">Français
  <OPTION VALUE="I">Italien
</SELECT>
<BR>Fruits préférés :<BR>
<SELECT NAME="fruits[]" MULTIPLE SIZE="8">
  <OPTION VALUE="A">Abricots
  <OPTION VALUE="C">Cerises
  <OPTION VALUE="F">Fraises
  <OPTION VALUE="P">Pêches
  <OPTION SELECTED VALUE="?">Ne sait pas
</SELECT>
<BR>Commentaire :<BR>
<TEXTAREA NAME="commentaire" ROWS="4" COLS="50"></TEXTAREA>
<BR>
<INPUT TYPE="hidden" NAME="invisible" VALUE="123"><BR>
<INPUT TYPE="submit" NAME="OK" VALUE="OK">
<INPUT TYPE="image" NAME="valider"
      SRC="valider.gif" WIDTH="23" HEIGHT="34">
<INPUT TYPE="reset" NAME="effacer" VALUE="Effacer">
<INPUT TYPE="button" NAME="action" VALUE="Ne fait rien">
</FORM>
</BODY>
</HTML>
```

Résultat

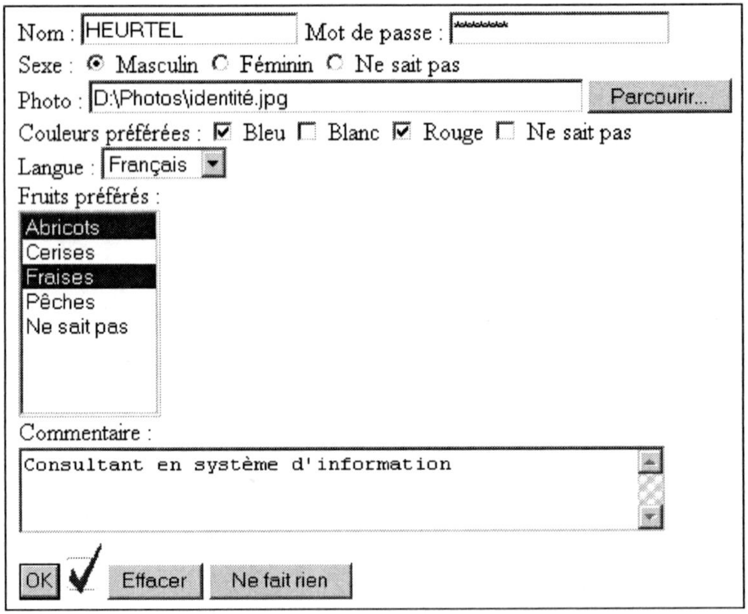

Résultat

```
$_POST :
nom = HEURTEL
mot_de_passe = olivier
sexe = M
photo = D:\Photos\identité.jpg
couleurs =
  bleu = on
  rouge = on
langue = F
fruits =
  0 = A
  1 = F
commentaire = Consultant en système d'information
invisible = 123
OK = OK
```

Même exemple avec un tableau

```
<HTML>
<HEAD><TITLE>Saisie</TITLE></HEAD>
<BODY>
<FORM ACTION="traitement.php" METHOD="POST">
Nom :
<INPUT TYPE="text" NAME="saisie[nom]" VALUE=""
  SIZE="20" MAXLENGTH="20">
Mot de passe :
<INPUT TYPE="password" NAME="saisie[mot_de_passe]" VALUE=""
  SIZE="20" MAXLENGTH="20">
<BR>Sexe :
<INPUT TYPE="radio" NAME="saisie[sexe]" VALUE="M"> Masculin
<INPUT TYPE="radio" NAME="saisie[sexe]" VALUE="F"> Féminin
<INPUT TYPE="radio" NAME="saisie[sexe]" VALUE="?"
    CHECKED> Ne sait pas
<BR>Photo :
<INPUT TYPE="file" NAME="saisie[photo]" VALUE="" SIZE="50">
<BR>Couleurs préférées :
<INPUT TYPE="checkbox" NAME="saisie[couleurs][bleu]"> Bleu
<INPUT TYPE="checkbox" NAME="saisie[couleurs][blanc]"> Blanc
<INPUT TYPE="checkbox" NAME="saisie[couleurs][rouge]"> Rouge
<INPUT TYPE="checkbox" NAME="saisie[couleurs][nesaitpas]"
            CHECKED> Ne sait pas
<BR>Langue :
<SELECT NAME="saisie[langue]">
  <OPTION VALUE="E">Espagnol
  <OPTION SELECTED VALUE="F">Français
  <OPTION VALUE="I">Italien
</SELECT>
<BR>Fruits préférés :<BR>
<SELECT NAME="saisie[fruits][]" MULTIPLE SIZE="8">
  <OPTION VALUE="A">Abricots
  <OPTION VALUE="C">Cerises
  <OPTION VALUE="F">Fraises
  <OPTION VALUE="P">Pêches
  <OPTION SELECTED VALUE="?">Ne sait pas
</SELECT>
<BR>Commentaire :<BR>
<TEXTAREA NAME="saisie[commentaire]" ROWS="4" COLS="50"></TEXTAREA>
```

```
<BR>
<INPUT TYPE="hidden" NAME="saisie[invisible]"
                VALUE="123"><BR>
<INPUT TYPE="submit" NAME="OK" VALUE="OK">
<INPUT TYPE="image" NAME="valider"
       SRC="valider.gif" WIDTH="23" HEIGHT="34">
<INPUT TYPE="reset" NAME="effacer" VALUE="Effacer">
<INPUT TYPE="button" NAME="action" VALUE="Ne fait rien">
</FORM>
</BODY>
</HTML>
```

Résultat

```
$_POST :
saisie =
  nom = HEURTEL
  mot_de_passe = olivier
  sexe = M
  photo = D:\Photos\identité.jpg
  couleurs =
    bleu = on
    rouge = on
  langue = F
  fruits =
    0 = A
    1 = F
  commentaire = Consultant en système d'information
  invisible = 123
OK = OK
```

C. Construire un formulaire dynamiquement

Comme tout le reste de la page, tout ou partie d'un formulaire peut être construit dynamiquement. Trois cas sont abordés dans cette section :

- générer la totalité du formulaire ;
- générer des valeurs initiales dans les zones de saisie ;
- générer une liste d'options.

Générer la totalité du formulaire

Exemple

```
<?php
echo "<FORM ACTION=\"saisie.php\" METHOD=\"POST\">";
echo "Nom : <INPUT TYPE=\"text\" NAME=\"nom\"><BR>";
echo "<INPUT TYPE=\"submit\" NAME=\"OK\" VALUE=\"OK\">";
echo "</FORM>";
?>
```

Cet exemple ne présente pas un grand intérêt car il n'y a rien de vraiment dynamique dans le formulaire : autant mettre le code HTML directement, c'est plus lisible.

Une telle approche peut néanmoins être pratique s'il existe une description du formulaire sous une forme ou sous une autre.

En effet, dans l'exemple suivant, nous supposons que nous récupérons (dans un fichier, dans une base...) une description du formulaire sous la forme d'un tableau à deux dimensions : chaque ligne du tableau contient une description de la zone sous la forme d'un tableau avec le titre, le type, le nom et la valeur.

Exemple

```
<?php
// tableau contenant la description du formulaire
$formulaire = array(
  array("Nom : ","text","nom","HEURTEL"),
  array("","submit","OK","OK") );
// génération d'un formulaire à l'aide d'une boucle sur le tableau
echo "<FORM ACTION=\"saisie.php\" METHOD=\"POST\">\n";
foreach($formulaire as $zone) {
  echo "$zone[0]<INPUT TYPE=\"$zone[1]\"
    NAME=\"$zone[2]\" VALUE=\"$zone[3]\"><BR>\n";
}
echo "</FORM>\n";
?>
```

Résultat dans le source du navigateur

```
<FORM ACTION="saisie.php" METHOD="POST">
Nom : <INPUT TYPE="text" NAME="nom" VALUE="HEURTEL"><BR>
<INPUT TYPE="submit" NAME="OK" VALUE="OK"><BR>
</FORM>
```

Notez la présence des séquences `\n`, dans le code PHP, qui permettent d'avoir des retours à la ligne dans le source de la page.

Générer des valeurs initiales dans les zones de saisie

Nous avons déjà étudié cette possibilité dans différents exemples.

Exemple

```
<FORM ACTION="saisie.php" METHOD="POST">
Nom : <INPUT TYPE="text" NAME="nom"
    VALUE="<?php echo $nom ?>"><BR>
<INPUT TYPE="submit"NAME="OK" VALUE="OK">
</FORM>
```

Ici, nous supposons que `$nom` est une variable initialisée par ailleurs dans le script PHP.

Générer une liste d'options

Du code PHP peut être utilisé pour générer des listes d'options, soit dans une zone `<SELECT>` (liste à sélection unique ou multiple), soit dans une zone `<INPUT>` de type `radio` (groupe de boutons radio), soit dans une zone `<INPUT>` de type `checkbox` (case à cocher).

Les données affichées proviennent très souvent d'une base de données et il est intéressant de pouvoir construire cette zone du formulaire dynamiquement à partir des données extraites de la base.

Exemple avec une liste à sélection multiple

```
<?php
// liste des fruits à afficher dans la liste, sous la forme d'un tableau
// associatif donnant le code du fruit (clé du tableau) et l'intitulé
// du fruit ; nous verrons ultérieurement comment récupérer ces informations
// dans une base
$fruits_du_marché = array(
  "A" => "Abricots",
  "C" => "Cerises",
  "F" => "Fraises",
  "P" => "Pêches",
  "?" => "Ne sait pas");
// liste des fruits préférés de l'utilisateur, sous la
// forme d'un tableau donnant le code des fruits concernés
// là encore, cette information pourra venir d'une base ou d'un autre écran
$fruits_préférés = array("A","F");
?>
<!-- construction du formulaire -->
<FORM ACTION="saisie.php" METHOD="POST">
Fruits préférés :<BR>
<SELECT NAME="fruits[]" MULTIPLE SIZE="8">
<?php
// code PHP générant la partie dynamique du formulaire
// parcourir la liste à afficher et récupérer le code et l'intitulé
foreach($fruits_du_marché as $code => $intitulé) {
  // déterminer si la ligne doit être sélectionnée
  //  - oui si le code figure dans la liste des fruits
  //  préférés de l'utilisateur => recherche de $code
  //  dans $fruits_préférés avec la fonction in_array
  //  - si c'est le cas, mettre la clause SELECTED dans
  //  la balise OPTION, sinon ne rien mettre
  $sélection = in_array($code,$fruits_préférés)?
        "SELECTED":"";
  // générer la balise OPTION avec la variable $code pour
  // l'option VALUE, la variable $sélection pour
  // l'indication de sélection et la variable $intitulé
  // pour le texte affiché dans la liste
  echo "<OPTION VALUE=\"$code\" $sélection>$intitulé\n";
}
?>
</SELECT>
<INPUT TYPE="submit" NAME="OK" VALUE="OK"><BR>
</FORM>
```

Résultat à l'écran (affichage initial)

Résultat dans le source du navigateur

```
<!-- construction du formulaire -->
<FORM ACTION="saisie.php" METHOD="POST">
Fruits préférés :<BR>
<SELECT NAME="fruits[]" MULTIPLE SIZE="8">
<OPTION VALUE="A" SELECTED>Abricots
<OPTION VALUE="C" >Cerises
<OPTION VALUE="F" SELECTED>Fraises
<OPTION VALUE="P" >Pêches
<OPTION VALUE="?" >Ne sait pas
</SELECT>
<INPUT TYPE="submit" NAME="OK" VALUE="OK"><BR>
</FORM>
```

Cet exemple est très facile à adapter si l'option `VALUE` n'est pas utilisée.

Exemple avec une liste à sélection unique

```
<?php
// liste des langues à afficher dans la liste, sous la
// forme d'un tableau associatif donnant le code de
// la langue (clé du tableau) et l'intitulé de la langue
$langues_disponibles = array(
  "E" => "Espagnol",
  "F" => "Français",
  "I" => "Italien");
// code de la langue de l'utilisateur
$langue = "F";
?>
<!-- construction du formulaire -->
<FORM ACTION="saisie.php" METHOD="POST">
Langue :<BR>
<SELECT NAME="langue">
<?php
// code PHP générant la partie dynamique du formulaire
// parcourir la liste à afficher et récupérer le code
// et l'intitulé
foreach($langues_disponibles as $code => $intitulé) {
  // déterminer si la ligne doit être sélectionnée
  // - oui si le code est égal au code de la langue de
  //   l'utilisateur
  // - si c'est le cas, mettre la clause SELECTED dans
  //   la balise OPTION, sinon ne rien mettre
  $sélection = ($code == $langue)?"SELECTED":"";
  // générer la balise OPTION avec la variable $code pour
  // l'option VALUE, la variable $sélection pour
  // l'indication de sélection et la variable $intitulé
  // pour le texte affiché dans la liste
  echo "<OPTION VALUE=\"$code\" $sélection>$intitulé\n";
}
?>
</SELECT>
<INPUT TYPE="submit" NAME="OK" VALUE="OK"><BR>
</FORM>
```

Résultat à l'écran (affichage initial)

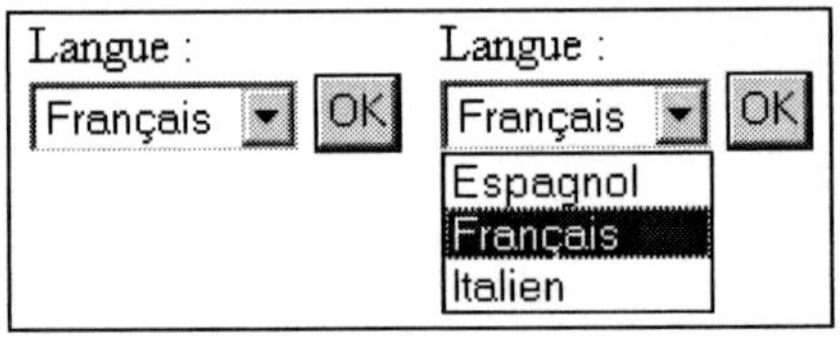

Résultat dans le source du navigateur

```
<!-- construction du formulaire -->
<FORM ACTION="saisie.php" METHOD="POST">
Langue :<BR>
<SELECT NAME="langue">
<OPTION VALUE="E" >Espagnol
<OPTION VALUE="F" SELECTED>Français
<OPTION VALUE="I" >Italien
</SELECT>
<INPUT TYPE="submit" NAME="OK" VALUE="OK"><BR>
</FORM>
```

Des techniques similaires peuvent être utilisées pour construire une liste de cases à cocher, un groupe de boutons radio...

D. Contrôler les données saisies

1. Vue d'ensemble

Dans la première partie de ce chapitre, nous avons vu comment récupérer les données saisies.

Ensuite, il faut vérifier que les données saisies sont correctes, c'est-à-dire qu'elles respectent les règles de gestion définies pour l'application.

L'objectif de cette partie est de vous fournir quelques pistes sur les techniques couramment utilisées en PHP pour cette vérification. Une autre approche possible consiste à réaliser un contrôle en JavaScript dans le navigateur, l'intérêt étant d'éviter un aller et retour avec le serveur.

Pour illustrer les différents cas, nous allons utiliser le formulaire suivant, qui ne contient volontairement aucune valeur par défaut (notez le cas de la langue pour laquelle la première option est une ligne vide).

Exemple

```
<HTML>
<HEAD><TITLE>Saisie</TITLE></HEAD>
<BODY>
<FORM ACTION="traitement.php" METHOD="POST">
Nom :
<INPUT TYPE="text" NAME="nom" VALUE=""
  SIZE="20" MAXLENGTH="20">
```

```
Mot de passe :
<INPUT TYPE="password" NAME="mot_de_passe" VALUE=""
  SIZE="20" MAXLENGTH="20">
<BR>Date de naissance (JJ/MM/AAAA) :
<INPUT TYPE="text" NAME="date_naissance" VALUE=""
  SIZE="10" MAXLENGTH="10">
<BR>Sexe :
<INPUT TYPE="radio" NAME="sexe" VALUE="M"> Masculin
<INPUT TYPE="radio" NAME="sexe" VALUE="F"> Féminin
<BR>Couleurs préférées :
<INPUT TYPE="checkbox" NAME="couleurs[bleu]"> Bleu
<INPUT TYPE="checkbox" NAME="couleurs[blanc]"> Blanc
<INPUT TYPE="checkbox" NAME="couleurs[rouge]"> Rouge
<BR>Langue :
<SELECT NAME="langue">
  <OPTION>
  <OPTION VALUE="E">Espagnol
  <OPTION VALUE="F">Français
  <OPTION VALUE="I">Italien
</SELECT>
<BR>Fruits préférés :<BR>
<SELECT NAME="fruits[]" MULTIPLE SIZE="8">
  <OPTION VALUE="A">Abricots
  <OPTION VALUE="C">Cerises
  <OPTION VALUE="F">Fraises
  <OPTION VALUE="P">Pêches
</SELECT>
<BR>Commentaire :<BR>
<TEXTAREA NAME="commentaire" ROWS="4" COLS="50"></TEXTAREA>
<BR>
<INPUT TYPE="submit" NAME="OK" VALUE="OK">
</FORM>
</BODY>
</HTML>
```

Résultat

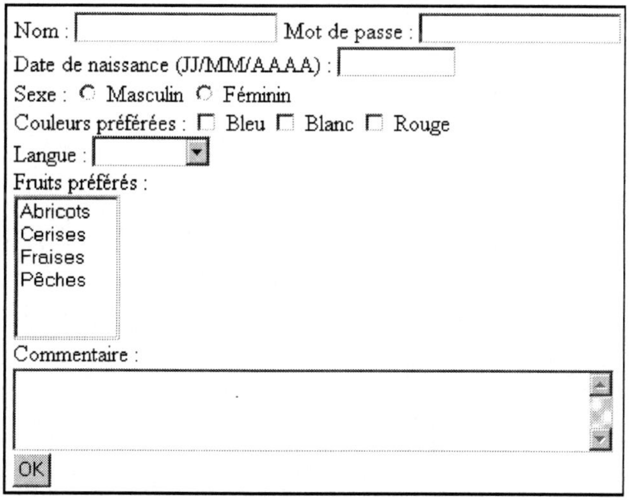

Dans une première partie du script `traitement.php`, les valeurs saisies sont récupérées de la manière suivante :

```
<?php
$nom = $_POST["nom"];
$mot_de_passe = $_POST["mot_de_passe"];
$date_naissance = $_POST["date_naissance"];
$sexe = $_POST["sexe"];
$couleurs = $_POST["couleurs"]; // tableau
$langue = $_POST["langue"];
$fruits = $_POST["fruits"]; // tableau
$commentaire = $_POST["commentaire"];
echo "\$nom = $nom<BR>";
echo "\$mot_de_passe = $mot_de_passe<BR>";
echo "\$date_naissance = $date_naissance<BR>";
echo "\$sexe = $sexe<BR>";
echo "\$couleurs = $couleurs<BR>";
echo "\$langue = $langue<BR>";
echo "\$fruits = $fruits<BR>";
echo "\$commentaire = $commentaire<BR>";
?>
```

2. Vérifications classiques

Nettoyage des espaces qui traînent

Pour les zones en saisie libre (`<INPUT>` de type `text` ou `password`, `<TEXTAREA>`), la fonction `trim` (cf. chapitre 3 - E - 2. Manipulation des chaînes de caractères) peut être utilisée pour supprimer les "blancs" indésirables en début et/ou en fin de chaîne.

Exemple

```
$nom = trim($_POST["nom"]);
$mot_de_passe = trim($_POST["mot_de_passe"]);
$date_naissance = trim($_POST["date_naissance"]);
$commentaire = trim($_POST["commentaire"]);
```

Zones obligatoires

Le formulaire précédent, sur une saisie vide, donne le résultat suivant :

```
$nom =
$mot_de_passe =
$date_naissance =
$sexe =
$couleurs =
$langue =
$fruits =
$commentaire =
```

Tester si une zone obligatoire est saisie se révèle très simple : il suffit de tester si la variable associée contient une valeur.

Exemple

```
if ($variable == "") {
  // $variable est non saisi, faire quelque chose
}
```

Il peut aussi être tentant de réaliser un test du type `if (! $variable)` en se souvenant qu'une chaîne vide est équivalente à `FALSE`. Cette approche n'est généralement pas fiable, car une valeur saisie égale à 0 sera aussi considérée comme mauvaise (car 0 est aussi équivalent à `FALSE`).

Longueur maximum d'une chaîne

Pour les zones en saisie libre, la longueur des informations saisies peut être contrôlée avec la fonction `strlen` (cf. chapitre 3 - E - 2. Manipulation des chaînes de caractères).

Exemple

```
if (strlen($variable) > limite) {
 // $variable est trop long, faire quelque chose
}
```

L'option `MAXLENGTH` de la balise `INPUT` permet un contrôle complémentaire au moment de la saisie (c'est le navigateur qui s'en charge).

Caractères autorisés pour une chaîne - Format

En cas de besoin, l'utilisation des expressions régulières (cf. chapitre 3 - E - 2. Manipulation des chaînes de caractères) permet de contrôler très facilement que seuls certains caractères sont présents et éventuellement que la chaîne saisie respecte un format spécifique.

À titre d'exemple, supposons que le mot de passe doit vérifier la règle suivante : commencer par une lettre, suivie de lettres, de chiffres ou des caractères _#*$ avec une longueur minimale de 4.

Exemple

```
if (! eregi("^[a-z][a-z0-9_#*$]{3,}",$mot_de_passe)) {
   // Mot de passe non valide
}
```

Quelques explications sur l'expression régulière utilisée (`^[a-z][a-z0-9_#*$]{3,}`) :

- `eregi` autorisé indifféremment les majuscules et minuscules
- `^` = commence par ...
- `[a-z]` = une lettre entre a et z (ou `A` et `Z` car `eregi` est utilisée) ...
- `[a-z0-9_#*$]{3,}` = suivi d'au moins 3 (`{3,}`) caractères parmi ceux indiqués : `a` à `z` (et donc `A` à `Z`), `0` à `9` et les caractères `_#*$`.

D'autres exemples sont présentés dans la suite de cette partie avec les dates et les nombres.

Validité d'une date - Plage de valeurs

Généralement, deux vérifications doivent être réalisées sur une date :

- respect d'un format (JJ/MM/AAAA par exemple) ;
- validité (pas de 32/13/2001).

La vérification du respect du format et des caractères autorisés est très simple avec une expression régulière.

Exemple

```
if (! ereg("^[0-9]{1,2}/[0-9]{1,2}/[0-9]{4}$",
    $date_naissance)) {
  // mauvais format pour la date
}
```

Quelques explications sur l'expression régulière utilisée (`^([0-9]{1,2})/([0-9]{1,2})/([0-9]{4})$`) :

- `^` = commence par ...
- `[0-9]{1,2}` = un ou deux chiffres ...
- / = suivi du caractère " / " ...
- `[0-9]{1,2}` = un ou deux chiffres ...
- / = suivi du caractère " / " ...
- `[0-9]{4}` = suivi de quatre chiffres ...
- `$` = suivi de ... rien du tout. La chaîne doit se terminer immédiatement.

Pour vérifier la validité de la date, il est possible d'utiliser la fonction `checkdate` (cf. chapitre 3 - E - 3. Manipulation des dates).

Dans un premier temps, il faut récupérer les composantes de la date saisie. Plusieurs solutions sont utilisables :

- avec la fonction `explode` :

```
$jma = explode("/",$date_naissance);
// $jma[0] contient le jour
// $jma[1] contient le mois
// $jma[2] contient l'année
if (! checkdate($jma[1],$jma[0],$jma[2])) {
// date non valide
}
```

- variante avec les fonctions `explode` et `list` :

```
list($jour,$mois,$année) = explode("/",$date_naissance);
// récupération des composantes dans des variables indépendantes
if (! checkdate($mois,$jour,$année)) {
// date non valide
}
```

- avec le troisième paramètre de la fonction `ereg` qui permet de récupérer des portions de la chaîne, et cela directement dans le test de conformité du format :

```
if (! ereg("^([0-9]{1,2})/([0-9]{1,2})/([0-9]{4})$",
                $date_naissance,$jma)) {
  // mauvais format pour la date
} else {
  // bon format pour la date
  // $jma contient les différentes composantes avec des
  // indices différents par rapport à l'exemple précédent
  // $jma[1] contient le jour
  // $jma[2] contient le mois
  // $jma[3] contient l'année
  if (! checkdate($jma[2],$jma[1],$jma[3])) {
```

```
    // date non valide
  }
}
```

Pour tester la plage de valeurs, le plus simple est de faire une comparaison numérique (ou alphabétique) sur un nombre (ou une chaîne) construit sur la forme `AAAAMMJJ` (`20010828` pour le `28/08/2001`).

Exemple

```
// récupérer les composantes de la date
list($jour,$mois,$année) = explode("/",$date_naissance);
// contruire une chaîne au format AAAAMMJJ
$AAAAMMJJ = sprintf("%04d%02d%02d",$année,$mois,$jour);
// définir les dates mini et maxi selon le même format
$date_mini = "19000101"; // 01/01/1900
$date_maxi = date("Ymd"); // date du jour
// comparer
if ($AAAAMMJJ < $date_mini or $AAAAMMJJ > $date_maxi) {
// date hors de la plage autorisée
}
```

Validité d'un nombre - Plage de valeurs

Plusieurs techniques peuvent être utilisées pour vérifier qu'un nombre est bien formé :

- les expressions régulières ;
- la fonction `is_numeric` ;
- la conversion de la saisie et le test du résultat obtenu.

Exemple avec les expressions régulières

```
// vérifier qu'une saisie est un nombre entier
ereg("^\-?[0-9]+$",$variable)
// vérifier qu'une saisie est un nombre entier et contrôler
// le nombre de chiffres (entre 1 et 3 par exemple)
ereg("^[0-9]{1,3}$",$variable)
// vérifier qu'une saisie est un nombre décimal (sur cet
// exemple la virgule et le point sont acceptés comme séparateur décimal)
ereg("^\-?[0-9]*[\.|,]?[0-9]*$",$variable)
    // autorise .1, -.1 mais aussi -., - et .
// possible dans ce cas de forcer la saisie d'un chiffre avant la virgule
ereg("^\-?[0-9]+[\.|,]?[0-9]*$",$variable)
    // plus de problème avec -., - et . mais .1 et -.1 ne
    // sont plus autorisés non plus
// éventuellement, combiner le premier test avec un deuxième
// qui vérifie que $variable n'est pas égal à -, -. ni .
ereg("^\-?[0-9]*[\.|,]?[0-9]*$",$variable)
     and !in_array($variable,array("-","-.","."))
```

Pour la plage de valeurs, un simple test du type suivant suffit.

Exemple

```
if ($variable < minimum or $variable > maximum) {
  // $variable en dehors de la plage autorisée
}
```

Validité d'une adresse e-mail

Là encore, les expressions régulières vont être utiles. Ce sujet a fait l'objet de beaucoup d'études et de nombreuses solutions peuvent être trouvées sur Internet.

Une des meilleures solutions semble être la suivante :

```
eregi("^[0-9a-z]([-_.]?[0-9a-z])*@
   [0-9a-z]([-.]?[0-9a-z])*\.[a-z]{2,3}$",$adresse)
```

Quelques explications sur l'expression régulière utilisée :

- `eregi` autorise indifféremment les majuscules et les minuscules.
- `^` = commence par ...
- `[0-9a-z]` = une lettre ou un chiffre ...
- `([-_.]?[0-9a-z])*` = suivi d'une ou plusieurs séquences commençant chacune optionnellement par un tiret, un souligné ou un point suivi de lettre ou de chiffres...
- @ = suivi d'un @.
- `[0-9a-z]` = suivi d'une lettre ou d'un chiffre...
- `([-.]?[0-9a-z])*` = suivi d'une ou plusieurs séquences commençant chacune optionnellement par un tiret ou un point suivi de lettres ou de chiffres.
- `\.` = suivi d'un point...
- `[a-z]{2,3}` = suivi de deux ou trois lettres...
- `$` = suivi de ... rien du tout. La chaîne doit se terminer.

L'expression régulière permet de vérifier que l'adresse est syntaxiquement correcte, mais pas de contrôler qu'elle existe réellement.

E. Les problèmes sur les données saisies

1. La fonctionnalité de "magic quotes"

PHP propose une fonctionnalité, appelée "magic quotes", dont l'objectif principal est de résoudre un problème lié à l'enregistrement des données dans une base de données en effectuant un encodage sur les données saisies dans un formulaire.
Cette fonctionnalité peut rapidement devenir un casse-tête si elle est mal prise en compte.

De quoi s'agit-il ?

Si la directive de configuration `magic_quotes_gpc` est à `on`, toutes les données arrivant par une méthode `GET` ou `POST` (ou encore, nous le verrons plus tard, par un cookie) sont automatiquement encodées avec un anti-slash (\) devant les caractères apostrophe ('), guillemet (") et bien sûr anti-slash (\).

Le suffixe `gpc` de la directive correspond à Get, Post et Cookie.

Considérons le script PHP `saisie.php` suivant qui se contente d'afficher une zone de saisie puis, de réafficher la valeur saisie dans la zone du formulaire et directement dans la page.

Exemple

```
<?php
// récupérer la données saisie
$saisie = isset($_POST["saisie"])?$_POST["saisie"]:"";
// la réafficher ensuite dans la zone de saisie et directement dans la page...
?>
<HTML>
<HEAD><TITLE>Saisie</TITLE></HEAD>
<BODY>
<FORM ACTION="saisie.php" METHOD="POST">
Saisie : <INPUT TYPE="text" NAME="saisie"
     VALUE="<?php echo $saisie; ?>"><BR>
<INPUT TYPE="submit" NAME="OK" VALUE="OK">
</FORM>
<?php
echo $saisie;
?>
</BODY>
</HTML>
```

Résultat

- Affichage initial :

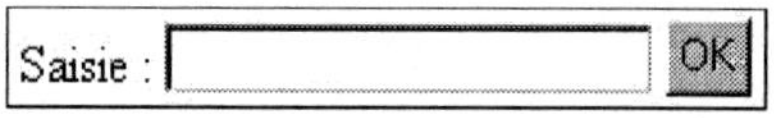

- Saisie d'une valeur :

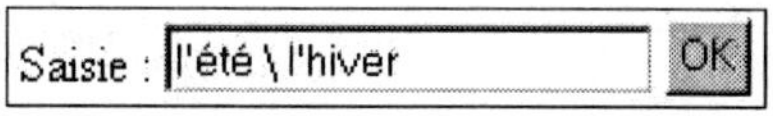

- Résultat après un clic sur le bouton **OK** si `magic_quotes_gpc = on` :

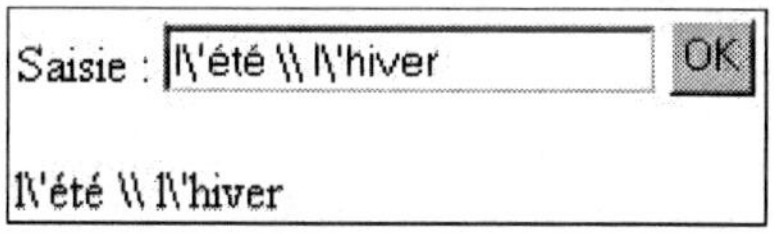

- Résultat après un clic sur le bouton **OK** si `magic_quotes_gpc = off` :

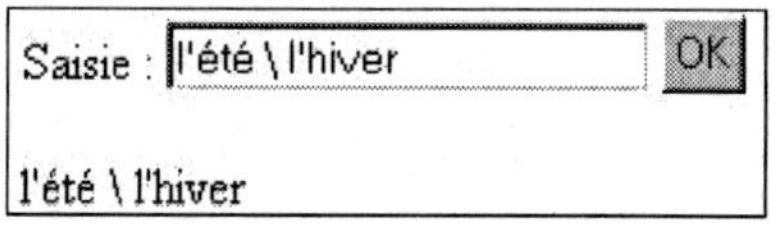

- Saisie d'une autre valeur (présentant un ") :

- Résultat après un clic sur le bouton **OK** si `magic_quotes_gpc = on` :

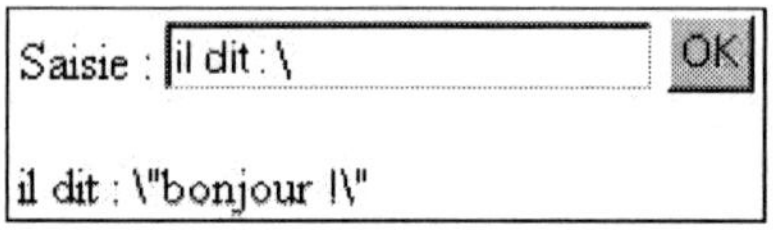

Dans ce dernier cas, le problème de réaffichage dans la zone de saisie n'est pas lié à la fonctionnalité "magic quotes" mais à un autre problème abordé dans le prochain point (cf. 2. Autres problèmes sur les données saisies).

Ce principe d'encodage "magic quotes" est effectivement intéressant, notamment devant l'apostrophe, si les données sont destinées à être enregistrées dans une base SQL (*Structured Query Language*). En effet, en SQL, le délimiteur de chaîne de caractères est l'apostrophe ; si une requête envoie la chaîne `'c'est l'été'` à la base, cette dernière va interpréter `'c'` comme une chaîne et ne saura pas quoi faire du reste (`est l'été'`) : un message d'erreur sera retourné par la base.

Pour régler ce problème, il faut indiquer à la base que les apostrophes à l'intérieur de la chaîne ne sont pas des délimiteurs de la chaîne, généralement en les faisant précéder d'un caractère "magique" ("d'échappement") : \ pour MySQL ou apostrophe (') pour d'autres bases comme Oracle, Sybase ou Microsoft SQL Server. Les bonnes valeurs à envoyer sont donc 'c\'est l\'été' pour MySQL ou 'c''est l''été' pour d'autres bases de données.

La fonctionnalité "magic quotes" est intéressante si la donnée saisie est destinée à être enregistrée dans une base MySQL (l'encodage est automatique), mais pose des problèmes si la donnée saisie est destinée à être enregistrée dans une base Oracle ou SQL Server (l'encodage n'est pas le bon) ou simplement affichée dans une page HTML (l'encodage est inutile).

Du point de vue du caractère d'échappement à utiliser, PHP propose la directive `magic_quotes_sybase` ; si cette directive est à `on`, PHP utilise le caractère d'échappement apostrophe (') à la place du caractère anti-slash (\). De plus, dans ce cas, seul le caractère apostrophe (') est échappé (les autres caractères ne posent pas de problème). Avec cette nouvelle directive, notre problème d'enregistrement dans une base Oracle, SQL Server ou Sybase est résolu.

Dans la pratique, cette fonctionnalité "magic quotes" pose deux problèmes :

- Si la donnée est à la fois destinée à être affichée dans la page et enregistrée dans une base, il y a un problème : avec l'affichage si "magic quotes" est actif, avec l'enregistrement dans la base si "magic quotes" est inactif.
- Le développeur ne maîtrise pas forcément la configuration de PHP dans l'environnement d'exploitation : il peut donc écrire du code qui fonctionne dans son environnement de développement (avec une certaine configuration de "magic quotes"), mais qui risque de ne plus fonctionner dans l'environnement d'exploitation où la configuration est peut-être différente.

Nous allons donc voir comment gérer correctement cette fonctionnalité et écrire un code indépendant de la configuration.

Pour gérer les besoins contradictoires de l'affichage et de l'enregistrement dans la base, PHP propose deux fonctions en complément : `addslashes` et `stripslashes`.

La fonction `addslashes` prend en paramètre une chaîne de caractères et retourne cette chaîne en ajoutant un \ devant les caractères ', " et \ (si `magic_quotes_sybase` est à `off`) ou le ' devant ' (si `magic_quotes_sybase` est à `on`).

La fonction `stripslashes` prend en paramètre une chaîne de caractères et retourne cette chaîne en supprimant le \ devant les caractères ', " et \ (si `magic_quotes_sybase` est à `off`) ou le ' devant ' (si `magic_quotes_sybase` est à `on`).

Exemple

```
<?php
echo addslashes("c'est l'été")."<BR>";
echo stripslashes("c\'est l\'été")."<BR>";
?>
```

Résultat (en supposant que `magic_quotes_sybase = off`)

```
c\'est l\'été
c'est l'été
```

Ces fonctions vont être utiles dans les deux cas suivants :

- Si vous avez une donnée dans une variable, qui n'a pas déjà été encodée, et que cette donnée doive être enregistrée dans la base, il est conseillé d'appeler `addslashes` pour effectuer l'encodage adapté.
- Si vous avez une donnée dans une variable, qui a été encodée (manuellement ou automatiquement), et que vous souhaitiez l'afficher dans une page HTML, il faut appeler `stripslashes` pour enlever l'encodage.

Il ne faut pas appeler `addslashes` ou `stripslashes` au hasard sur des variables déjà encodées en ce qui concerne `addslashes` ou non encodées en ce qui concerne `stripslashes`.

Exemple

```
<?php
// utilisation de la fonction addslashes sur une donnée déjà encodée
echo addslashes("c\'est l\'été")."<BR>";
// utilisation de la fonction stripslashes sur une donnée non encodée
echo stripslashes("c'est l'été")."<BR>";
    // pas grave
echo stripslashes("d:\photos\identité.jpg")."<BR>";
    // mauvais
?>
```

Résultat (en supposant que `magic_quotes_sybase = off`)

```
c\\\'est l\\\'été
c'est l'été
d:photosidentité.jpg
```

Il est donc important de ne pas appeler `addslashes` systématiquement avant un enregistrement dans la base, ou `stripslashes` systématiquement avant un affichage dans une page HTML. Il faut savoir d'où vient la donnée et si elle est ou non déjà encodée par la fonctionnalité "magic quotes".

Il existe deux situations simples si vous maîtrisez la configuration de PHP :

- Vous êtes <u>certain</u> que `magic_quotes_gpc = off` : dans ce cas, vous pouvez afficher les données issues des formulaires sans soucis (pas besoin de la fonction `stripslashes`) et devez appeler `addslashes` avant tout enregistrement dans la base.
- Vous êtes <u>certain</u> que `magic_quotes_gpc = on` et que `magic_quotes_sybase` est adapté à la base que vous utilisez (`off` pour MySQL ou `on` pour Oracle, Sybase ou Microsoft SQL Server) : dans ce cas, vous devez appeler `stripslashes` avant tout affichage des données issues des formulaires mais vous pouvez les enregistrer directement dans la base (pas besoin de la fonction `addslashes`). Par contre, un problème peut se poser pour des données qui ne viennent pas d'un formulaire.

  En effet, si vous initialisez une variable du type `$valeur = "c'est l'été"`, cette variable va contenir une information qui n'a pas subi l'encodage automatique de la fonctionnalité "magic quotes" ; à un moment ou un autre, il faudra encoder la donnée avec `addslashes` si elle doit être enregistrée dans la base...

Gestion intelligente et portable

Si vous ne maîtrisez pas la configuration de PHP et que vous souhaitiez avoir un code portable, il faut procéder autrement.

Voici la solution la plus simple :

- Décider une fois pour toutes que toute variable PHP contient une donnée qui est soit encodée, soit non encodée ; la version "toute variable PHP contient une donnée non encodée" est préconisée.
- Faire le traitement nécessaire, lors de l'affectation d'une variable par une donnée qui vient de l'extérieur pour s'assurer qu'elle ne contient pas d'encodage "magic quotes".
- Ne rien faire vis-à-vis de l'encodage "magic quotes" (les variables ne contiennent pas de caractère \ superflu) lors de l'affichage d'une variable dans une page HTML (directement ou dans un formulaire).
- Faire l'encodage nécessaire lors de l'enregistrement d'une variable dans une base.

Le schéma suivant présente les sources de données extérieures qu'il va falloir gérer au moment de l'alimentation des variables :

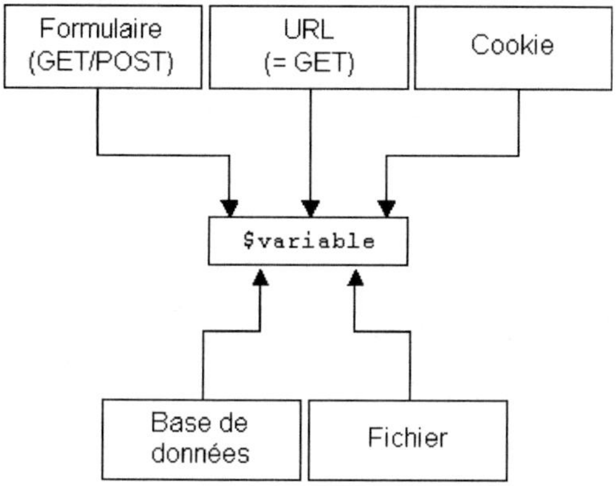

Nous avons déjà vu que tout ce qui venait d'un formulaire (méthode `GET` ou `POST`), d'une `URL` (méthode `GET`) ou d'un cookie, et que nous allons désormais appeler donnée GPC, était sous l'influence de la directive `magic_quotes_gpc` (cf. chapitre 9 pour l'URL et les Cookies) : au moment de l'alimentation d'une variable à partir d'une de ces sources, pour respecter notre principe de fonctionnement, il faut enlever l'encodage "magic quotes", si "magic quotes" est actif, et ne rien faire si "magic quotes" est désactivé.

Un tel traitement est possible grâce à la fonction `get_magic_quotes_gpc` qui retourne `1` (équivalent à `TRUE`) si la fonctionnalité "magic quotes" est active et `0` (équivalent à `FALSE`) sinon.

Il est donc possible d'écrire une fonction qui sera systématiquement appelée lors de la récupération d'une donnée GPC pour enlever l'encodage "magic quotes" si ce dernier est actif.

Exemple

```
<?php
function supprimer_encodage_MQ($valeur) {
  // si magic quotes est actif, retourner
  // la valeur après suppression de l'encodage
  // (=> appel à stripslashes), sinon, retourner
  // la valeur
  return (get_magic_quotes_gpc())?
    stripslashes($valeur):$valeur;
}
?>
```

Appeler uniquement cette fonction sur des données GPC pour ne pas risquer d'enlever des caractères d'échappement qui ne sont pas liés à un encodage "magic quotes".

La récupération des données d'un formulaire prend alors la structure suivante :

```
<?php
// inclusion du fichier qui contient les définitions de nos
// fonctions générales
include("fonctions.inc");
// récupération des valeurs saisies dans le formulaire
$nom = supprimer_encodage_MQ(trim($_POST["nom"]));
$mot_de_passe = supprimer_encodage_MQ(
    trim($_POST["mot_de_passe"]));
$date_naissance = supprimer_encodage_MQ(
    trim($_POST["date_naissance"]));
// ...
?>
```

Pour les zones qui ne sont pas en saisie libre (liste à sélection unique ou multiple, groupe de boutons radio, cases à cocher), il n'est pas forcément nécessaire d'appeler la fonction car la donnée retournée est maîtrisée et vous pouvez faire en sorte qu'elle ne contienne pas d'apostrophe ; dans le doute, appelez-la systématiquement (en l'adaptant au cas où la variable est un tableau).

Il est très simple d'écrire une fonction générique qui regroupe l'appel à `trim` et à `supprimer_encodage_MQ`.

Exemple

```
<?php
function supprimer_encodage_MQ($valeur) {
  // si magic quotes est actif, retourner
  // la valeur après suppression de l'encodage
  // (=> appel à stripslashes), sinon, retourner la valeur
  return (get_magic_quotes_gpc())?
    stripslashes($valeur):$valeur;
}
function valeur_saisie($valeur) {
  return supprimer_encodage_MQ (trim($valeur));
}
$nom = valeur_saisie($_POST["nom"]);
// ...
?>
```

Nous allons voir dans les chapitres 8 et 11 que les données en provenance d'une base de données ou d'un fichier sont sous l'influence d'une autre directive, appelée `magic_quotes_runtime`, qui a un fonctionnement identique à `magic_quotes_gpc` et donc un mode de traitement proche.

Pour l'enregistrement dans la base, nous verrons dans le chapitre 8 comment traiter de manière générique les données avant de les envoyer à la base pour éviter les problèmes.

2. Autres problèmes sur les données saisies

Dans le point précédent, nous avons abordé un problème d'affichage dans une zone de formulaire suite à la saisie d'un guillemet (").

Rappel

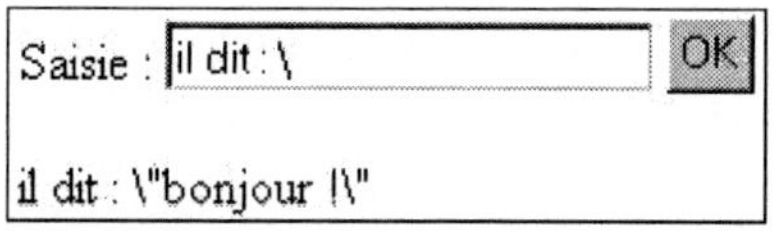

Résultat du source de la page dans le navigateur

```
<HTML>
<HEAD><TITLE>Saisie</TITLE></HEAD>
<BODY>
<FORM ACTION="saisie.php" METHOD="POST">
Saisie : <INPUT TYPE="text" NAME="saisie"
      VALUE="il dit : \"bonjour !\""><BR>
<INPUT TYPE="submit" NAME="OK" VALUE="OK">
</FORM>
il dit : \"bonjour !\"
</BODY>
</HTML>
```

En HTML, dans les options des balises (`VALUE`, `NAME`...), le délimiteur de chaîne est le guillemet et le caractère \ n'est pas un caractère d'échappement : dans l'option `VALUE="il dit : \"bonjour !\""`, la séquence `"il dit : \"` est considérée comme la valeur de l'option et le reste de la chaîne est ignoré.

Autre exemple (saisie posant un problème)

La saisie `Olivier <B>Heurtel` donne le mot `Heurtel` en gras lors de l'affichage dans la page HTML.

Résultat du source de la page dans le navigateur

```
<HTML>
<HEAD><TITLE>Saisie</TITLE></HEAD>
<BODY>
<FORM ACTION="saisie.php" METHOD="POST">
Saisie : <INPUT TYPE="text" NAME="saisie"
      VALUE="Olivier <B>Heurtel"><BR>
<INPUT TYPE="submit" NAME="OK" VALUE="OK">
</FORM>
Olivier <B>Heurtel
</BODY>
</HTML>
```

La séquence <B> saisie par l'utilisateur se retrouve telle quelle dans le source de la page et est donc interprétée par le navigateur comme la balise de mise en gras.

Autre exemple (saisie posant un problème)

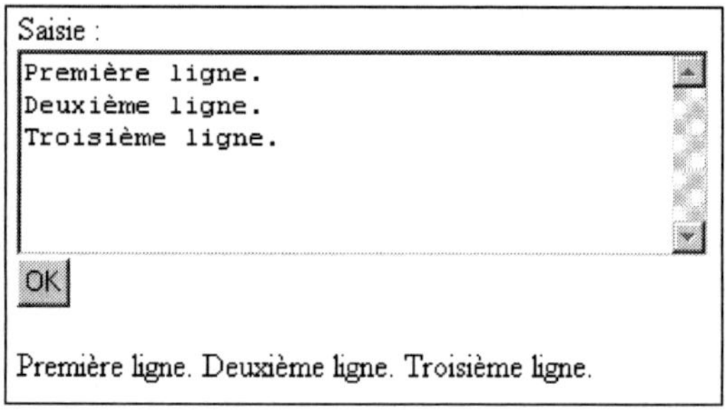

Une saisie sur plusieurs lignes dans la zone <TEXTAREA> est bien réaffichée telle quelle dans la zone mais sans les sauts de ligne dans la page HTML.

Résultat du source de la page dans le navigateur

```
<HTML>
<HEAD><TITLE>Saisie</TITLE></HEAD>
<BODY>
<FORM ACTION="saisie.php" METHOD="POST">
Saisie :<BR>
<TEXTAREA NAME="saisie" COLS="40" ROWS="6">Première ligne.
Deuxième ligne.
Troisième ligne.</TEXTAREA><BR>
<INPUT TYPE="submit" NAME="OK" VALUE="OK">
</FORM>
Première ligne.
Deuxième ligne.
Troisième ligne.
</BODY>
</HTML>
```

Le texte est bien présent avec des sauts de lignes dans le source de la page, mais le saut de ligne, en dehors d'une zone <TEXTAREA>, n'est pas interprété par le navigateur : il faut mettre une balise <BR>.

Nous voyons donc apparaître trois problèmes relatifs à l'affichage dans la page HTML de données saisies par l'utilisateur :

- présence du caractère guillemet qui peut poser un problème lors de l'utilisation de la donnée dans un formulaire (option VALUE) ;
- présence de balises HTML valides qui sont interprétées comme telles par le navigateur ;
- non prise en compte des sauts de lignes présents dans un texte.

Le deuxième "problème" peut présenter un intérêt si vous souhaitez offrir la possibilité à un utilisateur avancé de saisir un texte avec un peu de mise en forme pour un affichage ultérieur dans une page.

Pour résoudre ces trois problèmes, PHP propose quatre fonctions : `htmlspecialchars`, `htmlentities`, `nl2br` et `strip_tags`.

La fonction `htmlspecialchars` prend une chaîne de caractères et la retourne en remplaçant certains caractères par leur équivalent HTML :

Syntaxe

```
chaîne htmlspecialchars(chaîne texte [, entier option [, chaîne jeu
[, booléen double_encodage]]])
```

`texte`	Chaîne à traiter.
`option`	Fonctionnement vis-à-vis des caractères guillemets (") et apostrophe (').
`jeu`	Jeu de caractères à utiliser pour la conversion.
`double_encodage`	Indique s'il faut (`TRUE`, valeur par défaut) ou non (`FALSE`) encoder les entités HTML déjà encodées. Apparu en version 5.2.3.

Les caractères convertis sont les suivants :

Entrée	Sortie
&	&
"	"
'	'
<	<
>	>

Le deuxième paramètre permet de préciser le fonctionnement vis-à-vis des caractères guillemets (") et apostrophe (') :

Valeur	Comportement
`ENT_COMPAT`	Conversion du guillemet mais pas de l'apostrophe (par défaut)
`ENT_NOQUOTES`	Aucune conversion
`ENT_QUOTES`	Conversion des deux caractères

Le troisième paramètre permet de définir le jeu de caractères à utiliser pour la conversion : `ISO-8859-1` (par défaut), `ISO-8859-15`, `UTF-8`, etc.

Depuis la version 5.1.0, il existe une fonction `htmlspecialchars_decode` qui effectue la conversion inverse de la fonction `htmlspecialchars`.

La fonction `htmlentities` présente un comportement identique à celui de `htmlspecialchars` mais pour tous les caractères ayant un équivalent en HTML (caractères accentués notamment).

Syntaxe

```
chaîne htmlentities (chaîne texte [, entier option [, chaîne jeu [, booléen
double_encodage]]]
```

`texte`	Chaîne à traiter.

`option`	Fonctionnement vis-à-vis des caractères guillemets (") et apostrophe (').
`jeu`	Jeu de caractères à utiliser pour la conversion.
`double_encodage`	Indique s'il faut (`TRUE`, valeur par défaut) ou non (`FALSE`) encoder les entités HTML déjà encodées. Apparu en version 5.2.3.

Les deuxième et troisième paramètres ont la même signification que pour la fonction `htmlspecialchars`.

La fonction `nl2br` prend une chaîne et retourne cette chaîne après avoir inséré une balise HMTL de saut de ligne devant chaque saut de ligne : la balise est `<br />` (compatibilité XHTML) à partir de la version 4.0.5 de PHP et `<br>` avant.

Syntaxe

```
chaîne nl2br (chaîne texte)
```

`texte`	Chaîne à traiter.

Enfin, la fonction `strip_tags` prend une chaîne de caractères et la retourne après avoir supprimé toutes les balises HTML qu'elle contient.

Syntaxe

```
chaîne strip_tags (chaîne texte[, chaîne balises_autorisées])
```

`texte`	Chaîne à traiter.
`balises_autorisées`	Liste des balises à conserver dans la chaîne.

Un deuxième paramètre permet d'indiquer les balises à conserver.

Exemple

```
<?php
    echo "// premier texte<BR>\n";
$texte = "Olivier & Co. a déclaré : \"c'est l'été !\"";
echo $texte."<BR>\n";
    echo "// htmlspecialchars<BR>\n";
    echo "// - guillemet uniquement<BR>\n";
echo htmlspecialchars($texte,ENT_COMPAT)."<BR>\n";
    echo "// - ni guillemet ni apostrophe<BR>\n";
echo htmlspecialchars($texte,ENT_NOQUOTES)."<BR>\n";
    echo "// - guillemet et apostrophe<BR>\n";
echo htmlspecialchars($texte,ENT_QUOTES)."<BR>\n";
    echo "// htmlsentities<BR>\n";
    echo "// - guillemet et apostrophe<BR>\n";
echo htmlentities($texte,ENT_QUOTES)."<BR><BR>\n";
    echo "// deuxième texte<BR>\n";
$texte = "<B>Olivier</B> & <U>Co.</U> <TT>a déclaré</TT> :
      <I>c'est l'été !</I>";
echo $texte."<BR>\n";
    echo "// strip_tags<BR>\n";
    echo "// - toutes les balises<BR>\n";
echo strip_tags($texte)."<BR>\n";
    echo "// - conserver &lt;B&gt; et &lt;I&gt;<BR>\n";
echo strip_tags($texte,"<B><I>")."<BR><BR>\n";
    echo "// troisième texte (avec sauts de ligne)<BR>\n";
$texte = "Première ligne.\nDeuxième ligne.\n";
echo $texte."<BR>\n";
```

```
  echo "// nl2br<BR>\n";
echo nl2br($texte)."<BR>\n";
?>
```

Résultat

// premier texte
Olivier & Co. a déclaré : "c'est l'été !"
// htmlspecialchars
// - guillemet uniquement
Olivier & Co. a déclaré : "c'est l'été !"
// - ni guillemet ni apostrophe
Olivier & Co. a déclaré : "c'est l'été !"
// - guillemet et apostrophe
Olivier & Co. a déclaré : "c'est l'été !"
// htmlsentities
// - guillemet et apostrophe
Olivier & Co. a déclaré : "c'est l'été !"

// deuxième texte
Olivier & Co. `a déclaré` : ***c'est l'été !***
// strip_tags
// - toutes les balises
Olivier & Co. a déclaré : c'est l'été !
// - conserver <B> et <I>
Olivier & Co. a déclaré : ***c'est l'été !***

// troisième texte (avec sauts de ligne)
Première ligne. Deuxième ligne.
// nl2br
Première ligne.
Deuxième ligne.

Pour les fonctions `strip_tags` et `nl2br`, le comportement est visible dans le navigateur.

Par contre, les substitutions opérées par les fonctions `htmlentities` et `htmlspecialschars` sont surtout visibles dans le source.

Résultat du source HTML de la page (les éléments concernés sont en gras)

```
// premier texte<BR>
Olivier & Co. a déclaré : "c'est l'été !"<BR>
// htmlspecialchars<BR>
// - guillemet uniquement<BR>
Olivier &amp; Co. a déclaré : &quot;c'est l'été !&quot;<BR>
// - ni guillemet ni apostrophe<BR>
Olivier &amp; Co. a déclaré : "c'est l'été !"<BR>
// - guillemet et apostrophe<BR>
Olivier &amp; Co. a déclaré : &quot;c&#039;est l&#039;été !&quot;<BR>
// htmlsentities<BR>
// - guillemet et apostrophe<BR>
Olivier &amp; Co. a d&eacute;clar&eacute; : &quot;c&#039;est l&#039;
&eacute;t&eacute; !&quot;<BR><BR>
```

```
// deuxième texte<BR>
<B>Olivier</B> & <U>Co.</U> <TT>a déclaré</TT> :
      <I>c'est l'été !</I><BR>
// strip_tags<BR>
// - toutes les balises<BR>
Olivier & Co. a déclaré :
      c'est l'été !<BR>
// - conserver &lt;B&gt; et &lt;I&gt;<BR>
<B>Olivier</B> & Co. a déclaré :
      <I>c'est l'été !</I><BR><BR>
// troisième texte (avec sauts de ligne)<BR>
Première ligne.
Deuxième ligne.
<BR>
// nl2br<BR>
Première ligne.<br />
Deuxième ligne.<br />
<BR>
```

Ces fonctions vont donc permettre de gérer les différents problèmes évoqués précédemment. Pour éviter tout problème d'affichage dans le navigateur, il est conseillé d'effectuer une transformation des données avant ou dans l'instruction `echo`.

Exemple (script où les données sont réaffichées sans précaution)

```
<?php
// inclusion du script contenant la fonction valeur_saisie
// définie dans le paragraphe a)
include("fonctions.inc");
// récupérer les données saisies
if ( isset($_POST["OK"]) ) {
    $saisie1 = valeur_saisie($_POST["saisie1"]);
    $saisie2 = valeur_saisie($_POST["saisie2"]);
} else {
    $saisie1 = "";
    $saisie2 = "";
}
// les réafficher ensuite dans le formulaire et
// directement dans la page...
?>
<HTML>
<HEAD><TITLE>Saisie</TITLE></HEAD>
<BODY>
<FORM ACTION="saisie.php" METHOD="POST">
Saisie 1 : <INPUT TYPE="text" NAME="saisie1"
      VALUE="<?php echo $saisie1; ?>"><BR>
Saisie 2 :<BR>
<TEXTAREA NAME="saisie2" COLS="40" ROWS="6"><?php echo $saisie2; ?>
</TEXTAREA><BR>
<INPUT TYPE="submit" NAME="OK" VALUE="OK">
</FORM>
<?php
echo $saisie1."<BR>\n";
echo $saisie2."<BR>\n";
?>
</BODY>
</HTML>
```

Avec saisie

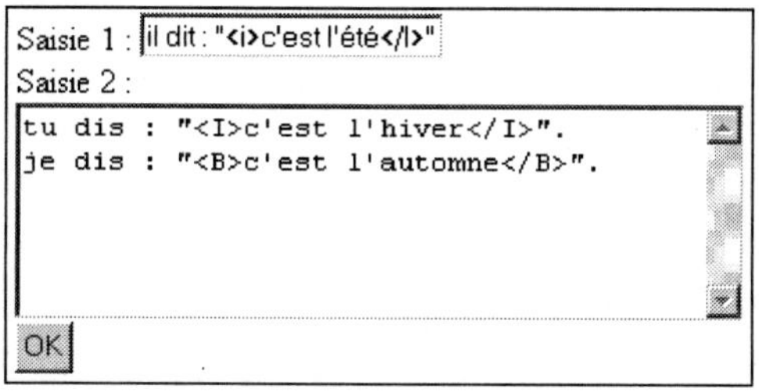

Résultat (avec les problèmes déjà rencontrés)

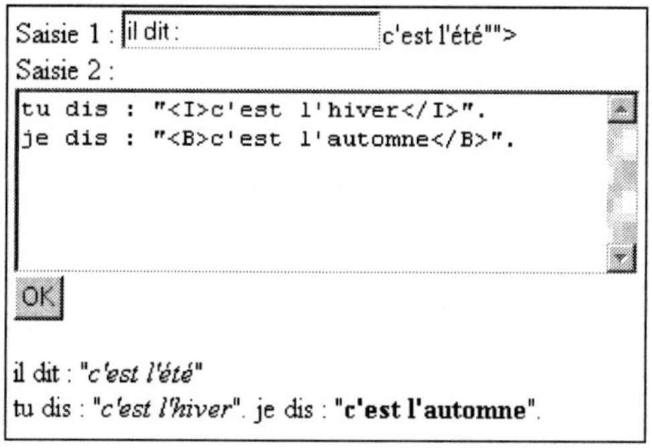

Correction

```
<?php
// inclusion du script contenant la fonction valeur_saisie
// définie dans le point 1. La fonctionnalité de "magic quotes"
include("fonctions.inc");
// récupérer les données saisies
if ( isset($_POST["OK"]) ) {
    $saisie1 = valeur_saisie($_POST["saisie1"]);
    $saisie2 = valeur_saisie($_POST["saisie2"]);
} else {
    $saisie1 = "";
    $saisie2 = "";
}
// les réafficher ensuite dans le formulaire et directement dans la page...
?>
<HTML>
<HEAD><TITLE>Saisie</TITLE></HEAD>
<BODY>
<FORM ACTION="saisie.php" METHOD="POST">
Saisie 1 : <INPUT TYPE="text" NAME="saisie1"
    VALUE="<?php echo htmlentities($saisie1); ?>"><BR>
Saisie 2 :<BR>
<TEXTAREA NAME="saisie2" COLS="40" ROWS="6"><?php echo
htmlentities($saisie2); ?></TEXTAREA><BR>
<INPUT TYPE="submit" NAME="OK" VALUE="OK">
```

```
</FORM>
<?php
echo htmlentities($saisie1)."<BR>\n";
echo nl2br(htmlentities($saisie2))."<BR>\n";
?>
</BODY>
</HTML>
```

Résultat

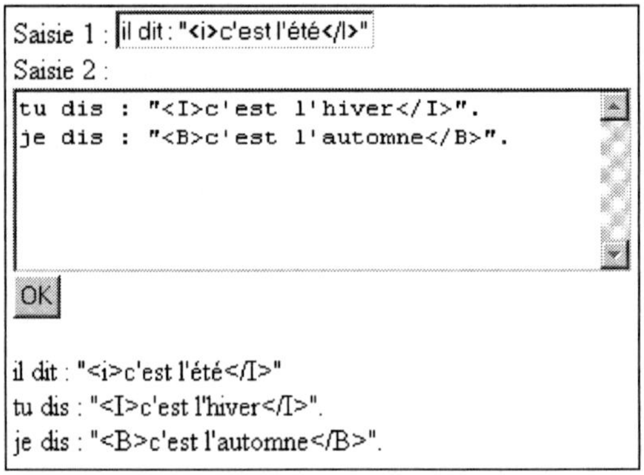

Avec cette approche, la saisie est restituée telle quelle : si l'utilisateur a saisi une balise, il la retrouve (celle-ci n'est pas interprétée par le navigateur).

Une autre approche possible pour les balises consiste à les supprimer (notamment lors de la récupération de la donnée saisie).

Exemple

```
<?php
// inclusion du script contenant la fonction valeur_saisie
// définie dans le point 1. La fonctionnalité de "magic quotes"
include("fonctions.inc");
// récupérer les données saisies sans les balises
if ( isset($_POST["OK"]) ) {
    $saisie1 = valeur_saisie(
                strip_tags($_POST["saisie1"]));
    $saisie2 = valeur_saisie (
                strip_tags($_POST["saisie2"]));
} else {
    $saisie1 = "";
    $saisie2 = "";
}
// les réafficher ensuite dans le formulaire et directement dans la page...
?>
<HTML>
<HEAD><TITLE>Saisie</TITLE></HEAD>
<BODY>
<FORM ACTION="saisie.php" METHOD="POST">
Saisie 1 : <INPUT TYPE="text" NAME="saisie1"
    VALUE="<?php echo htmlentities($saisie1); ?>"><BR>
```

```
Saisie 2 :<BR>
<TEXTAREA NAME="saisie2" COLS="40" ROWS="6"><?php echo htmlentities
($saisie2); ?></TEXTAREA><BR>
<INPUT TYPE="submit" NAME="OK" VALUE="OK">
</FORM>
<?php
echo htmlentities($saisie1)."<BR>\n";
echo nl2br(htmlentities($saisie2))."<BR>\n";
?>
</BODY>
</HTML>
```

Résultat (sur la même saisie que précédemment)

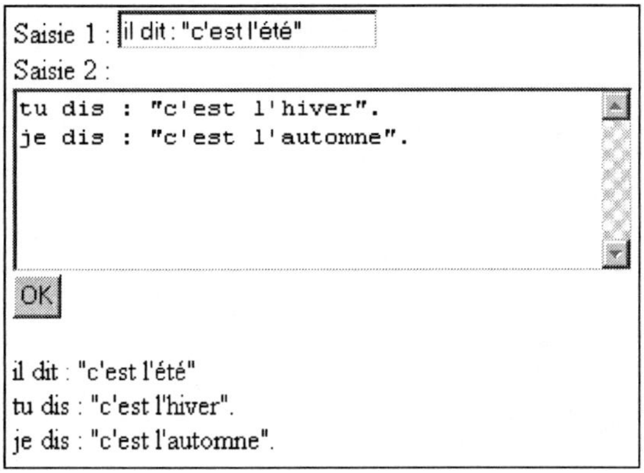

La fonction `nl2br` doit être appelée après les fonctions `htmlentities` ou `htmlspecialchars`. Dans le cas contraire, la balise `<BR>` ajoutée par `nl2br` est encodée (`<BR>`) avant d'être insérée dans le source de la page et n'est donc pas interprétée par le navigateur (le texte `<BR>` apparaît dans la page affichée).
La fonction `nl2br` ne doit pas être appelée pour du texte destiné à une zone `<TEXTAREA>` (sous peine, là encore, d'avoir le texte `<BR>` dans la zone).

3. Synthèse

La gestion des formulaires, avec l'affichage et/ou l'enregistrement des données saisies, peut rapidement devenir un casse-tête compte tenu des différents problèmes potentiels et des directives de configuration associées.

Néanmoins, avec un peu de rigueur et deux ou trois fonctions écrites une fois pour toutes, cette gestion peut se faire sans soucis.

La stratégie préconisée est résumée par le schéma suivant :

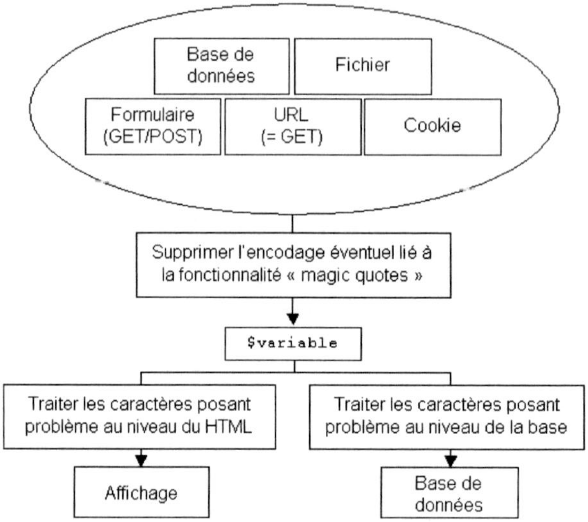

Le cas des bases de données, des URL, cookies et fichiers est traité en détail dans les chapitres ultérieurs.

Exemple de fonctions permettant de supprimer l'encodage éventuel lié à la fonctionnalité "magic quotes"

```
<?php
function supprimer_encodage_MQ($valeur) {
 // si magic quotes est actif, retourner la valeur après suppression
 // de l'encodage (=> appel à stripslashes), sinon, retourner la valeur
 return (get_magic_quotes_gpc())?
  stripslashes($valeur):$valeur;
}
function valeur_saisie($valeur) {
 return supprimer_encodage_MQ (trim($valeur));
}
?>
```

Une variante possible consiste à supprimer les balises saisies par l'utilisateur ; dans ce cas, il suffit d'appeler la fonction `strip_tags` en plus.

Exemple de fonctions permettant d'afficher en sécurité une donnée dans une page HTML

```
<?php
function vers_formulaire($valeur) {
  // affichage dans un formulaire
  // encoder tous les caractères HTML spéciaux
  //  - ENT_QUOTES : dont " et '
  return htmlentities($valeur,ENT_QUOTES);
}
function vers_page($valeur) {
  // affichage direct dans une page
  // 1. encoder tous les caractères HTML spéciaux
```

```
  // - ENT_QUOTES : dont " et '
  // 2. transformer les sauts de ligne en <BR>
  return nl2br(htmlentities($valeur,ENT_QUOTES));
}
?>
```

Exemple d'utilisation sur une zone

```
<?php
// inclusion du script contenant les fonctions définies précédemment
include("fonctions.inc");
// récupérer la donnée saisie
$saisie = isset($_POST["saisie"])?valeur_saisie($_POST["saisie"]):"";
// la réafficher ensuite dans le formulaire et directement dans la page...
?>
<HTML>
<HEAD><TITLE>Saisie</TITLE></HEAD>
<BODY>
<FORM ACTION="saisie.php" METHOD="POST">
Saisie : <INPUT TYPE="text" NAME="saisie"
  VALUE="<?php echo vers_formulaire($saisie); ?>"><BR>
 <INPUT TYPE="submit" NAME="OK" VALUE="OK">
</FORM>
<?php
echo vers_page($saisie)."<BR>\n";
?>
</BODY>
</HTML>
```

F. Utilisation des filtres

1. Principes

Depuis la version 5.2.0, une nouvelle extension permet de filtrer et valider des données, notamment celles provenant de la saisie des utilisateurs.

Chaque filtre est défini par un numéro (identifiant), un nom et éventuellement des options et des indicateurs qui précisent le comportement du filtre. Chaque option est définie par un nom qui est utilisé comme clé dans un tableau associatif. Chaque indicateur est défini par une constante ; pour spécifier plusieurs indicateurs, il suffit de sommer les constantes correspondantes.

Quelques exemples de filtres (voir la documentation pour la description de tous les filtres) :

Identifiant (constante prédéfinie)	Description
`FILTER_VALIDATE_INT`	Valide une valeur en tant qu'entier. Les options `min_range` et `max_range` permettent de définir un intervalle de validité.
`FILTER_VALIDATE_FLOAT`	Valide une valeur en tant que nombre à virgule flottante.

FILTER_VALIDATE_REGEXP	Valide une valeur à l'aide d'une expression régulière compatible PERL. Les expressions régulières PERL sont légèrement différentes des expressions régulières "PHP" présentées dans cet ouvrage (voir la documentation pour les différences). L'expression régulière à utiliser est spécifiée grâce à l'option `regexp`.
FILTER_VALIDATE_EMAIL	Valide une valeur en tant qu'adresse électronique.
FILTER_SANITIZE_STRING	Supprime les balises contenues dans une chaîne et encode les caractères ' et ". Plusieurs indicateurs sont disponibles pour supprimer ou encoder des caractères supplémentaires (voir ci-dessous).
FILTER_SANITIZE_SPECIAL_CHARS	Encode en HTML les caractères ', ", <, > et & ainsi que tous les caractères de code ASCII inférieur à 32. Plusieurs indicateurs sont disponibles pour supprimer ou encoder des caractères supplémentaires (voir ci-dessous).
FILTER_SANITIZE_MAGIC_QUOTES	Échappe les caractères ', " et \ (applique la fonction `addslashes`).

Les indicateurs suivants peuvent être utilisés avec les filtres `FILTER_SANITIZE_STRING` et `FILTER_SANITIZE_SPECIAL_CHARS` :

FILTER_FLAG_STRIP_LOW	Supprime les caractères de code ASCII inférieur à 32.
FILTER_FLAG_STRIP_HIGH	Supprime les caractères de code ASCII supérieur à 127.
FILTER_FLAG_ENCODE_HIGH	Encode en HTML les caractères de code ASCII supérieur à 127.

En complément, les indicateurs suivants peuvent être utilisés avec le filtre `FILTER_SANITIZE_STRING` :

FILTER_FLAG_NO_ENCODE_QUOTES	N'encode pas les caractères ' et ".
FILTER_FLAG_ENCODE_AMP	Encode en HTML le caractère &.
FILTER_FLAG_ENCODE_LOW	Encode en HTML les caractères de code ASCII inférieur à 32.

De plus, l'indicateur `FILTER_NULL_ON_FAILURE` peut être utilisé avec tous les filtres pour que les fonctions retournent la valeur `NULL` au lieu de la valeur `FALSE` en cas d'échec.

Ces filtres peuvent être utilisés dans les fonctions `filter_var`, `filter_var_array`, `filter_input` et `filter_input_array`.

Fonctions filter_var et filter_var_array

La fonction `filter_var` permet de filtrer une donnée.

Syntaxe

`mixte filter_var(mixte donnée[, entier filtre[, mixte options_indicateurs]])`

`donnée`	Donnée à filtrer.
`filtre`	Identifiant du filtre à appliquer (`FILTER_SANITIZE_STRING` par défaut).
`options_indicateurs`	Options et/ou indicateurs éventuels du filtre (voir ci-dessous).

Cette fonction retourne la donnée filtrée, ou `FALSE` si le filtre a échoué (ou `NULL` si l'indicateur `FILTER_NULL_ON_FAILURE` est utilisé).

Dans le cas le plus général, le paramètre `options_indicateurs` est spécifié sous la forme d'un tableau associatif comportant une ou deux lignes, avec les clés suivantes : `flags` pour les indicateurs et `options` pour les options. Comme indiqué précédemment, plusieurs indicateurs peuvent être fournis en sommant les constantes correspondantes. La valeur des options est elle aussi définie sous la forme d'un tableau associatif dans lequel le nom de l'option est utilisé comme clé.

Dans le cas où le paramètre `options_indicateurs` ne définit que des indicateurs, la valeur correspondante peut être passée directement en paramètre, sans utiliser de tableau.

Exemple 1

```
<?php
echo "<B>Filtrer un nombre entier</B><BR>";
$valeurs = array('123','abc','1.2');
foreach ($valeurs as $x) {
   echo "$x => ";
   var_export(filter_var($x,FILTER_VALIDATE_INT));
   echo "<BR>";
}
echo "<B>+ NULL au lieu de FALSE en cas d'erreur</B><BR>";
$x = 'abc';
// indicateur passé en option directement
$options = FILTER_NULL_ON_FAILURE;
echo "$x => ";
var_export(filter_var($x,FILTER_VALIDATE_INT,$options));
echo "<BR>";
echo "<B>Filtrer un nombre entier (0-100)</B><BR>";
// options du filtre définies via un tableau associatif
$options = array
           (
           'options' =>
              array('min_range' => 0,'max_range' => 100)
           );
$valeurs = array('0','100','101');
foreach ($valeurs as $x) {
   echo "$x => ";
   var_export(filter_var($x,FILTER_VALIDATE_INT,$options));
   echo "<BR>";
}
```

```
echo "<B>+ NULL au lieu de FALSE en cas d'erreur</B><BR>";
// indicateur ajouté dans le tableaux des options
$options = array
         (
         'options' =>
            array('min_range' => 0,'max_range' => 100),
         'flags' => FILTER_NULL_ON_FAILURE
         );
$x = '101';
echo "$x => ";
var_export(filter_var($x,FILTER_VALIDATE_INT,$options));
echo "<BR>";
echo "<B>Filtrer avec une expression régulière</B><BR>";
$regexp = '<^[0-9]{2}/[0-9]{2}/[0-9]{4}$>';
$options = array
         (
         'options' =>
            array('regexp' => $regexp)
         );
$valeurs = array('01/01/2007','01/01/07');
foreach ($valeurs as $x) {
   echo "$x => ";
   var_export(filter_var($x,FILTER_VALIDATE_REGEXP,$options));
   echo "<BR>";
}
?>
```

Résultat

Filtrer un nombre entier
123 => 123
abc => false
1.2 => false
+ NULL au lieu de FALSE en cas d'erreur
abc => NULL
Filtrer un nombre entier (0-100)
0 => 0
100 => 100
101 => false
+ NULL au lieu de FALSE en cas d'erreur
101 => NULL
Filtrer avec une expression régulière
01/01/2007 => '01/01/2007'
01/01/07 => false

Exemple 2

```
<?php
$texte = "<b>c'est l'été</b>";
   echo "// texte affiché sans précaution<BR>\n";
echo $texte."<BR>\n";
   echo "// FILTER_SANITIZE_SPECIAL_CHARS<BR>\n";
echo filter_var
      (
      $texte,
      FILTER_SANITIZE_SPECIAL_CHARS
      )."<BR>\n";
   echo "// + option FILTER_FLAG_ENCODE_HIGH<BR>\n";
echo filter_var
      (
```

```
       $texte,
       FILTER_SANITIZE_SPECIAL_CHARS,
       FILTER_FLAG_ENCODE_HIGH
       )."<BR>\n";
   echo "// FILTER_SANITIZE_STRING<BR>\n";
echo filter_var($texte,FILTER_SANITIZE_STRING)."<BR>\n";
   echo "// + option FILTER_FLAG_ENCODE_HIGH<BR>\n";
echo filter_var
       ($texte,
       FILTER_SANITIZE_STRING,
       FILTER_FLAG_ENCODE_HIGH
       )."<BR>\n";
   echo "// FILTER_SANITIZE_MAGIC_QUOTES<BR>\n";
echo filter_var
       (
       $texte,
       FILTER_SANITIZE_MAGIC_QUOTES
       )."<BR>\n";
?>
```

Résultat dans le navigateur

```
// texte affiché sans précaution
c'est l'été
// FILTER_SANITIZE_SPECIAL_CHARS
<b>c'est l'été</b>
// + option FILTER_FLAG_ENCODE_HIGH
<b>c'est l'été</b>
// FILTER_SANITIZE_STRING
c'est l'été
// + option FILTER_FLAG_ENCODE_HIGH
c'est l'été
// FILTER_SANITIZE_MAGIC_QUOTES
c\'est l\'été
```

Résultat dans le source de la page

```
// texte affiché sans précaution<BR>
<b>c'est l'été</b><BR>
// FILTER_SANITIZE_SPECIAL_CHARS<BR>
&#60;b&#62;c&#39;est l&#39;été&#60;/b&#62;<BR>
// + option FILTER_FLAG_ENCODE_HIGH<BR>
&#60;b&#62;c&#39;est l&#39;&#233;t&#233;&#60;/b&#62;<BR>
// FILTER_SANITIZE_STRING<BR>
c&#39;est l&#39;été<BR>
// + option FILTER_FLAG_ENCODE_HIGH<BR>
c&#39;est l&#39;&#233;t&#233;<BR>
// FILTER_SANITIZE_MAGIC_QUOTES<BR>
<b>c\'est l\'été</b><BR>
```

La fonction `filter_var_array` permet de filtrer un tableau de données.

Syntaxe

```
mixte filter_var_array(tableau données[, mixte filtres])
```

`données`	Tableau associatif contenant les données à filtrer. Les clés sont des chaînes de caractères qui identifient chaque donnée à valider.
`filtres`	Définition des filtres à appliquer à chaque donnée du tableau de données.

La fonction retourne le tableau des données filtrées ; les lignes pour lesquelles le filtre a échoué sont à FALSE (ou NULL si l'indicateur FILTER_NULL_ON_FAILURE est utilisé) et celles pour lesquelles la donnée n'existe pas sont à NULL.

Dans le cas le plus général, le paramètre filtres est spécifié sous la forme d'un tableau associatif qui reprend les clés du tableau de données (la correspondance entre les tableaux données et filtres s'effectue par l'intermédiaire de la clé). Chaque valeur du tableau filtres peut être un simple identifiant de filtre ou un tableau associatif donnant une description plus complète du filtre à appliquer. Dans ce cas, les clés du tableau filtres sont filter pour l'identifiant du filtre, flags pour les indicateurs à appliquer au filtre et options pour les options à appliquer au filtre ; les valeurs associées aux clés flags et options se définissent comme pour la fonction filter_var.

Dans le cas où le même filtre doit être appliqué à toutes les données, sans indicateur ni option, le paramètre filtres peut être un simple entier égal à l'identifiant du filtre.

Exemple

```
<?php
echo "<B>Filtrer un tableau de nombres entiers</B><BR>";
$valeurs = array('123','abc');
var_export($valeurs);
echo "<BR> => ";
// même filtre à appliquer à toutes les données,
// sans indicateur ni option
var_export
   (filter_var_array($valeurs,FILTER_VALIDATE_INT));
echo "<BR>";
echo "<B>Filtrer un tableau de données diverses (1)</B><BR>";
$valeurs = array
         (
         'age' => 123,
         'taille' => 'abc',
         'mail' => 'contact@olivier-heurtel.fr'
         );
// filtre différent mais "simple" (sans indicateur
// ni option) à appliquer aux données
$filtres = array
         (
         'age' => FILTER_VALIDATE_INT,
         'taille' => FILTER_VALIDATE_INT,
         'mail' => FILTER_VALIDATE_MAIL
         );
var_export($valeurs);
echo "<BR> => ";
var_export(filter_var_array($valeurs,$filtres));
echo "<BR>";
echo "<B>Filtrer un tableau de données diverses (2)</B><BR>";
$valeurs = array
         (
         'age' => 123,
         'taille' => 'abc',
         'mail' => 'contact@olivier-heurtel.fr'
         );
// filtre avec options et indicateur à appliquer à une
// des données
$filtre_age = array
```

```
        (
        'filter' => FILTER_VALIDATE_INT,
        'options' =>
           array('min_range' => 0,'max_range' => 100),
        'flags' => FILTER_NULL_ON_FAILURE
        );
// noter la mention d'un filtre pour une donnée
// qui n'existe pas$filtres = array
        (
        'age' => $filtre_age,
        'taille' => FILTER_VALIDATE_INT,
        'poids' => FILTER_VALIDATE_INT, // ici
        'mail' => FILTER_VALIDATE_MAIL
        );
var_export($valeurs);
echo "<BR> => ";
var_export(filter_var_array($valeurs,$filtres));
?>
```

Résultat

```
Filtrer un tableau de nombres entiers
array ( 0 => '123', 1 => 'abc', )
=> array ( 0 => 123, 1 => false, )
Filtrer un tableau de données diverses (1)
array ( 'age' => 123, 'taille' => 'abc', 'mail' =>
'contact@olivier-heurtel.fr', )
=> array ( 'age' => 123, 'taille' => false, 'mail' =>
'contact@olivier-heurtel.fr', )
Filtrer un tableau de données diverses (2)
array ( 'age' => 123, 'taille' => 'abc', 'mail' =>
'contact@olivier-heurtel.fr', )
=> array ( 'age' => NULL, 'taille' => false, 'poids' => NULL, 'mail' =>
'contact@olivier-heurtel.fr', )
```

Dans le dernier exemple, notez la valeur `NULL` qui a été associée à la donnée `poids` (mentionnée dans le filtre mais absente des données).

Fonctions filter_input et filter_input_array

Les fonctions `filter_input` et `filter_input_array` sont similaires aux fonctions `filter_var` et `filter_var_array` mais s'appliquent à des données extérieures à PHP (données d'un formulaire par exemple) et non à des variables du script.

Syntaxe

`mixte filter_input(entier source,chaîne nom_variable[, entier filtre[, mixte options_indicateurs]])`

`source`	Source des données. Une des constantes `INPUT_GET` (données passée par la méthode `GET`), `INPUT_POST` (données passée par la méthode `POST`), `INPUT_COOKIE` (données passée par un cookie).
`nom_variable`	Nom de la variable à traiter.
`filtre`	Identifiant du filtre à appliquer (`FILTER_DEFAULT` par défaut).

`options_indicateurs`	Options et/ou indicateurs éventuels du filtre (identique à la fonction `filter_var`).

Cette fonction retourne la donnée filtrée si tout s'est bien passé, `FALSE` si le filtre a échoué ou `NULL` si la variable n'est pas définie. Si l'indicateur `FILTER_NULL_ON_FAILURE` est utilisé, la fonction retourne `NULL` si le filtre a échoué ou `FALSE` si la variable n'est pas définie.

Syntaxe

```
mixte filter_input_array(entier source[, mixte filtres])
```

`source`	Source des données (identique à la fonction `filter_input`).
`filtres`	Définition des filtres à appliquer à chaque donnée du tableau de données (identique à la fonction `filter_var_input`).

Cette fonction est équivalente à un appel à la fonction `filter_var_array` effectué sur le tableau `$_GET`, `$_POST` ou `$_COOKIE` correspondant à la source (`INPUT_GET`, `INPUT_POST` ou `INPUT_COOKIE`).

La fonction retourne le tableau des données filtrées ou `NULL` si la source ne contient aucune donnée ; les lignes pour lesquelles le filtre a échoué sont à `FALSE` (ou `NULL` si l'indicateur `FILTER_NULL_ON_FAILURE` est utilisé) et celles pour lesquelles la variable n'existe pas sont à `NULL`.

Des exemples d'utilisation de ces fonctions seront données dans le chapitre 7 - F - 2. Application aux formulaires.

2. Application aux formulaires

Les filtres peuvent être utilisés pour implémenter tout ou partie des traitements relatifs à la gestion des formulaires :

- récupération des données saisies (fonctions `filter_input` et `filter_input_array`).
- vérification des données saisies (filtres `FILTER_VALIDATE_*`).
- traitement des problèmes relatifs aux données saisies (filtres `FILTER_SANITIZE_*`).

Il faut noter notamment que les filtres `FILTER_SANITIZE_*` effectuent des transformations similaires à celles des fonctions `htmlspecialchars`, `html_entities` et `strip_tags`, présentées dans le chapitre 7 - E. Les problèmes sur les données saisies, et peuvent donc les remplacer dans nos exemples.

Exemple

```
<?php
// récupérer les données saisies sans les balises
if ( isset($_POST["OK"]) ) {
   // filtres pour les données saisies
   $filtres =
      array
         (
         'saisie1' => FILTER_SANITIZE_STRING,
         'saisie2' => FILTER_SANITIZE_STRING
```

```
           );
   // récupérer la saisie filtrée
   $saisie = filter_input_array(INPUT_POST,$filtres);
   $saisie1 = $saisie["saisie1"];
   $saisie2 = $saisie["saisie2"];
} else {
   $saisie1 = "";
   $saisie2 = "";
}
// les réafficher ensuite dans le formulaire et
// directement dans la page...
?>
<HTML>
<HEAD><TITLE>Saisie</TITLE></HEAD>
<BODY>
<FORM METHOD="POST">
Saisie 1 : <INPUT TYPE="text" NAME="saisie1"
      VALUE="<?php echo $saisie1; ?>"><BR>
Saisie 2 :<BR>
<TEXTAREA NAME="saisie2" COLS="40" ROWS="6"><?php echo $saisie2; ?>
</TEXTAREA><BR>
<INPUT TYPE="submit" NAME="OK" VALUE="OK">
</FORM>
<?php
echo $saisie1."<BR>\n";
echo nl2br($saisie2)."<BR>\n";
?>
</BODY>
</HTML>
```

Saisie

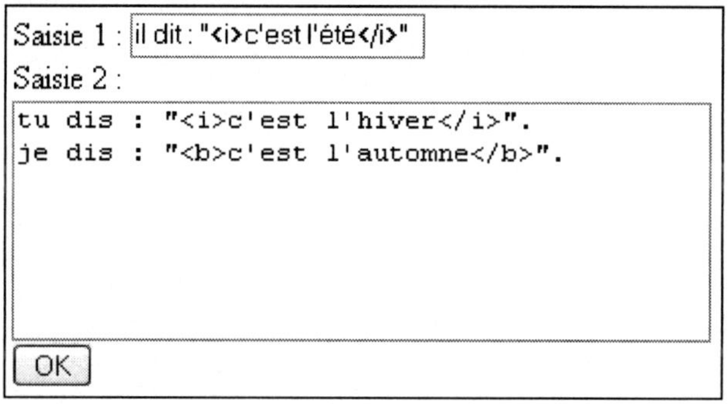

Résultat

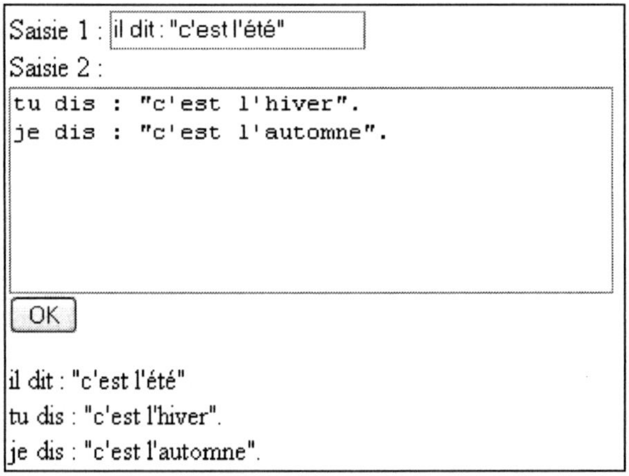

Sur cet exemple, le filtre `FILTER_SANITIZE_STRING` est utilisé pour récupérer les données saisies, supprimer les éventuelles balises et encoder les caractères pouvant poser un problème en cas de réaffichage (dans la page ou dans le formulaire).

G. Aller sur une autre page à la fin du traitement

À la fin du traitement du formulaire, il peut être nécessaire d'afficher une autre page, la situation pouvant varier selon que le formulaire est traité par le script qui l'affiche ou par un script indépendant.

Variantes possibles

		Formulaire traité par	
		Le script d'affichage	Un autre script
Résultat du traitement	OK	Aller sur une autre page	- Page déjà bonne - Aller sur une autre page
	Problème	- Réafficher le formulaire avec un message - Aller sur une page d'erreur spécifique	- Réafficher le formulaire avec un message - Aller sur une page d'erreur spécifique - Afficher l'erreur dans la page courante

Rediriger l'utilisateur vers une autre page en cours de script est possible en utilisant la fonction `header`.

La fonction `header` permet de spécifier une chaîne qui est envoyée comme en-tête HTTP avec la page HTML.

Nous allons utiliser l'en-tête `location` qui redirige la requête vers une autre adresse.

Syntaxe de la directive location

```
location: URL absolue ou relative
```

Syntaxe avec la fonction header

```
header("location: URL absolue ou relative")
```

Exemples

```
// redirection vers un script PHP situé au même niveau
header("location: erreur.php");
// redirection vers une page HTML située à un sous-niveau
header("location: ./erreur/saisie.htm");
// redirection vers un autre site
header("location: http://www.olivier-heurtel.fr");
```

Exemple simple d'utilisation sur un script `info.php`

```
<?php
// affecter une valeur à $nom si un nombre tiré aléatoirement
// entre 0 et 1 est égal à 1
$nom = (rand(0,1)==1)?"Olivier":"";
// tester si $nom est renseigné
if ($nom == "") {
  // la variable $nom est vide, ce n'est pas normal
  // => rediriger l'utilisateur vers une page d'erreur
  header("location: erreur.htm");
  // interrompre l'exécution de ce script
  exit;
}
// la variable $nom n'est pas vide, laisser le script se poursuivre
$message = "Bonjour $nom !"; // préparer un message
?>
<HTML>
<HEAD><TITLE>Saisie</TITLE></HEAD>
<BODY>
<?php
// afficher le message
echo $message;
?>
</BODY>
</HTML>
```

Avec page `erreur.htm`

```
<HTML>
<HEAD><TITLE>Erreur</TITLE></HEAD>
<BODY>
Le site est actuellement indisponible ; essayez plus tard.<BR>
Merci de votre compréhension.<BR>
<!-- Lien pour une nouvelle tentative -->
<A HREF="info.php">Essayer de nouveau</A>
</BODY>
</HTML>
```

Statistiquement, une fois sur deux, l'appel du script `info.php` donne le résultat suivant :

```
Bonjour Olivier !
```

Et donc, une fois sur deux, le suivant :

```
Le site est actuellement indisponible ; essayez plus tard.
Merci de votre compréhension.
Essayer de nouveau
```

La fonction `header` doit être appelée avant toute instruction (PHP ou HTML) qui a pour effet de commencer à construire la page HTML (c'est en quelque sorte trop tard pour l'en-tête). Un simple espace, dans le script, ou dans un script inclus (`require` ou `include`) provoque la même erreur.

Exemple d'appel à la fonction `header` qui génère une erreur

```
<HTML>
<HEAD><TITLE>Saisie</TITLE></HEAD>
<BODY>
<?php
// affecter une valeur à $nom si un nombre tiré aléatoirement
// entre 0 et 1 est égal à 1
$nom = (rand(0,1)==1)?"Olivier":"";
// tester si $nom est renseigné
if ($nom == "") {
  // la variable $nom est vide, ce n'est pas normal
  // => rediriger l'utilisateur vers une page d'erreur
  header("location: erreur.htm");
  // interrompre l'exécution de ce script
  exit;
}
// la variable $nom n'est pas vide, laisser le script se poursuivre
echo "Bonjour $nom !"; // afficher un message
?>
</BODY>
</HTML>
```

Résultat

```
Warning: Cannot modify header information - headers already sent by (output
started at d:\scripts php\info.php:5) in d:\scripts php\info.php on line 15
```

Si la fonctionnalité de mise en buffer de la page est activée avec la directive de configuration `output_buffering`, le résultat du script n'est pas envoyé au fur et à mesure mais placé dans un buffer puis envoyé d'un seul coup à la fin (ou par morceaux si le buffer est limité en taille). Dans ce cas, il est possible d'utiliser la fonction `header` sans provoquer d'erreur alors que le script a commencé à construire la page.

PHP propose d'autres fonctions relatives aux en-têtes :

- `headers_list` : liste des en-têtes de la réponse (version 5).
- `header_sent` : permet de tester si les en-têtes ont déjà été envoyés.
- `get_headers` : liste des en-têtes renvoyés par un serveur, pour une URL donnée (version 5).

Premier exemple de logique d'enchaînement

Un script `saisie.php` assure l'affichage initial du formulaire et son traitement. En cas d'erreur, le formulaire est proposé de nouveau pour correction (avec les valeurs saisies), accompagné d'un message d'erreur. En cas de succès du traitement, une autre page est appelée.

```
<?php
// inclure un fichier qui contient des définitions de
// constantes, dont le titre de la page (TITRE_PAGE_SAISIE)
require("constantes.inc");
// inclure un fichier qui contient les différentes fonctions générales
require("fonctions.inc");
// tester comment le script est appelé
if (isset($_POST["OK"])) {
  // traitement du formulaire ...
  // récupérer les valeurs saisies
    $nom = valeur_saisie($_POST["nom"]);
    $mail = valeur_saisie($_POST["mail"]);
    // initialiser la variable du message
    $message = "";
  // contrôler les valeurs saisies
  if ($nom == "")
    { $message .= "Le nom est obligatoire.\n"; }
  if ($mail == "")
    { $message .= "Le mail est obligatoire.\n"; }
  if (! eregi("^[0-9a-z]([-_.]?[0-9a-z])*@[0-9a-z]
      ([-.]?[0-9a-z])*\.[a-z]{2,3}$",$mail))
    { $message .= "Le mail n'est pas valide.\n"; }
  // tester s'il y a des erreurs
  if ($message == "") {
    // pas d'erreur
    // enregistrer les informations quelque part
    // et rediriger l'utilisateur vers une page d'accueil
    header("location: accueil.php");
    // interrompre l'exécution du script
    exit;
  } else {
    // erreur
    // préparer le message pour l'affichage
    $message = vers_page($message);
  }
} else {
  // affichage initial ...
    // sur cet exemple simple, juste initialiser
    // les variables
    $nom = "";
    $mail = "";
    $message = "";
}
// dans le code HTML qui suit, inclusion de quatre petits
// bouts de code PHP pour afficher respectivement le titre
// de la page, la valeur des zones de saisie et le message
?>
<HTML>
<HEAD><TITLE><?php echo TITRE_PAGE_SAISIE ?></TITLE></HEAD>
<BODY>
<FORM ACTION="saisie.php" METHOD="POST">
```

```
Veuillez saisir les informations suivantes
pour vous inscrire<BR><BR>
Nom : <INPUT TYPE="text" NAME="nom"
  VALUE="<?php echo vers_formulaire($nom); ?>"><BR>
Mail : <INPUT TYPE="text" NAME="mail"
  VALUE="<?php echo vers_formulaire($mail); ?>"><BR><BR>
<INPUT TYPE="submit" NAME="OK" VALUE="OK">
</FORM>
<FONT COLOR="red"><?php echo $message; ?></FONT>
</BODY>
</HTML>
```

Deuxième exemple de logique d'enchaînement

Un script `saisie.htm` assure l'affichage initial du formulaire et un script `traitement.php` le traitement. En cas d'échec, un message d'erreur est affiché et l'utilisateur est invité à revenir en arrière. En cas de succès du traitement, une autre page est affichée.

Script `saisie.htm`

```
<HTML>
<HEAD><TITLE>Saisie</TITLE></HEAD>
<BODY>
<FORM ACTION="traitement.php" METHOD="POST">
Veuillez saisir les informations suivantes
pour vous inscrire<BR><BR>
Nom : <INPUT TYPE="text" NAME="nom" VALUE=""><BR>
Mail : <INPUT TYPE="text" NAME="mail" VALUE=""><BR><BR>
<INPUT TYPE="submit" NAME="OK" VALUE="OK">
</FORM>
</BODY>
</HTML>
```

Script `traitement.php`

```
<?php
// inclure un fichier qui contient les différentes fonctions générales
require("fonctions.inc");
// traitement du formulaire ...
// récupérer les valeurs saisies
$nom = valeur_saisie($_POST["nom"]);
$mail = valeur_saisie($_POST["mail"]);
// initialiser la variable du message
$message = "";
// contrôler les valeurs saisies
if ($nom == "")
  { $message .= "Le nom est obligatoire.\n"; }
if ($mail == "")
  { $message .= "Le mail est obligatoire.\n"; }
if (! eregi("^[0-9a-z]([-_.]?[0-9a-z])*@[0-9a-z]
      ([-.]?[0-9a-z])*\.[a-z]{2,3}$",$mail))
  { $message .= "Le mail n'est pas valide.\n"; }
// tester s'il y a des erreurs
if ($message == "") {
  // pas d'erreur
  // enregistrer les informations quelque part
  // et rediriger l'utilisateur vers une page d'accueil
  header("location: accueil.php");
```

```
  // interrompre l'exécution du script
  exit;
} else {
  // erreur
  // préparer le message pour l'affichage
  $message = vers_page($message);
}
// dans le code HTML qui suit, inclusion d'un petit bout
// de code PHP pour afficher le message
?>
<HTML>
<HEAD><TITLE>Erreur</TITLE></HEAD>
<BODY>
<FONT COLOR="red"><?php echo $message; ?></FONT>
<!-- Petit formulaire contenant un bouton permettant
---- de revenir en arrière (avec du JavaScript) pour corriger
-->
<FORM>
<INPUT TYPE="button" VALUE="Corriger"
      onClick="self.history.back()">
</FORM>
</BODY>
</HTML>
```

D'autres logiques d'enchaînement peuvent exister, la fonction `header` permettant d'envisager différents cas de figure (voir la documentation PHP).

Le résultat du traitement peut aussi être affiché dans une autre fenêtre grâce à l'option `TARGET` de la balise `<FORM>`.

Exemple

```
<FORM ACTION="traitement.php" METHOD="POST"
TARGET="traitement">
```

Si la fenêtre n'existe pas, elle sera créée par le navigateur.

Chapitre 8 : Accéder aux bases de données

A. Introduction

1. Vue d'ensemble

L'utilisation d'une base de données SQL est souvent indispensable pour mettre en place un site Web dynamique. C'est en effet un moyen standardisé de stocker des données utiles pour le site :

- liste des utilisateurs avec leurs préférences ;
- catalogue de produits ;
- trace des transactions effectuées...

PHP propose un support natif pour un grand nombre de bases de données, parmi lesquelles MySQL, Oracle, Microsoft SQL Server, Informix, Sybase. Par ailleurs, PHP supporte ODBC (*Open DataBase Connectivity*) et peut donc accéder à toute base de données supportant ODBC.

En complément, en version 5, PHP est livré avec SQLite, librairie qui implémente un moteur de base de données SQL. SQLite peut être utilisé pour stocker des données dans une base SQL, sans avoir à mettre en place la partie serveur de la base de données (comme c'est le cas avec MySQL, Oracle, etc.).

Dans ce chapitre, nous étudierons MySQL, Oracle, Microsoft SQL Server et SQLite.

Typiquement, lors de l'utilisation d'une base de données, le script PHP a besoin d'effectuer une ou plusieurs des tâches suivantes :

- se connecter et se déconnecter ;
- lire des données (une ou plusieurs lignes) ;
- mettre à jour des données (ajout, modification ou suppression) ;

Ces différentes tâches types sont étudiées dans ce chapitre.

Une connaissance minimale du langage SQL est nécessaire pour aborder ce chapitre.

Pour les différents exemples présentés ici, nous supposons l'existence d'une base contenant une table `ARTICLE` présentant la structure suivante :

Colonne	Contenu
`identifiant`	Identifiant de l'article (alimenté automatiquement par le serveur)
`libelle`	Libellé de l'article
`prix`	Prix de l'article

Le contenu de cette table `ARTICLE` est le suivant :

identifiant	libelle	prix
1	Abricots	35.5
2	Cerises	48.9
3	Fraises	29.95
4	Pêches	37.2

2. La notion de fetch

Quelle que soit la base, l'instruction d'exécution d'une requête `SELECT` (en vue de lire des données) se contente d'exécuter la requête ; aucune donnée n'est retournée. Après exécution de la requête, il faut extraire les lignes du résultat : c'est la notion de "fetch".

Pour résumer le fonctionnement, l'instruction d'exécution d'une requête `SELECT` identifie un résultat et positionne un pointeur interne sur la première ligne de ce résultat :

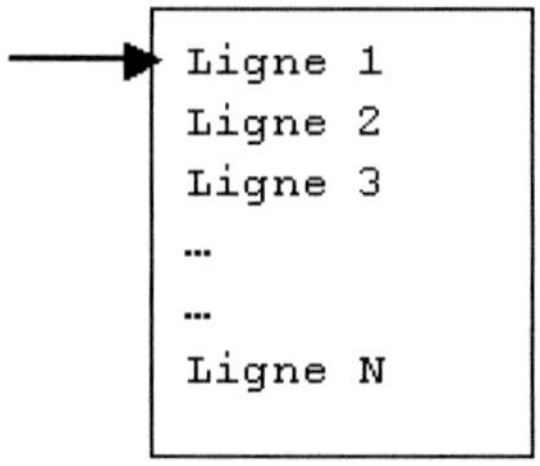

L'instruction `FETCH` permet de lire la ligne courante du résultat, de ramener les valeurs dans des variables PHP et de faire avancer le pointeur sur la ligne suivante :

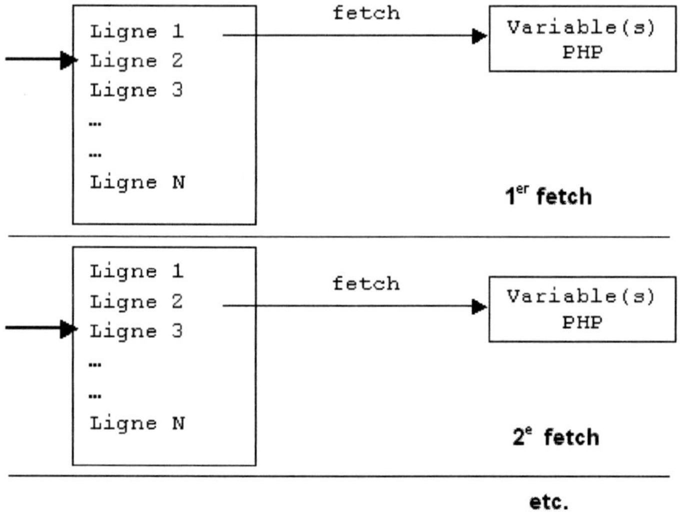

B. Utilisation de MySQL

1. Préambule

En version 5, PHP propose deux extensions pour accéder à une base de données MySQL :
- " MySQL " (préfixe `mysql_`) ;
- " MySQLi " (préfixe `mysqli_`).

L'extension MySQL est l'ancienne extension, présente dans les versions antérieures de PHP ; cette extension peut être utilisée pour accéder à n'importe quelle version de MySQL, mais elle ne supporte pas les nouvelles fonctionnalités de la version 4.1 de MySQL.

Pour utiliser les nouvelles fonctionnalités de la version 4.1 de MySQL, il faut utiliser l'extension MySQLi, apparue en version 5 de PHP ; cette extension peut aussi être employée pour accéder à une version plus ancienne de MySQL, sous réserve de ne pas utiliser les fonctionnalités apparues dans la version 4.1 de MySQL.

Mis à part les nouvelles fonctionnalités de la version 4.1 de MySQL, les deux extensions sont très proches en termes de fonctionnalités. Très souvent, elles proposent les mêmes fonctions, avec des syntaxes identiques ou compatibles. Sauf exception, pour passer de MySQL à MySQLi, il suffit de remplacer le préfixe `mysql_` dans le nom de la fonction par le préfixe `mysqli_`.

Nous commencerons par présenter de manière détaillée l'utilisation de l'extension MySQL. Ensuite, nous établirons une correspondance entre l'extension MySQLi et l'extension MySQL, en nous focalisant sur les différences et les principales nouveautés.

2. Connexion et déconnexion

La fonction `mysql_connect` permet d'établir une connexion avec une base MySQL.

Syntaxe

ressource `mysql_connect([`*chaîne* `serveur[:port]][,` *chaîne* `utilisateur][,` *chaîne* `mot_de_passe][,` *booléen* `nouvelle][,` *entier* `indicateurs])`

`serveur[:port]`	Nom du serveur éventuellement suivi d'un numéro de port. Valeur par défaut : `localhost:3306`.
`utilisateur`	Nom de l'utilisateur à employer pour établir la connexion. Valeur par défaut : le propriétaire du processus du serveur Web.
`mot_de_passe`	Mot de passe à utiliser pour établir la connexion. Valeur par défaut : chaîne vide (pas de mot de passe).
`nouvelle`	Permet de forcer l'établissement d'une nouvelle connexion (`TRUE`). Valeur par défaut : `FALSE`.
`indicateurs`	Combinaison des constantes suivantes : `MYSQL_CLIENT_COMPRESS` : utiliser un protocole de compression ; `MYSQL_CLIENT_IGNORE_SPACE` : autoriser des espaces après le nom des fonctions ; `MYSQL_CLIENT_INTERACTIVE` : modifie la durée d'inactivité avant fermeture de la connexion pour un client de type interactif.

La fonction mysql_connect retourne un identifiant de connexion ou, en cas d'erreur, la valeur FALSE accompagnée d'un message d'alerte envoyé à l'affichage (cf. chapitre 12 pour gérer cette situation correctement).

Dans le même script, appeler deux fois mysql_connect avec les mêmes paramètres n'ouvre pas deux connexions différentes : lors du deuxième appel, l'identifiant de la connexion déjà ouverte est retourné. Pour modifier ce comportement et forcer l'ouverture d'une nouvelle connexion, il faut donner la valeur TRUE au paramètre nouvelle.

Exemple

```
<?php
// utilisation des valeurs par défaut
$id1 = mysql_connect();
echo "\$id1 = $id1<BR>\n";
// spécification des paramètres
$id2 = mysql_connect("diane","oheu","rz245");
echo "\$id2 = $id2<BR>\n";
// exemple d'échec (" hermes " n'existe pas)
$id3 = mysql_connect("hermes","oheu","rz245");
echo "\$id3 = $id3<BR>\n";
// nouvel appel sans paramètre
$id4 = mysql_connect();
echo "\$id4 = $id4 (<B>= \$id1</B>)<BR>\n";
  // égal à $id1
?>
```

Résultat

```
$id1 = Resource id #1
$id2 = Resource id #2
Warning: mysql_connect() [function.mysql-connect]: Unknown MySQL Server Host
'hermes' (11001) in d:\scripts php\index.php on line 9
$id3 =
$id4 = Resource id #1 (= $id1)
```

Une valeur FALSE est convertie en chaîne vide dans un echo (d'où la valeur de $id3).

Les connexions ouvertes dans un script sont automatiquement fermées à la fin du script, sauf déconnexion explicite avant avec mysql_close (voir ci-après).

La fonction mysql_**p**connect permet d'obtenir un fonctionnement différent et d'établir une connexion "permanente" qui ne sera pas fermée à la fin du script et pourra être réutilisée dans ce script ou dans un autre script ultérieurement.

La syntaxe est identique à la syntaxe de la fonction mysql_connect, sans le paramètre nouvelle.

Lors de l'appel à la fonction mysql_pconnect dans un script, PHP vérifie si une connexion permanente a déjà été ouverte avec les mêmes paramètres (serveur, utilisateur et mot de passe) : si oui, l'identifiant de cette connexion est retourné ; dans le cas contraire, une nouvelle connexion est établie (et cette connexion ne sera pas fermée à la fin du script, autorisant ainsi sa réutilisation ultérieure).

La directive de configuration `mysql.allow_persistent` doit être à `on` pour pouvoir ouvrir des connexions permanentes. Par ailleurs, les directives `mysql.max_persistent` et `mysql.max_links` permettent respectivement de limiter le nombre de connexions permanentes et le nombre total de connexions. Grâce à d'autres directives, vous pouvez définir des valeurs par défaut (serveur, port, etc.) et modifier le timeout de connexion.

La fonction `mysql_close` permet de fermer une connexion en cours de script.

Syntaxe

```
booléen mysql_close([ressource connexion])
```

`connexion`	Identifiant de connexion retourné par la fonction `mysql_connect`. Si non précisé, fermeture de la dernière connexion ouverte.

La fonction `mysql_close` retourne `TRUE` en cas de succès et `FALSE` en cas d'erreur (accompagné d'une alerte).

La fonction `mysql_close` est sans effet sur une connexion permanente.

Toutes les connexions non permanentes sont automatiquement fermées à la fin du script.

Exemple

```
<?php
// connexion
$id1 = mysql_connect();
echo "\$id1 = $id1<BR>\n";
// déconnexion
$ok = mysql_close($id1);
echo "\$ok = ".(($ok)?"TRUE":"FALSE")."<BR>\n";
// tentative de déconnexion d'une connexion déjà close
$ok = mysql_close($id1);
echo "\$ok = ".(($ok)?"TRUE":"FALSE")."<BR>\n";
?>
```

Résultat

```
$id1 = Resource id #1
$ok = TRUE
Warning: mysql_close(): 1 is not a valid MySQL-Link resource in
d:\scripts php\index.php on line 9
$ok = FALSE
```

3. Lire des données

Lire des données dans une base nécessite trois opérations :

- sélectionner la base de données à laquelle envoyer la requête (un serveur MySQL pouvant abriter plusieurs bases distinctes) ;
- envoyer, pour exécution, une requête (en l'occurrence `SELECT`) au serveur ;
- récupérer la ou les lignes correspondant au résultat de la requête.

Sélectionner une base de données

La fonction mysql_select_db permet de sélectionner la base de données à utiliser pour la connexion passée en paramètre.

Syntaxe

```
booléen mysql_select_db (chaîne base, [ressource connexion])
```

Avec

base	Nom de la base.
connexion	Identifiant de connexion retourné par la fonction mysql_connect. Si non précisé, utilise la dernière connexion ouverte ; s'il n'y en a pas, tente d'ouvrir une connexion avec un appel à la fonction mysql_connect sans paramètre.

La fonction mysql_select_db retourne TRUE en cas de succès et FALSE en cas d'erreur. mysql_select_db ne génère pas d'alerte en cas d'erreur.

Exemple

```
<?php
// connexion
$connexion = mysql_connect();
// sélection d'une base qui existe
$résultat1 = mysql_select_db("diane",$connexion);
echo "\$résultat1 = ",($résultat1)?'TRUE':'FALSE',"<BR>\n";
// sélection d'une base qui n'existe pas
$résultat2 = mysql_select_db("hermes",$connexion);
echo "\$résultat2 = ",($résultat2)?'TRUE':'FALSE',"<BR>\n";
?>
```

Résultat

```
$résultat1 = TRUE
$résultat2 = FALSE
```

Exécuter une requête

La fonction mysql_query permet d'envoyer une requête pour exécution à la base de données active du serveur.

Syntaxe

```
ressource mysql_query(chaîne requête, [ressource connexion])
```

requête	Texte de la requête à exécuter.
connexion	Identifiant de connexion retourné par la fonction mysql_connect. Si non précisé, utilisation de la dernière connexion ouverte ; s'il n'y en a pas, tentative d'ouverture d'une connexion avec un appel à la fonction mysql_connect sans paramètre.

Dans le cas d'un ordre SELECT (ou SHOW, EXPLAIN, DESCRIBE), la fonction mysql_query retourne un identifiant de résultat de requête, en cas de succès, et FALSE en cas d'échec ; pour les autres ordres SQL, cette fonction retourne TRUE en cas de succès. mysql_query ne génère pas d'alerte en cas d'erreur.

Exemple

```
<?php
// connexion et sélection de la base (erreurs à tester ...)
$connexion = mysql_connect();
$ok = mysql_select_db("diane",$connexion) ;
// définition de la requête
$requête = "SELECT * FROM articles";
// exécution de la requête
$résultat1 = mysql_query($requête,$connexion);
echo "\$résultat1 = ",
     ($résultat1)? $résultat1:'FALSE',"<BR>\n";
// définition d'une mauvaise requête
$requête = "SELECT * FROM article";
// exécution de la requête
$résultat2 = mysql_query($requête,$connexion);
echo "\$résultat2 = ",
     ($résultat2)? $résultat1:'FALSE',"<BR>\n";
?>
```

Résultat

```
$résultat1 = Resource id #3
$résultat2 = FALSE
```

La requête qui a échoué retourne `FALSE` sans générer d'alerte ; (cf. B - 5. Gérer les erreurs, pour la récupération d'un code ou d'un message d'erreur).
Pour rappel, la fonction `mysql_query` exécute la requête, indique si la requête s'est exécutée correctement mais ne renvoie aucune donnée. Il va falloir extraire les lignes du résultat.

Il existe une autre fonction, `mysql_db_query`, qui agit de manière similaire, en permettant de sélectionner la base à chaque exécution. Cette fonction est dépréciée et ne doit plus être utilisée ; elle est conservée pour des raisons de compatibilité ascendante.

Dans le cas d'un ordre `SELECT`, le résultat de la requête exécutée par `mysql_query` est mis en buffer. Il existe une autre fonction, mysql_**unbuffered**_query, qui possède la même syntaxe que `mysql_query`, et permet aussi d'exécuter une requête, mais sans placer le résultat dans un buffer. Pour les requêtes volumineuses, `mysql_unbuffered_query` consomme beaucoup moins de mémoire que `mysql_query` et permet d'extraire la première ligne bien plus rapidement : il n'y a pas besoin d'attendre que la totalité du résultat soit mise en buffer. Par contre, après exécution de la requête avec `mysql_unbuffered_query`, il n'est pas possible de connaître le nombre de lignes du résultat (voir ci-après), ni d'exécuter une autre requête avant d'avoir extrait la totalité des lignes.

Connaître le nombre de lignes dans le résultat

La fonction `mysql_num_rows` permet de connaître le nombre de lignes dans le résultat.

Syntaxe

entier `mysql_num_rows(`*ressource* `résultat)`

`résultat`	Identifiant de résultat de requête retourné par la fonction `mysql_query`.

Cette fonction est utilisable uniquement pour les requêtes `SELECT`. Si la requête a été exécutée avec `mysql_unbuffered_query`, cette fonction retourne le nombre de lignes lues à ce stade (0 juste après l'exécution de la requête).

Exemple

```
<?php
// connexion et sélection de la base (erreurs à tester ...)
$connexion = mysql_connect();
$ok = mysql_select_db("diane",$connexion) ;
// définition de la requête
$requête = "SELECT * FROM articles";
// exécution de la requête
$résultat = mysql_query($requête);
// récupération du nombre de lignes
$nombre = mysql_num_rows($résultat);
echo "Nombre d'articles : $nombre<BR>\n";
// définition de la requête
$requête = "SELECT * FROM articles WHERE prix > 40";
// exécution de la requête
$résultat = mysql_query($requête);
// récupération du nombre de lignes
$nombre = mysql_num_rows($résultat);
echo "Nombre d'articles dont le prix est supérieur à 40 : $nombre<BR>\n";
?>
```

Résultat

```
Nombre d'articles : 4
Nombre d'articles dont le prix est supérieur à 40 : 1
```

Lire le résultat de la requête

Le résultat de l'exécution (avec succès) d'une requête `SELECT` peut être lu par les fonctions `mysql_fetch_array`, `mysql_fetch_assoc`, `mysql_fetch_object` ou `mysql_fetch_row`.

Ces fonctions effectuent le même traitement : lecture de la ligne courante du résultat et avancement du pointeur sur la ligne suivante (voir l'introduction).
Ces fonctions diffèrent sur le type de données utilisé pour retourner le résultat.

Syntaxe

```
tableau mysql_fetch_array(ressource résultat, entier type)
tableau mysql_fetch_assoc(ressource résultat)
objet mysql_fetch_object(ressource résultat)
tableau mysql_fetch_row(ressource résultat)
```

`résultat` Identifiant de résultat de requête retourné par la fonction `mysql_query`.

`type` Type de résultat égal à une des constantes suivantes : `MYSQL_ASSOC`, `MYSQL_NUM`, `MYSQL_BOTH`.

Les fonctions `mysql_fetch_array`, `mysql_fetch_assoc` et `mysql_fetch_row` retournent la ligne courante du résultat sous la forme d'un tableau, chaque ligne du tableau correspondant à une colonne du résultat. La fonction `mysql_fetch_object` retourne la ligne courante sous la forme d'un objet.
S'il n'y a plus de ligne à lire dans le résultat, ces fonctions retournent `FALSE`.

Pour la fonction `mysql_fetch_assoc`, il s'agit d'un tableau associatif dont la clé est le nom de la colonne. Pour la fonction `mysql_fetch_row`, il s'agit d'un tableau à indices entiers, l'indice 0 correspondant à la première colonne, l'indice 1 à la deuxième, etc. Enfin, pour la fonction `mysql_fetch_array`, le type du tableau dépend du deuxième paramètre :

`MYSQL_NUM`	Tableau à indices entiers (comme la fonction `mysql_fetch_row`).
`MYSQL_ASSOC`	Tableau associatif (comme la fonction `mysql_fetch_assoc`).
`MYSQL_BOTH` (valeur par défaut)	Les deux à la fois. Chaque colonne est présente deux fois.

Exemple

Requête	**SELECT * FROM articles**		
Colonnes	`identifiant`	`libelle`	`prix`
1re ligne du résultat	`1`	`Abricots`	`35.5`

Résultat d'un `fetch` (lecture avec différentes fonctions)

`mysql_fetch_row` ou `mysql_fetch_array (...,MYSQL_NUM)`		`mysql_fetch_assoc` ou `mysql_fetch_array (...,MYSQL_ASSOC)`		`mysql_fetch_array (...,MYSQL_BOTH)`	
Indice/Clé	**Valeur**	**Indice/Clé**	**Valeur**	**Indice/Clé**	**Valeur**
0	1	identifiant	1	identifiant	1
1	Abricots	libelle	Abricots	0	1
2	35.5	prix	35.5	libelle	Abricots
				1	Abricots
				prix	35.5
				2	35.5

La fonction `mysql_fetch_object` retourne un objet, avec un attribut par colonne, le nom de l'attribut correspondant au nom de la colonne.

Exemple

Attribut	**Valeur**
identifiant	1
libelle	Abricots
prix	35.5

En cas d'utilisation d'un alias de colonne dans la requête `SELECT` (exemple `SELECT AVG(prix) **prix_moyen** FROM articles`), c'est l'alias de colonne qui est utilisé comme clé ou nom d'attribut.

Exemple

```
<?php
// inclusion du fichier qui contient la définition de
// afficher_tableau
include("fonctions.inc");
// connexion et sélection de la base (erreurs à tester...)
$connexion = mysql_connect();
$ok = mysql_select_db("diane",$connexion) ;
// exécution de la requête
$résultat = mysql_query("SELECT * FROM articles");
// Premier fetch avec mysql_fetch_row
$ligne = mysql_fetch_row($résultat);
afficher_tableau($ligne,"mysql_fetch_row");
// Deuxième fetch avec mysql_fetch_assoc
$ligne = mysql_fetch_assoc($résultat);
afficher_tableau($ligne,"mysql_fetch_assoc");
// Troisième fetch avec mysql_fetch_array
// - sans deuxième paramètre = MYSQL_BOTH
$ligne = mysql_fetch_array($résultat);
afficher_tableau($ligne,"mysql_fetch_array");
// Quatrième fetch avec mysql_fetch_object
$ligne = mysql_fetch_object($résultat);
echo "<P><B>mysql_fetch_object</B><BR>";
echo "\$ligne->identifiant = $ligne->identifiant<BR>";
echo "\$ligne->libelle = $ligne->libelle<BR>";
echo "\$ligne->prix = $ligne->prix<BR>";
// Cinquième fetch de nouveau avec mysql_fetch_row
// - normalement, plus de ligne
$ligne = mysql_fetch_row($résultat);
if (! $ligne) {
  echo "<B>Cinquième fetch : plus rien</B>";
}
?>
```

Résultat

```
mysql_fetch_row
0 = 1
1 = Abricots
2 = 35.5
mysql_fetch_assoc
identifiant = 2
libelle = Cerises
prix = 48.9
mysql_fetch_array
0 = 3
identifiant = 3
1 = Fraises
libelle = Fraises
2 = 29.95
prix = 29.95
mysql_fetch_object
$ligne->identifiant = 4
$ligne->libelle = Pêches
$ligne->prix = 37.2

Cinquième fetch : plus rien
```

Cet exemple permet d'observer :

- les différents modes de récupération d'une ligne de résultat ;
- le fait qu'à chaque `fetch`, le pointeur interne avance, et que le `fetch` suivant retourne donc la ligne suivante, jusqu'à avoir parcouru toutes les lignes.

En cas d'utilisation d'un identifiant de résultat non valide, les fonctions `mysql_fetch_*` retournent `FALSE` et affichent en plus une alerte du type :

```
Warning: mysql_fetch_row(): supplied argument is not a valid MySQL result
resource in d:\scripts php\index.php on line 5
```

Quelle méthode utiliser ?

Toutes les méthodes se valent, notamment du point de vue des performances. Personnellement, nous avons une petite préférence pour l'utilisation des fonctions `mysql_fetch_assoc` et `mysql_fetch_object` qui permettent d'employer le nom des colonnes de la requête et de rendre le code plus lisible.

Exemple de code pour la lecture d'une ligne

Un premier type de lecture consiste souvent à lire une seule ligne d'information dans une table ou plusieurs tables avec jointure(s) : obtention d'informations sur l'utilisateur qui vient de se connecter, fiche de description d'un article...

Exemple

```
<?php
// inclure un fichier qui contient les différentes fonctions
// générales
require("fonctions.inc");
// initialiser les variables
$identifiant = "";
$libellé = "";
$prix = "";
$message = "";

 // Tester la façon dont le script est appelé
if (! empty($_POST)) {
  // traitement du formulaire ...
  // rappel : lorsqu'un formulaire n'a qu'une zone de texte
  // et que l'utilisateur tape return ou enter, le bouton de
  // validation n'est pas considéré comme cliqué. Pour savoir
  // si le formulaire a été soumis, il faut tester si
  // $_POST (ou $_GET) est vide ou non.
  // récupérer les valeurs saisies
  $identifiant = valeur_saisie($_POST["identifiant"]);
  // contrôler les valeurs saisies
  if ($identifiant == "") {
    $message .= "L'identifiant est obligatoire.\n";
  }
  if (! ereg("^[0-9]+$",$identifiant)) {
    $message .=
      "L'identifiant doit être un nombre.\n";
  }
  // tester s'il y a des erreurs à ce stade
  if ($message == "") {
    // pas d'erreur
```

```
    // connexion et sélection de la base
    $connexion = mysql_connect();
    $ok = mysql_select_db("diane",$connexion) ;
    // exécuter la requête de sélection
    $requête = "SELECT * FROM articles WHERE
          identifiant = $identifiant";
    $résultat = mysql_query($requête);
    // fetch si la requête a bien été exécutée
    if ($résultat) {
      $article = mysql_fetch_assoc($résultat);
    }
    // tester le résultat
    if (! $résultat) { // requête pas OK
      $message .= "Erreur.\n";
    } elseif (! $article) { // résultat vide
      $message .=
        "Pas d'article pour cet identifiant.\n";
    } else { // OK
      // récupérer les informations à afficher
      $libellé = $article["libelle"];
      $prix = $article["prix"];
      // mise en forme
      $libellé = vers_page($libellé);
      $prix = number_format($prix,2,"," ," ");
      $prix = vers_page($prix);
    }
  }
  // tester s'il y a des erreurs à ce stade
  if ($message != "") {
    // erreur
    // préparer le message pour l'affichage
    $message = vers_page($message);
    // bien s'assurer que les informations à
    // afficher sont vides
    $libellé = "";
    $prix = "";
  }
}
// Affichage de la page ...
?>
<HTML>
<HEAD><TITLE>Consultation d'un article</TITLE></HEAD>
<BODY>
<FORM METHOD="POST">
Identifiant de l'article :
<INPUT TYPE="text" NAME="identifiant"
  VALUE="<?php echo vers_formulaire($identifiant); ?>">
<INPUT TYPE="submit" NAME="OK" VALUE="OK">
</FORM>
<TABLE BORDER="0">
<TR><TD><U>Libellé :</U> </TD>
    <TD><?php echo $libellé; ?></TD></TR>
<TR><TD><U>Prix :</U> </TD>
    <TD><?php echo $prix; ?></TD></TR>
</TABLE>
<FONT COLOR="red"><?php echo $message; ?></FONT>
</BODY>
</HTML>
```

*Résultat (après saisie et clic sur le bouton **OK**)*

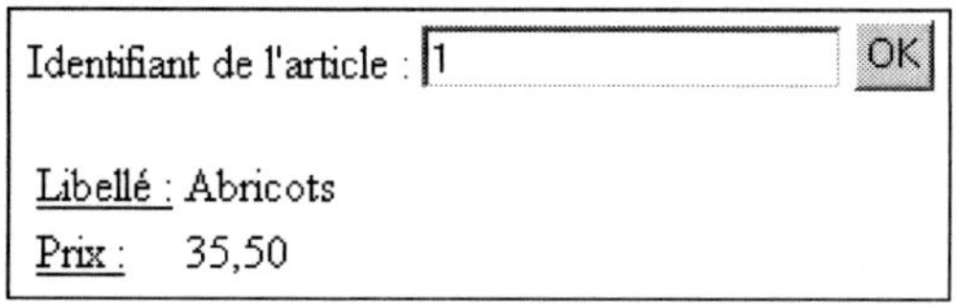

Il est relativement simple d'écrire une fonction générique permettant de lire une ligne.

Exemple

```
<?php
function db_lire_ligne($requête) {
  // la variable $ok est utilisée pour savoir
  // si tout se passe bien
  // se connecter (par défaut) et sélectionner la base
  $ok = ( ($connexion = mysql_connect()) != FALSE );
  if ($ok) {
    $ok = mysql_select_db("diane",$connexion);
  }
  // exécuter la requête et tester le résultat pour affecter
  // la variable $ok
  if ($ok) {
    $ok = ( ($résultat = mysql_query($requête)) != FALSE );
  }
  if ($ok) { // exécution OK
    // lire la ligne
    $ligne = mysql_fetch_assoc($résultat);
  }
  // retourner $ligne ou FALSE en cas d'erreur
  return ($ok)?$ligne:FALSE;
}
?>
```

Il est possible (souhaitable) d'améliorer la gestion des erreurs (cf. B - 5. Gérer les erreurs).

Exemple

```
<?php
// inclure le fichier qui contient les différentes fonctions générales
require("fonctions.inc");
// définir la requête
$requête = "SELECT * FROM articles WHERE identifiant= 1";
// lire le résultat
$ligne = db_lire_ligne($requête);
if ($ligne) {
  echo "$ligne[libelle] - $ligne[prix]";
}
?>
```

Résultat (sauf erreur)

```
Abricots - 35.5
```

Exemple de code pour la lecture de toutes les lignes

Un deuxième type de lecture consiste souvent à afficher une liste d'éléments extraits de la base (liste d'utilisateurs, liste d'articles...).

Exemple

```
<?php
// inclure le fichier qui contient les différentes fonctions générales
require("fonctions.inc");
// initialiser la variable de message
$message = "";
// se connecter et sélectionner la base (erreurs à traiter)
$connexion = mysql_connect();
$ok = mysql_select_db("diane",$connexion);
// exécuter la requête de sélection
$requête = "SELECT * FROM articles";
$résultat = mysql_query($requête);
// fetch si la requête a bien été exécutée
if ($résultat) {
    // boucle jusqu'à avoir un fetch FALSE
    while ($article = mysql_fetch_assoc($résultat)) {
     // remplir un tableau avec chaque ligne extraite
     // remarque : le tableau est multidimensionnel
     // puisque $article est lui-même un tableau
     $articles[] = $article;
    }
}
// tester le résultat
if (! $résultat) { // requête pas OK
  $message .= "Erreur.\n";
} elseif (empty($articles)) { // résultat vide
  $message .=
    "Aucun article dans la base.\n";
} else { // OK
  // mettre en forme les données (idem précédemment)
  // remarque : aurait pu être fait dans la boucle
  // de fetch pour optimiser les performances
  for ($i=0;$i<count($articles);$i++) {
    $articles[$i]["libelle"] =
      vers_page($articles[$i]["libelle"]);
    $articles[$i]["prix"] =
      vers_page(number_format($articles[$i]["prix"],2,"," ," "))
  }
}
// tester s'il y a des erreurs à ce stade
if ($message != "") {
  // erreur
  // préparer le message pour l'affichage
  $message = vers_page($message);
  // bien s'assurer que les informations à
  // afficher sont vides
  unset($articles);
}
// Affichage de la page ...
?>
<HTML>
<HEAD><TITLE>Liste des articles</TITLE></HEAD>
<BODY>
```

```
<!-- construction d'une table HTML -->
<TABLE BORDER="1" CELLPADDING="4" CELLSPACING="0">
<!-- ligne de titre -->
<TR ALIGN=\"center\">
<TH>Identifiant</TH><TH>Libellé</TH><TH>Prix</TH>
</TR>
<!-- code PHP pour les lignes du tableau -->
<?php
if (isset($articles)) { // s'il y a un résultat à afficher
  foreach($articles as $article) { // boucle sur les articles
    // génération de la ligne de la table HTML
    // remarque : printf() rend le code lisible
    printf("<TR><TD>%d</TD><TD>%s</TD><TD>%s</TD></TR>",
        $article["identifiant"],
        $article["libelle"],
        $article["prix"]);
  }
}
?>
</TABLE>
<FONT COLOR="red"><?php echo $message; ?></FONT>
</BODY>
</HTML>
```

Il est possible d'écrire le même exemple de manière plus compacte. Ce dernier sera alors plus économe en mémoire et plus performant : le `fetch` est effectué au cours de la construction de la table HTML.

Exemple

```
<?php
// inclure le fichier qui contient les différentes fonctions générales
require("fonctions.inc");
// initialiser la variable de message
$message = "";
// se connecter et sélectionner la base (erreurs à traiter)
$connexion = mysql_connect();
$ok = mysql_select_db("diane",$connexion);
// exécuter la requête de sélection
// - le résultat n'est pas mis en buffer
$requête = "SELECT * FROM articles";
$résultat = mysql_unbuffered_query($requête);
// tester le résultat
if (! $résultat) { // requête pas OK
  // message d'erreur
  $message .= "Erreur.\n";
  // préparer le message pour l'affichage
  $message = vers_page($message);
}
// Affichage de la page ...
?>
<HTML>
<HEAD><TITLE>Liste des articles</TITLE></HEAD>
<BODY>
<!-- construction d'une table HTML -->
<TABLE BORDER="1" CELLPADDING="4" CELLSPACING="0">
<!-- ligne de titre -->
<TR ALIGN=\"center\">
<TH>Identifiant</TH><TH>Libellé</TH><TH>Prix</TH>
```

```
</TR>
<!-- code PHP pour les lignes du tableau -->
<?php
if ($résultat) { // s'il y a un résultat à afficher
  // boucle de fetch
  while ($article = mysql_fetch_assoc($résultat)) {
    // mise en forme des données
    $article["libelle"] = vers_page($article ["libelle"]);
    $article["prix"] = vers_page(
    number_format($article["prix"],2,"," ," "));
    // génération de la ligne de la table HTML
    printf("<TR><TD>%d</TD><TD>%s</TD><TD>%s</TD></TR>",
      $article["identifiant"],
      $article["libelle"],
      $article["prix"]);
  } // while
  // si le résultat est vide, préparer un message
  if (mysql_num_rows($résultat) == 0) {
    $message = vers_page("Aucun article dans la base.");
  }
} // if ($résultat)
?>
</TABLE>
<FONT COLOR="red"><?php echo $message; ?></FONT>
</BODY>
</HTML>
```

Pour permettre à l'utilisateur d'agir sur la liste, il est possible d'imbriquer un formulaire ou des liens avec la table HTML.

Exemple

```
<?php
// inclure le fichier qui contient les différentes fonctions générales
require("fonctions.inc");
// initialiser la variable de message
$message = "";
// se connecter et sélectionner la base (erreurs à traiter)
$connexion = mysql_connect();
$ok = mysql_select_db("diane",$connexion);
// exécuter la requête de sélection
$requête = "SELECT * FROM articles";
$résultat = mysql_query($requête);
// tester le résultat
if (! $résultat) { // requête pas OK
  // message d'erreur
  $message .= "Erreur.\n";
  // préparer le message pour l'affichage
  $message = vers_page($message);
}
// Affichage de la page ...
?>
<HTML>
<HEAD><TITLE>Liste des articles</TITLE></HEAD>
<BODY>
<!-- construction d'une table HTML à l'intérieur d'un
---- formulaire -->
<FORM METHOD="POST">
<TABLE BORDER="1" CELLPADDING="4" CELLSPACING="0">
```

```
<!-- ligne de titre -->
<TR ALIGN=\"center\">
<TH>Libellé</TH><TH>Prix</TH><TH>Case</TH><TH>Lien</TH>
</TR>
<!-- code PHP pour les lignes du tableau -->
<?php
if ($résultat) { // s'il y a un résultat à afficher
  // boucle de fetch
  while ($article = mysql_fetch_assoc($résultat)) {
    // mise en forme des données
    $article["libelle"] = vers_page($article ["libelle"]);
    $article["prix"] = vers_page(
      number_format($article["prix"],2,"," ," "));
    // génération de la ligne de la table HTML
    //  - une case à cocher dans une colonne
    //  - un lien dans une autre colonne
    printf(
    "<TR><TD>%s</TD><TD>%s</TD><TD>%s</TD><TD>%s</TD></TR>",
    $article["libelle"],
    $article["prix"],
    "<INPUT TYPE=\"checkbox\" NAME=\"choix[]\"
      VALUE=\"$article[identifiant]\">",
    "<A HREF=\"javascript:alert($article[identifiant])\">
      action<A>");
  } // while
  // si le résultat est vide, préparer un message
  if (mysql_num_rows($résultat) == 0) {
    $message = vers_page("Aucun article dans la base.");
  }
} // if ($résultat)
?>
</TABLE>
<BR><INPUT TYPE="submit" NAME="action" VALUE="Action">
</FORM>
<FONT COLOR="green">
<?php
// traitement du formulaire
// simple affichage des identifiants cochés
if (isset($_POST["action"])) {
  if (isset($_POST["choix"])) {
    echo "Identifiant(s) coché(s) : ".
        implode("+",$_POST["choix"]);
  }
}
?>
</FONT>
<FONT COLOR="red"><?php echo $message; ?></FONT>
</BODY>
</HTML>
```

Résultat

- Affichage initial de la page :

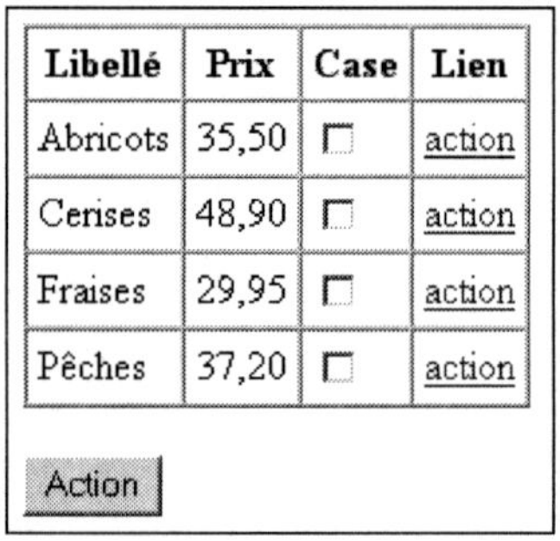

Libellé	Prix	Case	Lien
Abricots	35,50	☐	action
Cerises	48,90	☐	action
Fraises	29,95	☐	action
Pêches	37,20	☐	action

- Après clic sur un lien :

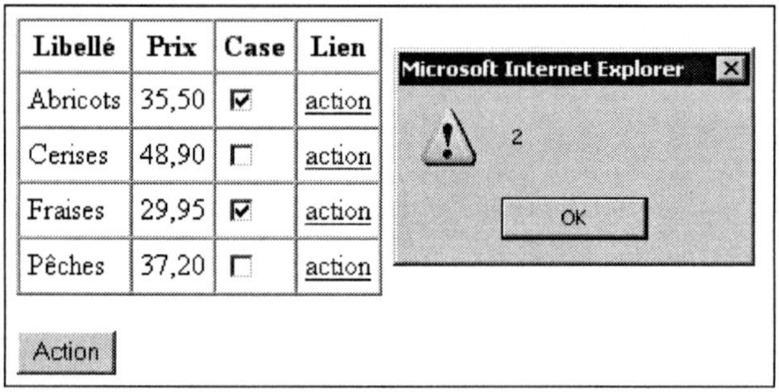

Libellé	Prix	Case	Lien
Abricots	35,50	☑	action
Cerises	48,90	☐	action
Fraises	29,95	☑	action
Pêches	37,20	☐	action

- Après clic sur le bouton Action :

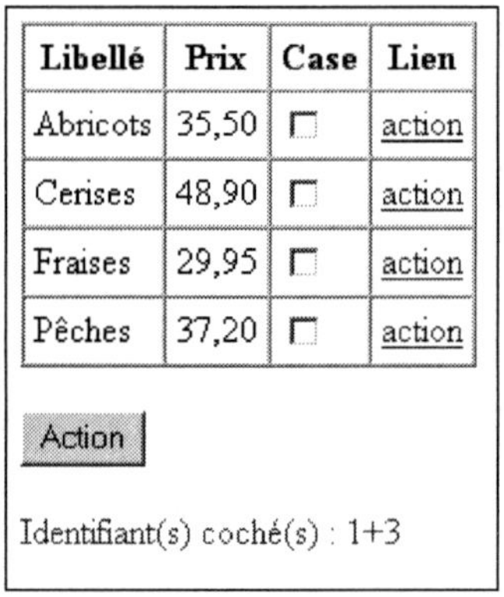

Libellé	Prix	Case	Lien
Abricots	35,50	☐	action
Cerises	48,90	☐	action
Fraises	29,95	☐	action
Pêches	37,20	☐	action

Sur le lien, à la place du code JavaScript, il est possible de mettre une vraie URL et d'enchaîner sur une autre page (cf. chapitre 9 pour comprendre comment placer un paramètre dans l'URL et pouvoir ainsi passer une information, ici l'identifiant choisi, à une autre page).

En ce qui concerne le traitement du formulaire, tout est envisageable.
Là encore, pour la lecture de plusieurs lignes, une fonction générique peut être utilisée.

Exemple

```
<?php
function db_lire_lignes_dans_tableau($requête) {
  // la variable $ok est utilisée pour savoir
  // si tout se passe bien
  // se connecter (par défaut) et sélectionner la base
  $ok = ( ($connexion = mysql_connect()) != FALSE );
  if ($ok) {
    $ok = mysql_select_db("diane",$connexion);
  }
  // exécuter la requête et tester le résultat pour affecter
  // la variable $ok
  if ($ok) {
    $ok = ( ($résultat = mysql_query($requête)) != FALSE );
  }
  $tableau = array();
  if ($ok) { // exécution OK
    // lire les lignes dans un tableau
    while ($ligne = mysql_fetch_assoc($résultat)) {
      $tableau[] = $ligne;
    }
  }
  // retourner $tableau ou FALSE en cas d'erreur
  return ($ok)?$tableau:FALSE;
}
?>
```

Utilisation

```
<?php
// inclure le fichier qui contient les différentes fonctions générales
require("fonctions.inc");
// définir la requête
$requête = "SELECT * FROM articles";
// lire le résultat dans un tableau
$articles = db_lire_lignes_dans_tableau($requête);
// afficher le premier article lu
if ($articles) {
  echo count($articles)." articles<BR>";
  echo "Premier article : ";
  echo $articles[0]["libelle"]," - ",
      $articles[0]["prix"];
}
?>
```

Résultat (sauf erreur)

```
4 articles
Premier article : Abricots 35.5
```

Cette fonction générique peut, par exemple, être utilisée pour construire une liste `<SELECT>` dans un formulaire.

Exemple

```
<?php
// inclure le fichier qui contient les différentes fonctions
// générales
require("fonctions.inc");
// chargement de la liste des fruits
$requête = "SELECT identifiant,libelle FROM articles
        ORDER BY libelle";
$fruits_du_marché = db_lire_lignes_dans_tableau($requête);
?>
<!-- construction du formulaire -->
<FORM METHOD="POST">
Fruits préférés :<BR>
<SELECT NAME="fruits[]" MULTIPLE SIZE="8">
<?php
// code PHP générant la partie dynamique du formulaire
// parcourir la liste à afficher
foreach($fruits_du_marché as $fruit) {
  // générer la balise OPTION avec l'identifiant
  // pour l'option VALUE et le libellé pour le texte affiché
  // dans la liste
  echo "<OPTION VALUE=\"$fruit[identifiant]\">
          $fruit[libelle]\n";
}
?>
</SELECT>
<INPUT TYPE="submit" NAME="OK" VALUE="OK"><BR>
</FORM>
```

Résultat

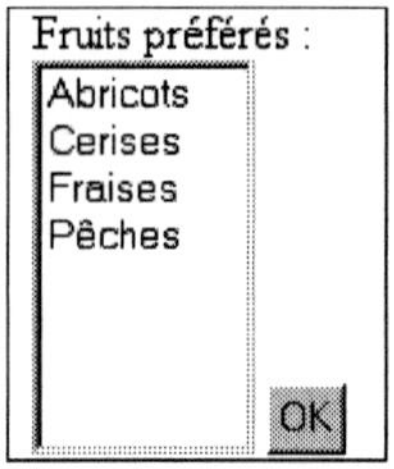

4. Mettre à jour des données

Mettre à jour des données consiste à exécuter des requêtes `INSERT` (création), `UPDATE` (modification) ou `DELETE` (suppression).

L'exécution de ce type de requête s'effectue avec la fonction `mysql_query`, comme pour une requête `SELECT`.

En complément, deux fonctions sont intéressantes : `mysql_affected_rows` et `mysql_insert_id`.

La fonction `mysql_affected_rows` permet de connaître le nombre de lignes concernées (insérées, modifiées ou supprimées) par la dernière requête `INSERT`, `UPDATE` ou `DELETE` exécutée dans une session.

Syntaxe

entier `mysql_affected_rows([`*ressource* `connexion])`

`connexion`	Identifiant de connexion retourné par la fonction `mysql_connect`. Si non précisé, utilise la dernière connexion ouverte.

Si la dernière requête a échoué, la fonction `mysql_affected_rows` retourne -1.

La fonction `mysql_affected_rows` est censée ne pas fonctionner avec des requêtes `SELECT` ; ce n'est pas vrai !

Dans le cas d'un ordre `UPDATE`, `mysql_affected_rows` ne compte pas les lignes non modifiées lorsque les valeurs avant et après sont les mêmes.

La fonction `mysql_insert_id` retourne la valeur du dernier identifiant généré pour une colonne ayant le type `AUTO_INCREMENT` par une requête `INSERT` dans une session.

Syntaxe

entier `mysql_insert_id([`*ressource* `connexion])`

`connexion`	Identifiant de connexion retourné par la fonction `mysql_connect`. Si non précisé, utilise la dernière connexion ouverte.

Si aucun identifiant n'a été généré automatiquement, la fonction `mysql_insert_id` retourne zéro.

La requête `INSERT` n'a pas besoin d'être la dernière requête exécutée dans la session.

Exemples

```
<?php
// inclusion du fichier qui contient la définition des
// fonctions générales
include("fonctions.inc");
// définition d'une petite fonction d'affichage de la liste
// des articles
function AfficherArticles() {
  $requête = "SELECT * FROM articles";
  $articles = db_lire_lignes_dans_tableau($requête);
  if ($articles) {
    echo "<B>Liste des articles :</B><BR>";
    foreach($articles as $a) {
      echo "$a[identifiant] - $a[libelle] - $a[prix]<BR>";
    }
  } else {
    echo "<B>Plus d'articles.</B><BR>";
  }
}
```

```
// affichage de contrôle
AfficherArticles();
// la connexion a été établie par la fonction
// db_lire_lignes_dans_tableau appelée dans AfficherArticles
// requête INSERT
$requête = "INSERT INTO articles(libelle,prix)
          VALUES('Poires',29.9)";
$résultat = mysql_query("diane",$requête);
$identifiant = mysql_insert_id(); // récupérer l'identifiant
echo "Identifiant du nouvel article = $identifiant.<BR>";
// requête UPDATE
$requête = "UPDATE articles SET prix = prix * 1.1
           WHERE prix < 40";
$résultat = mysql_query($requête);
$nombre = mysql_affected_rows();
echo "$nombre article(s) augmenté(s).<BR>";
// requête DELETE
$requête = "DELETE FROM articles WHERE prix > 40";
$résultat = mysql_query($requête);
$nombre = mysql_affected_rows();
echo "$nombre article(s) supprimés(s).<BR>";
// affichage de contrôle
AfficherArticles();
?>
```

Résultat

```
Liste des articles :
1 - Abricots - 35.5
2 - Cerises - 48.9
3 - Fraises - 29.95
4 - Pêches - 37.2
Identifiant du nouvel article = 5.
4 article(s) augmenté(s).
2 article(s) supprimés(s).

Liste des articles :
1 - Abricots - 39.05
3 - Fraises - 32.945
5 - Poires - 32.89
```

Créer des formulaires qui permettent de mettre à jour les données est très simple.

À titre d'exemple, nous allons construire un formulaire qui permet de réaliser une saisie en liste.

Présentation du formulaire

Identifiant	Libellé	Prix	Supprimer
1	Abricots	35,50	☐
2	Cerises	48,90	☐
3	Fraises	29,95	☐
4	Pêches	37,20	☐

Enregistrer

Le formulaire propose le contenu actuel de la table qui peut être modifié (saisie directe dans les zones) ou supprimé (par les cases à cocher), plus cinq lignes vides qui permettent de saisir de nouvelles valeurs. Dans tous les cas, l'identifiant ne peut être saisi, c'est le serveur MySQL qui va l'attribuer.

Chaque ligne du tableau contient quatre zones de formulaire qui sont nommées (option `NAME` de la balise `<INPUT>`) de la manière suivante :

Colonne	Nom
Identifiant	`saisie[i][modifier]`
Libellé	`saisie[i][libelle]`
Prix	`saisie[i][prix]`
Supprimer	`saisie[i][supprimer]`

L'indice `i` est l'identifiant de l'article pour les lignes qui existent, et un numéro compris entre -1 et -5 pour les lignes vides. La zone de la colonne **Identifiant** est une zone masquée (`TYPE="hidden"`) qui va être employée pour identifier les lignes dans lesquelles l'utilisateur a effectué une modification.

Avec ce processus de nommage, toute la saisie est récupérée dans le script PHP sous la forme d'un tableau multidimensionnel nommé `$lignes`. Chaque ligne du tableau correspond à une ligne du formulaire avec la clé égale à l'identifiant (ou -1 à -5 pour les nouvelles lignes) et la valeur égale à un tableau associatif donnant les éléments saisis.

Pour identifier les lignes modifiées par l'utilisateur, les zones de saisie du libellé et du prix des lignes existantes contiennent le code JavaScript suivant :

```
onChange="document.formulaire[$n].value=1"
```

Ce code JavaScript a pour effet, à chaque fois que la zone en question est modifiée, de placer un 1 dans la zone masquée associée à la ligne. Le formulaire s'appelant `formulaire` (`<FORM NAME = "formulaire"...`), l'expression `document.formulaire[n]` désigne la n-ième zone du formulaire `formulaire` du document courant, la première zone du formulaire ayant le numéro 0. Dans le source, la variable `$n` est calculée pour chaque ligne `$i` du formulaire, par la formule `$n = 4 * ($i - 1)` : la zone cachée de la ligne 1 a le numéro 0 (c'est la première du formulaire), celle de la ligne 2 le numéro 4 et ainsi de suite.

Cet exemple peut (doit) être amélioré :

- pour contrôler la saisie de l'utilisateur ;
- pour gérer les erreurs.

Exemple

```
<?php
// inclure le fichier qui contient les différentes fonctions
// générales
require("fonctions.inc");
// initialiser la variable de message
$message = "";
// se connecter et sélectionner la base
$connexion = mysql_connect();
$ok = mysql_select_db("diane",$connexion);
// traitement du formulaire
if (isset($_POST["OK"])) {
  // récupérer le tableau contenant la saisie
  $lignes = $_POST["saisie"];
  foreach($lignes as $identifiant => $ligne) {
    // nettoyage de la saisie
    $libellé = valeur_saisie($ligne["libelle"]);
    $prix = valeur_saisie($ligne["prix"]);
    $prix = str_replace(",",".",$prix); // , => .
    $prix = str_replace(" ","",$prix); // supprimer espaces
    // à ce niveau, il faudrait vérifier la saisie ...
    $requête = "";
    if ($identifiant < 0 and $libellé.$prix != "") {
      // identifiant négatif et quelque chose de saisi
      // = création = INSERT
      $requête = "INSERT INTO articles(libelle,prix)
                  VALUES('$libellé',$prix)";
    } elseif (isset($ligne["supprimer"])) {
      // case " supprimer " cochée = suppression = DELETE
      $requête = "DELETE FROM articles
                  WHERE identifiant = $identifiant";
    } elseif (isset($ligne["modifier"])) {
      // zone " modifier " TRUE (1) = modification = UPDATE
      $requête = "UPDATE articles
                  SET libelle = '$libellé', prix = $prix
                  WHERE identifiant = $identifiant";
    }
```

```
    // si une requête a été déterminée, l'exécuter
    if ($requête != "") {
      mysql_query($requête);
      // à ce niveau, il faudrait tester les erreurs ...
    }
  }
}
// recharger les articles
$requête = "SELECT * FROM articles";
$résultat = mysql_query($requête);
// à ce niveau, il faudrait tester les erreurs ...
// Affichage de la page ...
?>
<HTML>
<HEAD><TITLE>Gestion des articles</TITLE></HEAD>
<BODY>
<!-- construction d'une table HTML à l'intérieur d'un
---- formulaire -->
<FORM NAME="formulaire" METHOD="POST">
<TABLE BORDER="1" CELLPADDING="4" CELLSPACING="0">
<!-- ligne de titre -->
<TR ALIGN=\"center\">
<TH>Identifiant</TH><TH>Libellé</TH><TH>Prix</TH>
             <TH>Supprimer</TH>
</TR>
<!-- code PHP pour les lignes du tableau -->
<?php
if ($résultat) { // s'il y a un résultat à afficher
  // initialisation d'un compteur de ligne
  $i = 0;
  // boucle de fetch
  while ($article = mysql_fetch_assoc($résultat)) {
    // incrémentation du compteur de ligne
    $i++;
    // calcul du numéro d'ordre dans le formulaire de la
    // zone cachée correspondant à l'identifiant
    $n = 4 * ($i - 1);
    // mise en forme des données
    $article["libelle"] = vers_page($article["libelle"]);
    $article["prix"] = vers_page(
        number_format($article["prix"],2,"," ," "));
    // génération de la ligne de la table HTML
    // insertion des balises INPUT du formulaire
    printf(
    "<TR><TD>%s</TD><TD>%s</TD><TD>%s</TD><TD>%s</TD></TR>",
    "$article[identifiant]
    <INPUT TYPE=\"hidden\"
          NAME=\"saisie[$article[identifiant]][modifier]\">",
    "<INPUT TYPE=\"text\"
          NAME=\"saisie[$article[identifiant]][libelle]\"
          VALUE=\"$article[libelle]\"
          OnChange=\"document.formulaire[$n].value=1\">",
    "<INPUT TYPE=\"text\"
          NAME=\"saisie[$article[identifiant]][prix]\"
          VALUE=\"$article[prix]\"
          onChange=\"document.formulaire[$n].value=1\">",
    "<INPUT TYPE=\"checkbox\"
          NAME=\"saisie[$article[identifiant]][supprimer]\"
          VALUE=\"$article[identifiant]\">");
```

```
    } // while
    // ajout de 5 lignes vides pour la création
    // (sans identifiant, sans case de suppression)
    for($i=1;$i<=5;$i++) {
      printf(
      "<TR><TD>%s</TD><TD>%s</TD><TD>%s</TD><TD>%s</TD></TR>",
      "",
      "<INPUT TYPE=\"text\"
            NAME=\"saisie[-$i][libelle]\"
            VALUE=\"\">",
      "<INPUT TYPE=\"text\"
            NAME=\"saisie[-$i][prix]\"
            VALUE=\"\">",
      "");
    } // for
}
?>
</TABLE>
<BR><INPUT TYPE="submit" NAME="OK" VALUE="Enregistrer">
</FORM>
</BODY>
</HTML>
```

5. Gérer les erreurs

Les fonctions `mysql_errno` et `mysql_error` permettent de récupérer des informations sur l'erreur éventuelle de la <u>dernière</u> opération effectuée dans une session.

Syntaxe

```
entier mysql_errno([ressource connexion])
chaîne mysql_error([ressource connexion])
```

`connexion` Identifiant de connexion retourné par la fonction `mysql_connect`. Si non précisé, utilise la dernière connexion ouverte.

La fonction `mysql_errno` retourne un numéro d'erreur et la fonction `mysql_error`, le message associé.

Exemple

```
<?php
// se connecter à un mauvais serveur
$connexion = mysql_connect('hermes');
echo "1 : ".mysql_errno()." - ".mysql_error()."<BR>";
// se connecter correctement (par défaut)
$connexion = mysql_connect();
echo "2 : ".mysql_errno()." - ".mysql_error()."<BR>";
// sélectionner une mauvaise base
$ok = mysql_select_db("hermes",$connexion);
echo "3 : ".mysql_errno()." - ".mysql_error()."<BR>";
// sélectionner la bonne base
$ok = mysql_select_db("diane",$connexion);
echo "4 : ".mysql_errno()." - ".mysql_error()."<BR>";
// une bonne requête pour commencer
$requête = "SELECT * FROM articles";
$résultat = mysql_query($requête);
echo "5 : ".mysql_errno()." - ".mysql_error()."<BR>";
```

```
// requête sur une table qui n'existe pas
$requête = "SELECT * FROM article";
$résultat = mysql_query($requête);
echo "6 : ".mysql_errno()." - ".mysql_error()."<BR>";
// requête INSERT qui viole une clé primaire
$requête = "INSERT INTO articles(identifiant,libelle,prix)
            VALUES(1,'Poires',29.9)";
$résultat = mysql_query($requête);
echo "7 : ".mysql_errno()." - ".mysql_error()."<BR>";
// tentative de fetch sur un mauvais résultat
$requête = "SELECT * FROM article";
$résultat = mysql_query($requête);
echo "8 : ".mysql_errno()." - ".mysql_error()."<BR>";
$ligne = mysql_fetch_assoc($résultat);
echo "9 : ".mysql_errno()." - ".mysql_error()."<BR>";
?>
```

Résultat

```
Warning: mysql_connect() [function.mysql-connect]: Unknown
MySQL Server Host 'hermes' (11001) in d:\scripts php\index.php on line 3
1 : 2005 - Unknown MySQL Server Host 'hermes' (11001)
2 : 0 -
3 : 1049 - Unknown database 'hermes'
4 : 0 -
5 : 0 -
6 : 1146 - Table 'diane.article' doesn't exist
7 : 1062 - Duplicate entry '1' for key 1
8 : 1146 - Table 'diane.article' doesn't exist
Warning: mysql_fetch_assoc(): supplied argument is not a valid MySQL result
resource in d:\scripts php\index.php on line 31
9 : 1146 - Table 'diane.article' doesn't exist
```

Le point 1 illustre le fait qu'en cas d'erreur lors de la connexion, une alerte est affichée en complément.

Les points 8 et 9 illustrent le fait que les erreurs liées à l'utilisation d'une ressource (de connexion ou de résultat) non valide génère une alerte qui est directement affichée. Dans ce cas, l'erreur n'est pas une erreur MySQL et les fonctions `mysql_errno` ou `mysql_error` ne sont pas réinitialisées et ne retournent donc pas d'erreur spécifique : le message du point 9 est en fait celui du point 8.

En pratique, les fonctions `mysql_errno` et `mysql_error` ne sont d'aucune utilité sur les fetch.

Par ailleurs, nous verrons au chapitre 12 comment supprimer l'affichage des alertes.

Ces fonctions peuvent être mises en œuvre à titre d'exemple sur une de nos fonctions génériques.

Exemple

```
<?php
function db_lire_ligne($requête, &$erreur) {
  // dans cette nouvelle version, db_lire_ligne prend un
  // deuxième paramètre par référence dans lequel un numéro et un message
  // seront stockés en cas d'erreur (sous la forme d'un tableau)
  // initialiser $erreur
```

```
  $erreur = array(0,""); // numéro = 0  message vide
  // établir la connexion
  $ok = ($connexion = mysql_connect());
  if ($ok) {  // c'est bon
    // sélectionner la base de données
    $ok = mysql_select_db("diane",$connexion);
  }
  if ($ok) {  // c'est tojours bon
    // exécuter la requête et tester le résultat pour
    // affecter la variable $ok
    $ok = ( ($résultat = mysql_query($requête)) != FALSE );
  }
  if ($ok) {  // tout est OK
    // lire la ligne
    $ligne = mysql_fetch_assoc($résultat);
  } else {  // problème quelque part
    // récupérer les informations  sur l'erreur
    $erreur = array(mysql_errno(),mysql_error());
  }
  // retourner $ligne ou FALSE en cas d'erreur
  return ($ok)?$ligne:FALSE;
}
?>
```

Utilisation

```
<?php
// inclure le fichier qui contient les différentes fonctions générales
require("fonctions.inc");
// premier appel avec une erreur
$requête = "SELECT * FROM article WHERE identifiant = 1";
if (! ($ligne = db_lire_ligne($requête,$erreur))) {
  echo "$erreur[0] - $erreur[1]<BR>";
} else {
  echo "$ligne[libelle] - $ligne[prix]<BR>";
}
// deuxième appel correct
$requête = "SELECT * FROM articles WHERE identifiant = 1";
if (! ($ligne = db_lire_ligne($requête,$erreur))) {
  echo "$erreur[0] - $erreur[1]<BR>";
} else {
  echo "$ligne[libelle] - $ligne[prix]<BR>";
}
?>
```

Résultat

```
1146 - Table 'diane.article' doesn't exist
Abricots - 35.5
```

6. MySQLi

a. Introduction

L'extension MySQLi peut être utilisée soit sous une forme procédurale (comme l'extension MySQL), soit sous une forme objet.

En cas d'utilisation sous une forme procédurale, l'extension MySQLi est très proche de l'extension MySQL (mis à part les nouvelles fonctionnalités de la version 4.1 de MySQL, supportées par l'extension MySQLi mais pas par l'extension MySQL). Très souvent, les deux extensions proposent les mêmes fonctions, avec des syntaxes identiques ou compatibles. Sauf exception, pour passer de l'extension MySQL à l'extension MySQLi, il suffit de remplacer le préfixe `mysql_` dans le nom de la fonction par le préfixe `mysqli_`.

Par contre, l'utilisation de l'extension MySQLi sous une forme objet est sensiblement différente de l'utilisation de l'extension MySQL. Dans sa forme orientée objet, l'extension MySQLi propose trois classes :

`mysqli`	connexion entre PHP et MySQL.
`mysqli_stmt`	requête préparée.
`mysqli_result`	résultat de l'exécution d'une requête.

Ces différentes classes offrent des méthodes qui permettent d'effectuer les différentes actions (exécution d'une requête, récupération du résultat, etc.).

b. Correspondance avec l'extension MySQL

Toutes les fonctions présentées précédemment dans l'extension MySQL, à l'exception de la fonction `mysql_pconnect`, ont un équivalent direct dans l'extension MySQLi ; il suffit de remplacer le préfixe `mysql_` par `mysqli_` :

MySQL	MySQLi	Syntaxe
`mysql_connect`	`mysqli_connect`	Voir remarque 1
`mysql_close`	`mysqli_close`	Voir remarque 2
`mysql_select_db`	`mysqli_select_db`	Voir remarque 3
`mysql_query`	`mysqli_query`	Voir remarque 3
`mysql_num_rows`	`mysqli_num_rows`	Identique
`mysql_fetch_array`	`mysqli_fetch_array`	Identique
`mysql_fetch_assoc`	`mysqli_fetch_assoc`	Identique
`mysql_fetch_object`	`mysqli_fetch_object`	Identique
`mysql_fetch_row`	`mysqli_fetch_row`	Identique
`mysql_affected_rows`	`mysqli_affected_rows`	Voir remarque 2
`mysql_insert_id`	`mysqli_insert_id`	Voir remarque 2
`mysql_errno`	`mysqli_errno`	Voir remarque 2
`mysql_error`	`mysqli_error`	Voir remarque 2

Remarques

1 Les premiers paramètres de `mysql_connect` et `mysqli_connect` sont identiques (serveur, utilisateur, mot de passe) ; les paramètres suivants sont différents. Par ailleurs, la fonction `mysqli_connect` permet de sélectionner la base à utiliser dès la connexion (quatrième paramètre) ; l'appel à `mysqli_select_db` est alors inutile.

2 MySQLi ne permet pas d'utiliser de connexion par défaut dans les appels de fonctions. En conséquence, un identifiant de connexion valide doit être passé en paramètre à `mysql_close`, `mysql_affected_rows`, `mysql_insert_id`, `mysql_errno` et `mysql_error`.

3 Pour les fonctions `mysqli_select_db` et `mysqli_query`, la syntaxe est inversée : l'identifiant de connexion doit être passé en premier paramètre, et il devient obligatoire.

Les fonctions `mysqli_connect` et `mysqli_query` ne retournent plus des ressources mais des objets. Dans la pratique, cela n'a aucune incidence car le résultat de ces fonctions est simplement passé en paramètre à d'autres fonctions.

En dehors des fonctions `mysqli_errno` et `mysqli_error`, MySQLi offre les fonctions `mysqli_connect_error` et `mysqli_connect_errno` qui permettent de récupérer des informations sur une éventuelle erreur de connexion.

MySQLi ne propose pas de fonctions `mysqli_`**`unbuffered`**`_query`. Par contre, la fonction `mysqli_query` possède un troisième paramètre qui permet d'indiquer si le résultat doit être mis en buffer (constante `MYSQLI_STORE_RESULT`, valeur par défaut) ou non (constante `MYSQLI_USE_RESULT`). Pour les requêtes volumineuses, l'utilisation de `MYSQLI_USE_RESULT` consomme beaucoup moins de mémoire et permet d'extraire la première ligne bien plus rapidement : il n'y a pas besoin d'attendre que la totalité du résultat soit mis en buffer. Par contre, après exécution de la requête avec `MYSQLI_USE_RESULT`, il n'est pas possible de connaître le nombre de lignes du résultat, ni d'exécuter une autre requête avant d'avoir extrait la totalité des lignes ou libéré le résultat (fonction `mysqli_free_result`).

Exemple

```
<?php
// définir quelques variables
$serveur = "diane";
$utilisateur = "root";
$mot_de_passe = "";
$base="diane";
// connexion = mysqli_connect
// - pas de sélection de la base dans cet appel
$connexion = mysqli_connect($serveur,$utilisateur,$mot_de_passe);
// vérifier le succès de la connexion
// - mysqli_connect_errno = numéro de l'erreur de connexion
// - mysqli_connect_error = message de l'erreur de connexion
if (mysqli_connect_errno() != 0) {
  echo sprintf(
      "Erreur mysqli_connect : %d - %s<BR>",
      mysqli_connect_errno(),
      mysqli_connect_error());
  exit;
}
// sélectionner la base = mysqli_select_db
// - différences par rapport à mysql_select_db
//       > syntaxe inversée
//       > identifiant de connexion obligatoire
// - inutile si base sélectionnée dans mysqli_connect
$ok = mysqli_select_db($connexion,$base);
```

```
if (! $ok) {
  // récupérer une erreur MySQLi = mysqli_errno & mysqli_error
  // - différences par rapport à mysql_errno & mysql_error
  //       > identifiant de connexion obligatoire
  echo sprintf(
      "Erreur mysqli_select_db : %d - %s<BR>\n",
      mysqli_errno($connexion),
      mysqli_error($connexion));
  exit;
}
// exécuter une requête = mysqli_query
// - différences par rapport à mysql_query
//       > syntaxe inversée
//       > identifiant de connexion obligatoire
//       > troisième paramètre (optionnel) : mode du résultat
//         . MYSQLI_USE_RESULT   : résultat non mis en buffer
//         . MYSQLI_STORE_RESULT : résultat mis en buffer (défaut)
$requête = "SELECT * FROM articles";
$mode = MYSQLI_STORE_RESULT;
$résultat = mysqli_query($connexion,$requête,$mode);
if (! $résultat) {
  echo sprintf(
      "Erreur mysqli_query : %d - %s<BR>\n",
      mysqli_errno($connexion),
      mysqli_error($connexion));
  exit;
}
// déterminer le nombre de lignes du résultat = mysqli_num_rows
// - identique à mysql_num_rows
// - inutilisable si emploi de MYSQLI_USE_RESULT
//   dans mysqli_query
if ($mode == MYSQLI_USE_RESULT) {
  echo "Nombre d'articles impossible à déterminer<BR>\n";
} else {
  echo sprintf("Nombre d'articles : %s<BR>\n",
               mysqli_num_rows($résultat));
}
// récupérer le résultat = mysqli_fetch_*
// - différences par rapport à mysql_fetch_*
//       > constantes MYSQLI_NUM, MYSQLI_ASSOC, MYSQLI_BOTH
$ligne = mysqli_fetch_array($résultat, MYSQLI_ASSOC);
echo sprintf("Premier article : %s - %s<BR>\n",
             $ligne['libelle'],$ligne['prix']);
// libérer le résultat = mysqli_free_result
// - pas obligatoire : les ressources sont libérées à la
//                     fin du script
// - permet d'anticiper (important si résultat volumineux)
// - nécessaire si utilisation de MYSQLI_USE_RESULT
//   dans mysqli_query
mysqli_free_result($résultat);
// exécuter une requête = mysqli_query
// - exemple avec INSERT
$requête = "INSERT INTO articles(libelle,prix) VALUES('Poires',29.9)";
$résultat = mysqli_query($connexion,$requête);
// récupérer l'identifiant généré = mysqli_insert_id
// - différences par rapport à mysql_insert_id
//       > identifiant de connexion obligatoire
echo sprintf(
    "Identifiant du nouvel article = %s<BR>\n",
```

```
    mysqli_insert_id($connexion));
// exécuter une requête = mysqli_query
// - exemple avec UPDATE
$requête = "UPDATE articles SET prix = prix * 1.05";
$résultat = mysqli_query($connexion,$requête);
// récupérer le nombre de lignes mises à jour =
// mysqli_affected_rows
// - différences par rapport à mysql_affected_rows
//      > identifiant de connexion obligatoire
echo sprintf(
    "Nombre d'articles modifiés = %s<BR>\n",
    mysqli_affected_rows($connexion));
// déconnexion = mysqli_close
// - différences par rapport à mysql_close
//      > identifiant de connexion obligatoire
mysqli_close($connexion);
?>
```

Résultat

```
Nombre d'articles : 4
Premier article : Abricots - 35.5
Identifiant du nouvel article = 5
Nombre d'articles modifiés = 5
```

c. Requêtes préparées

La principale nouveauté de MySQL 4.1, utilisable avec l'extension MySQLi, est la notion de requête préparée.

Une requête paramétrée est une requête qui contient des paramètres matérialisés par un point d'interrogation (?).

Exemples

```
SELECT * FROM articles WHERE identifiant = ?
INSERT INTO articles(libelle,prix) VALUES(?,?)
```

Un paramètre ne peut pas remplacer un nom de table, un nom de colonne ou toute une partie de la requête.

Exemples interdits

```
SELECT * FROM ?
SELECT * FROM articles WHERE ?
```

Les étapes d'utilisation d'une requête paramétrée sont les suivantes :

- envoyer la requête pour analyse au serveur = `mysqli_stmt_prepare` ;
- associer des variables PHP aux paramètres de la requête (notion de "bind") = `mysqli_stmt_bind_param` ;
- exécuter la requête = `mysqli_stmt_execute`.

Dans le cas d'une requête `SELECT`, il y a deux étapes supplémentaires :

- associer des variables PHP aux colonnes du résultat = `mysqli_stmt_bind_result` ;
- extraire les lignes du résultat = `mysqli_stmt_fetch`.

À chaque exécution de la requête préparée, la valeur courante des variables PHP associées aux paramètres est utilisée. L'intérêt est de pouvoir employer plusieurs fois la même requête avec des valeurs différentes des paramètres sans analyser de nouveau la requête, ce qui permet d'améliorer les performances.

Plusieurs autres fonctions peuvent être utilisées avec les requêtes préparées :

`mysqli_stmt_init`	Crée une requête préparée.
`mysqli_stmt_close`	Ferme une requête préparée.
`mysqli_stmt_affected_rows`	Retourne le nombre de lignes mises à jour par une requête préparée.
`mysqli_stmt_store_result`	Met en buffer le résultat d'une requête préparée.
`mysqli_stmt_num_rows`	Retourne le nombre de lignes sélectionnées par une requête préparée.
`mysqli_stmt_free_result`	Libère le résultat d'une requête préparée.
`mysqli_stmt_errno`	Retourne le code d'erreur d'une requête préparée.
`mysqli_stmt_error`	Retourne le message d'erreur d'une requête préparée.

Exemple de mise à jour

```
<?php
// définir quelques variables
$serveur="diane";
$utilisateur="root";
$mot_de_passe="";
$base="diane";
// connexion (avec sélection de la base)
$connexion = mysqli_connect($serveur,$utilisateur,
                                        $mot_de_passe,$base);
// définir la requête à exécuter
// - requête d'insertion avec deux paramètres
$requête = "INSERT INTO articles(libelle,prix) VALUES(?,?)";
// créer une requête préparée = mysqli_stmt_init
// - retourne un objet requête à utiliser dans la suite
$stmt = mysqli_stmt_init($connexion);
// préparer la requête = mysqli_stmt_prepare
// - retourne simplement TRUE (succès) ou FALSE (erreur)
$ok = mysqli_stmt_prepare($stmt,$requête);
// associer des variables aux paramètres = mysqli_stmt_bind_param
// - le deuxième argument contient un ou plusieurs caractères
//   indiquant le type des paramètres :
//               i = entier, d = décimal, s = chaîne
// - les arguments suivants sont les variables à associer
//   aux paramètres
// - l'association est positionnelle
// - retourne simplement TRUE (succès) ou FALSE (erreur)
// - sur notre exemple :
//      > premier paramètre  = chaîne  = $libellé
//      > deuxième paramètre = décimal = $prix
$ok = mysqli_stmt_bind_param($stmt,"sd",$libellé,$prix);
// donner des valeurs aux variables
$libellé = 'Bananes';
$prix = 15.35;
```

```
// exécuter la requête préparée = mysqli_stmt_execute
// - retourne simplement TRUE (succès) ou FALSE (erreur)
$ok = mysqli_stmt_execute($stmt);
// récupérer des informations sur l'exécution d'une
// requête préparée
// - mysqli_stmt_affected_rows = nombre de lignes mises à jour
// - mysqli_stmt_errno = numéro d'erreur
// - mysqli_stmt_error = message d'erreur
// par contre, pas de mysqli_stmt_insert_id
// => utiliser mysqli_insert_id
echo sprintf(
    "%s article inséré - Identifiant = %s - Erreur = %s<BR>\n",
    mysqli_stmt_affected_rows($stmt),
    mysqli_insert_id($connexion),
    mysqli_stmt_errno($stmt));
// il est alors possible de donner d'autres valeurs aux variables
// et d'exécuter de nouveau la requête
$libellé = 'Pommes';
$prix = 24.5;
$ok = mysqli_stmt_execute($stmt);
echo sprintf(
    "%s article inséré - Identifiant = %s - Erreur = %s<BR>\n",
    mysqli_stmt_affected_rows($stmt),
    mysqli_insert_id($connexion),
    mysqli_stmt_errno($stmt));
// il est aussi possible d'associer d'autres variables aux
// paramètres et d'exécuter de nouveau la requête
$ok = mysqli_stmt_bind_param($stmt,"sd",$libellé_bis,$prix_bis);
$libellé_bis = 'Oranges';
$prix_bis = 30;
$ok = mysqli_stmt_execute($stmt);
echo sprintf(
    "%s article inséré - Identifiant = %s - Erreur = %s<BR>\n",
    mysqli_stmt_affected_rows($stmt),
    mysqli_insert_id($connexion),
    mysqli_stmt_errno($stmt));
// fermer une requête préparée = mysqli_stmt_close
// - retourne simplement TRUE (succès) ou FALSE (erreur)
$ok = mysqli_stmt_close($stmt);
// déconnexion = mysqli_close
mysqli_close($connexion);
?>
```

Résultat

```
1 article inséré - Identifiant = 6 - Erreur = 0
1 article inséré - Identifiant = 7 - Erreur = 0
1 article inséré - Identifiant = 8 - Erreur = 0
```

Exemple de lecture

```
<?php
// définir quelques variables
$serveur="diane";
$utilisateur="root";
$mot_de_passe="";
$base="diane";
// connexion (avec sélection de la base)
$connexion = mysqli_connect($serveur,$utilisateur,
                            $mot_de_passe,$base);
```

```
// définir la requête à exécuter
// - requête de sélection avec un paramètre
$requête = "SELECT identifiant,libelle
            FROM articles WHERE libelle LIKE ?";
// créer une requête préparée = mysqli_stmt_init
$stmt = mysqli_stmt_init($connexion);
// préparer la requête = mysqli_stmt_prepare
$ok = mysqli_stmt_prepare($stmt,$requête);
// associer des variables PHP aux paramètres =
// mysqli_stmt_bind_param
$ok = mysqli_stmt_bind_param($stmt,"s",$recherche);
// donner des valeurs aux variables
$recherche = 'P%';
// exécuter la requête préparée = mysqli_stmt_execute
$ok = mysqli_stmt_execute($stmt);
// associer des variables aux colonnes du résultat =
// mysqli_stmt_bind_result
// - une variable par colonne
mysqli_stmt_bind_result($stmt,$identifiant,$libellé);
// extraire les lignes du résultat = mysqli_stmt_fetch
// - retourne TRUE (succès), FALSE (erreur) ou NULL (plus de ligne)
// - les données de la ligne extraite sont chargées dans les
//   variables associées aux colonnes du résultat
echo "<B> Premier appel = LIKE '$recherche'</B><BR>\n";
while (mysqli_stmt_fetch($stmt)) {
   echo "$identifiant - $libellé<BR>\n";
}
// libérer le résultat = mysqli_stmt_free_result
mysqli_stmt_free_result($stmt);
// exécuter de nouveau la requête préparée avec une nouvelle valeur
$recherche = '%an%';
$ok = mysqli_stmt_execute($stmt);
// mettre le résultat en buffer = mysqli_stmt_store_result
$ok = mysqli_stmt_store_result($stmt);
// afficher le nombre de lignes sélectionnées =
// mysqli_stmt_num_rows
// - impossible dans le premier cas car le résultat n'avait pas
//   été mis en buffer
echo "<B> Deuxième appel = LIKE '$recherche'</B><BR>\n";
echo sprintf("Nombre d'articles : %s<BR>\n",
             mysqli_stmt_num_rows($stmt));
// extraire les lignes du résultat = mysqli_stmt_fetch
// - utilise les variables liées précédemment
while (mysqli_stmt_fetch($stmt)) {
   echo "$identifiant - $libellé<BR>\n";
}
// libérer le résultat = mysqli_stmt_free_result
mysqli_stmt_free_result($stmt);
// fermer une requête préparée = mysqli_stmt_close
$ok = mysqli_stmt_close($stmt);
// déconnexion = mysqli_close
mysqli_close($connexion);
?>
```

Résultat

```
Premier appel = LIKE 'P%'
4 - Pêches
5 - Poires
7 - Pommes
Deuxième appel = LIKE '%an%'
Nombre d'articles : 2
6 - Bananes
8 - Oranges
```

C. Utilisation d'Oracle

1. Préambule

PHP dispose de deux bibliothèques pour accéder à Oracle : la bibliothèque "Oracle" (préfixe des fonctions = `ora_`) et "Oracle 8" (préfixe des fonctions = `oci`).

La bibliothèque "Oracle 8" est plus complète et plus puissante que la bibliothèque "Oracle" ; elle permet notamment d'utiliser les types `LOB` et `ROWID` et d'établir des liaisons entre des variables PHP et des variables dans la requête SQL (processus de "bind variable").

Hormis ces différences, l'utilisation des deux bibliothèques est similaire et paraîtra familière aux personnes qui ont déjà utilisé les OCI Oracle, les précompilateurs du type Pro*C ou des API (*Application Programming Interface*) comme OLE-DB (*Object Linking and Embedding-DataBase*) ou JDBC (*Java DataBase Connectivity).*

Dans cet ouvrage, nous avons choisi de présenter la bibliothèque "Oracle 8". Contrairement à ce que le nom de la bibliothèque laisse penser, cette bibliothèque peut être utilisée pour accéder à n'importe quelle version d'Oracle (7, 8, 9, 10).

En version 5, beaucoup de fonctions de cette bibliothèque ont été renommées ; au préfixe près, les fonctions portent maintenant des noms identiques aux fonctions similaires des autres bases de données. Les anciens noms peuvent toujours être utilisés pour des raisons de compatibilité ascendante, mais sont dépréciés. Cet ouvrage présente les fonctions avec leur nom de la version 5 mais rappelle l'ancien nom.

---

2. Environnement NLS

L'environnement NLS (*National Language Support*), utilisé lors de l'exécution des requêtes, est défini par les variables d'environnement habituelles positionnées sur le serveur qui exécute PHP :

- `NLS_LANG`
- `NLS_DATE_FORMAT...`

Si ces variables d'environnement ne sont pas positionnées, les paramètres par défaut du serveur Oracle sont pris en compte.

Cette situation peut conduire à des différences de fonctionnement d'un même programme entre deux environnements. Par exemple, si vous récupérez dans une requête une colonne de type `DATE`, une conversion en chaîne est automatiquement effectuée (car PHP ne supporte pas le type `DATE` en tant que tel) selon le paramètre `NLS_DATE_FORMAT` actif ; selon la configuration et l'environnement, la chaîne récupérée peut avoir des formats différents (DD/MM/YYYY, DD-MON-YY...).

Des problèmes analogues se produisent avec les données numériques qui sont, elles aussi, converties en chaîne avec un séparateur décimal et un séparateur de groupe qui peut varier selon l'environnement.

Si l'environnement n'est pas maîtrisé, il est possible d'agir au niveau du code PHP pour obtenir un code portable d'un environnement à l'autre :

- soit en effectuant systématiquement des conversions explicites dans les ordres SQL (`TO_CHAR(SYSDATE,'DD/MM/YYYY')`, `TO_DATE('31/08/2001','DD/MM/YYYY')`, `TO_CHAR(prix,'9999.99')`, `TO_NUMBER('123.45','999.99')` par exemple) ;
- soit en exécutant, après chaque ouverture de session, des requêtes `ALTER SESSION` (`ALTER SESSION SET NLS_DATE_FORMAT = 'DD/MM/YYYY'` et/ou `ALTER SESSION SET NLS_NUMERIC_CHARACTERS = ', '` par exemple).

3. Connexion et déconnexion

La fonction `oci_connect` (anciennement `ociLogon`) permet d'ouvrir une connexion avec une base Oracle.

Syntaxe

```
ressource oci_connect(chaîne utilisateur, chaîne mot_de_passe,
[, chaîne nom_de_service])
```

Avec

`utilisateur`	Nom de l'utilisateur à employer pour établir la connexion.
`mot_de_passe`	Mot de passe à utiliser pour établir la connexion.
`nom_de_service`	Nom d'un service réseau valide, défini dans le fichier `tnsnames.ora`, sur lequel établir la connexion. Si non spécifié, la fonction `oci_connect` utilise la variable d'environnement `ORACLE_SID` pour la connexion à une instance locale, ou la variable `TWO_TASK` (linux) ou `LOCAL` (Windows), pour la connexion à une instance distante.

La fonction `oci_connect` retourne un identifiant de connexion en cas de succès ou, en cas d'erreur, la valeur `FALSE` accompagnée d'un message d'alerte envoyé à l'affichage (cf. chapitre 12).

Dans le même script, appeler deux fois la fonction `oci_connect` avec les mêmes paramètres n'ouvre pas deux connexions différentes : lors du deuxième appel, l'identifiant de la connexion déjà ouverte est retournée (ce qui n'était pas le cas en version 5.0 et pouvait prêter à confusion). Ce point est important, car les ordres émis sur la première connexion et ceux émis sur la deuxième sont en fait exécutés dans la même transaction : un `COMMIT` ou `ROLLBACK` sur l'une des deux connexions agira en fait sur les deux.

En cas de besoin, la fonction `oci_new_connect` anciennement `ocinlogon` peut être utilisée pour ouvrir deux connexions <u>indépendantes</u> dans le même script avec les mêmes paramètres. La syntaxe de la fonction `oci_new_connect` est la même que celle de la fonction `oci_connect`.

Exemple

```
<?php
// connexion à un nom de service réseau
$id1 = oci_connect("demeter","demeter","diane");
echo "\$id1 = $id1<BR>\n";
// connexion à la variable d'environnement ORACLE_SID
$id2 = oci_connect("demeter","demeter");
echo "\$id2 = $id2<BR>\n";
// exemple d'échec (mauvais mot de passe)
$id3 = oci_connect("demeter","zeus","diane");
echo "\$id3 = $id3<BR>\n";
// nouvelle connexion avec les mêmes paramètres que 1
$id4 = oci_connect("demeter","demeter","diane");
echo "\$id4 = $id4 (<B>= \$id1</B>)<BR>\n";
// nouvelle connexion avec les mêmes paramètres que 1
$id5 = oci_new_connect ("demeter","demeter","diane");
echo "\$id5 = $id5 (<B><> \$id1</B>)<BR>\n";
?>
```

Résultat

```
$id1 = Resource id #3
$id2 = Resource id #5
Warning: oci_connect() [function.oci-connect]:
OCISessionBegin: ORA-01017: nom d'utilisateur/mot de passe non valide;
connexion refusée in d:\scripts php\index.php on line 9
$id3 =
$id4 = Resource id #3 (= $id1)
$id5 = Resource id #8 (<> $id1)
```

Les connexions ouvertes dans un script sont automatiquement fermées à la fin du script, sauf déconnexion explicite avant avec la fonction `oci_close` (voir ci-après).

La fonction `oci_pconnect` (anciennement `ociPLogon`) permet d'obtenir une action différente et d'établir une connexion dite "permanente" qui ne sera pas fermée à la fin du script et pourra être réutilisée dans ce script ou dans un autre ultérieurement.

La syntaxe est identique à la syntaxe de la fonction `oci_connect`.

Lors de l'appel à la fonction `oci_pconnect` dans un script, PHP regarde si une connexion permanente a déjà été ouverte avec les mêmes paramètres (utilisateur, mot de passe et nom de service) : si oui, l'identifiant de cette connexion est retourné ; si non, une nouvelle connexion est établie (et cette connexion ne sera pas fermée à la fin du script, autorisant ainsi sa réutilisation ultérieure).

La fonction `oci_close` (anciennement `ocilogoff`) permet de fermer une connexion en cours de script.

Syntaxe

```
booléen oci_close(ressource connexion)
```

Avec

`connexion`	Identifiant de connexion retourné par les fonctions `oci_connect` ou `oci_new_connect`.

En théorie (voir l'exemple ci-après), la fonction `oci_close` retourne `TRUE` en cas de succès et `FALSE` en cas d'erreur (accompagné d'une alerte).
La fonction `oci_close` est sans effet sur une connexion permanente.

Toutes les connexions non permanentes sont automatiquement fermées à la fin du script.

Exemple

```
<?php
// connexion
$id1 = oci_connect("demeter","demeter","diane");
echo "\$id1 = $id1<BR>\n";
// déconnexion
$ok = oci_close($id1);
echo "\$ok = ",var_dump($ok),"<B></B><BR>\n";
// tentative de déconnexion d'une connexion déjà close
$ok = oci_close($id1);
echo "\$ok = <B>",var_dump($ok)," (pas FALSE ?)</B><BR>\n";
?>
```

Résultat

```
$id1 = Resource id #2
$ok = bool(true)

Warning: oci_close() expects parameter 1 to be resource, null given in
O:\Projets\Editions ENI\Ouvrages\PHP 5.2.3\Scripts\263_test_oracle.php
on line 9
$ok = NULL (pas FALSE ?)
```

4. Lire des données

Lire des données dans une base nécessite trois opérations :

- envoyer une requête (en l'occurrence un ordre `SELECT`) au serveur pour analyse (étape de "parse") ;
- exécuter la requête ;
- récupérer la ou les lignes correspondant au résultat de la requête.

Analyser une requête

La fonction `oci_parse` (anciennement `ociparse`) permet d'envoyer une requête pour analyse au serveur.

Syntaxe

```
ressource oci_parse(ressource connexion, chaîne requête)
```

Avec

`connexion` Identifiant de connexion retourné par la fonction `oci_connect` (ou `oci_new_connect` ou `oci_pconnect`).

`requête` Texte de la requête à analyser.

La fonction `oci_parse` retourne un identifiant de curseur dans tous les cas (succès ou échec) ; le fait qu'un curseur soit invalide, pour cause de requête incorrecte, n'est détecté qu'au moment de l'exécution (voir ci-après).

Exemple

```
<?php
// connexion
$connexion = oci_connect("demeter","demeter","diane");
// définition de la requête
$requête = "SELECT * FROM articles";
// analyse de la requête
$curseur1 = oci_parse($connexion,$requête);
echo "\$curseur1 = $curseur1<BR>\n";
// définition d'une mauvaise requête (table inexistante)
$requête = "SELECT * FROM article";
// analyse de la requête
$curseur2 = oci_parse($connexion,$requête);
echo "\$curseur2 = $curseur2<BR>\n";
?>
```

Résultat

```
$curseur1 = Resource id #4
$curseur2 = Resource id #5
```

Exécuter une requête

La fonction `oci_execute` (anciennement `ociexecute`) permet d'exécuter une requête précédemment envoyée pour analyse au serveur.

Syntaxe

```
booléen oci_execute(ressource curseur[, entier mode])
```

`curseur` Identifiant du curseur à exécuter.

`mode` Indique si un `COMMIT` automatique doit être exécuté ou pas (sans objet pour une requête `SELECT` (cf. C - 5. Mettre à jour des données)).

La fonction `oci_execute` retourne `TRUE` en cas de succès et `FALSE` en cas d'échec (accompagné d'une alerte).

Exemple

```
<?php
// connexion
$connexion = oci_connect("demeter","demeter","diane");
// définition de la requête
$requête = "SELECT * FROM articles";
```

```
// analyse de la requête
$curseur1 = oci_parse($connexion,$requête);
echo "\$curseur1 = $curseur1<BR>\n";
// exécution de la requête
$ok1 = oci_execute($curseur1);
echo "\$ok1 = ".(($ok1)?"TRUE":"FALSE")."<BR>\n";
// définition d'une mauvaise requête
$requête = "SELECT * FROM article";
// analyse de la requête
$curseur2 = oci_parse($connexion,$requête);
echo "\$curseur2 = $curseur2<BR>\n";
// exécution de la requête
$ok2 = oci_execute($curseur2);
echo "\$ok2 = ".(($ok2)?"TRUE":"FALSE")."<BR>\n";
?>
```

Résultat

```
$curseur1 = Resource id #4
$ok1 = TRUE
$curseur2 = Resource id #5
Warning: oci_execute() [function.oci-execute]:
OCIStmtExecute: ORA-00942: Table ou vue inexistante in
d:\scripts php\index.php on line 18
$ok2 = FALSE
```

Nous allons voir dans le point suivant comment récupérer, dans le script, un code ou un message d'erreur.

Comme indiqué en introduction, la fonction `oci_execute` exécute la requête, indique si la requête s'est exécutée correctement mais ne renvoie aucune donnée. Il va falloir extraire les lignes du résultat.

> La bibliothèque "Oracle" (fonctions `ora_*`) possède une instruction, `ora_do`, qui regroupe l'analyse, l'exécution et la lecture de la première ligne ; la bibliothèque "Oracle 8" ne possède pas de fonction similaire.

Connaître le nombre de lignes dans le résultat

À la différence de MySQL, il n'y a aucun moyen, avant lecture, de connaître le nombre de lignes dans le résultat.

Par contre, en cours de lecture (voir section suivante), la fonction `oci_num_rows` (anciennement `ociRowCount`) permet de connaître le nombre total de lignes lues à ce stade.

Syntaxe

`entier oci_num_rows(ressource curseur)`

`curseur` Identifiant du curseur dans lequel la requête a été exécutée.

Si l'exécution de la requête a échoué, la fonction `oci_num_rows` retourne zéro.

Lire le résultat de la requête

Le résultat de l'exécution (réussie) d'une requête `SELECT` peut être lu par les fonctions `oci_fetch_array`, `oci_fetch_assoc`, `oci_fetch_object`, `oci_fetch_row` et `oci_fetch_all`.

Les fonctions `oci_fetch_array`, `oci_fetch_assoc`, `oci_fetch_object` et `oci_fetch_row` lisent une ligne de résultat et font avancer le pointeur sur la ligne suivante ; ces fonctions diffèrent sur le type de données utilisé pour retourner le résultat. Elles sont apparues en version 5 et ont une syntaxe très proche des fonctions équivalentes de MySQL. Dans les versions précédentes, la fonction `ocifetchinto` peut être utilisée à la place ; cette dernière existe toujours pour des raisons de comptabilité ascendante mais est dépréciée.

Syntaxe

```
tableau oci_fetch_array(ressource curseur [, entier type])
tableau oci_fetch_assoc(ressource curseur)
objet oci_fetch_object(ressource curseur)
tableau oci_fetch_row(ressource curseur)
```

Avec

`curseur`	Identifiant du curseur précédemment exécuté.

`type`	Type de résultat défini par une combinaison des constantes suivantes :
	`OCI_BOTH` (valeur par défaut)
	`OCI_ASSOC`
	`OCI_NUM`
	`OCI_RETURN_NULLS`

Les fonctions `oci_fetch_array`, `oci_fetch_assoc` et `oci_fetch_row` retournent la ligne courante du résultat sous la forme d'un tableau, chaque ligne du tableau correspondant à une colonne du résultat. La fonction `oci_fetch_object` retourne la ligne courante sous la forme d'un objet.

S'il n'y a plus de ligne à lire dans le résultat, ces fonctions retournent `FALSE`.

Pour la fonction `oci_fetch_assoc`, il s'agit d'un tableau associatif dont la clé est le nom de la colonne (en majuscules). Pour la fonction `oci_fetch_row`, il s'agit d'un tableau à indices entiers, l'indice 0 correspondant à la première colonne, l'indice 1 à la deuxième, etc. Enfin pour la fonction `oci_fetch_array`, le type du tableau dépend du deuxième paramètre :

`OCI_NUM`	Tableau à indices entiers (comme la fonction `oci_fetch_row`).
`OCI_ASSOC`	Tableau associatif (comme la fonction `oci_fetch_assoc`).
`OCI_BOTH` `(valeur par défaut)`	Les deux à la fois. Chaque colonne est présente deux fois. Équivalent à `OCI_NUM+OCI_ASSOC`.

Les fonctions `oci_fetch_object`, `oci_fetch_assoc` et `oci_fetch_row` ne font pas figurer les colonnes ayant une valeur `NULL` (mais les indices sont préservés dans le cas de la fonction `oci_fetch_row`). Par défaut, le comportement est identique pour la fonction `oci_fetch_array`.

Supposons par exemple que les colonnes `libelle` et `prix` de la table `articles` acceptent des valeurs `NULL` et que le contenu de la table soit le suivant :

identifiant	libelle	prix
1	Abricots	35.5
2	Cerises	
3		29.95

Trois appels à la fonction `oci_fetch_array` (sans deuxième paramètre), après exécution de la requête `SELECT * FROM articles`, donneront les résultats suivants :

1er fetch		2e fetch		3e fetch	
Indice/Clé	**Valeur**	**Indice/Clé**	**Valeur**	**Indice/Clé**	**Valeur**
0	1	0	2	0	3
IDENTIFIANT	1	IDENTIFIANT	2	IDENTIFIANT	3
1	Abricots	1	Cerise	2	29.95
LIBELLE	Abricots	LIBELLE	Cerise	PRIX	29.95
2	35.5				
PRIX	35.5				

Des résultats similaires sont obtenus avec `oci_fetch_assoc`, `oci_fetch_row` et `oci_fetch_object`.

Lors de l'utilisation de la fonction `oci_fetch_array`, il est possible d'employer la constante `OCI_RETURN_NULLS` en deuxième paramètre pour conserver dans le tableau les colonnes ayant une valeur `NULL`.

Il n'y a aucun moyen de conserver les colonnes ayant une valeur `NULL` lors de l'utilisation des autres fonctions `oci_fetch_*`.

Les constantes peuvent être additionnées pour préciser plusieurs comportements. Par exemple, `OCI_ASSOC+OCI_RETURN_NULLS` permet d'obtenir un tableau associatif avec conservation des valeurs `NULL`.

Exemple

Requête	SELECT * FROM articles		
Colonnes	**identifiant**	**libelle**	**prix**
1re ligne du résultat	1	Abricots	

Résultat d'un appel à `oci_fetch_array` avec :

OCI_NUM + OCI_RETURN_NULLS		OCI_ASSOC + OCI_RETURN_NULLS		OCI_BOTH + OCI_RETURN_NULLS	
Indice/Clé	**Valeur**	**Indice/Clé**	**Valeur**	**Indice/Clé**	**Valeur**
0	1	IDENTIFIANT	1	0	1
1	Abricots	LIBELLE	Abricots	IDENTIFIANT	1
2		PRIX		1	Abricots
				LIBELLE	Abricots
				2	
				PRIX	

Utiliser `OCI_RETURN_NULLS` seul revient à employer `OCI_NUM+OCI_RETURN_NULLS`.

En cas d'utilisation d'un alias de colonne dans la requête `SELECT` (exemple `SELECT AVG(prix)` **`prix_moyen`** `FROM articles`), c'est l'alias de colonne (en majuscules, sauf s'il est spécifié entre guillemets, auquel cas la casse est respectée) qui est utilisé comme clé ou nom d'attribut.

Exemple

```
<?php
// inclusion du fichier qui contient la définition de
// afficher_tableau
include("fonctions.inc");
// connexion
$connexion = oci_connect("demeter","demeter","diane");
// définition de la requête
$requête = "SELECT * FROM articles";
// analyse de la requête
$curseur = oci_parse($connexion,$requête);
// exécution de la requête
$ok = oci_execute($curseur);
// premier fetch avec oci_fetch_row
$ligne = oci_fetch_row($curseur);
afficher_tableau($ligne,"oci_fetch_row");
// détermination du nombre de lignes lues à ce stade
$nombre = oci_num_rows($curseur);
echo "<BR>$nombre ligne lue à ce stade";
// deuxième fetch avec oci_fetch_assoc
$ligne = oci_fetch_assoc($curseur);
afficher_tableau($ligne,"oci_fetch_assoc");
// détermination du nombre de lignes lues à ce stade
$nombre = oci_num_rows($curseur);
echo "<BR>$nombre lignes lue à ce stade";
// troisième fetch avec oci_fetch_array
// - sans deuxième paramètre = OCI_BOTH
$ligne = oci_fetch_array($curseur);
afficher_tableau($ligne,"oci_fetch_array");
```

```
// détermination du nombre de lignes lues à ce stade
$nombre = oci_num_rows($curseur);
echo "<BR>$nombre lignes lue à ce stade";
// quatrième fetch avec oci_fetch_object
$ligne = oci_fetch_object($curseur);
echo "<P><B>oci_fetch_object</B><BR>";
echo "\$ligne->IDENTIFIANT = $ligne->IDENTIFIANT<BR>";
echo "\$ligne->LIBELLE = $ligne->LIBELLE<BR>";
echo "\$ligne->PRIX = $ligne->PRIX<BR>";
// détermination du nombre de lignes lues à ce stade
$nombre = oci_num_rows($curseur);
echo "<BR>$nombre lignes lue à ce stade";
// cinquième fetch de nouveau sans paramètre
//  - normalement, plus de ligne
$ligne = oci_fetch_array($curseur);
if (! $ligne) {
  echo "<P><B>Cinquième fetch : plus rien</B><BR>";
}
// détermination du nombre de lignes lues à ce stade
$nombre = oci_num_rows($curseur);
echo "<BR>$nombre lignes lue à ce stade";
?>
```

Résultat (en supposant que la colonne prix est toujours renseignée)

oci_fetch_row
0 = 1
1 = Abricots
2 = 35,5
1 ligne lue à ce stade
oci_fetch_assoc
IDENTIFIANT = 2
LIBELLE = Cerises
PRIX = 48,9
2 lignes lue à ce stade
oci_fetch_array
0 = 3
IDENTIFIANT = 3
1 = Fraises
LIBELLE = Fraises
2 = 29,95
PRIX = 29,95
3 lignes lue à ce stade
oci_fetch_object
$ligne->IDENTIFIANT = 4
$ligne->LIBELLE = Pêches
$ligne->PRIX = 37,2
4 lignes lue à ce stade
Cinquième fetch : plus rien
4 lignes lue à ce stade

Cet exemple permet de voir :

- les différents modes de récupération d'une ligne de résultat ;
- le fait qu'à chaque `fetch`, le pointeur interne avance, et que le `fetch` suivant retourne donc la ligne suivante, jusqu'à avoir parcouru toutes les lignes.

Les fonctions retournent `FALSE` et affichent une alerte dans les cas suivants :

- curseur non analysé (pas d'appel à la fonction `oci_parse`) ;

```
Warning: oci_fetch_row(): supplied argument is not a valid OCI8-Statement
resource in d:\scripts php\index.php on line 13
```

- curseur non exécuté (pas d'appel à la fonction `oci_execute`) ;

```
Warning: oci_fetch_row() [function.oci-fetch-row]: OCIFetchInto: ORA-24338:
descripteur d'instruction non exécuté in d:\scripts php\index.php on line 13
```

- curseur exécuté avec erreur ;

```
Warning: oci_fetch_row() [function.oci-fetch-row]: OCIFetchInto: ORA-24374:
définition non exécutée après extraction ou exécution et extraction in
d:\scripts php\index.php on line 13
```

La fonction `oci_fetch_all` (anciennement `ocifetchstatement`) lit toutes les lignes du résultat dans un tableau.

Syntaxe

```
entier oci_fetch_all(ressource curseur, tableau résultat, [entier ignorer[,
entier nombre[, entier type]]])
```

Avec

`curseur`	Identifiant du curseur précédemment exécuté.
`résultat`	Variable qui contiendra le résultat en retour. Le contenu initial de la variable est écrasé.
`ignorer`	Nombre de lignes du début du résultat à ne pas ramener. 0 par défaut : le résultat débute à la première ligne.
`nombre`	Nombre de lignes à retourner, à partir de la première ligne retournée. -1 par défaut : toutes les lignes sont retournées.

`type`	Type de résultat défini par une combinaison des constantes suivantes :
	`OCI_FETCHSTATEMENT_BY_ROW`
	`OCI_FETCHSTATEMENT_BY_COLUMN` (valeur par défaut)
	`OCI_ASSOC` (valeur par défaut)
	`OCI_NUM`

La fonction `oci_fetch_all` retourne le nombre de lignes du résultat ou `FALSE` si le résultat ne présente aucune ligne (ou en cas d'erreur).

Attention ! Les lignes ignorées, même si elles ne sont pas présentes dans le résultat, sont quand même extraites (`fetch`). Or, la fonction `oci_num_rows` retourne le nombre total de lignes extraites. En conséquence, lorsque des lignes sont ignorées dans `oci_fetch_all`, le résultat retourné par `oci_fetch_all` et `oci_num_rows` est différent (la différence étant égale au nombre de lignes ignorées).

Le tableau retourné dans `résultat` par la fonction `oci_fetch_all` est un tableau multidimensionnel. Par défaut, le tableau principal est un tableau associatif contenant une ligne pour chaque colonne de la requête : la clé est égale au nom de la colonne, en majuscules, et la valeur est un tableau à indices entiers qui contient les valeurs de la colonne pour l'ensemble des lignes du résultat (indice 0 pour la 1re ligne, 1 pour la 2e, etc.).

La structure du tableau peut être modifiée en spécifiant une ou plusieurs des constantes suivantes pour le paramètre type :

`OCI_FETCHSTATEMENT_BY_ROW`	Le tableau principal contient une ligne pour chaque ligne de la requête ; ce tableau est forcément à indices entiers. Le tableau secondaire contient une ligne pour chaque colonne de la requête.
`OCI_FETCHSTATEMENT_BY_COLUMN` (valeur par défaut)	Le tableau principal contient une ligne pour chaque colonne de la requête. Le tableau secondaire contient une ligne pour chaque ligne de la requête ; ce tableau est forcément à indices entiers.
`OCI_ASSOC` (valeur par défaut)	Le tableau des colonnes est un tableau associatif.
`OCI_NUM`	Le tableau des colonnes est un tableau à indices entiers.

Il n'est pas possible de combiner entre elles les constantes `OCI_FETCHSTATEMENT_BY_ROW` et `OCI_FETCHSTATEMENT_BY_COLUMN`, ni `OCI_ASSOC` et `OCI_NUM`.

À la différence des autres fonctions `oci_fetch_*`, la fonction `oci_fetch_all` retourne les valeurs `NULL`.

En cas d'utilisation, d'un alias de colonne dans la requête `SELECT` (exemple `SELECT AVG(prix)` **`prix_moyen`** `FROM articles`), c'est l'alias de colonne (en majuscules, sauf s'il est spécifié entre guillemets, auquel cas la casse est respectée) qui est utilisé comme clé.

Exemple

```
<?php
// inclusion du fichier qui contient la définition de
// afficher_tableau
include("fonctions.inc");
// connexion
$connexion = oci_connect("demeter","demeter","diane");
// définition de la requête
$requête = "SELECT * FROM articles";
// analyse de la requête
$curseur = oci_parse($connexion,$requête);
// exécution de la requête
$ok = oci_execute($curseur);
// fetch de toutes les lignes
// - paramètres par défaut
$nombre = oci_fetch_all($curseur,$résultat);
afficher_tableau($résultat,
  'oci_fetch_all($curseur,$résultat)');
echo ($nombre)?"$nombre lignes dans le résultat":"FALSE";
```

```
// autre détermination du nombre de lignes lues
$nombre = oci_num_rows($curseur);
echo "<BR>$nombre lignes dans le résultat";
// exécution de la requête
$ok = oci_execute($curseur);
// fetch de toutes les lignes
// - résultat partiel : ignorer la 1re ligne
//                      2 lignes en tout
$nombre = oci_fetch_all($curseur,$résultat,1,2);
afficher_tableau($résultat,
  'oci_fetch_all($curseur,$résultat,1,2)');
echo ($nombre)?"$nombre lignes dans le résultat":"FALSE";
// autre détermination du nombre de lignes lues
$nombre = oci_num_rows($curseur);
echo "<BR>$nombre lignes dans le résultat";
// exécution de la requête
$ok = oci_execute($curseur);
// fetch de toutes les lignes
// - résultat partiel : 2 lignes en tout
// - présentation par ligne
$nombre = oci_fetch_all($curseur,$résultat,
      0,2,OCI_FETCHSTATEMENT_BY_ROW);
afficher_tableau($résultat,
  'oci_fetch_all($curseur,$résultat,'.
    '0,2,OCI_FETCHSTATEMENT_BY_ROW)');
echo ($nombre)?"$nombre lignes dans le résultat":"FALSE";
// autre détermination du nombre de lignes lues
$nombre = oci_num_rows($curseur);
echo "<BR>$nombre lignes dans le résultat";
// exécution de la requête
$ok = oci_execute($curseur);
// fetch de toutes les lignes
// - résultat partiel : 2 lignes en tout
// - présentation par ligne
// - tableau numérique pour les colonnes
$nombre = oci_fetch_all($curseur,$résultat,
      0,2,OCI_FETCHSTATEMENT_BY_ROW+OCI_NUM);
afficher_tableau($résultat,
  'oci_fetch_all($curseur,$résultat,'.
    '0,2,OCI_FETCHSTATEMENT_BY_ROW+OCI_NUM)');
echo ($nombre)?"$nombre lignes dans le résultat":"FALSE";
// autre détermination du nombre de lignes lues
$nombre = oci_num_rows($curseur);
echo "<BR>$nombre lignes dans le résultat";
// définition d'une requête qui ne retourne aucune ligne
$requête = "SELECT * FROM articles WHERE 0=1";
// analyse de la requête
$curseur = oci_parse($connexion,$requête);
// exécution de la requête
$ok = oci_execute($curseur);
// Fetch de toutes les lignes
// - paramètres par défaut
$nombre = oci_fetch_all($curseur,$résultat);
afficher_tableau($résultat,"Pas de résultat : par colonne");
echo ($nombre)?"$nombre lignes dans le résultat":"FALSE";
// autre détermination du nombre de lignes lues
$nombre = ociRowCount($curseur);
echo "<BR>$nombre ligne dans le résultat";
```

```
// exécution de la requête
$ok = oci_execute($curseur);
// Fetch de toutes les lignes
// - présentation par ligne
$nombre = oci_fetch_all($curseur,$résultat,0,-1,OCI_FETCHSTATEMENT_BY_ROW);
afficher_tableau($résultat,"Pas de résultat : par ligne");
echo ($nombre)?"$nombre lignes dans le résultat":"FALSE";
// autre détermination du nombre de lignes lues
$nombre = ociRowCount($curseur);
echo "<BR>$nombre ligne dans le résultat";
?>
```

Résultat (en supposant que les prix ont été remis dans la table)

```
oci_fetch_all($curseur,$résultat)
IDENTIFIANT =
  0 = 1
  1 = 2
  2 = 3
  3 = 4
LIBELLE =
  0 = Abricots
  1 = Cerises
  2 = Fraises
  3 = Pêches
PRIX =
  0 = 35,5
  1 = 48,9
  2 = 29,95
  3 = 37,2
4 lignes dans le résultat
4 lignes dans le résultat
oci_fetch_all($curseur,$résultat,1,2)
IDENTIFIANT =
  0 = 2
  1 = 3
LIBELLE =
  0 = Cerises
  1 = Fraises
PRIX =
  0 = 48,9
  1 = 29,95
2 lignes dans le résultat
3 lignes dans le résultat
oci_fetch_all($curseur,$résultat,0,2,OCI_FETCHSTATEMENT_BY_ROW)
0 =
  IDENTIFIANT = 1
  LIBELLE = Abricots
  PRIX = 35,5
1 =
  IDENTIFIANT = 2
  LIBELLE = Cerises
  PRIX = 48,9
2 lignes dans le résultat
2 lignes dans le résultat
oci_fetch_all($curseur,$résultat,0,2,OCI_FETCHSTATEMENT_BY_ROW+OCI_NUM)
0 =
  0 = 1
  1 = Abricots
```

```
  2 = 35,5
1 =
  0 = 2
  1 = Cerises
  2 = 48,9
2 lignes dans le résultat
2 lignes dans le résultat
Pas de résultat : par colonne
IDENTIFIANT =
LIBELLE =
PRIX =
FALSE
0 ligne dans le résultat
Pas de résultat : par ligne
FALSE
0 ligne dans le résultat
```

Le deuxième exemple montre la différence de résultat entre `oci_fetch_all` et `oci_num_rows` lorsque des lignes sont ignorées dans `oci_fetch_all`.

Les deux derniers exemples montrent ce qui se passe lorsque la requête ne retourne aucune ligne. Lors d'une présentation par colonnes (par défaut), le tableau est initialisé avec la liste des colonnes. Lors d'une présentation par lignes, le tableau est vide.

La fonction `oci_fetch_all` retourne `FALSE` et affiche une alerte dans les cas suivants :

- curseur non analysé (pas d'appel à la fonction `oci_parse`) ;

```
Warning: oci_fetch_all(): supplied argument is not a valid OCI8-Statement
resource in d:\scripts php\index.php on line 13
```

- curseur non exécuté (pas d'appel à la fonction `ociExecute`) ;

```
Warning: oci_fetch_all() [function.oci-fetch-all]: OCIFetchStatement:
ORA-24338: descripteur d'instruction non exécuté in d:\scripts php\index.php
on line 13
```

- curseur exécuté avec erreur ;

```
Warning: oci_fetch_all() [function.oci-fetch-all]: OCIFetchStatement:
ORA-24374: définition non exécutée après extraction ou exécution et
extraction in d:\scripts php\index.php on line 13
```

- curseur déjà complètement parcouru :

```
Warning: oci_fetch_all() [function.oci-fetch-all]: OCIFetchStatement:
ORA-01002: Extraction en rupture de séquence in d:\scripts\index.php
on line 13
```

Quelle méthode utiliser ?

Pour lire une seule ligne, les fonctions `oci_fetch_array`, `oci_fetch_assoc`, `oci_fetch_object` et `oci_fetch_row` peuvent être utilisées indifféremment. C'est avant tout une affaire de goût personnel ; il n'y a aucune différence de performance entre les différentes fonctions. Personnellement, nous avons une petite préférence pour l'utilisation du tableau associatif avec conservation des valeurs `NULL`.

Pour lire toutes les lignes, vous pouvez utiliser la fonction `oci_fetch_all` si vous souhaitez passer par un tableau et que la structure du tableau vous convienne. Si vous ne souhaitez pas passer par un tableau ou que la structure du tableau ne vous convienne pas, vous pouvez utiliser une des autres fonctions `oci_fetch_*` et une boucle.

Utiliser des requêtes paramétrées

Avec Oracle, il est possible d'employer des requêtes paramétrées, de les envoyer pour analyse au serveur puis d'associer un paramètre de la requête à une variable PHP (notion de "bind"). À chaque exécution, la valeur courante de la variable PHP est utilisée.

L'intérêt est de pouvoir réutiliser plusieurs fois la même requête, avec des valeurs différentes de paramètres, sans analyser de nouveau la requête. Par ailleurs, l'utilisation de variables "bind" améliore le partage des requêtes dans la mémoire Oracle (dans la "shared pool").

Au niveau de la requête, un paramètre est un identifiant précédé du caractère deux points (:).

Exemple

```
$requête = "SELECT * FROM articles WHERE identifiant = :p1";
```

Un paramètre ne peut pas remplacer un nom de table, un nom de colonne ou toute une partie de la requête.

Exemples interdits

```
$requête = "SELECT * FROM :p1";
$requête = "SELECT * FROM articles WHERE :p1";
```

La fonction `oci_bind_by_name` (anciennement `OciBindByName`) permet, ensuite, d'établir la liaison entre un paramètre de la requête et une variable PHP.

Syntaxe

```
booléen oci_bind_by_name(ressource curseur, chaîne paramètre, mixte variable[, entier longueur[, entier type]])
```

`curseur`	Identifiant du curseur précédemment analysé.
`paramètre`	Nom du paramètre dans la requête (avec le caractère :) Exemple : `:p1`
`variable`	Variable PHP associée.
`longueur`	Longueur maximum de l'espace utilisé pour la liaison. Valeur par défaut : -1 (voir les conséquences ci-après).
`type`	Indique si la liaison est d'un type particulier à l'aide d'une des constantes suivantes : `OCI_B_ROWID`, `OCI_B_CLOB`, `OCI_B_BLOB`, `OCI_B_BFILE` `OCI_B_CFILE`, `OCI_B_NTY`, `OCI_B_CURSOR`

La fonction `oci_bind_by_name` retourne `TRUE` si l'association a pu s'effectuer et `FALSE` dans le cas contraire (accompagné d'une alerte).

L'unité du paramètre `longueur` n'est pas clairement définie dans la documentation ; à l'usage, il semble que ce soit un nombre de caractères (y compris pour les nombres). Si ce paramètre est égal à -1 (soit explicitement, soit par défaut lorsqu'il n'est pas renseigné), la longueur est définie par le contenu de la variable au moment de l'appel à la fonction ; si la variable n'est pas définie, la longueur est égale à 1.

Le paramètre `longueur` doit être positionné avec soin car une erreur risque de survenir au moment de l'appel à la fonction `oci_execute`, si la longueur de la variable à cet instant est supérieure à la longueur prise en compte au moment de l'appel à `oci_bind_by_name`.

Exemple de message

```
Warning: OCI_Execute() [function.oci-execute]:
OCIStmtExecute: ORA-01460: demande d'une conversion non implémentée
ou irréaliste in d:\scripts php\index.php on line 15.
```

Une des solutions, pour éviter les problèmes, consiste à appeler systématiquement la fonction `oci_bind_by_name` sans paramètre juste avant chaque appel à la fonction `oci_execute`. De cette manière, vous êtes certain de prendre la longueur actuelle de la variable. Une autre approche consiste à placer une valeur avec une grande marge de sécurité.

Le paramètre `type` permet de gérer des types de données particuliers, en l'occurrence les différents types `LOB (BLOB, CLOB et BFILE)` et le type `ROWID`, les types de données définis par l'utilisateur et les curseurs. Si ce paramètre est spécifié, il faut mettre le paramètre `longueur` à -1.

Exemple

```
<?php
// inclusion du fichier qui contient la définition de
// afficher_tableau
include("fonctions.inc");
// connexion
$connexion = oci_connect("demeter","demeter","diane");
// définition d'une première requête paramétrée
$requête = "SELECT * FROM articles WHERE identifiant = :p1";
// analyse de la requête
$curseur = oci_parse($connexion,$requête);
// association entre le paramètre et la variable PHP
oci_bind_by_name($curseur,":p1",$identifiant,10);
// exécution de la requête avec une première valeur de la variable
$identifiant = 1;
$ok = oci_execute($curseur);
// lire le résultat
$ligne = oci_fetch_assoc($curseur);
echo "$ligne[IDENTIFIANT] - $ligne[LIBELLE]<BR>";
// exécution de la requête avec une deuxième valeur
// de la variable (utilisation du même curseur)
$identifiant = 2;
$ok = oci_execute($curseur);
// lire le résultat
$ligne = oci_fetch_assoc($curseur);
echo "$ligne[IDENTIFIANT] - $ligne[LIBELLE]<BR>";
```

```
// définition d'une requête qui sélectionne les ROWID
$requête = "SELECT ROWID FROM articles";
// analyse de la requête
$curseur = oci_parse($connexion,$requête);
// exécution de la requête
$ok = oci_execute($curseur);
// récupération du premier ROWID
$ligne = oci_fetch_assoc($curseur);
$rowid = $ligne['ROWID'];
// définition d'une requête paramétrée utilisant le ROWID
$requête = "SELECT * FROM articles WHERE ROWID = :p1";
// analyse de la requête
$curseur = oci_parse($connexion,$requête);
// association entre le paramètre et la variable PHP
oci_bind_by_name($curseur,":p1",$rowid,-1,OCI_B_ROWID);
// exécution de la requête avec le premier ROWID
//(actuellement dans $rowid)
$ok = oci_execute($curseur);
// lire le résultat
$ligne = oci_fetch_assoc($curseur);
echo "$ligne[IDENTIFIANT] - $ligne[LIBELLE]<BR>";
?>
```

Résultat

```
1 - Abricots
2 - Cerises
1 - Abricots
```

Les types de données `BLOB`, `CLOB`, `BFILE` et `ROWID` se manipulent, en PHP, sous forme d'objets ; la fonction `oci_new_descriptor` (anciennement `OciNewDescriptor`) permet de créer ces objets en cas de besoin. À titre d'illustration, un exemple plus complet de l'utilisation du `ROWID` est donné dans le point Mettre à jour des données de ce chapitre. En cas de besoin, le `ROWID` peut être converti dans la requête en chaîne (fonction SQL `ROWIDTOCHAR`) et réciproquement (fonction SQL `CHARTOROWID`) ; il est alors plus facile à manipuler (par exemple, pour le placer dans une zone de formulaire cachée).

Exemple de code pour la lecture d'une ligne

Un premier type de lecture consiste souvent à lire une seule ligne d'information dans une table ou plusieurs tables avec jointure(s) : obtention d'informations sur l'utilisateur qui vient de se connecter, fiche de description d'un article...

Exemple

```
<?php
// inclure le fichier qui contient les différentes fonctions
// générales
require("fonctions.inc");
// initialiser les variables
$identifiant = "";
$libellé = "";
$prix = "";
$message = "";
// Tester comment le script est appelé
if (! empty($_POST)) {
```

```
// traitement du formulaire ...
// rappel : lorsqu'un formulaire n'a qu'une zone de texte
// et que l'utilisateur tape return ou enter, le bouton de
// validation n'est pas considéré comme cliqué. Pour savoir
// si le formulaire a été soumis, il faut tester si
// $_POST (ou $_GET) est vide ou non.
// récupérer les valeurs saisies
$identifiant = valeur_saisie($_POST["identifiant"]);
// contrôler les valeurs saisies
if ($identifiant == "") {
  $message .= "L'identifiant est obligatoire.\n";
}
if (! ereg("^[0-9]+$",$identifiant)) {
  $message .=
    "L'identifiant doit être un nombre.\n";
}
// tester s'il y a des erreurs à ce stade
if ($message == "") {
  // pas d'erreur
  // exécuter la requête de sélection
  // connexion
  $ok =($connexion =
          oci_connect("demeter","demeter","diane"));
  if ($ok) {
    // définition de la requête (paramétrée)
    $requête = "SELECT * FROM articles WHERE
      identifiant = :p1";
    // analyse de la requête
    $ok = ($curseur = oci_parse($connexion,$requête));
  }
  if ($ok) {
    // association entre le paramètre et la variable
    $ok = oci_bind_by_name($curseur,":p1",$identifiant,32);
  }
  if ($ok) {
    // exécution de la requête
    $ok = oci_execute($curseur);
  }
  if ($ok) {
    // fetch
    $article =
        oci_fetch_array($curseur,OCI_ASSOC+OCI_RETURN_NULLS);
  }
  // tester le résultat
  if (! $ok) { // requête pas OK
    $message .= "Erreur.\n";
  } elseif (! $article) { // résultat vide
    $message .=
      "Pas d'article pour cet identifiant.\n";
  } else { // OK
    // récupérer les informations à afficher
    //  - bien noter les clés en majuscules
    $libellé = $article["LIBELLE"];
    $prix = $article["PRIX"];
    // mise en forme
    $libellé = vers_page($libellé);
    $prix = number_format($prix,2,"," ," ");
    $prix = vers_page($prix);
  }
```

```
    }
    // tester s'il y a des erreurs à ce stade
    if ($message != "") {
      // erreur
      // préparer le message pour l'affichage
      $message = vers_page($message);
      // bien s'assurer que les informations à afficher sont vides
      $libellé = "";
      $prix = "";
    }
  }
  // Affichage de la page ...
  ?>
  <HTML>
  <HEAD><TITLE>Consultation d'un article</TITLE></HEAD>
  <BODY>
  <FORM METHOD="POST">
  Identifiant de l'article :
  <INPUT TYPE="text" NAME="identifiant"
    VALUE="<?php echo vers_formulaire($identifiant); ?>">
  <INPUT TYPE="submit" NAME="OK" VALUE="OK">
  </FORM>
  <TABLE BORDER="0">
  <TR><TD><U>Libellé :</U> </TD>
      <TD><?php echo $libellé; ?></TD></TR>
  <TR><TD><U>Prix :</U> </TD>
      <TD><?php echo $prix; ?></TD></TR>
  </TABLE>
  <FONT COLOR="red"><?php echo $message; ?></FONT>
  </BODY>
  </HTML>
```

*Résultat (après saisie et clic sur le bouton **OK**)*

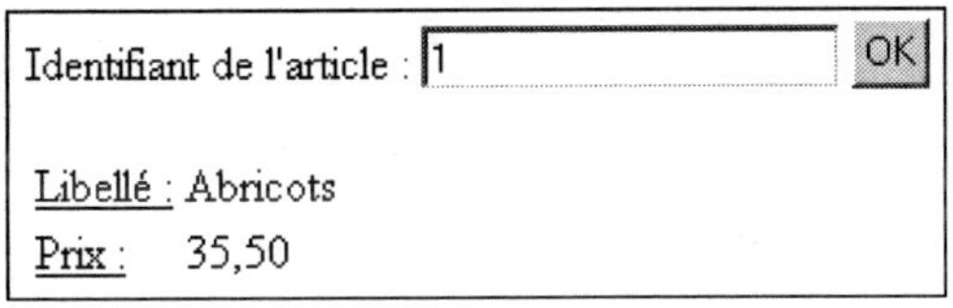

Il est relativement simple d'écrire une fonction générique permettant de lire une ligne.

Exemple

```
<?php
function db_lire_ligne($requête) {
  // se connecter
  $ok =($connexion =
          oci_connect("demeter","demeter","diane"));
  if ($ok) { // connexion OK
    // analyser la requête
    $ok = ($curseur = oci_parse($connexion,$requête));
  }
  if ($ok) { // analyse OK
    // exécuter la requête
    $ok = oci_execute($curseur);
  }
```

```
  if ($ok) { // exécution OK
    // lire le résultat
    $ligne =
        oci_fetch_array($curseur,OCI_ASSOC+OCI_RETURN_NULLS);
  }
  // retourner $ligne ou FALSE en cas d'erreur
  return ($ok)?$ligne:FALSE;
}
?>
```

Il est possible (souhaitable) d'améliorer la gestion des erreurs (cf. C - 8. Gérer les erreurs).

Exemple d'utilisation

```
<?php
// inclure le fichier qui contient les différentes fonctions
// générales
require("fonctions.inc");
// définir la requête
$requête = "SELECT * FROM articles WHERE identifiant= 1";
// lire le résultat
$ligne = db_lire_ligne($requête);
if ($ligne) {
  // bien noter les clés en majuscules
  echo "$ligne[LIBELLE] - $ligne[PRIX]";
}
?>
```

Résultat (sauf erreur)

```
Abricots - 35.5
```

Exemple de code pour la lecture de toutes les lignes

Un deuxième type de lecture consiste souvent à afficher une liste d'éléments extraits de la base (liste d'utilisateurs, liste d'articles...).

Exemple (en utilisant la fonction `oci_fetch_all` pour tout charger dans un tableau)

```
<?php
// inclure le fichier qui contient les différentes fonctions générales
require("fonctions.inc");
// initialiser la variable de message
$message = "";
// exécuter la requête de sélection
// connexion
$ok =($connexion =
        oci_connect("demeter","demeter","diane"));
if ($ok) {
  // définition de la requête
  $requête = "SELECT * FROM articles";
  // analyse de la requête
  $ok = ($curseur = oci_parse($connexion,$requête));
}
if ($ok) {
  // exécution de la requête
  $ok = oci_execute($curseur);
}
```

```
if ($ok) {
  // fetch
  $nombre = oci_fetch_all($curseur,$articles);
}
// tester le résultat
if (! $ok) { // requête pas OK
  $message .= "Erreur.\n";
} elseif ($nombre == FALSE) { // résultat vide
  $message .=
    "Aucun article dans la base.\n";
} else { // OK
  // mettre en forme les données (idem précédemment)
  // noter l'inversion de la logique de parcours du tableau
  // par rapport à MySQL
  for ($i=0;$i<$nombre;$i++) {
    $articles["LIBELLE"][$i] =
      vers_page($articles["LIBELLE"][$i]);
    $articles["PRIX"][$i] =
      vers_page(
        number_format($articles["PRIX"][$i],2,"," ," "));
  }
}
// tester s'il y a des erreurs à ce stade
if ($message != "") {
  // erreur
  // préparer le message pour l'affichage
  $message = vers_page($message);
  // bien s'assurer que les informations à
  // afficher sont vides
  unset($articles);
}
// Affichage de la page ...
?>
<HTML>
<HEAD><TITLE>Liste des articles</TITLE></HEAD>
<BODY>
<!-- construction d'une table HTML -->
<TABLE BORDER="1" CELLPADDING="4" CELLSPACING="0">
<!-- ligne de titre -->
<TR ALIGN=\"center\">
<TH>Identifiant</TH><TH>Libellé</TH><TH>Prix</TH>
</TR>
<!-- code PHP pour les lignes du tableau -->
<?php
if ($nombre != FALSE) { // s'il y a un résultat à afficher
  for ($i=0;$i<$nombre;$i++) { // boucle sur les articles
    // génération de la ligne de la table HTML
    // remarque : printf() rend le code lisible
    printf("<TR><TD>%d</TD><TD>%s</TD><TD>%s</TD></TR>",
        $articles["IDENTIFIANT"][$i],
        $articles["LIBELLE"][$i],
        $articles["PRIX"][$i]);
  }
}
?>
</TABLE>
<FONT COLOR="red"><?php echo $message; ?></FONT>
</BODY>
</HTML>
```

Il est possible d'écrire le même exemple de manière plus compacte. Ce dernier sera alors plus économe en mémoire et plus performant : le `fetch` est effectué au cours de la construction de la table HTML.

Exemple

```
<?php
// inclure le fichier qui contient les différentes fonctions générales
require("fonctions.inc");
// initialiser la variable de message
$message = "";
// exécuter la requête de sélection
// connexion
$ok =($connexion =
        oci_connect("demeter","demeter","diane"));
if ($ok) {
  // définition de la requête
  $requête = "SELECT * FROM articles";
  // analyse de la requête
  $ok = ($curseur = oci_parse($connexion,$requête));
}
if ($ok) {
  // exécution de la requête
  $ok = oci_execute($curseur);
}
// tester le résultat
if (! $ok) { // requête pas OK
  // message d'erreur
  $message .= "Erreur.\n";
  // préparer le message pour l'affichage
  $message = vers_page($message);
}
// Affichage de la page ...
?>
<HTML>
<HEAD><TITLE>Liste des articles</TITLE></HEAD>
<BODY>
<!-- construction d'une table HTML -->
<TABLE BORDER="1" CELLPADDING="4" CELLSPACING="0">
<!-- ligne de titre -->
<TR ALIGN=\"center\">
<TH>Identifiant</TH><TH>Libellé</TH><TH>Prix</TH>
</TR>
<!-- code PHP pour les lignes du tableau -->
<?php
if ($ok) { // s'il y a un résultat à afficher
  // boucle de fetch
  while ($article = oci_fetch_array($curseur,
                          OCI_ASSOC+OCI_RETURN_NULLS)) {
    // mise en forme des données
    $article["LIBELLE"] = vers_page($article ["LIBELLE"]);
    $article["PRIX"] = vers_page(
      , number_format($article["PRIX"],2,"," ," "));
  // génération de la ligne de la table HTML
 printf ("<TR><TD>%d</TD><TD>%s</TD><TD>%s</TD></TR>",
       $article["IDENTIFIANT"],
       $article["LIBELLE"],
       $article["PRIX"]);
```

```
   } // while
   // si le résultat est vide, préparer un message
   // oci_num_rows donne le nombre de lignes lues ...
   if (oci_num_rows($curseur) == 0) {
     $message = vers_page("Aucun article dans la base.");
   }
} // if ($ok)
?>
</TABLE>
<FONT COLOR="red"><?php echo $message; ?></FONT>
</BODY>
</HTML>
```

Pour permettre à l'utilisateur d'agir sur la liste, il est possible d'imbriquer un formulaire ou des liens avec la table HTML.

Exemple

```
<?php
// inclure le fichier qui contient les différentes fonctions générales
require("fonctions.inc");
// initialiser la variable de message
$message = "";
// exécuter la requête de sélection
// connexion
$ok =($connexion =
        oci_connect("demeter","demeter","diane"));
if ($ok) {
  // définition de la requête
  $requête = "SELECT * FROM articles";
  // analyse de la requête
  $ok = ($curseur = oci_parse($connexion,$requête));
}
if ($ok) {
  // exécution de la requête
  $ok = oci_execute($curseur);
}
// tester le résultat
if (! $ok) { // requête pas OK
  // message d'erreur
  $message .= "Erreur.\n";
  // préparer le message pour l'affichage
  $message = vers_page($message);
}
// Affichage de la page ...
?>
<HTML>
<HEAD><TITLE>Liste des articles</TITLE></HEAD>
<BODY>
<!-- construction d'une table HTML à l'intérieur d'un
---- formulaire -->
<FORM METHOD="POST">
<TABLE BORDER="1" CELLPADDING="4" CELLSPACING="0">
<!-- ligne de titre -->
<TR ALIGN=\"center\">
<TH>Libellé</TH><TH>Prix</TH><TH>Case</TH><TH>Lien</TH>
</TR>
```

```
<!-- code PHP pour les lignes du tableau -->
<?php
if ($ok) { // s'il y a un résultat à afficher
  // boucle de fetch
  while ($article = oci_fetch_array($curseur,
                          OCI_ASSOC+OCI_RETURN_NULLS)) {
    // mise en forme des données
    $article["LIBELLE"] = vers_page($article ["LIBELLE"]);
    $article["PRIX"] = vers_page(
      number_format($article["PRIX"],2,"," ," "));
    // génération de la ligne de la table HTML
    //    - une case à cocher dans une colonne
    //    - un lien dans une autre colonne
    printf("<TR><TD>%s</TD><TD>%s</TD><TD>%s</TD>
                 <TD>%s</TD></TR>",
      $article["LIBELLE"],
      $article["PRIX"],
      "<INPUT TYPE=\"checkbox\" NAME=\"choix[]\"
          VALUE=\"$article[IDENTIFIANT]\">",
      "<A HREF=\"javascript:alert($article[IDENTIFIANT])\">
          action<A>");
  } // while
  // si le résultat est vide, préparer un message
  // oci_num_rows donne le nombre de lignes lues ...
  if (oci_num_rows($curseur) == 0) {
    $message = vers_page("Aucun article dans la base.");
  }
} // if ($ok)
?>
</TABLE>
<BR><INPUT TYPE="submit" NAME="action" VALUE="Action">
</FORM>
<FONT COLOR="green">
<?php
// traitement du formulaire
// simple affichage des identifiants cochés
if (isset($_POST["action"])) {
  if (isset($_POST["choix"])) {
    echo "Identifiant(s) coché(s) : ".
        implode("+",$_POST["choix"]);
}
?>
</FONT>
<FONT COLOR="red"><?php echo $message; ?></FONT>
</BODY>
</HTML>
```

Résultat

- Affichage initial de la page :

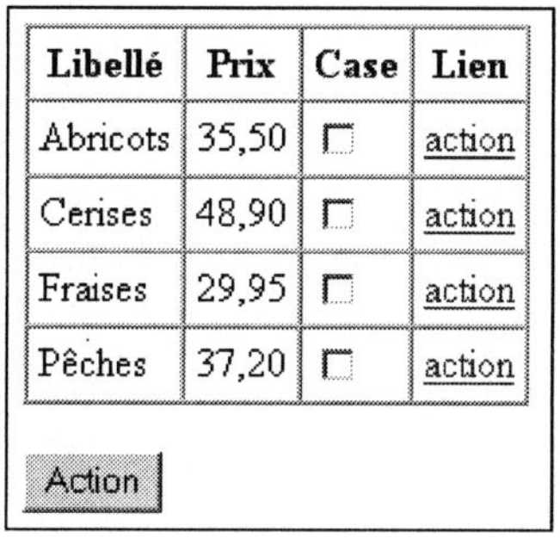

Libellé	Prix	Case	Lien
Abricots	35,50	☐	action
Cerises	48,90	☐	action
Fraises	29,95	☐	action
Pêches	37,20	☐	action

- Après clic sur un lien :

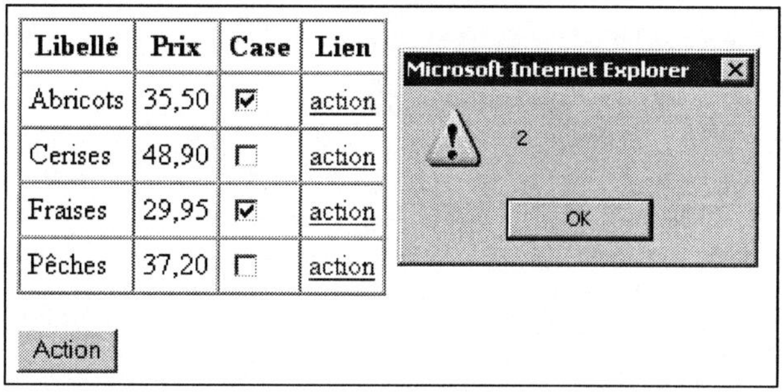

Libellé	Prix	Case	Lien
Abricots	35,50	☑	action
Cerises	48,90	☐	action
Fraises	29,95	☑	action
Pêches	37,20	☐	action

- Après clic sur le bouton Action :

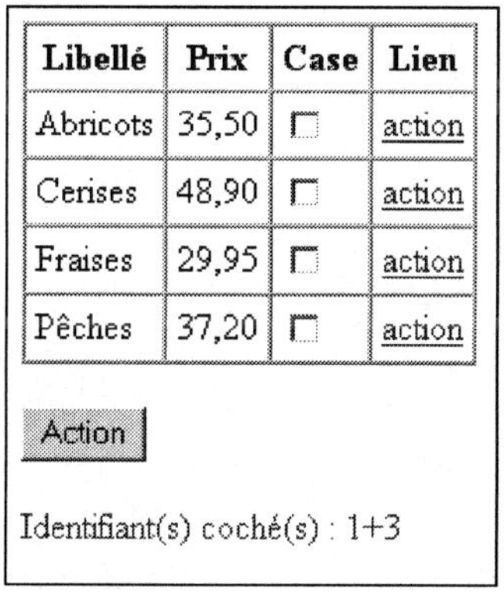

Libellé	Prix	Case	Lien
Abricots	35,50	☐	action
Cerises	48,90	☐	action
Fraises	29,95	☐	action
Pêches	37,20	☐	action

Sur le lien, à la place du code JavaScript, il est possible de mettre une vraie URL et d'enchaîner sur une autre page (cf. chapitre 9 pour comprendre comment mettre un paramètre dans l'URL et pouvoir ainsi passer une information, ici l'identifiant choisi, à une autre page).

En ce qui concerne le traitement du formulaire, tout est envisageable.

Là encore, pour la lecture de plusieurs lignes, une fonction générique peut être utilisée.

Exemple

```
<?php
function db_lire_lignes_dans_tableau($requête) {
  // se connecter
  $ok =($connexion =
          oci_connect("demeter","demeter","diane"));
  if ($ok) { // connexion OK
    // analyser requête
    $ok = ($curseur = oci_parse($connexion,$requête));
}
  if ($ok) { // analyse OK
    // exécuter la requête
    $ok = oci_execute($curseur);
  }
  if ($ok) { // exécution OK
    // lire le résultat
    $nombre = oci_fetch_all($curseur,$tableau);
  }
  // retourner $tableau ou FALSE en cas d'erreur
  return ($ok)?$tableau:FALSE;
}
?>
```

Utilisation

```
<?php
// inclure le fichier qui contient les différentes fonctions générales
require("fonctions.inc");
// définir la requête
$requête = "SELECT * FROM articles";
// lire le résultat dans un tableau
$articles = db_lire_lignes_dans_tableau($requête);
// afficher le premier article lu
if ($articles) {
  echo count($articles['IDENTIFIANT'])." articles<BR>";
  echo "Premier article : ";
  echo "{$articles['LIBELLE'][0]} - {$articles['PRIX'][0]}";
}
?>
```

Résultat (sauf erreur)

```
4 articles
Premier article : Abricots - 35.5
```

À la différence de MySQL, le tableau n'est pas vide si le résultat est vide. Cependant, il est facile de modifier ce comportement, en cas de besoin, par appel à la fonction `array()`.

Cette fonction générique peut, par exemple, être utilisée pour construire une liste `<SELECT>` dans un formulaire.

Exemple

```
<?php
// inclure le fichier qui contient les différentes fonctions générales
require("fonctions.inc");
// chargement de la liste des fruits
$requête = "SELECT identifiant,libelle FROM articles
              ORDER BY libelle";
$fruits_du_marché = db_lire_lignes_dans_tableau($requête);
?>
<!-- construction du formulaire -->
<FORM METHOD="POST">
Fruits préférés :<BR>
<SELECT NAME="fruits[]" MULTIPLE SIZE="8">
<?php
// code PHP générant la partie dynamique du formulaire
// parcourir la liste à afficher
$nombre = count($fruits_du_marché['IDENTIFIANT']);
for($i=0;$i<$nombre;$i++) {
  // générer la balise OPTION avec l'identifiant
  // pour l'option VALUE et le libellé pour le texte affiché dans la liste
  echo "<OPTION VALUE=
          \"{$fruits_du_marché['IDENTIFIANT'][$i]}\">
            {$fruits_du_marché['LIBELLE'][$i]}\n";
}
?>
</SELECT>
<INPUT TYPE="submit" NAME="OK" VALUE="OK"><BR>
</FORM>
```

Résultat

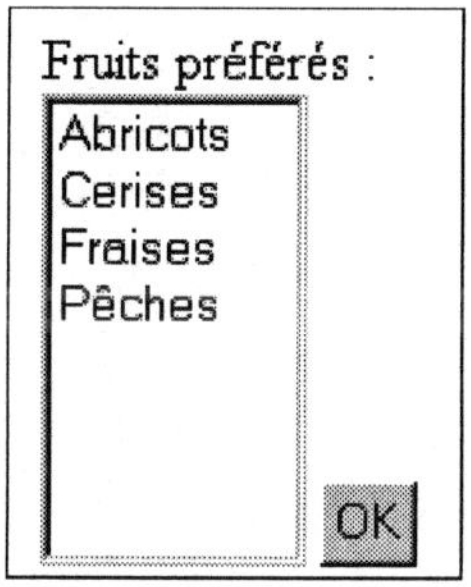

5. Mettre à jour des données

Mettre à jour des données consiste à exécuter des requêtes `INSERT` (création), `UPDATE` (modification) ou `DELETE` (suppression).

L'exécution de ce type de requête s'effectue avec les fonctions `oci_parse` et `oci_execute`, comme pour une requête `SELECT`, avec la même possibilité d'utiliser des requêtes paramétrées.

Une des différences fondamentales avec MySQL concerne la gestion des transactions.

Par défaut, la fonction `oci_execute` agit en "auto COMMIT" : si l'ordre de mise à jour a réussi, il est immédiatement COMMITé. Pour gérer une transaction composée de plusieurs ordres SQL, il convient d'exécuter les ordres individuels sans le mode "auto COMMIT" et d'exécuter, à la fin, un ordre COMMIT ou ROLLBACK.

La fonction `oci_execute` accepte un deuxième paramètre qui permet d'indiquer le fonctionnement souhaité vis-à-vis du COMMIT.

Ce deuxième paramètre peut prendre deux valeurs :

`OCI_COMMIT_ON_SUCCESS` (valeur par défaut)	COMMIT automatique si l'ordre de mise à jour s'est correctement exécuté.
`OCI_DEFAULT`	Pas de COMMIT automatique.

Pour exécuter un ordre COMMIT ou ROLLBACK, deux méthodes sont disponibles :

- La première consiste à exécuter ces ordres, comme les autres ordres SQL, à l'aide des fonctions `oci_parse` et `oci_execute`.
- La deuxième consiste à utiliser les fonctions `oci_commit` et `oci_rollback` (anciennement `ociCommit` et `ociRollback`).

Syntaxe

```
booléen oci_commit(ressource connexion)
booléen oci_rollback(ressource connexion)
```

`connexion`	Identifiant de la connexion sur laquelle exécuter l'ordre SQL COMMIT ou ROLLBACK.

Exemple

```
<?php
// première méthode
$ok = oci_execute(oci_parse($connexion,"COMMIT"));
$ok = oci_execute(oci_parse($connexion,"ROLLBACK"));
// deuxième méthode
$ok = oci_commit($connexion);
$ok = oci_rollback($connexion);
?>
```

La bibliothèque "Oracle 8" ne propose par d'équivalent à la fonction `mysql_insert_id` mais il est possible d'utiliser la clause RETURNING des ordres SQL INSERT, UPDATE ou DELETE (voir ci-après).

En complément, la fonction `oci_num_rows`, étudiée précédemment, permet de connaître le nombre de lignes concernées par la dernière requête INSERT, UPDATE ou DELETE exécutée dans un curseur.

Dans les requêtes INSERT, UPDATE et DELETE, Oracle autorise (depuis la version 8i), de placer à la fin des requêtes INSERT, UPDATE et DELETE, une clause RETURNING qui permet de récupérer la valeur d'une ou plusieurs colonnes après l'insertion et la modification, ou avant la suppression. Pour récupérer ces valeurs dans le code PHP, il suffit d'utiliser des paramètres et de les associer à des variables avec la fonction `oci_bind_by_name`.

Syntaxe

```
RETURNING colonne[, ...] INTO :paramètre[, ...]
```

Exemples

```
<?php
// inclusion du fichier qui contient la définition des fonctions générales
include("fonctions.inc");
// définition d'une petite fonction d'affichage de la liste des articles
function AfficherArticles() {
  $requête = "SELECT * FROM articles";
  $articles = db_lire_lignes_dans_tableau($requête);
  if ($articles) {
    echo "<B>Liste des articles :</B><BR>";
    $nombre = count($articles['IDENTIFIANT']);
    for($i=0;$i<$nombre;$i++) {
      echo "{$articles['IDENTIFIANT'][$i]} _
            {$articles['LIBELLE'][$i]} _
                {$articles['PRIX'][$i]}<BR>";
    }
  } else {
    echo "<B>Plus d'articles.</B><BR>";
  }
}
// affichage de contrôle
AfficherArticles();
// connexion
$connexion = oci_connect("demeter","demeter","diane");
// requête INSERT (paramétrée)
$requête = "INSERT INTO articles(libelle,prix)
            VALUES(:p1,:p2)
            RETURNING identifiant, ROWID, ROWIDTOCHAR(ROWID)
            INTO :r1,:r2,:r3";
// analyse
$curseur = oci_parse($connexion,$requête);
// création d'une variable pour le rowid
$rowid = oci_new_descriptor($connexion,OCI_D_ROWID);
// association entre les variables et les paramètres
oci_bind_by_name($curseur,":p1",$libellé,50);
oci_bind_by_name($curseur,":p2",$prix,32);
oci_bind_by_name($curseur,":r1",$identifiant,32);
oci_bind_by_name($curseur,":r2",$rowid,-1,OCI_B_ROWID);
oci_bind_by_name($curseur,":r3",$rowid_chaîne,32);
// exécution de la requête
$libellé = "Poire"; // valeur du libellé (sans s)
$prix = 0; // valeur du prix (0 pour l'instant)
$ok = oci_execute($curseur); // COMMIT automatique
echo "Identifiant du nouvel article = $identifiant.<BR>";
echo "ROWID du nouvel article = ",gettype($rowid)," (objet !).<BR>";
echo "ROWID du nouvel article = $rowid_chaîne (chaîne).<BR>";
// requête UPDATE paramétrée utilisant le ROWID objet
$requête = "UPDATE articles SET prix = :p1
              WHERE ROWID = :p2";
// analyse
$curseur = oci_parse($connexion,$requête);
// association entre les variables et les paramètres
oci_bind_by_name($curseur,":p1",$prix,32);
oci_bind_by_name($curseur,":p2",$rowid,-1,OCI_B_ROWID);
```

```
// exécution de la requête
$prix = 29.9; // valeur du prix ($rowid déjà initialisé)
$ok = oci_execute($curseur); // COMMIT automatique
// requête UPDATE paramétrée utilisant le ROWID chaîne
$requête = "UPDATE articles SET libelle = :p1
            WHERE ROWID = CHARTOROWID(:p2)";
// analyse
$curseur = oci_parse($connexion,$requête);
// association entre les variables et les paramètres
oci_bind_by_name($curseur,":p1",$libellé,50);
oci_bind_by_name($curseur,":p2",$rowid_chaîne,32);
// exécution de la requête
$libellé = "Poires"; // valeur du libellé (avec un s)
     // $rowid_chaîne déjà initialisé
$ok = oci_execute($curseur); // COMMIT automatique
// requête UPDATE (non paramétrée)
$requête = "UPDATE articles SET prix = prix * 1.1
            WHERE prix < 40";
// analyse
$curseur = oci_parse($connexion,$requête);
// exécution de la requête
$ok = oci_execute($curseur); // COMMIT automatique
$nombre = oci_num_rows($curseur);
echo "$nombre article(s) augmenté(s).<BR>";
// requête DELETE (non paramétrée)
$requête = "DELETE FROM articles WHERE prix > 40";
// analyse
$curseur = oci_parse($connexion,$requête);
// exécution de la requête
$ok = oci_execute($curseur); // COMMIT automatique
$nombre = oci_num_rows($curseur);
echo "$nombre article(s) supprimés(s).<BR>";
// affichage de contrôle
AfficherArticles();
?>
```

Résultat

```
Liste des articles :
1 - Abricots - 35.5
2 - Cerises - 48.9
3 - Fraises - 29.95
4 - Pêches - 37.2
Identifiant du nouvel article = 5.
ROWID du nouvel article = Object (objet !).
ROWID du nouvel article = AAAESgAACAAAEQCA (chaîne).
4 article(s) augmenté(s).
2 article(s) supprimés(s).
Liste des articles :
1 - Abricots - 39.05
3 - Fraises - 32.945
5 - Poires - 32.89
```

Cet exemple illustre les deux techniques d'utilisation du `ROWID` :

- emploi d'un objet `ROWID` initialement créé avec la fonction `oci_new_descriptor`,
- emploi sous forme d'une chaîne de caractères.

Créer des formulaires qui permettent de mettre à jour les données est très simple.

À titre d'exemple, nous allons construire un formulaire qui permet de réaliser une saisie en liste.

Présentation du formulaire

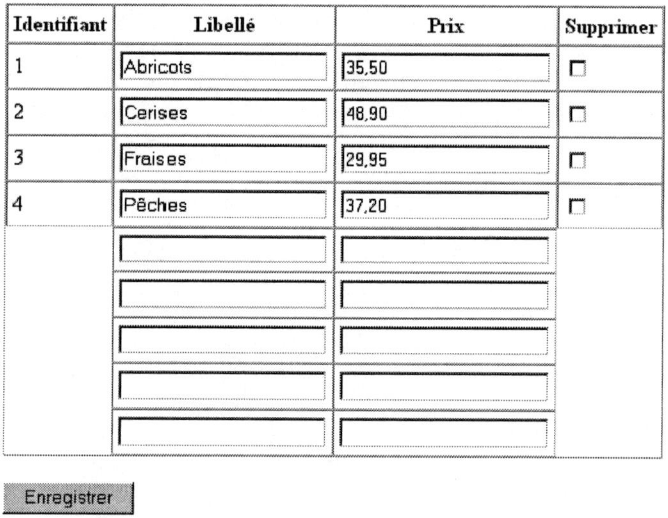

Le formulaire propose le contenu actuel de la table qui peut être modifié (saisie directe dans les zones) ou supprimé (par les cases à cocher), plus cinq lignes vides qui permettent de saisir de nouvelles valeurs. Dans tous les cas, l'identifiant n'est pas saisissable (c'est le serveur Oracle qui va l'attribuer).

Chaque ligne du tableau contient quatre zones de formulaire qui sont nommées (option `NAME` de la balise `<INPUT>`) de la manière suivante :

Colonne	Nom
Identifiant	`saisie[i][modifier]`
Libellé	`saisie[i][libelle]`
Prix	`saisie[i][prix]`
Supprimer	`saisie[i][supprimer]`

L'indice `i` est l'identifiant de l'article pour les lignes qui existent, et un numéro compris entre 1 et 5 pour les lignes vides. La zone de la colonne **Identifiant** est une zone masquée (`TYPE="hidden"`) qui va être utilisée pour identifier les lignes dans lesquelles l'utilisateur a effectué une modification.

Avec ce processus de nommage, toute la saisie est récupérée dans le script PHP sous la forme d'un tableau multidimensionnel nommé `$lignes`. Chaque ligne du tableau correspond à une ligne du formulaire avec la clé égale à l'identifiant (ou -1 à -5 pour les nouvelles lignes) et la valeur égale à un tableau associatif donnant les éléments saisis.

Pour identifier les lignes modifiées par l'utilisateur, les zones de saisie du libellé et du prix des lignes existantes contiennent le code JavaScript suivant :

```
onChange="document.formulaire[$n].value=1"
```

Ce code JavaScript a pour effet, à chaque fois que la zone en question est modifiée, de placer un 1 dans la zone masquée associée à la ligne. Le formulaire s'appelant `formulaire` (`<FORM NAME = "formulaire"...`), l'expression `document.formulaire[n]` désigne la n-ième zone du formulaire `formulaire` du document courant, la première zone du formulaire ayant le numéro 0. Dans le source, la variable `$n` est calculée pour chaque ligne `$i` du formulaire, par la formule `$n = 4 * ($i - 1)` : la zone cachée de la ligne 1 a le numéro 0 (c'est la première du formulaire), celle de la ligne 2 le numéro 4 et ainsi de suite.

Cet exemple peut (doit) être amélioré :

- pour contrôler la saisie de l'utilisateur,
- pour gérer les erreurs.

Exemple

```
<?php
// inclure le fichier qui contient les différentes fonctions générales
require("fonctions.inc");
// initialiser la variable de message
$message = "";
// connexion
$ok =($connexion =
          oci_connect("demeter","demeter","diane"));
// traitement du formulaire
if (isset($_POST["OK"])) {
  // définition des curseurs paramétrés pour la mise à jour
  // pour optimiser, il serait possible d'attendre la
  // première utilisation d'une des requêtes pour la définir
  $requête = "INSERT INTO articles(libelle,prix)
              VALUES(:p1,:p2)";
  $cursINS = oci_parse($connexion,$requête);
  oci_bind_by_name($cursINS,":p1",$libellé,40);
  oci_bind_by_name($cursINS,":p2",$prix,32);
  $requête = "UPDATE articles
              SET libelle = :p1, prix = :p2
              WHERE identifiant = :p3";
  $cursUPD = oci_parse($connexion,$requête);
  oci_bind_by_name($cursUPD,":p1",$libellé,40);
  oci_bind_by_name($cursUPD,":p2",$prix,32);
  oci_bind_by_name($cursUPD,":p3",$identifiant,32);
  $requête = "DELETE FROM articles
              WHERE identifiant = :p1";
  $cursDEL = oci_parse($connexion,$requête);
  oci_bind_by_name($cursDEL,":p1",$identifiant,32);
  // récupérer le tableau contenant la saisie
  $lignes = $_POST["saisie"];
  foreach($lignes as $identifiant => $ligne) {
    // nettoyage de la saisie
    $libellé = valeur_saisie($ligne["libelle"]);
    $prix = valeur_saisie($ligne["prix"]);
    $prix = str_replace(",",".",$prix); // , => .
```

```
    $prix = str_replace(" ","",$prix); // supprimer espaces
    // à ce niveau, il faudrait vérifier la saisie ...
    $curseur = NULL;
    if ($identifiant < 0 and $libellé.$prix != "") {
      // identifiant négatif et quelque chose de saisi
      // = création = INSERT
      $curseur = $cursINS;
    } elseif (isset($ligne["supprimer"])) {
      // case " supprimer " cochée = suppression = DELETE
      $curseur = $cursDEL;
    } elseif (isset($ligne["modifier"])) {
      // zone " modifier " TRUE (1) = modification = UPDATE
      $curseur = $cursUPD;
    }
    // si une requête a été déterminée, l'exécuter
    if ($curseur != NULL) {
      // pas de COMMIT automatique
      $ok = oci_execute($curseur,OCI_DEFAULT);
      // en cas d'erreur, interrompre le traitement
      if (! $ok) {break; }
    }
  } // foreach
  // Tester $ok pour savoir s'il faut faire un COMMIT ou un ROLLBACK
  if ($ok) { // OK = COMMIT
    $ok = oci_commit($connexion);
  } else { // pas OK = ROLLBACK
    $ok = oci_rollback($connexion);
    // préparer un message d'erreur (plutôt succinct !)
    $message = vers_page("Erreur lors de la mise à jour.");
  }
}
// recharger les articles
$requête = "SELECT * FROM articles";
$curseur = oci_parse($connexion,$requête);
$ok = oci_execute($curseur);
// à ce niveau, il faudrait tester les erreurs ...
// Affichage de la page ...
?>
<HTML>
<HEAD><TITLE>Gestion des articles</TITLE></HEAD>
<BODY>
<!-- construction d'une table HTML à l'intérieur d'un
---- formulaire -->
<FORM NAME="formulaire" METHOD="POST">
<TABLE BORDER="1" CELLPADDING="4" CELLSPACING="0">
<!-- ligne de titre -->
<TR ALIGN=\"center\">
<TH>Identifiant</TH><TH>Libellé</TH><TH>Prix</TH>
            <TH>Supprimer</TH>
</TR>
<!-- code PHP pour les lignes du tableau -->
<?php
if ($ok) { // s'il y a un résultat à afficher
  // initialisation d'un compteur de ligne
  $i = 0;
  // boucle de fetch
  while ($article = oci_fetch_array($curseur,OCI_ASSOC+OCI_RETURN_NULLS)) {
    // incrémentation du compteur de ligne
    $i++;
```

```
    // calcul du numéro d'ordre dans le formulaire de la
    // zone cachée correspondant à l'identifiant
    $n = 4 * ($i - 1);
    // mise en forme des données
    $article["LIBELLE"] = vers_page($article["LIBELLE"]);
    $article["PRIX"] = vers_page(
      number_format($article["PRIX"],2,"," ," "));
    // génération de la ligne de la table HTML
    // insertion des balises INPUT du formulaire
    printf(
    "<TR><TD>%s</TD><TD>%s</TD><TD>%s</TD><TD>%s</TD></TR>",
    "$article[IDENTIFIANT]
     <INPUT TYPE=\"hidden\"
        NAME=\"saisie[$article[IDENTIFIANT]][modifier]\">",
    "<INPUT TYPE=\"text\"
        NAME=\"saisie[$article[IDENTIFIANT]][libelle]\"
        VALUE=\"$article[LIBELLE]\"
        onChange=\"document.formulaire[$n].value=1\">",
    "<INPUT TYPE=\"text\"
        NAME=\"saisie[$article[IDENTIFIANT]][prix]\"
        VALUE=\"$article[PRIX]\"
        onChange=\"document.formulaire[$n].value=1\">",
    "<INPUT TYPE=\"checkbox\"
        NAME=\"saisie[$article[IDENTIFIANT]][supprimer]\"
        VALUE=\"$article[IDENTIFIANT]\">");
  } // while
  // ajout de 5 lignes vides pour la création
  // (sans identifiant, sans case de suppression)
  for($i=1;$i<=5;$i++) {
    printf(
    "<TR><TD>%s</TD><TD>%s</TD><TD>%s</TD><TD>%s</TD></TR>",
    "",
    "<INPUT TYPE=\"text\"
        NAME=\"saisie[-$i][libelle]\"
        VALUE=\"\">",
    "<INPUT TYPE=\"text\"
        NAME=\"saisie[-$i][prix]\"
        VALUE=\"\">",
    "");
  } // for
}
?>
</TABLE>
<BR><INPUT TYPE="submit" NAME="OK" VALUE="Enregistrer">
</FORM>
<!-- affichage du message -->
<FONT COLOR="red"><?php echo $message; ?></FONT>
</BODY>
</HTML>
```

6. Appeler une procédure stockée

La bibliothèque "Oracle 8" permet très facilement d'exécuter des blocs PL/SQL anonymes ou d'appeler des procédures ou des fonctions stockées et des packages. Les procédures, fonctions et packages peuvent avoir des paramètres en entrée (`IN`) et en sortie (`OUT`).

Le principe général consiste à soumettre un bloc PL/SQL pour analyse et exécution par l'intermédiaire des fonctions `oci_parse` et `oci_execute`. L'appel à la fonction `oci_bind_by_name` permet, en plus, d'associer des variables PHP aux éventuels paramètres du bloc PL/SQL.

Si l'un des paramètres est un curseur (au sens `REF CURSOR` Oracle), il faut utiliser une variable PHP d'un type adapté ; la fonction `oci_new_cursor` (anciennement `OciNewCursor`) permet de créer une telle variable.

Syntaxe

ressource `oci_new_cursor(`*ressource* `connexion)`

`connexion` Identifiant de la connexion sur laquelle le curseur doit être créé.

La fonction `oci_new_cursor` retourne un identifiant de curseur ou `FALSE` en cas d'erreur.

Pour associer un paramètre de type curseur et une variable de type curseur, il faut utiliser la constante `OCI_B_CURSOR` en dernier paramètre de la fonction `oci_bind_by_name` (avec une longueur égale à -1).

Après exécution du bloc, la variable de type curseur contient un identifiant de curseur qu'il faut exécuter (fonction `oci_execute`) avant de pouvoir lire les lignes (fonction `oci_fetch_*`).

Nous allons illustrer ces différentes fonctionnalités à l'aide du package Oracle suivant :

```
CREATE OR REPLACE PACKAGE pkg_articles IS
  TYPE curseur IS REF CURSOR;
  PROCEDURE creer(
            p_libelle IN VARCHAR2,
            p_prix IN NUMBER,
            p_identifiant OUT NUMBER);
  FUNCTION compter RETURN NUMBER;
  PROCEDURE lire(
            p_identifiant IN NUMBER,
            p_curseur OUT curseur);
END pkg_articles;
/
CREATE OR REPLACE PACKAGE BODY pkg_articles IS
  -- procédure d'insertion dans la table articles
  -- retourne l'identifiant du nouvel article
  -- dans p_identifiant
  PROCEDURE creer(
            p_libelle IN VARCHAR2,
            p_prix IN NUMBER,
            p_identifiant OUT NUMBER)
  IS
  BEGIN
    INSERT INTO articles(identifiant,libelle,prix)
    VALUES(s_articles.NEXTVAL,p_libelle,p_prix)
    RETURNING identifiant INTO p_identifiant;
    COMMIT;
  END;
  -- fonction de comptage des articles
  FUNCTION compter RETURN NUMBER
  IS
    v_nombre NUMBER(9) := 0;
```

```
  BEGIN
    SELECT COUNT(identifiant) INTO v_nombre
    FROM articles;
    RETURN v_nombre;
  END;
  -- procédure de lecture d'un article (si p_identifiant > 0)
  -- ou de tous les articles (si p_identifiant = 0)
  -- le résultat est retourné sous la forme d'un curseur
  PROCEDURE lire(
            p_identifiant IN NUMBER,
            p_curseur OUT curseur)
  IS
  BEGIN
      IF p_identifiant = 0 THEN
        OPEN p_curseur FOR
          SELECT * FROM articles;
      ELSE
        OPEN p_curseur FOR
          SELECT * FROM articles
          WHERE identifiant = p_identifiant;
      END IF;
  END;
END pkg_articles;
/
```

Source PHP

```
<?php
// connexion
$connexion = oci_connect("demeter","demeter","diane");
// insertion à l'aide du package
//    - la procédure est appelée dans un bloc PL/SQL
$requête = "BEGIN pkg_articles.creer(:p1,:p2,:r1); END;";
// analyse
$curseur = oci_parse($connexion,$requête);
// association paramètres/variables
oci_bind_by_name($curseur,":p1",$libellé,50);
oci_bind_by_name($curseur,":p2",$prix,32);
oci_bind_by_name($curseur,":r1",$identifiant,32);
// exécution avec certaines valeurs
$libellé = "Pommes";$prix = 10;
// Pas de COMMIT automatique de oci_execute (le package
// s'en charge)
$ok = oci_execute($curseur,OCI_DEFAULT);
// affichage de l'identifiant du nouvel article
echo "Identifiant du nouvel article = $identifiant.<BR>";
// comptage à l'aide du package
//    - la procédure est appelée dans un bloc PL/SQL
$requête = "BEGIN :r1 := pkg_articles.compter; END;";
// analyse
$curseur = oci_parse($connexion,$requête);
// association paramètres/variables
oci_bind_by_name($curseur,":r1",$nombre,32);
// exécution
$ok = oci_execute($curseur,OCI_DEFAULT);
echo "$nombre article(s) dans la base.<BR>";
// lecture d'un article à l'aide du package
//    - la procédure est appelée dans un bloc PL/SQL
$requête = "BEGIN pkg_articles.lire(:p1,:r1); END;";
```

```
// analyse
$curseur = oci_parse($connexion,$requête);
// création d'un curseur pour le résultat
$curseur_résultat = oci_new_cursor($connexion);
// association paramètres/variables
oci_bind_by_name($curseur,":p1",$identifiant,32);
oci_bind_by_name($curseur,":r1",$curseur_résultat,
                 -1,OCI_B_CURSOR);
// exécution avec la valeur actuelle de $identifiant
// => lecture de l'article inséré précédemment
$ok = oci_execute($curseur,OCI_DEFAULT);
// exécution du curseur résultat
$ok = oci_execute($curseur_résultat,OCI_DEFAULT);
// fetch
$article = oci_fetch_array($curseur_résultat,
                             OCI_ASSOC+OCI_RETURN_NULLS);
echo "Nouveau : $article[LIBELLE] - $article[PRIX]<BR>";
// lecture de tous les articles à l'aide du package
//    - le curseur $curseur peut être réutilisé
//    - par contre, $curseur_résultat est "inutilisable" : il faut
//      le recréer et le ré-associer
oci_free_cursor($curseur_résultat); // libération du premier
$curseur_résultat = oci_new_cursor($connexion);
oci_bind_by_name($curseur,":r1",$curseur_résultat,
                             -1,OCI_B_CURSOR);
// exécution avec $identifiant = 0
$identifiant = 0;
$ok = oci_execute($curseur,OCI_DEFAULT);
// exécution du curseur résultat
$ok = oci_execute($curseur_résultat,OCI_DEFAULT);
// fetch de toutes les lignes
echo "Liste : <BR>";
while ($article = oci_fetch_array($curseur_résultat,
                             OCI_ASSOC+OCI_RETURN_NULLS)) {
  echo "   $article[LIBELLE] - $article[PRIX]<BR>";
}
?>
```

Résultat

```
Identifiant du nouvel article = 5.
5 article(s) dans la base.
Nouveau : Pommes - 10
Liste :
  Abricots - 35,5
  Cerises - 48,9
  Fraises - 29,95
  Pêches - 37,2
  Pommes - 10
```

Les ressources utilisées par les curseurs sont automatiquement libérées à la fin du script. En cas de besoin, les fonctions `oci_free_cursor` et `oci_free_statement` peuvent être appelées pour une libération anticipée.

7. Illustration des problèmes liés à l'environnement NLS

Dans cette partie, nous allons illustrer la nature des problèmes qui peuvent se produire avec l'environnement NLS et étudier les différentes solutions pour résoudre ces problèmes.

Exemple

```
<?php
// connexion
$connexion = oci_connect("demeter","demeter","diane");
// récupération de la date du serveur
$requête = "SELECT SYSDATE FROM dual";
$curseur = oci_parse($connexion,$requête);
$ok = oci_execute($curseur);
$ligne = oci_fetch_assoc($curseur);
echo "SYSDATE = $ligne[SYSDATE]<BR>";
// augmentation des prix à l'aide d'une requête paramétrée
$requête = "UPDATE articles SET prix = prix * :p1";
$curseur = oci_parse($connexion,$requête);
oci_bind_by_name($curseur,":p1",$coefficient,32);
$coefficient = 1.05; // 5% d'augmentation
$ok = oci_execute($curseur);
echo oci_num_rows($curseur)." lignes modifiées.";
?>
```

Résultat dans un certain environnement NLS

```
SYSDATE = 17-JUL-07
4 lignes modifiées.
```

Résultat dans un autre environnement NLS

```
SYSDATE = 17/07/07

Warning: oci_execute() [function.oci-execute]:
OCIStmtExecute: ORA-01722: Nombre non valide in d:\scripts php\index.php
on line 16
0 lignes modifiées.
```

Que s'est-il passé entre les deux ?

Le paramètre `NLS_TERRITORY` a simplement été changé de `america` à `france`. Or, ce paramètre gouverne, entre autres, le comportement vis-à-vis des formats de date et des formats de nombre.

Deux problèmes peuvent se produire :

- Une donnée attendue selon un certain format, et manipulée dans le code selon ce format, peut changer de format en fonction de l'environnement et donc poser des problèmes dans le code.
- Une requête peut être exécutée avec succès dans un environnement et pas dans l'autre.

L'erreur sur la deuxième requête est liée au fait que, dans un environnement français, le séparateur décimal est la virgule (non le point) et que le coefficient d'augmentation passé en paramètre a un séparateur décimal égal au point. La bibliothèque semble passer les données numériques sous forme de chaîne, ce qui provoque un problème potentiel de conversion.

Dans le cas où l'environnement n'est pas maîtrisé et où vous souhaitez écrire un code portable, ces problèmes peuvent être traités de deux façons :

- au cas par cas, à chaque requête,
- globalement, en positionnant la session dans un environnement adapté.

Exemple avec la première solution

```
<?php
// connexion
$connexion = oci_connect("demeter","demeter","diane");
// récupération de la date du serveur
//    - la mise en forme attendue est obtenue par une
//      conversion explicite
$requête = "SELECT TO_CHAR(SYSDATE, 'DD/MM/YYYY') d
            FROM dual";
$curseur = oci_parse($connexion,$requête);
$ok = oci_execute($curseur);
$ligne = oci_fetch_assoc($curseur);
echo "SYSDATE = $ligne[D]<BR>"; // utilisation de l'alias
// augmentation des prix à l'aide d'une requête paramétrée
//    - la chaîne implicitement passée en paramètre est
//      explicitement convertie à l'aide du bon format
$requête = "UPDATE articles
            SET prix = prix * TO_NUMBER(:p1,'9.99')";
$curseur = oci_parse($connexion,$requête);
oci_bind_by_name($curseur,":p1",$coefficient,32);
$coefficient = 1.05; // 5% d'augmentation
$ok = oci_execute($curseur);
echo oci_num_rows($curseur)." lignes modifiées.";
?>
```

Résultat, quel que soit l'environnement

```
SYSDATE = 17/07/2007
4 lignes modifiées.
```

Exemple avec la deuxième solution

```
<?php
// connexion
$connexion = oci_connect("demeter","demeter","diane");
// définition de l'environnement souhaité par
// deux requêtes ALTER SESSION
$requête = "ALTER SESSION SET NLS_DATE_FORMAT='DD/MM/YYYY'";
$ok = oci_execute(oci_parse($connexion,$requête));
$requête = "ALTER SESSION SET NLS_NUMERIC_CHARACTERS='.,'";
$ok = oci_execute(oci_parse($connexion,$requête));
// récupération de la date du serveur
$requête = "SELECT SYSDATE FROM dual";
$curseur = oci_parse($connexion,$requête);
$ok = oci_execute($curseur);
$ligne = oci_fetch_assoc($curseur);
echo "SYSDATE = $ligne[SYSDATE]<BR>";
// augmentation des prix à l'aide d'une requête paramétrée
$requête = "UPDATE articles SET prix = prix * :p1";
$curseur = oci_parse($connexion,$requête);
oci_bind_by_name($curseur,":p1",$coefficient,32);
$coefficient = 1.05; // 5% d'augmentation
$ok = oci_execute($curseur);
echo oci_num_rows($curseur)." lignes modifiées.";
?>
```

Résultat, quel que soit l'environnement

```
SYSDATE = 17/07/2007
4 lignes modifiées.
```

8. Gérer les erreurs

La fonction `oci_error` (anciennement `ociError`) permet de récupérer des informations sur l'erreur éventuelle de la dernière opération effectuée dans un curseur.

Syntaxe

`tableau oci_error([ressource curseur])`

`curseur` Identifiant du curseur ou de la connexion.

La fonction `oci_error` retourne un tableau associatif si la dernière opération effectuée dans le curseur a généré une erreur : la ligne de clé `code` donne le numéro de l'erreur Oracle et la ligne de clé `message`, le message associé. Si la dernière opération effectuée dans le curseur n'a pas généré d'erreur, la fonction `oci_error` retourne `FALSE`.

Si la fonction `oci_error` est appelée sans paramètre, elle doit retourner l'erreur éventuelle, rencontrée sur la dernière opération réalisée (tout curseur confondu). Dans la pratique, cette syntaxe ne fonctionne qu'après un appel à `oci_connect` et permet de récupérer le message d'erreur éventuel, relatif à la connexion.

Exemple

```
<?php
// mauvaise connexion
$connexion = oci_connect("demeter","MotDePasseErroné","diane");
$e = oci_error(); // noter l'appel sans paramètre
echo "1 : ".($e?"$e[code] - $e[message]":"OK")."<BR>";
// connexion
$connexion = oci_connect("demeter","demeter","diane");
// une bonne requête pour commencer
$requête = "SELECT * FROM articles";
$curseur = oci_parse($connexion,$requête);
$ok = oci_execute($curseur);
$e = oci_error($curseur);
echo "<P>2 : ".($e?"$e[code] - $e[message]":"OK")."<BR>";
// requête sur une table qui n'existe pas
$requête = "SELECT * FROM article";
$curseur = oci_parse($connexion,$requête);
$e = oci_error($curseur);
echo "<P>3.a : ".($e?"$e[code] - $e[message]":"OK")."<BR>";
$ok = oci_execute($curseur);
$e = oci_error(); // appel sans paramètre pour voir
echo "3.b : ".($e?"$e[code] - $e[message]":"OK")."<BR>";
$e = oci_error($curseur);
echo "3.c : ".($e?"$e[code] - $e[message]":"OK")."<BR>";
// requête INSERT qui viole une clé primaire
$requête = "INSERT INTO articles(identifiant,libelle,prix)
            VALUES(1,'Poires',29.9)";
$curseur = oci_parse($connexion,$requête);
$ok = oci_execute($curseur);
$e = oci_error($curseur);
echo "<P>4 : ".($e?"$e[code] - $e[message]":"OK")."<BR>";
```

```
// tentative de fetch sur un mauvais résultat
$requête = "SELECT * FROM article";
$curseur = oci_parse($connexion,$requête);
$ok = oci_execute($curseur);
$e = oci_error($curseur);
echo "<P>5.a : ".($e?"$e[code] - $e[message]":"OK")."<BR>";
$ligne = oci_fetch_assoc($curseur);
$e = oci_error($curseur);
echo "5.b : ".($e?"$e[code] - $e[message]":"OK")."<BR>";
?>
```

Résultat

```
Warning: oci_connect() [function.oci-connect]:
OCISessionBegin: ORA-01017: invalid username/password; logon denied in
d:\scripts php\index.php on line 3
1 : 1017 - ORA-01017: invalid username/password; logon denied
2 : OK
3.a : OK
Warning: oci_execute() [function.oci-execute]:
OCIStmtExecute: ORA-00942: table or view does not exist in
d:\scripts php\index.php on line 22
3.b : OK
3.c : 942 - ORA-00942: table or view does not exist
Warning: oci_execute() [function.oci-execute]:
OCIStmtExecute: ORA-00001: unique constraint (DEMETER.ARTICLES$PK) violated
in d:\scripts php\index.php on line 32
4 : 1 - ORA-00001: unique constraint (DEMETER.ARTICLES$PK) violated
Warning: oci_execute() [function.oci-execute]:
OCIStmtExecute: ORA-00942: table or view does not exist in
d:\scripts php\index.php on line 39
5.a : 942 - ORA-00942: table or view does not exist
Warning: oci_fetch_assoc() [function.oci-fetch-assoc]:
OCIFetchInto: ORA-24374: define not done before fetch or
execute and fetch in d:\scripts php\index.php on line 42
5.b : 24374 - ORA-24374: define not done before fetch or execute and fetch
```

Quelle que soit l'erreur, une alerte est affichée (cf. chapitre 12 pour supprimer l'affichage de ces alertes).

Le résultat 3 fournit deux informations :

- La fonction `oci_error`, sans paramètre, n'est d'aucune utilité, en dehors d'un appel après la fonction `oci_connect`.
- La fonction `oci_parse`, sur une mauvaise requête, ne génère jamais d'erreur : la fonction `oci_parse` ne retourne pas `FALSE` et la fonction `oci_error` retourne `FALSE` (donc pas d'erreur). L'erreur sera détectée uniquement lors de l'exécution.

Contrairement à MySQL, une erreur est retournée si une tentative de `fetch` est effectuée sur un curseur qui n'a pas été exécuté.

Dans la pratique, il convient d'appeler la fonction `oci_error()` après la fonction `oci_connect`, et `oci_error($curseur)` après la fonction `oci_execute`.

Ces fonctions peuvent être mises en œuvre, à titre d'exemple, sur une de nos fonctions génériques.

Exemple

```
<?php
function db_lire_ligne($requête, &$erreur) {
  // dans cette nouvelle version, db_lire_ligne prend un
  // deuxième paramètre par référence dans lequel un numéro et un message
  // seront stockés en cas d'erreur (sous la forme d'un tableau)
  // initialiser $erreur
  // code = 0,  message vide
  // le tableau est conforme à la structure du tableau
  // retourné par oci_error
  $erreur = array("code" => 0, "message" => "");
  // se connecter
  $ok =($connexion =
          oci_connect("demeter","demeter","diane"));
  if ($ok) { // connexion OK
    // analyser requête
    $ok = ($curseur = oci_parse($connexion,$requête));
  }
  if ($ok) { // analyse OK
    // exécuter la requête
    $ok = oci_execute($curseur);
  }
  if ($ok) { // exécution OK
    // lire le résultat
    $ligne = oci_fetch_array($curseur,
                                OCI_ASSOC+OCI_RETURN_NULLS);
  }
  if (! $ok) { // erreur quelque part
    // si connexion OK, récupérer l'erreur du curseur
    // sinon, récupérer l'erreur de la connexion
    $erreur = $connexion?oci_error($curseur):oci_error();
  }
  // retourner $ligne ou FALSE en cas d'erreur
  return ($ok)?$ligne:FALSE;
?>
```

Utilisation

```
<?php
// inclure le fichier qui contient les différentes fonctions
// générales
require("fonctions.inc");
// premier appel avec une erreur
$requête = "SELECT * FROM article WHERE identifiant = 1";
if (! ($ligne = db_lire_ligne($requête,$erreur))) {
  echo "$erreur[code] - $erreur[message]<BR>";
} else {
  echo "$ligne[LIBELLE] - $ligne[PRIX]<BR>";
}
// deuxième appel correct
$requête = "SELECT * FROM articles WHERE identifiant = 1";
if (! ($ligne = db_lire_ligne($requête,$erreur))) {
  echo "$erreur[code] - $erreur[message]<BR>";
} else {
  echo "$ligne[LIBELLE] - $ligne[PRIX]<BR>";
?>
```

Résultat

```
Warning: oci_execute() [function.oci-execute]:
OCIStmtExecute: ORA-00942: table or view does not exist in
d:\scripts php\index.php on line 42
942 - ORA-00942: Table ou vue inexistante
Abricots - 35.5
```

Le tableau retourné par la fonction `oci_error` offre deux lignes supplémentaires avec les clés `offset` et `sqltext`. La ligne de clé `offset` donne la position de l'erreur dans le texte de la requête et la ligne de clé `sqltext` donne le texte de la requête.

D. Utilisation de Microsoft SQL Server

1. Préambule

Le jeu de fonctions proposé pour Microsoft SQL Server est très proche de celui de MySQL.

En règle générale, il suffit de remplacer le préfixe `mysql_` des fonctions de MySQL par `mssql_` pour obtenir la fonction équivalente de Microsoft SQL Server. Le préfixe `mssql_` ne doit pas être confondu avec `msql_` qui est le préfixe des fonctions de la base mSQL.

2. Connexion et déconnexion

La fonction `mssql_connect` permet d'établir une connexion avec une base SQL Server.

Syntaxe

```
ressource mssql_connect(chaîne serveur, chaîne utilisateur,
chaîne mot_de_passe [, booléen nouvelle_connexion])
```

`serveur`	Nom du serveur.
`utilisateur`	Nom de l'utilisateur à employer pour établir la connexion.
`mot_de_passe`	Mot de passe à utiliser pour établir la connexion.
`nouvelle_connexion`	Indique si une nouvelle connexion doit être établie si la fonction est appelée une seconde fois avec les mêmes paramètres.

La fonction `mssql_connect` retourne un identifiant de connexion ou, en cas d'erreur, la valeur `FALSE` accompagnée d'un message d'alerte envoyé à l'affichage (cf. chapitre 12 pour gérer cette situation correctement).

Dans le même script, appeler deux fois `mssql_connect` avec les mêmes paramètres n'ouvre pas deux connexions différentes : lors du deuxième appel, l'identifiant de la connexion déjà ouverte est retourné. Ce comportement est modifié en positionnant le paramètre `nouvelle_connexion` à `TRUE`.

Exemple

```
<?php
// exemple de connexion correcte
$id1 = mssql_connect("diane","demeter","demeter");
echo "\$id1 = $id1<BR>\n";
// exemple d'échec (mauvais mot de passe)
$id2 = mssql_connect("diane","demeter","zeus");
echo "\$id2 = $id2<BR>\n";
// nouvelle connexion avec les mêmes paramètres que 1
$id3 = mssql_connect("diane","demeter","demeter");
echo "\$id3 = $id3 (= \$id1)<BR>\n";
// nouvelle connexion avec les mêmes paramètres que 1
// mais en demandant une nouvelle connexion
$id4 = mssql_connect("diane","demeter","demeter",TRUE);
echo "\$id4 = $id4 (<> \$id1)<BR>\n";
?>
```

Résultat

```
$id1 = Resource id #2

Warning: mssql_connect() [function.mssql-connect]: message: Échec de la connexion de l'utilisateur 'demeter'. (severity 14) in d:\scripts php\index.php on line 6

Warning: mssql_connect() [function.mssql-connect]: Unable to connect to server: diane in d:\scripts php\index.php on line 6
$id2 =
$id3 = Resource id #2 (= $id1)
$id4 = Resource id #3 (<> $id1)
```

Les connexions ouvertes dans un script sont automatiquement fermées à la fin du script, sauf déconnexion explicite avant avec `mssql_close` (voir ci-après).

La fonction `mssql_pconnect` permet d'obtenir un fonctionnement différent et d'établir une connexion dite "permanente" qui ne sera pas fermée à la fin du script et pourra être réutilisée dans ce script ou un autre script ultérieurement.

La syntaxe est identique à la syntaxe de la fonction `mssql_connect`.

Lors de l'appel à la fonction `mssql_pconnect` dans un script, PHP regarde si une connexion permanente a déjà été ouverte avec les mêmes paramètres (serveur, utilisateur et mot de passe) : si oui, l'identifiant de cette connexion est retourné ; si non, une nouvelle connexion est établie (et cette connexion ne sera pas fermée à la fin du script, autorisant ainsi sa réutilisation ultérieure).

La directive de configuration `mssql.allow_persistent` doit être à `on` pour ouvrir des connexions permanentes. Par ailleurs, les directives `mssql.max_persistent` et `mssql.max_links` permettent respectivement de limiter le nombre de connexions permanentes et le nombre total de connexions.

Implicitement, la connexion est établie sur la base par défaut associée à l'utilisateur ; toutes les requêtes qui sont exécutées sur cette connexion, s'effectuent implicitement sur cette base par défaut.

La fonction `mssql_select_db` permet de changer la base active de la connexion.

Syntaxe

`booléen mssql_select_db(chaîne base[,ressource connexion])`

base	Nom de la base à activer.
connexion	Identifiant de connexion retourné par la fonction `mssql_connect`. Si non précisé, s'applique à la dernière connexion ouverte.

La fonction `mssql_select_db` retourne `TRUE` si la base a pu être changée et `FALSE` autrement (accompagné d'une alerte).

Exemple

```
<?php
// connexion
$connexion = mssql_connect("diane","demeter","demeter");
// changement de base
$ok = mssql_select_db("pubs",$connexion);
echo "\$ok = ".(($ok)?"TRUE":"FALSE")."<BR>\n";
// tentative de changement pour une base qui n'existe pas
$ok = mssql_select_db("pub",$connexion);
echo "\$ok = ".(($ok)?"TRUE":"FALSE")."<BR>\n";
?>
```

Résultat

```
$ok = TRUE
Warning: mssql_select_db() [function.mssql-select-db]:
message: Impossible de trouver l'entrée dans sysdatabases pour la base de
données 'pub'. Aucune entrée ne porte ce nom. Assurez-vous que le nom est
correctement saisi. (severity 16)
in d:\scripts php\index.php on line 8
Warning: mssql_select_db() [function.mssql-select-db]:
Unable to select database: pub in d:\scripts php\index.php on line 8
$ok = FALSE
```

La fonction `mssql_close` permet de fermer une connexion en cours de script.

Syntaxe

`booléen mssql_close([ressource connexion])`

connexion	Identifiant de connexion retourné par la fonction `mssql_connect`. Si non précisé, fermeture de la dernière connexion ouverte.

La fonction `mssql_close` retourne `TRUE` en cas de succès et `FALSE` en cas d'erreur (accompagné d'une alerte).

La fonction `mssql_close` est sans effet sur une connexion permanente.

Toutes les connexions non permanentes sont automatiquement fermées à la fin du script.

Exemple

```
<?php
// connexion
$id1 = mssql_connect("diane","demeter","demeter");
echo "\$id1 = $id1<BR>\n";
```

```
// déconnexion
$ok = mssql_close($id1);
echo "\$ok = ".(($ok)?"TRUE":"FALSE")."<BR>\n";
// tentative de déconnexion d'une connexion déjà close
$ok = mssql_close($id1);
echo "\$ok = ".(($ok)?"TRUE":"FALSE")."<BR>\n";
?>
```

Résultat

```
$id1 = Resource id #1
$ok = TRUE
$ok = TRUE
```

Cet exemple montre que fermer une connexion déjà close ne génère pas d'erreur.

3. Lire des données

Lire des données dans une base nécessite deux opérations :

- envoyer, pour exécution, une requête (en l'occurrence un ordre `SELECT`) au serveur ;
- récupérer la ou les lignes correspondant au résultat de la requête.

Exécuter une requête

La fonction `mssql_query` permet d'envoyer une requête pour exécution au serveur.

Syntaxe

`ressource mssql_query(chaîne requête[, ressource connexion])`

`requête`	Texte de la requête à exécuter.
`connexion`	Identifiant de connexion retourné par la fonction `mssql_connect`. Si non précisé, utilisation de la dernière connexion ouverte.

La fonction `mssql_query` retourne un identifiant de résultat de requête, en cas de succès, et `FALSE` en cas d'échec (accompagné d'une alerte).

Rappel : la requête s'exécute sur la base active de la connexion (base par défaut de l'utilisateur ou base précédemment sélectionnée par la fonction `mssql_select_db`).

Exemple

```
<?php
// connexion
$connexion = mssql_connect("diane","demeter","demeter");
// définition de la requête
$requête = "SELECT * FROM articles";
// exécution de la requête sur la base actuelle
$résultat1 = mssql_query($requête,$connexion);
echo "\$résultat1 = $résultat1<BR>\n";
// définition d'une mauvaise requête
$requête = "SELECT * FROM article";
$résultat2 = mssql_query($requête,$connexion);
echo "\$résultat2 = $résultat2<BR>\n";
// exécution de la bonne requête sur une mauvaise base
$ok = mssql_select_db("msdb",$connexion);
```

```
$requête = "SELECT * FROM articles";
$résultat3 = mssql_query($requête,$connexion);
echo "\$résultat3 = $résultat3<BR>\n";
?>
```

Résultat

```
résultat1 = Resource id #2
Warning: mssql_query() [function.mssql-query]: message:
'article' : nom d'objet incorrect. (severity 16) in
d:\scripts php\index.php on line 10
Warning: mssql_query() [function.mssql-query]: Query failed
in d:\scripts php\index.php on line 10
$résultat2 =
Warning: mssql_query() [function.mssql-query]: message:
'articles' : nom d'objet incorrect. (severity 16)
in d:\scripts php\index.php on line 15
Warning: mssql_query() [function.mssql-query]: Query failed in
d:\scripts php\index.php on line 15
$résultat3 =
```

Comme indiqué en introduction, la fonction `mssql_query` exécute la requête, indique si la requête s'est exécutée correctement mais ne renvoie aucune donnée. Il va falloir extraire les lignes du résultat.

Connaître le nombre de lignes dans le résultat

La fonction `mssql_num_rows` permet de connaître le nombre de lignes dans le résultat.

Syntaxe

```
entier mssql_num_rows(ressource résultat)
```

`résultat` Identifiant de résultat de requête retourné par la fonction `mssql_query`.

Cette fonction est utilisable uniquement pour les requêtes `SELECT`.

Exemple

```
<?php
// connexion
$connexion = mssql_connect("diane","demeter","demeter");
// définition de la requête
$requête = "SELECT * FROM articles";
// exécution de la requête (avec la connexion courante)
$résultat = mssql_query($requête);
// récupération du nombre de lignes
$nombre = mssql_num_rows($résultat);
echo "Nombre d'articles : $nombre<BR>\n";
// définition de la requête
$requête = "SELECT * FROM articles WHERE prix > 40";
// exécution de la requête (avec la connexion courante)
$résultat = mssql_query($requête);
// récupération du nombre de lignes
$nombre = mssql_num_rows($résultat);
echo "Nombre d'articles dont le prix est supérieur à 40 : $nombre<BR>\n";
?>
```

Résultat

```
Nombre d'articles : 4
Nombre d'articles dont le prix est supérieur à 40 : 1
```

Lire le résultat de la requête

Le résultat de l'exécution (réussie) d'une requête `SELECT` peut être lu grâce aux fonctions `mssql_fetch_array`, `mssql_fetch_assoc`, `mssql_fetch_object` ou `mssql_fetch_row`.

Ces fonctions effectuent le même traitement : lecture de la ligne courante du résultat et avancement du pointeur sur la ligne suivante (voir l'introduction).

Ces fonctions diffèrent sur le type de données utilisé pour retourner le résultat.

Syntaxe

```
tableau mssql_fetch_array(ressource résultat [, entier type])
tableau mssql_fetch_assoc(ressource résultat)
objet mssql_fetch_object(ressource résultat)
tableau mssql_fetch_row(ressource résultat)
```

`résultat`	Identifiant de résultat de requête retourné par la fonction `mssql_query`.
`type`	Type de résultat égal à une des constantes suivantes : `MSSQL_ASSOC`, `MSSQL_NUM`, `MSSQL_BOTH`.

Les fonctions `mssql_fetch_array`, `mssql_fetch_assoc` et `mssql_fetch_row` retournent la ligne courante du résultat sous la forme d'un tableau, chaque ligne du tableau correspondant à une colonne du résultat. La fonction `mssql_fetch_object` retourne la ligne courante sous la forme d'un objet.

S'il n'y a plus de ligne à lire dans le résultat, ces fonctions retournent `FALSE`.

Pour la fonction `mssql_fetch_assoc`, il s'agit d'un tableau associatif dont la clé est le nom de la colonne. Pour la fonction `mssql_fetch_row`, il s'agit d'un tableau à indices entiers, l'indice 0 correspondant à la première colonne, l'indice 1 à la deuxième, etc. Enfin, pour la fonction `mysql_fetch_array`, le type du tableau dépend du deuxième paramètre :

`MSSQL_NUM`	Tableau à indices entiers (comme la fonction `mssql_fetch_row`).
`MSSQL_ASSOC`	Tableau associatif (comme la fonction `mssql_fetch_assoc`).
`MSSQL_BOTH` (valeur par défaut)	Les deux à la fois. Chaque colonne est présente deux fois.

Exemple

Requête	**SELECT * FROM articles**		
Colonnes	identifiant	libelle	prix
1re ligne du résultat	1	Abricots	35.5

Résultat d'un `fetch` (lecture avec différentes fonctions)

`mssql_fetch_row` ou `mssql_fetch_array (...,MSSQL_NUM)`		`mssql_fetch_assoc` ou `mssql_fetch_array (...,MSSQL_ASSOC)`		`mssql_fetch_array (...,MSSQL_BOTH)`	
Indice/Clé	**Valeur**	**Indice/Clé**	**Valeur**	**Indice/Clé**	**Valeur**
0	1	identifiant	1	identifiant	1
1	Abricots	libelle	**Abricots**	0	1
2	35.5	prix	35.5	libelle	Abricots
				1	Abricots
				prix	35.5
				2	35.5

La fonction `mssql_fetch_object` retourne un objet, avec un attribut par colonne, le nom de l'attribut correspondant au nom de la colonne.
En cas d'utilisation d'un alias de colonne dans la requête `SELECT` (exemple `SELECT AVG(prix)` **`prix_moyen`** `FROM articles`), c'est l'alias de colonne qui est utilisé comme clé ou nom d'attribut.

Exemple

```
<?php
// inclusion du fichier qui contient la définition de
// afficher_tableau
include("fonctions.inc");
// connexion
$connexion = mssql_connect("diane","demeter","demeter");
// exécution de la requête sur la connexion courante
$résultat = mssql_query("SELECT * FROM articles");
// Premier fetch avec mssql_fetch_row
$ligne = mssql_fetch_row($résultat);
afficher_tableau($ligne,"mssql_fetch_row");
// Deuxième fetch avec mssql_fetch_assoc
$ligne = mssql_fetch_assoc($résultat);
afficher_tableau($ligne,"mssql_fetch_assoc");
// Troisième fetch avec mssql_fetch_array
//  - sans deuxième paramètre = MSSQL_BOTH
$ligne = mssql_fetch_array($résultat);
afficher_tableau($ligne,"mssql_fetch_array");
// Quatrième fetch avec mssql_fetch_object
$ligne = mssql_fetch_object($résultat);
echo "<P><B>mssql_fetch_object</B><BR>";
echo "\$ligne->identifiant = $ligne->identifiant<BR>";
echo "\$ligne->libelle = $ligne->libelle<BR>";
echo "\$ligne->prix = $ligne->prix<BR>";
// Cinquième fetch de nouveau avec mssql_fetch_row
//  - normalement, plus de ligne
$ligne = mssql_fetch_row($résultat);
if (! $ligne) {
  echo "<P><B>Cinquième fetch : plus rien</B>";
}
?>
```

Résultat

```
mssql_fetch_row
0 = 1
1 = Abricots
2 = 35.50
mssql_fetch_assoc
identifiant = 2
libelle = Cerises
prix = 48.90
mssql_fetch_array
0 = 3
identifiant = 3
1 = Fraises
libelle = Fraises
2 = 29.95
prix = 29.95
mssql_fetch_object
$ligne->identifiant = 4
$ligne->libelle = P_ches
$ligne->prix = 37.20
Cinquième fetch : plus rien
```

Vous observez grâce à cet exemple :

- les différents modes de récupération d'une ligne de résultat,
- le fait qu'à chaque `fetch`, le pointeur interne avance, et que le `fetch` suivant retourne donc la ligne suivante, jusqu'à avoir parcouru toutes les lignes.

En cas d'utilisation d'un identifiant de résultat non valide, les fonctions `mysql_fech_*` retournent `FALSE` et affichent, en plus, une alerte du type :

```
Warning: mssql_fetch_row(): supplied argument is not a valid MS SQL-result
resource in d:\scripts php\index.php on line 9
```

Quelle méthode utiliser ?

Toutes les méthodes se valent, notamment du point de vue des performances. Personnellement, nous avons une petite préférence pour l'utilisation des fonctions `mssql_fetch_assoc`, `mssql_fetch_array` et `mssql_fetch_object` qui permettent d'employer le nom des colonnes de la requête et de rendre le code plus lisible.

Exemple de code pour la lecture d'une ligne

Un premier type de lecture consiste souvent à envisager une seule ligne d'information dans une table ou plusieurs tables avec jointure(s) : obtention d'informations sur l'utilisateur qui vient de se connecter, fiche de description d'un article...

Exemple

```
<?php
// inclure le fichier qui contient les différentes fonctions générales
require("fonctions.inc");
//initialiser les variables
$identifiant="";
$libellé="";
$prix="";
$message="";
```

```
// Tester comment le script est appelé
if (! empty($_POST)) {
  // traitement du formulaire ...
  // rappel : lorsqu'un formulaire n'a qu'une zone de texte
  // et que l'utilisateur tape return ou enter, le bouton de validation
// n'est pas considéré comme cliqué. Pour savoir
  // si le formulaire a été soumis, il faut tester si
  // $_POST (ou $_GET) est vide ou non.
  // récupérer les valeurs saisies
  $identifiant = valeur_saisie($_POST["identifiant"]);
  // contrôler les valeurs saisies
  if ($identifiant == "") {
    $message .= "L'identifiant est obligatoire.\n";
  }
  if (! ereg("^[0-9]+$",$identifiant)) {
    $message .=
      "L'identifiant doit être un nombre.\n";
  }
  // tester s'il y a des erreurs à ce stade
  if ($message == "") {
    // pas d'erreur
    // connexion
    $connexion = mssql_connect("diane","demeter","demeter");
    // exécuter la requête de sélection
    $requête = "SELECT * FROM articles WHERE
        identifiant = $identifiant";
    $résultat = mssql_query($requête);
    // fetch si la requête a bien été exécutée
    if ($résultat) {
      $article = mssql_fetch_array($résultat);
    }
    // tester le résultat
    if (! $résultat) { // requête pas OK
      $message .= "Erreur.\n";
    } elseif (! $article) { // résultat vide
      $message .=
        "Pas d'article pour cet identifiant.\n";
    } else { // OK
      // récupérer les informations à afficher
      $libellé = $article["libelle"];
      $prix = $article["prix"];
      // mise en forme
      $libellé = vers_page($libellé);
      $prix = number_format($prix,2,"," ," ");
      $prix = vers_page($prix);
    }
  }
  // tester s'il y a des erreurs à ce stade
  if ($message != "") {
    // erreur
    // préparer le message pour l'affichage
    $message = vers_page($message);
    // bien s'assurer que les informations à afficher sont vides
    $libellé = "";
    $prix = "";
  }
}
```

```
// Affichage de la page ...
?>
<HTML>
<HEAD><TITLE>Consultation d'un article</TITLE></HEAD>
<BODY>
<FORM METHOD="POST">
Identifiant de l'article :
<INPUT TYPE="text" NAME="identifiant"
  VALUE="<?php echo vers_formulaire($identifiant); ?>">
<INPUT TYPE="submit" NAME="OK" VALUE="OK">
</FORM>
<TABLE BORDER="0">
<TR><TD><U>Libellé :</U> </TD>
    <TD><?php echo $libellé; ?></TD></TR>
<TR><TD><U>Prix :</U> </TD>
    <TD><?php echo $prix; ?></TD></TR>
</TABLE>
<FONT COLOR="red"><?php echo $message; ?></FONT>
</BODY>
</HTML>
```

Résultat (après saisie et clic sur le bouton ***OK****)*

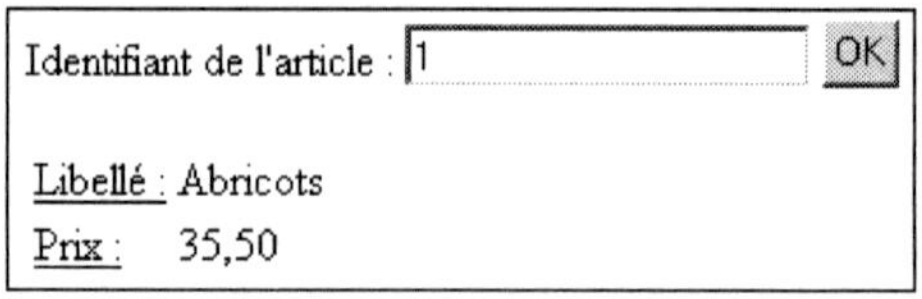

Il est relativement simple d'écrire une fonction générique permettant de lire une ligne.

Exemple

```
<?php
function db_lire_ligne($requête) {
  // se connecter
  $connexion = mssql_connect("diane","demeter","demeter");
  // exécuter la requête et tester le résultat pour affecter
  // la variable $ok
  $ok = (($résultat = mssql_query($requête)) != FALSE);
  if ($ok) { // exécution OK
    // lire la ligne
    $ligne = mssql_fetch_array($résultat);
  }
  // retourner $ligne ou FALSE en cas d'erreur
  return ($ok)?$ligne:FALSE;
}
?>
```

Il est possible (souhaitable) d'améliorer la gestion des erreurs (cf. D - 6. Gérer les erreurs).

Exemple

```
<?php
// inclure le fichier qui contient les différentes fonctions
// générales
require("fonctions.inc");
// définir la requête
$requête = "SELECT * FROM articles WHERE identifiant= 1";
```

```
// lire le résultat
$ligne = db_lire_ligne($requête);
if ($ligne) {
  echo "$ligne[libelle] - $ligne[prix]";
}
?>
```

Résultat (sauf erreur)

```
Abricots - 35.5
```

Exemple de code pour la lecture de toutes les lignes

Un deuxième type de lecture consiste souvent à afficher une liste d'éléments extraits de la base (liste d'utilisateurs, liste d'articles...).

Exemple

```
<?php
// inclure le fichier qui contient les différentes fonctions générales
require("fonctions.inc");
// initialiser la variable de message
$message = "";
// se connecter
$connexion = mssql_connect("diane","demeter","demeter");
// exécuter la requête de sélection
$requête = "SELECT * FROM articles";
$résultat = mssql_query($requête);
// fetch si la requête a bien été exécutée
if ($résultat) {
    // boucle jusqu'à avoir un fetch FALSE
    while ($article = mssql_fetch_array($résultat)) {
      // remplir un tableau avec chaque ligne extraite
      // remarque : le tableau est multidimensionnel
      // puisque $article est lui-même un tableau
      $articles[] = $article;
    }
}
// tester le résultat
if (! $résultat) { // requête pas OK
  $message .= "Erreur.\n";
} elseif (empty($articles)) { // résultat vide
  $message .=
    "Aucun article dans la base.\n";
} else { // OK
  // mettre en forme les données (idem précédemment)
  // remarque : aurait pu être fait dans la boucle
  // de fetch pour optimiser les performances
  for ($i=0;$i<count($articles);$i++) {
    $articles[$i]["libelle"] =
      vers_page($articles[$i]["libelle"]);

    $articles[$i]["prix"] =
      vers_page(number_format($articles[$i]["prix"],2,"," ," "));
  }
}
// tester s'il y a des erreurs à ce stade
if ($message != "") {
  // erreur
  // préparer le message pour l'affichage
```

```
  $message = vers_page($message);
  // bien s'assurer que les informations à
  // afficher sont vides
  unset($articles);
}
// Affichage de la page ...
?>
<HTML>
<HEAD><TITLE>Liste des articles</TITLE></HEAD>
<BODY>
<!-- construction d'une table HTML -->
<TABLE BORDER="1" CELLPADDING="4" CELLSPACING="0">
<!-- ligne de titre -->
<TR ALIGN=\"center\">
<TH>Identifiant</TH><TH>Libellé</TH><TH>Prix</TH>
</TR>
<!-- code PHP pour les lignes du tableau -->
<?php
if (isset($articles)) { // s'il y a un résultat à afficher
  foreach($articles as $article) { // boucle sur les articles
    // génération de la ligne de la table HTML
    // remarque : printf() rend le code lisible
    printf("<TR><TD>%d</TD><TD>%s</TD><TD>%s</TD></TR>",
           $article["identifiant"],
           $article["libelle"],
           $article["prix"]);
  }
}
?>
</TABLE>
<FONT COLOR="red"><?php echo $message; ?></FONT>
</BODY>
</HTML>
```

On peut écrire le même exemple de manière plus compacte, un peu plus économe en mémoire et peut-être un peu plus performante : le `fetch` est effectué au cours de la construction de la table HTML.

Exemple

```
<?php
// inclure le fichier qui contient les différentes fonctions générales
require("fonctions.inc");
// initialiser la variable de message
$message = "";
// se connecter
$connexion = mssql_connect("diane","demeter","demeter");
// exécuter la requête de sélection
$requête = "SELECT * FROM articles";
$résultat = mssql_query($requête);
// tester le résultat
if (! $résultat) { // requête pas OK
  // message d'erreur
  $message .= "Erreur.\n";
  // préparer le message pour l'affichage
  $message = vers_page($message);
}
```

```
// Affichage de la page ...
?>
<HTML>
<HEAD><TITLE>Liste des articles</TITLE></HEAD>
<BODY>
<!-- construction d'une table HTML -->
<TABLE BORDER="1" CELLPADDING="4" CELLSPACING="0">
<!-- ligne de titre -->
<TR ALIGN=\"center\">
<TH>Identifiant</TH><TH>Libellé</TH><TH>Prix</TH>
</TR>
<!-- code PHP pour les lignes du tableau -->
<?php
if ($résultat) { // s'il y a un résultat à afficher
  // boucle de fetch
  while ($article = mssql_fetch_array($résultat)) {
    // mise en forme des données
    $article["libelle"] = vers_page($article ["libelle"]);
    $article["prix"] = vers_page(
      number_format($article["prix"],2,"," ," "));
    // génération de la ligne de la table HTML
    printf("<TR><TD>%d</TD><TD>%s</TD><TD>%s</TD></TR>",
      $article["identifiant"],
      $article["libelle"],
      $article["prix"]);
  } // while
  // si le résultat est vide, préparer un message
  if (mssql_num_rows($résultat) == 0) {
    $message = vers_page("Aucun article dans la base.");
  }
} // if ($résultat)
?>
</TABLE>
<FONT COLOR="red"><?php echo $message; ?></FONT>
</BODY>
</HTML>
```

Pour permettre à l'utilisateur d'agir sur la liste, il est possible d'imbriquer un formulaire ou des liens avec la table HTML.

Exemple

```
<?php
// inclure le fichier qui contient les différentes fonctions générales
require("fonctions.inc");
// initialiser la variable de message
$message = "";
// se connecter
$connexion = mssql_connect("diane","demeter","demeter");
// exécuter la requête de sélection
$requête = "SELECT * FROM articles";
$résultat = mssql_query($requête);
// tester le résultat
if (! $résultat) { // requête pas OK
  // message d'erreur
  $message .= "Erreur.\n";
  // préparer le message pour l'affichage
  $message = vers_page($message);
}
```

```
// Affichage de la page ...
?>
<HTML>
<HEAD><TITLE>Liste des articles</TITLE></HEAD>
<BODY>
<!-- construction d'une table HTML à l'intérieur d'un
---- formulaire -->
<FORM METHOD="POST">
<TABLE BORDER="1" CELLPADDING="4" CELLSPACING="0">
<!-- ligne de titre -->
<TR ALIGN=\"center\">
<TH>Libellé</TH><TH>Prix</TH><TH>Case</TH><TH>Lien</TH>
</TR>
<!-- code PHP pour les lignes du tableau -->
<?php
if ($résultat) { // s'il y a un résultat à afficher
  // boucle de fetch
  while ($article = mssql_fetch_array($résultat)) {
    // mise en forme des données
    $article["libelle"] = vers_page($article ["libelle"]);
    $article["prix"] = vers_page(
      number_format($article["prix"],2,"," ," "));
    // génération de la ligne de la table HTML
    //    - une case à cocher dans une colonne
    //    - un lien dans une autre colonne
    printf(
    "<TR><TD>%s</TD><TD>%s</TD><TD>%s</TD><TD>%s</TD></TR>",
    $article["libelle"],
    $article["prix"],
    "<INPUT TYPE=\"checkbox\" NAME=\"choix[]\"
          VALUE=\"$article[identifiant]\">",
    "<A HREF=\"javascript:alert($article[identifiant])\">
          action<A>");
  }
  // si le résultat est vide, préparer un message
  if (mssql_num_rows($résultat) == 0) {
    $message = vers_page("Aucun article dans la base.");
  }
} // if ($résultat)
?>
</TABLE>
<BR><INPUT TYPE="submit" NAME="action" VALUE="Action">
</FORM>
<FONT COLOR="green">
<?php
// traitement du formulaire
// simple affichage des identifiants cochés
if (isset($_POST["action"])) {
  if (isset($_POST["choix"])) {
    echo "Identifiant(s) coché(s) : ".
        implode("+",$_POST["choix"]);
  }
}
?>
</FONT>
<FONT COLOR="red"><?php echo $message; ?></FONT>
</BODY>
</HTML>
```

Résultat

- Affichage initial de la page :

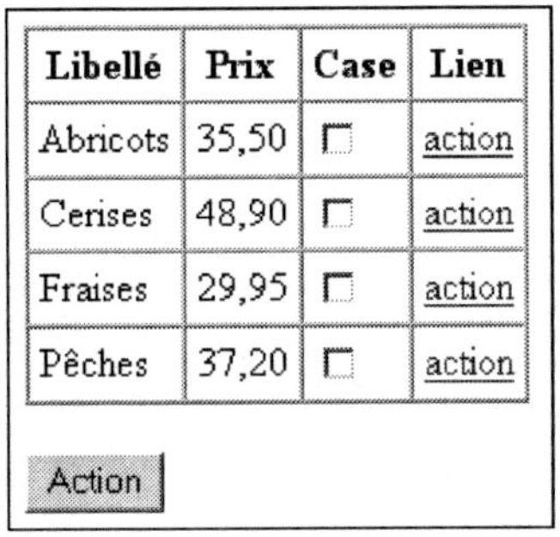

- Après clic sur un lien :

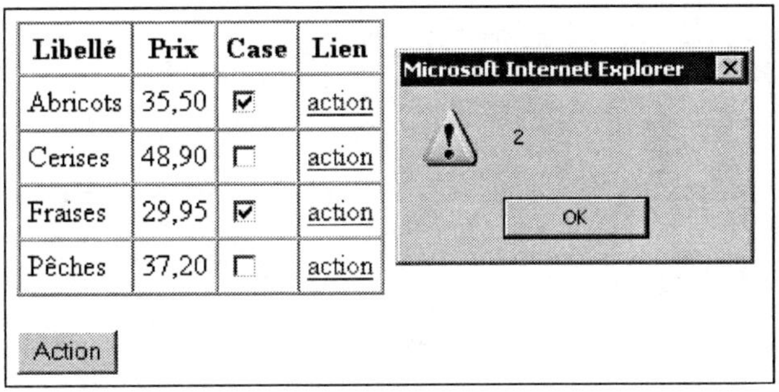

- Après clic sur le bouton Action :

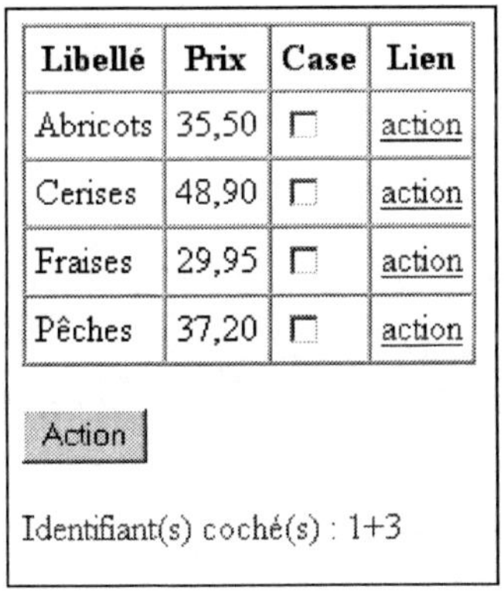

Sur le lien, à la place du code JavaScript, il est possible de placer une vraie URL et d'enchaîner sur une autre page (cf. chapitre 9 pour comprendre comment mettre un paramètre dans l'URL et pouvoir ainsi passer une information, ici l'identifiant choisi, à une autre page).

En ce qui concerne le traitement du formulaire, tout est envisageable.

Là encore, pour la lecture de plusieurs lignes, une fonction générique est utilisable.

Exemple

```
<?php
function db_lire_lignes_dans_tableau($requête) {
  // se connecter
  $connexion = mssql_connect("diane","demeter","demeter");
  // exécuter la requête et tester le résultat pour affecter
  // la variable $ok
  $ok = (($résultat = mssql_query($requête)) != FALSE);
  if ($ok) { // exécution OK
    // lire les lignes dans un tableau
    while ($ligne = mssql_fetch_array($résultat)) {
      $tableau[] = $ligne;
    }
  }
  // retourner $tableau ou FALSE en cas d'erreur
  return ($ok)?$tableau:FALSE;
}
?>
```

Utilisation

```
<?php
// inclure le fichier qui contient les différentes fonctions générales
require("fonctions.inc");
// définir la requête
$requête = "SELECT * FROM articles";
// lire le résultat dans un tableau
$articles = db_lire_lignes_dans_tableau($requête);

// afficher le premier article lu
if ($articles) {
  echo count($articles)." articles<BR>";
  echo "Premier article : ";
  echo "{$articles[0]['libelle']} - {$articles[0]['prix']}";
}
?>
```

Résultat (sauf erreur)

```
4 articles
Premier article : Abricots - 35.50
```

Cette fonction générique peut, par exemple, être utilisée pour construire une liste `<SELECT>` dans un formulaire.

Exemple

```
<?php
// inclure le fichier qui contient les différentes fonctions générales
require("fonctions.inc");
// chargement de la liste des fruits
$requête = "SELECT identifiant,libelle FROM articles
            ORDER BY libelle";
$fruits_du_marché = db_lire_lignes_dans_tableau($requête);
?>
```

```
<!-- construction du formulaire -->
<FORM METHOD="POST">
Fruits préférés :<BR>
<SELECT NAME="fruits[]" MULTIPLE SIZE="8">
<?php
// code PHP générant la partie dynamique du formulaire
// parcourir la liste à afficher
foreach($fruits_du_marché as $fruit) {
  // générer la balise OPTION avec l'identifiant pour l'option
   // VALUE et le libellé pour le texte affiché dans la liste
  echo "<OPTION VALUE=\"$fruit[identifiant]\">
            $fruit[libelle]\n";
}
?>
</SELECT>
<INPUT TYPE="submit" NAME="OK" VALUE="OK"><BR>
</FORM>
```

Résultat

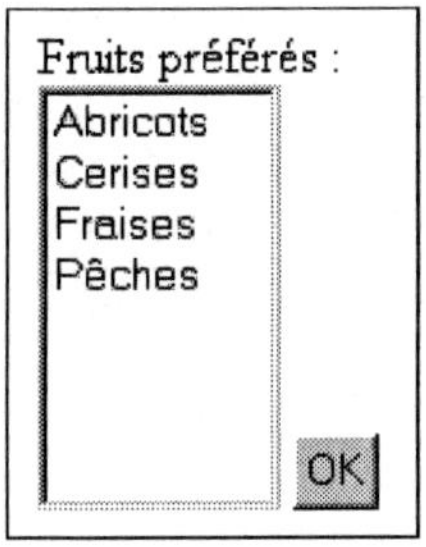

4. Mettre à jour des données

Mettre à jour des données consiste à exécuter des requêtes `INSERT` (création), `UPDATE` (modification) ou `DELETE` (suppression).

L'exécution de ce type de requête s'effectue avec la fonction `mssql_query`, comme pour une requête `SELECT`.

Il n'y a pas d'équivalent, avec Microsoft SQL Server, à la fonction MySQL `mysql_effected_rows` et la fonction `mssql_num_rows` ne fonctionne pas pour une requête `INSERT`, `UPDATE` ou `DELETE`. Par contre, il est possible d'exécuter une requête `SELECT @@ROWCOUNT` pour obtenir une information sur le nombre de lignes affectées par le dernier ordre de mise à jour (voir les exemples de la page suivante).

Il n'y a pas d'équivalent non plus à la fonction MySQL `mysql_insert_id` mais il est possible d'exécuter une requête `SELECT SCOPE_IDENTITY()` ou `SELECT @@IDENTITY` pour récupérer la dernière valeur de type auto incrément générée (voir les exemples de la page suivante).
Par défaut, les ordres sont automatiquement `COMMIT`és. Pour regrouper plusieurs ordres de mise à jour dans une transaction, il faut exécuter, avec la fonction `mssql_query`, la requête `BEGIN TRANSACTION` avant le premier ordre, et la requête `COMMIT TRANSACTION` (ou `ROLLBACK TRANSACTION`) après le dernier ordre.

Exemples

```
<?php
// inclusion du fichier qui contient la définition des fonctions générales
include("fonctions.inc");
// définition d'une petite fonction d'affichage de la liste des articles
function AfficherArticles() {
  $requête = "SELECT * FROM articles";
  $articles = db_lire_lignes_dans_tableau($requête);
  if ($articles) {
    echo "<B>Liste des articles :</B><BR>";
    foreach($articles as $a) {
      echo "$a[identifiant] - $a[libelle] - $a[prix]<BR>";
    }
  } else {
    echo "<B>Plus d'articles.</B><BR>";
  }
}
// connexion
$connexion = mssql_connect("diane","demeter","demeter");
// affichage de contrôle
AfficherArticles();
// requête INSERT
$requête = "INSERT INTO articles(libelle,prix)
            VALUES('Poires',29.9)";
$résultat = mssql_query($requête);
// récupérer l'identifiant généré
$résultat = mssql_query("SELECT SCOPE_IDENTITY()");
$ligne = mssql_fetch_row($résultat);
echo "Identifiant du nouvel article = $ligne[0].<BR>";
// requête UPDATE
$requête = "UPDATE articles SET prix = prix * 1.1
            WHERE prix < 40";
$résultat = mssql_query($requête);
// récupérer le nombre de lignes modifiées
$résultat = mssql_query("SELECT @@ROWCOUNT");
$ligne = mssql_fetch_row($résultat);
echo "$ligne[0] article(s) augmenté(s).<BR>";
// requête DELETE
$requête = "DELETE FROM articles WHERE prix > 40";
$résultat = mssql_query($requête);
// récupérer le nombre de lignes supprimées
$résultat = mssql_query("SELECT @@ROWCOUNT");
$ligne = mssql_fetch_row($résultat);
echo "$ligne[0] article(s) supprimés(s).<BR>";
// affichage de contrôle
AfficherArticles();
?>
```

Résultat

```
Liste des articles :
1 - Abricots - 35.50
2 - Cerises - 48.90
3 - Fraises - 29.95
4 - Pêches - 37.20
Identifiant du nouvel article = 5.
4 article(s) augmenté(s).
2 article(s) supprimés(s).
```

```
Liste des articles :
1 - Abricots - 39.05
3 - Fraises - 32.95
5 - Poires - 32.89
```

Créer des formulaires qui permettent de mettre à jour les données est très simple.

À titre d'exemple, nous allons construire un formulaire pour réaliser une saisie en liste.

Présentation du formulaire

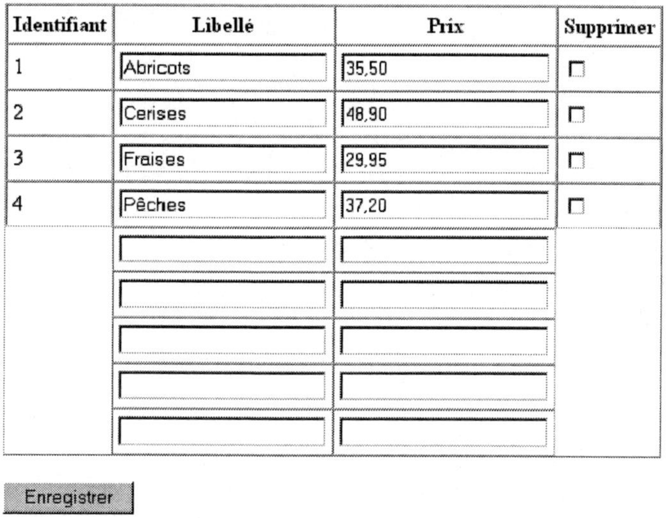

Le formulaire propose le contenu actuel de la table qui peut être modifié (saisie directe dans les zones) ou supprimé (par les cases à cocher), ainsi que cinq lignes vides permettant de saisir de nouvelles valeurs. Dans tous les cas, l'identifiant n'est pas saisissable (c'est le serveur Microsoft SQL Server qui va l'attribuer).

Chaque ligne du tableau contient quatre zones de formulaire qui sont nommées (option `NAME` de la balise `<INPUT>`) de la manière suivante :

Colonne	Nom
Identifiant	`saisie[i][modifier]`
Libellé	`saisie[i][libelle]`
Prix	`saisie[i][prix]`
Supprimer	`saisie[i][supprimer]`

L'indice i est l'identifiant de l'article pour les lignes qui existent, et un numéro compris entre -1 et -5 pour les lignes vides. La zone de la colonne **Identifiant** est masquée (`TYPE="hidden"`) elle va être utilisée pour identifier les lignes dans lesquelles l'utilisateur a effectué une modification.

Avec ce processus de nommage, toute la saisie est récupérée dans le script PHP sous la forme d'un tableau multidimensionnel nommé `$lignes`. Chaque ligne du tableau correspond à une ligne du formulaire avec la clé égale à l'identifiant (ou -1 à -5 pour les nouvelles lignes) et la valeur égale à un tableau associatif donnant les éléments saisis.

Pour identifier les lignes modifiées par l'utilisateur, les zones de saisie du libellé et du prix des lignes existantes contiennent le code JavaScript suivant :

```
onChange="document.formulaire[$n].value=1"
```

Ce code JavaScript a pour effet, à chaque fois que la zone en question est modifiée, de mettre un 1 dans la zone masquée associée à la ligne. Le formulaire s'appelant `formulaire` (`<FORM NAME = "formulaire"...`), l'expression `document.formulaire[n]` désigne la n-ième zone du formulaire `formulaire` du document courant, la première zone du formulaire ayant le numéro 0. Dans le source, la variable `$n` est calculée pour chaque ligne `$i` du formulaire, grâce à la formule `$n = 4 * ($i - 1)` : la zone cachée de la ligne 1 a le numéro 0 (c'est la première du formulaire), celle de la ligne 2 le numéro 4 et ainsi de suite.

Cet exemple peut (doit) être amélioré pour :

- contrôler la saisie de l'utilisateur ;
- gérer les erreurs.

Exemple

```
<?php
// inclure le fichier qui contient les différentes fonctions générales
require("fonctions.inc");
// initialiser la variable de message
$message = "";
// connexion
$connexion = mssql_connect("diane","demeter","demeter");
// traitement du formulaire
if (isset($_POST["OK"])) {
  // marquer le début de la transaction
  $résultat = mssql_query("BEGIN TRANSACTION");
  // récupérer le tableau contenant la saisie
  $lignes = $_POST["saisie"];
  foreach($lignes as $identifiant => $ligne) {
  // nettoyage de la saisie
    $libellé = valeur_saisie($ligne["libelle"]);
    $prix = valeur_saisie($ligne["prix"]);
    $prix = str_replace(",",".",$prix); // , => .
    $prix = str_replace(" ","",$prix); // supprimer espaces
    // à ce niveau, il faudrait vérifier la saisie ...
    $requête = "";
    if ($identifiant < 0 and $libellé.$prix != "") {
      // identifiant négatif et quelque chose de saisi
      // = création = INSERT
      $requête = "INSERT INTO articles(libelle,prix)
                  VALUES('$libellé',$prix)";
    } elseif (isset($ligne["supprimer"])) {
      // case " supprimer " cochée = suppression = DELETE
      $requête = "DELETE FROM articles
                  WHERE identifiant = $identifiant";
    } elseif (isset($ligne["modifier"])) {
```

```
      // zone " modifier " TRUE (1) = modification = UPDATE
      $requête = "UPDATE articles
                  SET libelle = '$libellé', prix = $prix
                  WHERE identifiant = $identifiant";
    }
    // si une requête a été déterminée, l'exécuter
    if ($requête != "") {
      $résultat = mssql_query($requête);
      // en cas d'erreur, interrompre le traitement
      if (! $résultat) {break; }
    }
  } // foreach
  // Tester $résultat pour savoir s'il faut faire
  // un COMMIT TRANSACTION ou un ROLLBACK TRANSACTION
  if ($résultat) { // $résultat != FALSE = COMMIT
    $résultat = mssql_query("COMMIT TRANSACTION");
  } else { // pas OK = ROLLBACK
    $résultat = mssql_query("ROLLBACK TRANSACTION");
    // préparer un message d'erreur (plutôt succinct !)
    $message = vers_page("Erreur lors de la mise à jour.");
  }
}
// recharger les articles
$requête = "SELECT * FROM articles";
$résultat = mssql_query($requête);
// à ce niveau, il faudrait tester les erreurs ...
// Affichage de la page ...
?>
<HTML>
<HEAD><TITLE>Gestion des articles</TITLE></HEAD>
<BODY>
<!-- construction d'une table HTML à l'intérieur d'un
---- formulaire -->
<FORM NAME="formulaire" METHOD="POST">
<TABLE BORDER="1" CELLPADDING="4" CELLSPACING="0">
<!-- ligne de titre -->
<TR ALIGN=\"center\">
<TH>Identifiant</TH><TH>Libellé</TH><TH>Prix</TH>
            <TH>Supprimer</TH>
</TR>
<!-- code PHP pour les lignes du tableau -->
<?php
if ($résultat) { // s'il y a un résultat à afficher
  // initialisation d'un compteur de ligne
  $i = 0;
  // boucle de fetch
  while ($article = mssql_fetch_array($résultat)) {
    // incrémentation du compteur de ligne
    $i++;
    // calcul du numéro d'ordre dans le formulaire de la
    // zone cachée correspondant à l'identifiant
    $n = 4 * ($i - 1);
    // mise en forme des données
    $article["libelle"] = vers_page($article["libelle"]);
    $article["prix"] = vers_page(
      number_format($article["prix"],2,"," ," "));
    // génération de la ligne de la table HTML
    // insertion des balises INPUT du formulaire
```

```
    printf(
    "<TR><TD>%s</TD><TD>%s</TD><TD>%s</TD><TD>%s</TD></TR>",
    "$article[identifiant]
     <INPUT TYPE=\"hidden\"
        NAME=\"saisie[$article[identifiant]][modifier]\">",
    "<INPUT TYPE=\"text\"
        NAME=\"saisie[$article[identifiant]][libelle]\"
        VALUE=\"$article[libelle]\"
        onChange=\"document.formulaire[$n].value=1\">",
    "<INPUT TYPE=\"text\"
        NAME=\"saisie[$article[identifiant]][prix]\"
        VALUE=\"$article[prix]\"
        onChange=\"document.formulaire[$n].value=1\">",
    "<INPUT TYPE=\"checkbox\"
        NAME=\"saisie[$article[identifiant]][supprimer]\"
        VALUE=\"$article[identifiant]\">");
  }
  // ajout de 5 lignes vides pour la création
  // (sans identifiant, sans case de suppression)
  for($i=1;$i<=5;$i++) {
    printf(
    "<TR><TD>%s</TD><TD>%s</TD><TD>%s</TD><TD>%s</TD></TR>",
    "",
    "<INPUT TYPE=\"text\"
        NAME=\"saisie[-$i][libelle]\"
        VALUE=\"\">",
    "<INPUT TYPE=\"text\"
        NAME=\"saisie[-$i][prix]\"
        VALUE=\"\">",
    "");
  } // for
}
?>
</TABLE>
<BR><INPUT TYPE="submit" NAME="OK" VALUE="Enregistrer">
</FORM>
<!-- affichage du message -->
<FONT COLOR="red"><?php echo $message; ?></FONT>
</BODY>
</HTML>
```

5. Appeler une procédure stockée

La bibliothèque Microsoft SQL Server permet très facilement d'exécuter des blocs Transact-SQL, d'appeler des procédures stockées qui retournent éventuellement des valeurs.
Le principe général consiste à soumettre le bloc Transact-SQL, ou l'ordre `EXECUTE procédure`, pour exécution, par l'intermédiaire de la fonction `mssql_query`. Dans le cas de l'exécution d'une procédure, si cette dernière retourne un résultat, il est possible d'utiliser les fonctions de `fetch` pour lire ce résultat.

Nous allons illustrer ces différentes fonctionnalités à l'aide des procédures suivantes :

```
-- procédure d'insertion dans la table articles
-- retourne l'identifiant du nouvel article
CREATE PROCEDURE CreerArticle
              @libelle VARCHAR(40),
              @prix NUMERIC(6,2)
```

```
AS
BEGIN
  INSERT INTO articles(libelle,prix) VALUES(@libelle,@prix)
  SELECT SCOPE_IDENTITY()
END
GO
-- procédure de comptage des articles
CREATE PROCEDURE CompterArticles
AS
BEGIN
  SELECT COUNT(identifiant) FROM articles
END
GO
-- procédure de lecture d'un article (si @identifiant > 0)
-- ou de tous les articles (si @identifiant = 0 ; par défaut)
CREATE PROCEDURE LireArticles
              @identifiant INT = 0
AS
BEGIN
  IF @identifiant = 0
    SELECT * FROM articles
  ELSE
    SELECT * FROM articles
    WHERE identifiant = @identifiant
END
GO
```

Source PHP

```
<?php
// connexion
$connexion = mssql_connect("diane","demeter","demeter");
// insertion à l'aide de la procédure
$requête = "EXECUTE CreerArticle 'Pommes', 10";
// exécution
$résultat = mssql_query($requête);
// récupération de l'identifiant du nouvel article
$ligne = mssql_fetch_row($résultat);
$identifiant = $ligne[0];
echo "Identifiant du nouvel article = $identifiant.<BR>";
// comptage à l'aide de la procédure
$requête = "EXECUTE CompterArticles";
// exécution
$résultat = mssql_query($requête);
// récupération du résultat
$ligne = mssql_fetch_row($résultat);
$nombre = $ligne[0];
echo "$nombre article(s) dans la base.<BR>";
// lecture d'un article à l'aide de la procédure
// => celui inséré précédemment ($identifiant)
$requête = "EXECUTE LireArticles $identifiant";
// exécution
$résultat = mssql_query($requête);
// récupération du résultat
$article = mssql_fetch_array($résultat);
echo "Nouveau : $article[libelle] - $article[prix]<BR>";
// lecture de tous les articles à l'aide de la procédure
//   => appel sans paramètre
$requête = "EXECUTE LireArticles";
```

```
// exécution
$résultat = mssql_query($requête);
// récupération du résultat
echo "Liste : <BR>";
// fetch de toute les lignes
while ($article = mssql_fetch_array($résultat)) {
  echo "   $article[libelle] - $article[prix]<BR>";
}
?>
```

Résultat

```
Identifiant du nouvel article = 5.
5 article(s) dans la base.
Nouveau : Pommes  10.00
Liste :
  Abricots - 35.50
  Cerises - 48.90
  Fraises - 29.95
  Pêches - 37.20
  Pommes - 10.00
```

6. Gérer les erreurs

La gestion des erreurs proposée par la bibliothèque n'est pas très pratique.

La fonction `mssql_get_last_message` retourne le dernier message (pas forcément d'erreur) généré par le serveur : ce message est plutôt succinct et ne donne pas le numéro de l'erreur.

En complément, la fonction `mssql_min_message_severity` permet, dans une certaine mesure, de contrôler le niveau de sévérité (au sens Microsoft SQL Serveur) des messages directement affichés. Par contre, cette fonction ne permet pas de les faire disparaître complètement (cf. chapitre 12).

Syntaxe

```
chaîne mssql_get_last_message()
mssql_min_message_severity()
```

Exemples

```
<?php
// mauvaise connexion
$connexion = mssql_connect("diane",
              "demeter","MotDePasseErroné");
$message = mssql_get_last_message();
echo "1 : $message<BR>";
// connexion
$connexion = mssql_connect("diane","demeter","demeter");
$message = mssql_get_last_message();
echo "<P>2 : $message<BR>";
// une bonne requête pour commencer
$requête = "SELECT * FROM articles";
$résultat = mssql_query($requête);
$message = mssql_get_last_message();
echo "<P>3 : $message<BR>";
```

```
// requête sur une table qui n'existe pas
$requête = "SELECT * FROM article";
$résultat = mssql_query($requête);
$message = mssql_get_last_message();
echo "<P>4 : $message<BR>";
// requête UPDATE qui viole une contrainte NOT NULL
$requête = "UPDATE articles SET prix = NULL";
$résultat = mssql_query($requête);
$message = mssql_get_last_message();
echo "<P>5 : $message<BR>";
// tentative de fetch sur un mauvais résultat
$requête = "SELECT * FROM article";
$résultat = mssql_query($requête);
$message = mssql_get_last_message();
echo "<P>6.a : $message<BR>";
$ligne = mssql_fetch_row($résultat);
$message = mssql_get_last_message();
echo "<P>6.b : $message<BR>";
?>
```

Résultat

```
Warning: mssql_connect() [function.mssql-connect]: message:
Échec de la connexion de l'utilisateur 'demeter'.
(severity 14) in d:\scripts php\index.php on line 5
Warning: mssql_connect() [function.mssql-connect]:
Unable to connect to server: diane in d:\scripts php\index.php on line 5
1 : Échec de la connexion de l'utilisateur 'demeter'.
2 : Le contexte de la base de données a été changé en 'pubs'.
3 : Le contexte de la base de données a été changé en 'pubs'.
Warning: mssql_query() [function.mssql-query]: message: 'article' :
nom d'objet incorrect. (severity 16) in d:\scripts php\index.php on line 22
Warning: mssql_query() [function.mssql-query]: Query failed
in d:\scripts php\index.php on line 22
4 : 'article' : nom d'objet incorrect.
Warning: mssql_query() [function.mssql-query]: message:
Impossible d'insérer la valeur NULL dans la colonne 'prix',
table 'pubs.dbo.articles'. Cette colonne n'accepte pas les valeurs NULL.
UPDATE a échoué. (severity 16) in d:\scripts php\index.php on line 28
Warning: mssql_query() [function.mssql-query]: Query failed
in d:\scripts php\index.php on line 28
5 : L'instruction a été arrêtée.
Warning: mssql_query() [function.mssql-query]: message:
'article' : nom d'objet incorrect. (severity 16) in d:\scripts php\in-
dex.php on line 34
Warning: mssql_query() [function.mssql-query]: Query failed
in d:\scripts php\index.php on line 34
6.a : 'article' : nom d'objet incorrect.
Warning: mssql_fetch_row(): supplied argument is not a valid MS SQL-result
resource in d:\scripts php\index.php on line 37
6.b : 'article' : nom d'objet incorrect.
```

Plusieurs remarques :

- La fonction `mssql_get_last_message` ne retourne pas uniquement des messages d'erreur, comme en témoigne le message récupéré suite à une connexion réussie (résultat 2) qui indique la base courante.

- Le résultat 3 montre que la fonction `mssql_get_last_message` retourne le dernier message émis par le serveur, même si ce message est ancien et que des ordres SQL ont été exécutés depuis.
- Les résultats 4 et surtout 5 montrent que les messages récupérés lors d'une erreur sont plutôt succincts et ne donnent pas d'information très précise sur la nature de l'erreur.

Quelle que soit l'erreur, une ou plusieurs alertes sont affichées. Par ailleurs, nous allons voir au chapitre 12 comment supprimer l'affichage des alertes ; la fonction `mssql_min_message_severity` permet d'en éliminer une partie.

Exemple avec un appel préalable de `mssql_min_message_severity` (100)

```
Warning: mssql_connect() [function.mssql-connect]: Unable to connect to
server: diane in d:\scripts php\index.php on line 4
1 : Échec de la connexion de l'utilisateur 'demeter'.
2 : Le contexte de la base de données a été changé en 'pubs'.
3 : Le contexte de la base de données a été changé en 'pubs'.
Warning: mssql_query() [function.mssql-query]: Query failed
in d:\scripts php\index.php on line 18
4 : 'article' : nom d'objet incorrect.
Warning: mssql_query() [function.mssql-query]: Query failed
in d:\scripts php\index.php on line 23
5 : L'instruction a été arrêtée.
Warning: mssql_query() [function.mssql-query]: Query failed
in d:\scripts php\index.php on line 28
6.a : 'article' : nom d'objet incorrect.
Warning: mssql_fetch_row(): Supplied argument is not a valid MS SQL-result
resource in d:\scripts php\index.php on line 31
6.b : 'article' : nom d'objet incorrect.
```

Sur cet exemple, un moins grand nombre d'alertes sont affichées. A priori, il n'est pas possible de faire mieux, car les niveaux de gravité de Microsoft SQL Server vont jusqu'à 25 : 100 est donc déjà largement au-dessus.

Une autre solution consiste à exécuter la requête `SELECT @@ERROR` pour récupérer, sur le serveur, le numéro de l'erreur du dernier ordre SQL exécuté (0 si pas d'erreur). Cette solution nécessite une connexion réussie.

Exemples

```
<?php
// limiter la quantité de message
mssql_min_message_severity(100);
// connexion
$connexion = mssql_connect("diane","demeter","demeter");
$erreur = mssql_fetch_row(mssql_query("SELECT @@ERROR"));
$numéro = $erreur[0];
echo "1 : numéro de l'erreur = $numéro<BR>";
// requête sur une table qui n'existe pas
$requête = "SELECT * FROM article";
$résultat = mssql_query($requête);
$erreur = mssql_fetch_row(mssql_query("SELECT @@ERROR"));
$numéro = $erreur[0];
echo "<P>2 : numéro de l'erreur = $numéro<BR>";
```

```
// requête UPDATE qui viole une contrainte NOT NULL
$requête = "UPDATE articles SET prix = NULL";
$résultat = mssql_query($requête);
$erreur = mssql_fetch_row(mssql_query("SELECT @@ERROR"));
$numéro = $erreur[0];
echo "<P>3 : numéro de l'erreur = $numéro<BR>";
?>
```

Résultat

```
1 : numéro de l'erreur = 0
Warning: mssql_query() [function.mssql-query]: Query failed
in d:\scripts php\index.php on line 10
2 : numéro de l'erreur = 208
Warning: mssql_query() [function.mssql-query]: Query failed
in d:\scripts php\index.php on line 16
3 : numéro de l'erreur = 515
```

Les numéros retournés correspondent bien au numéro d'erreur Microsoft SQL Server sous-jacent (515 = violation d'une contrainte `NOT NULL` notamment).

Ces fonctions peuvent être mises en œuvre à titre d'exemple sur une de nos fonctions génériques.

Source PHP

```
<?php
function db_lire_ligne($requête, &$erreur) {
  // dans cette nouvelle version, db_lire_ligne prend un deuxième paramètre
  // par référence dans lequel un numéro et un message seront stockés
  // en cas d'erreur (sous la forme d'un tableau) initialiser $erreur
  $erreur = array(0,""); // numéro = 0, message vide
  // se connecter
  if (! ($ok = mssql_connect("diane","demeter","demeter"))) {
    // -1 = numéro d'erreur interne à l'application
    $erreur = array(-1,mssql_get_last_message());
  };
  // exécuter la requête et tester le résultat pour affecter la variable $ok
  if ($ok) { // connexion OK
    $ok = (($résultat = mssql_query($requête)) != FALSE);
    if (! $ok) {
      $erreur[1] = mssql_get_last_message(); // message
      // récupérer le numéro de l'erreur dans @@ERROR
      $temp = mssql_fetch_row(
                mssql_query("SELECT @@ERROR"));
      $erreur[0] = $temp[0]; // numéro
    }
  }
  if ($ok) { // exécution OK
    // lire la ligne
    $ligne = mssql_fetch_array($résultat);
  }
  // retourner $ligne ou FALSE en cas d'erreur
  return ($ok)?$ligne:FALSE;
}
?>
```

Utilisation

```
<?php
// inclure le fichier qui contient les différentes fonctions générales
require("fonctions.inc");
// premier appel avec une erreur
$requête = "SELECT * FROM article WHERE identifiant = 1";
if (! ($ligne = db_lire_ligne($requête,$erreur))) {
  echo "$erreur[0] - $erreur[1]<BR>";
} else {
  echo "$ligne[libelle] - $ligne[prix]<BR>";
}
// deuxième appel correct
$requête = "SELECT * FROM articles WHERE identifiant = 1";
if (! ($ligne = db_lire_ligne($requête,$erreur))) {
  echo "$erreur[0] - $erreur[1]<BR>";
} else {
  echo "$ligne[libelle] - $ligne[prix]<BR>";
}
?>
```

Résultat

```
Warning: mssql_query() [function.mssql-query]: message:
'article' : nom d'objet incorrect. (severity 16) in
d:\scripts php\index.php on line 36

Warning: mssql_query() [function.mssql-query]: Query failed in
d:\scripts php\index.php on line 36
208 - 'article' : nom d'objet incorrect.
Abricots - 35.50
```

E. Utilisation de SQLite

1. Préambule

SQLite est une librairie qui implémente un moteur de base de données SQL.

SQLite peut être utilisée pour stocker des données dans une base SQL, sans avoir à mettre en place la partie serveur de la base de données (comme c'est le cas avec MySQL, Oracle, etc.).

SQLite lit et écrit directement dans les fichiers de la base de données.

Pour plus d'information sur SQLite, vous pouvez visiter le site Web suivant : http://sqlite.org/.

2. Ouvrir et fermer une base

La fonction `sqlite_open` permet d'ouvrir une base SQLite.

Syntaxe

```
ressource sqlite_open([chaîne fichier [, entier mode][, chaîne erreur])
```

Avec

`fichier`	Chemin vers le fichier de la base de données.
`mode`	Non utilisé actuellement. Prévu pour le mode d'ouverture de la base. Valeur par défaut : 666 (seule valeur autorisée actuellement).
`erreur`	Variable passée par référence permettant de récupérer un éventuel message d'erreur.

La fonction `sqlite_open` retourne un identifiant de base de données ou `FALSE` en cas d'erreur, accompagné d'un message d'alerte envoyé à l'affichage ; nous verrons, dans le chapitre 12, comment gérer cette situation correctement.

Si la base (i.e. le fichier) n'existe pas déjà, SQLite tentera de la créer.

Exemple

```
<?php
// ouverture d'une base qui existe déjà
$id1 = sqlite_open('diane.dbf', 666, $erreur);
echo "\$id1 = $id1<BR>\n";
echo "\$erreur = $erreur<BR>\n";
// tentative d'ouverture d'une base avec un mauvais chemin
$id2 = sqlite_open('d:/base/diane.dbf', 666, $erreur);
echo "\$id2 = $id2<BR>\n";
echo "\$erreur = $erreur<BR>\n";
?>
```

Résultat

```
$id1 = Resource id #2
$erreur =
Warning: sqlite_open() [function.sqlite-open]: unable to open database: d:\b
ase\diane.dbf in d:\scripts php\index.php on line 7
$id2 =
$erreur = unable to open database: d:\base\diane.dbf
```

Une valeur `FALSE` est convertie en chaîne vide dans un `echo` (d'où la valeur de `$id2`).

Les bases ouvertes dans un script sont automatiquement fermées à la fin du script, sauf fermeture explicite avant avec `sqlite_close` (voir ci-après).

La fonction `sqlite_popen` permet d'obtenir un fonctionnement différent et d'ouvrir une base de façon "permanente" qui ne sera pas fermée à la fin du script et pourra être réutilisée dans ce script ou dans un autre script plus tard.

La syntaxe est identique à la syntaxe de la fonction `sqlite_open`.

Lors de l'appel à la fonction `sqlite_popen` dans un script, PHP regarde si la base a déjà été ouverte : si oui, l'identifiant de cette base de données est retourné ; autrement, la base est ouverte (et cette base ne sera pas fermée à la fin du script, ce qui autorise ainsi sa réutilisation ultérieure).

La fonction `sqlite_close` permet de fermer une base de données.

Syntaxe

```
sqlite_close([ressource base])
```

Avec

`base` Identifiant de base de données retourné par la fonction `sqlite_open`.

La fonction `sqlite_close` retourne `TRUE` en cas de succès et `FALSE` en cas d'erreur (accompagné d'une alerte).
Tenter de fermer une base déjà fermée provoque l'affichage d'une alerte.

Toutes les bases ouvertes de façon non permanente sont automatiquement fermées à la fin du script.

Exemple

```
<?php
// ouverture
$id1 = sqlite_open('diane.dbf');
echo "\$id1 = $id1<BR>\n";
// fermeture
sqlite_close($id1);
// tentative de fermeture d'une base déjà fermée
sqlite_close($id1);
?>
```

Résultat

```
id1 = Resource id #2
Warning: sqlite_close(): 2 is not a valid sqlite database resource
in d:\scripts php\index.php on line 8
```

3. Lire des données

Lire des données dans une base nécessite deux opérations :
- exécuter une requête (en l'occurrence `SELECT`) sur la base ;
- récupérer la ou les lignes correspondant au résultat de la requête.

Exécuter une requête

La fonction `sqlite_query` permet d'exécuter une requête sur une base.

Syntaxe

```
ressource sqlite_query(chaîne requête, ressource base)
ressource sqlite_query(ressource base ,chaîne requête)
```

Avec

`base` Identifiant de base de données retourné par la fonction `sqlite_open`.

`requête` Texte de la requête à exécuter.

Dans le cas d'un ordre `SELECT`, la fonction `sqlite_query` retourne un identifiant de résultat de requête en cas de succès et `FALSE` en cas d'échec (avec affichage d'un message d'alerte) ; pour les autres ordres SQL, cette fonction retourne `TRUE` en cas de succès.

Exemple

```
<?php
// ouverture
$base = sqlite_open('diane.dbf');
// définition de la requête
$requête = "SELECT * FROM articles";
// exécution de la requête
$résultat1 = sqlite_query($requête,$base);
echo "\$résultat1 = ",
     ($résultat1)? $résultat1:'FALSE',"<BR>\n";
// définition d'une mauvaise requête
$requête = "SELECT * FROM article";
// exécution de la requête
$résultat2 = sqlite_query($requête,$base);
echo "\$résultat2 = ",
     ($résultat2)? $résultat2:'FALSE',"<BR>\n";
?>
```

Résultat

```
$résultat1 = Resource id #3
Warning: sqlite_query() [function.sqlite-query]: no such table:
article in d:\scripts php\index.php on line 12
$résultat2 = FALSE
```

Comme indiqué en introduction, la fonction `sqlite_query` exécute la requête, indique si la requête s'est exécutée correctement mais ne renvoie aucune donnée. Il va falloir extraire les lignes du résultat.

Il existe une variante de `sqlite_query`, nommée `sqlite_`**`array`**`_query`, qui exécute une requête et retourne directement le résultat dans un tableau (présentée ci-après).

Dans le cas d'un ordre `SELECT`, le résultat de la requête exécutée par `sqlite_query` est mis en buffer. Il existe une autre fonction, `sqlite_`**`unbuffered`**`_query`, qui possède la même syntaxe que `sqlite_query` et permet aussi d'exécuter une requête, mais sans mettre le résultat dans un buffer. Pour les requêtes volumineuses, `sqlite_unbuffered_query` consomme beaucoup moins de mémoire que `sqlite_query` et permet d'extraire la première ligne bien plus rapidement : il n'y a pas besoin d'attendre que la totalité du résultat soit mis en buffer.
Par contre, après exécution de la requête avec `sqlite_unbuffered_query`, il n'est pas possible de connaître le nombre de lignes du résultat (voir ci-après).

Connaître le nombre de lignes dans le résultat

La fonction `sqlite_num_rows` permet de connaître le nombre de lignes dans le résultat.

Syntaxe

```
entier sqlite_num_rows(ressource résultat)
```

Avec

`résultat` Identifiant de résultat de requête retourné par la fonction `sqlite_query`.

Cette fonction est utilisable uniquement pour les requêtes `SELECT`.

Exemple

```
<?php
// ouverture
$base = sqlite_open('diane.dbf');
// définition de la requête
$requête = "SELECT * FROM articles";
// exécution de la requête
$résultat = sqlite_query($requête,$base);
// récupération du nombre de lignes
$nombre = sqlite_num_rows($résultat);
echo "Nombre d'articles : $nombre<BR>\n";
// définition de la requête
$requête = "SELECT * FROM articles WHERE prix > 40";
// exécution de la requête
$résultat = sqlite_query($requête,$base);
// récupération du nombre de lignes
$nombre = sqlite_num_rows($résultat);
echo "Nombre d'articles dont le prix est supérieur à 40 : $nombre<BR>\n";
?>
```

Résultat

```
Nombre d'articles : 4
Nombre d'articles dont le prix est supérieur à 40 : 1
```

Lire le résultat de la requête

Le résultat de l'exécution (réussie) d'une requête `SELECT` peut être lu par la fonction `sqlite_fetch_array`.

Syntaxe

`tableau sqlite_fetch_array(ressource résultat, entier type)`

Avec

`résultat`	Identifiant de résultat de requête retourné par la fonction `sqlite_query`.
`type`	Type de résultat égal à une des constantes suivantes : `SQLITE_ASSOC`, `SQLITE_NUM`, `SQLITE_BOTH`

La fonction `sqlite_fetch_array` retourne la ligne courante du résultat sous la forme d'un tableau, chaque ligne du tableau correspondant à une colonne du résultat.

S'il n'y a plus de ligne à lire dans le résultat, la fonction retourne `FALSE`.

Le type du tableau (numérique ou associatif) dépend du deuxième paramètre :

`SQLITE_NUM`	Tableau à indices entiers.
`SQLITE_ASSOC`	Tableau associatif.
`SQLITE_BOTH` (valeur par défaut)	Les deux à la fois. Chaque colonne est présente deux fois.

Exemple

Requête	SELECT * FROM articles		
Colonnes	identifiant	libelle	prix
1re ligne du résultat	1	Abricots	35.5

Résultat d'un fetch avec :

`sqlite_fetch_array (...,SQLITE_NUM)`		`sqlite_fetch_array (...,SQLITE_ASSOC)`		`sqlite_fetch_array (...,SQLITE_BOTH)`	
Indice/Clé	Valeur	Indice/Clé	Valeur	Indice/Clé	Valeur
0	1	identifiant	1	identifiant	1
1	Abricots	libelle	Abricots	0	1
2	35.5	prix	35.5	libelle	Abricots
				1	Abricots
				prix	35.5
				2	35.5

En cas d'utilisation, d'un alias de colonne dans la requête `SELECT` (exemple `SELECT AVG(prix)` **`prix_moyen`** `FROM articles`), c'est l'alias de colonne qui est utilisé comme clé.

Exemple

```
<?php
// inclusion du fichier qui contient la définition de
// afficher_tableau
include("fonctions.inc");
// ouverture
$base = sqlite_open('diane.dbf');
// exécution de la requête
$résultat = sqlite_query("SELECT * FROM articles",$base);
// Premier fetch sans deuxième paramètre
$ligne = sqlite_fetch_array($résultat);
afficher_tableau($ligne,"sans deuxième paramètre");
// Deuxième fetch avec SQLITE_BOTH
$ligne = sqlite_fetch_array($résultat,SQLITE_BOTH);
afficher_tableau($ligne,"SQLITE_BOTH");
// Troisième fetch avec SQLITE_ASSOC
$ligne = sqlite_fetch_array($résultat,SQLITE_ASSOC);
afficher_tableau($ligne,"SQLITE_ASSOC");
// Quatrième fetch avec SQLITE_NUM
$ligne = sqlite_fetch_array($résultat,SQLITE_NUM);
afficher_tableau($ligne,"SQLITE_NUM");
// Cinquième fetch de nouveau sans deuxième paramètre
//  - normalement, plus de ligne
$ligne = sqlite_fetch_array($résultat);
if (! $ligne) {
  echo "<P><B>Cinquième fetch : plus rien</B>";
}
?>
```

Résultat

```
sans deuxième paramètre
0 = 1
identifiant = 1
1 = Abricots
libelle = Abricots
2 = 35.5
prix = 35.5
SQLITE_BOTH
0 = 2
identifiant = 2
1 = Cerises
libelle = Cerises
2 = 48.9
prix = 48.9
SQLITE_ASSOC
identifiant = 3
libelle = Fraises
prix = 29.95
SQLITE_NUM
0 = 4
1 = Pêches
2 = 37.2
Cinquième fetch : plus rien
```

Cet exemple permet de voir :

- les différents modes de récupération d'une ligne de résultat ;
- à chaque fetch, le pointeur interne avance, et que le fetch suivant retourne donc la ligne suivante, jusqu'à avoir parcouru toutes les lignes.

En cas d'utilisation d'un identifiant de résultat non valide, la fonction `sqlite_fech_array` retourne `FALSE` et affiche, en plus, une alerte du type :

```
Warning: sqlite_fetch_array() expects parameter 1 to be resource, boolean given in d:\scripts php\index.php on line 5
```

En cas de besoin, la fonction `sqlite_has_more` peut être utilisée pour déterminer s'il reste des lignes à extraire dans un résultat.

Syntaxe

```
booléen sqlite_has_more(ressource résultat)
```

Avec

`résultat` Identifiant de résultat de requête retourné par la fonction `sqlite_query`.

La fonction `sqlite_has_more` retourne `TRUE` s'il reste des lignes à extraire dans le résultat et `FALSE` dans le cas contraire.

SQLite propose aussi une fonction, `sqlite_array_query`, qui permet d'exécuter une requête et de retourner le résultat dans un tableau. Cette fonction est l'équivalent de l'appel à la fonction `sqlite_query` suivi d'une série d'appels à la fonction `sqlite_fetch_array` (pour chaque ligne du résultat), en beaucoup plus performant.

Syntaxe

```
tableau sqlite_array_query(ressource base, chaîne requête, entier type)
tableau sqlite_array_query(chaîne requête, ressource base, entier type)
```

Avec

`base`	Identifiant de base de données retourné par la fonction `sqlite_open`.
`requête`	Texte de la requête à exécuter.
`type`	Type de résultat égal à une des constantes suivantes : `SQLITE_ASSOC`, `SQLITE_NUM`, `SQLITE_BOTH`

La fonction `sqlite_array_query` retourne un tableau multidimensionnel en cas de succès, ou `FALSE` en cas d'erreur. Le tableau principal est un tableau à indices entiers contenant une ligne pour chaque ligne du résultat (indice 0 pour la 1re ligne, 1 pour la 2e, etc.). Le tableau secondaire est un tableau numérique ou associatif (ou les deux) selon la valeur du paramètre `type` (voir la fonction `sqlite_fetch_array`).

Exemple

```
<?php
// inclusion du fichier qui contient la définition de
// afficher_tableau
include("fonctions.inc");
// ouverture
$base = sqlite_open('diane.dbf');
// définition de la requête
// - deux articles seulement
$requête = "SELECT * FROM articles LIMIT 2";
// exécution de la requête et récupération du
// résultat dans un tableau
// - pas de troisième paramètre => SQLITE_BOTH
$résultat = sqlite_array_query($requête,$base);
afficher_tableau($résultat);
?>
```

Résultat

```
0 =
   0 = 1
   identifiant = 1
   1 = Abricots
   libelle = Abricots
   2 = 35.5
   prix = 35.5
1 =
   0 = 2
   identifiant = 2
   1 = Cerises
   libelle = Cerises
   2 = 48.9
   prix = 48.9
```

Exemple de code pour la lecture d'une ligne

Un premier type de lecture consiste souvent à lire une seule ligne d'information dans une table (ou plusieurs tables avec jointure) : informations sur l'utilisateur qui vient de se connecter, fiche d'information d'un article...

Exemple

```
<?php
// inclure un fichier qui contient les différentes fonctions
// générales
require("fonctions.inc");
// initialiser les variables
$identifiant = "";
$libellé = "";
$prix = "";
$message = "";
 // Tester la façon dont le script est appelé
if (! empty($_POST)) {
  // traitement du formulaire
  // rappel : lorsqu'un formulaire n'a qu'une zone de texte
  //et que l'utilisateur tape return ou enter, le bouton de
  // validation n'est pas considéré comme cliqué. Pour savoir
  // si le formulaire a été soumis, il faut tester si
  // $_POST (ou $_GET) est vide.
  // récupérer les valeurs saisies
  $identifiant = valeur_saisie($_POST["identifiant"]);
  // contrôler les valeurs saisies
  if ($identifiant == "") {
    $message .= "L'identifiant est obligatoire.\n";
  }
  if (! ereg("^[0-9]+$",$identifiant)) {
    $message .=
      "L'identifiant doit être un nombre.\n";
  }
  // tester s'il y a des erreurs à ce stade
  if ($message == "") {
    // pas d'erreur
    // ouverture de la base
    $base = sqlite_open('diane.dbf');
    // exécuter la requête de sélection
    $requête = "SELECT * FROM articles WHERE
                identifiant = $identifiant";
    $résultat = sqlite_query($requête,$base);
    // fetch si la requête a bien été exécutée
    if ($résultat) {
      $article = sqlite_fetch_array($résultat);
    }
    // tester le résultat
    if (! $résultat) { // requête pas OK
      $message .= "Erreur.\n";
    } elseif (! $article) { // résultat vide
      $message .=
        "Pas d'article pour cet identifiant.\n";
    } else { // OK
      // récupérer les informations à afficher
      $libellé = $article["libelle"];
      $prix = $article["prix"];
      // mise en forme
      $libellé = vers_page($libellé);
      $prix = number_format($prix,2,"," ," ");
      $prix = vers_page($prix);
    }
  }
```

```
  // tester s'il y a des erreurs à ce stade
  if ($message != "") {
    // erreur
    // préparer le message pour l'affichage
    $message = vers_page($message);
    // bien s'assurer que les informations à
    // afficher sont vides
    $libellé = "";
    $prix = "";
  }
}
// Affichage de la page ...
?>
<HTML>
<HEAD><TITLE>Consultation d'un article</TITLE></HEAD>
<BODY>
<FORM METHOD="POST">
Identifiant de l'article :
<INPUT TYPE="text" NAME="identifiant"
  VALUE="<?php echo vers_formulaire($identifiant); ?>">
<INPUT TYPE="submit" NAME="OK" VALUE="OK">
</FORM>
<TABLE BORDER="0">
<TR><TD><U>Libellé :</U> </TD>
    <TD><?php echo $libellé; ?></TD></TR>
<TR><TD><U>Prix :</U> </TD>
    <TD><?php echo $prix; ?></TD></TR>
</TABLE>
<FONT COLOR="red"><?php echo $message; ?></FONT>
</BODY>
</HTML>
```

Résultat (après saisie et clic sur le bouton OK)

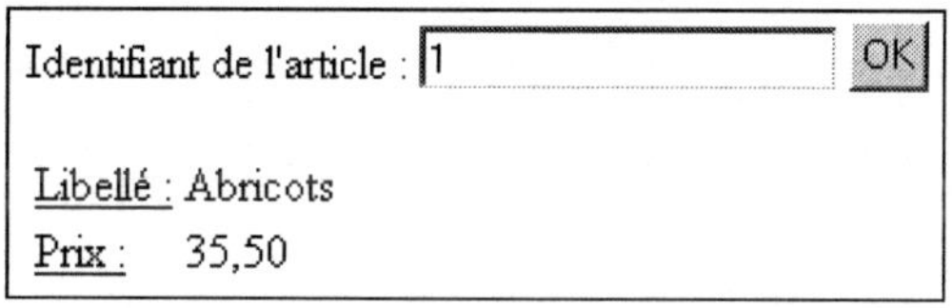

Il est relativement simple d'écrire une fonction générique permettant de lire une ligne.

Exemple

```
<?php
function db_lire_ligne($requête) {
  // la variable $ok est utilisée pour savoir
  // si tout se passe bien
  // ouvrir la base
  $ok = ( ($base = sqlite_open('diane.dbf')) != FALSE );
  // exécuter la requête et tester le résultat pour affecter
  // la variable $ok
  if ($ok) {
    $ok = ( ($résultat = sqlite_query($requête,$base))
                                                != FALSE );
  }
```

```
  if ($ok) { // exécution OK
    // lire la ligne
    $ligne = sqlite_fetch_array($résultat);
  }
  // retourner $ligne ou FALSE en cas d'erreur
  return ($ok)?$ligne:FALSE;
}
?>
```

Il est possible (souhaitable) d'améliorer la gestion des erreurs (cf. E - 5. Gérer les erreurs).

Exemple d'utilisation

```
<?php
// inclure le fichier qui contient les différentes fonctions
// générales
require("fonctions.inc");
// définir la requête
$requête = "SELECT * FROM articles WHERE identifiant= 1";
// lire le résultat
$ligne = db_lire_ligne($requête);
if ($ligne) {
  echo "$ligne[libelle] - $ligne[prix]";
}
?>
```

Résultat (sauf erreur)

```
Abricots - 35.5
```

Exemple de code pour la lecture de toutes les lignes

Un deuxième type de lecture consiste souvent à afficher une liste d'éléments extraits de la base (liste d'utilisateurs, liste d'articles...).

```
<?php
// inclure le fichier qui contient les différentes fonctions
// générales
require("fonctions.inc");
// initialiser la variable de message
$message = "";
// ouvrir la base
$ok = ( ($base = sqlite_open('diane.dbf')) != FALSE );
// exécuter la requête de sélection et charger directement
// les données dans un tableau
$requête = "SELECT * FROM articles";
$articles = sqlite_array_query($requête,$base);
// tester le résultat
if ($articles === FALSE) { // requête pas OK
  $message .= "Erreur.\n";
} elseif (empty($articles)) { // résultat vide
  $message .=
    "Aucun article dans la base.\n";
} else { // OK
  // mettre en forme les données (idem précédemment)
  for ($i=0;$i<count($articles);$i++) {
    $articles[$i]["libelle"] =
      vers_page($articles[$i]["libelle"]);
```

```
    $articles[$i]["prix"] =
      vers_page(number_format($articles[$i]["prix"],2,"," ," "));
  }
}
// tester s'il y a des erreurs à ce stade
if ($message != "") {
  // erreur
  // préparer le message pour l'affichage
  $message = vers_page($message);
  // bien s'assurer que les informations à
  // afficher sont vides
  unset($articles);
}
// Affichage de la page ...
?>
<HTML>
<HEAD><TITLE>Liste des articles</TITLE></HEAD>
<BODY>
<!-- construction d'une table HTML -->
<TABLE BORDER="1" CELLPADDING="4" CELLSPACING="0">
<!-- ligne de titre -->
<TR ALIGN=\"center\">
<TH>Identifiant</TH><TH>Libellé</TH><TH>Prix</TH>
</TR>
<!-- code PHP pour les lignes du tableau -->
<?php
if (isset($articles)) { // s'il y a un résultat à afficher
  foreach($articles as $article) { // boucle sur les articles
    // génération de la ligne de la table HTML
    // remarque : printf() rend le code lisible
    printf("<TR><TD>%d</TD><TD>%s</TD><TD>%s</TD></TR>",
        $article["identifiant"],
        $article["libelle"],
        $article["prix"]);
  }
}
?>
</TABLE>
<FONT COLOR="red"><?php echo $message; ?></FONT>
</BODY>
</HTML>
```

Le même exemple peut être écrit de manière plus compacte, plus économe en mémoire et plus performante : le fetch est effectué au cours de la construction de la table HTML sur une requête dont le résultat n'a pas été mis en buffer.

```
<?php
// inclure le fichier qui contient les différentes fonctions
// générales
require("fonctions.inc");
// initialiser la variable de message
$message = "";
// ouvrir la base
$ok = ( ($base = sqlite_open('diane.dbf')) != FALSE );
// exécuter la requête de sélection
// - le résultat n'est pas mis en buffer
$requête = "SELECT * FROM articles";
$résultat = sqlite_unbuffered_query($requête,$base);
```

```
// tester le résultat
if (! $résultat) { // requête pas OK
  // message d'erreur
  $message .= "Erreur.\n";
  // préparer le message pour l'affichage
  $message = vers_page($message);
}
// Affichage de la page ...
?>
<HTML>
<HEAD><TITLE>Liste des articles</TITLE></HEAD>
<BODY>
<!-- construction d'une table HTML -->
<TABLE BORDER="1" CELLPADDING="4" CELLSPACING="0">
<!-- ligne de titre -->
<TR ALIGN=\"center\">
<TH>Identifiant</TH><TH>Libellé</TH><TH>Prix</TH>
</TR>
<!-- code PHP pour les lignes du tableau -->
<?php
if ($résultat) { // s'il y a un résultat à afficher
  // boucle de fetch
  $nombre_lignes = 0;
  while ($article = sqlite_fetch_array($résultat)) {
    $nombre_lignes++;
    // mise en forme des données
    $article["libelle"] = vers_page($article ["libelle"]);
    $article["prix"] = vers_page(
      number_format($article["prix"],2,"," ," "));
    // génération de la ligne de la table HTML
    printf("<TR><TD>%d</TD><TD>%s</TD><TD>%s</TD></TR>",
      $article["identifiant"],
      $article["libelle"],
      $article["prix"]);
  } // while
  // si le résultat est vide, préparer un message
  if ($nombre_lignes == 0) {
    $message = vers_page("Aucun article dans la base.");
  }
} // if ($résultat)
?>
</TABLE>
<FONT COLOR="red"><?php echo $message; ?></FONT>
</BODY>
</HTML>
```

Pour permettre à l'utilisateur d'agir sur la liste, il est possible d'imbriquer un formulaire ou des liens avec la table HTML.

Exemple

```
<?php
// inclure le fichier qui contient les différentes fonctions
// générales
require("fonctions.inc");
// initialiser la variable de message
$message = "";
// ouvrir la base
$ok = ( ($base = sqlite_open('diane.dbf')) != FALSE );
```

```
// exécuter la requête de sélection
// - le résultat n'est pas mis en buffer
$requête = "SELECT * FROM articles";
$résultat = sqlite_unbuffered_query($requête,$base);
// tester le résultat
if (! $résultat) { // requête pas OK
  // message d'erreur
  $message .= "Erreur.\n";
  // préparer le message pour l'affichage
  $message = vers_page($message);
}
// Affichage de la page ...
?>
<HTML>
<HEAD><TITLE>Liste des articles</TITLE></HEAD>
<BODY>
<!-- construction d'une table HTML à l'intérieur d'un
---- formulaire -->
<FORM METHOD="POST">
<TABLE BORDER="1" CELLPADDING="4" CELLSPACING="0">
<!-- ligne de titre -->
<TR ALIGN=\"center\">
<TH>Libellé</TH><TH>Prix</TH><TH>Case</TH><TH>Lien</TH>
</TR>
<!-- code PHP pour les lignes du tableau -->
<?php
if ($résultat) { // s'il y a un résultat à afficher
  // boucle de fetch
  $nombre_lignes = 0;
  while ($article = sqlite_fetch_array($résultat)) {
    $nombre_lignes++;
    // mise en forme des données
    $article["libelle"] = vers_page($article ["libelle"]);
    $article["prix"] = vers_page(
      number_format($article["prix"],2,"," ," "));
    // génération de la ligne de la table HTML
    //     - une case à cocher dans une colonne
    //     - un lien dans une autre colonne
    printf(
    "<TR><TD>%s</TD><TD>%s</TD><TD>%s</TD><TD>%s</TD></TR>",
    $article["libelle"],
    $article["prix"],
    "<INPUT TYPE=\"checkbox\" NAME=\"choix[]\"
          VALUE=\"$article[identifiant]\">",
    "<A HREF=\"javascript:alert($article[identifiant])\">
          action<A>");
  } // while
  // si le résultat est vide, préparer un message
  if ($nombre_lignes == 0) {
    $message = vers_page("Aucun article dans la base.");
  }
} // if ($résultat)
?>
</TABLE>
<BR><INPUT TYPE="submit" NAME="action" VALUE="Action">
</FORM>
<FONT COLOR="green">
<?php
```

```
// traitement du formulaire
// simple affichage des identifiants cochés
if (isset($_POST["action"])) {
  if (isset($_POST["choix"])) {
    echo "Identifiant(s) coché(s) : ".
        implode("+",$_POST["choix"]);
  }
}
?>
</FONT>
<FONT COLOR="red"><?php echo $message; ?></FONT>
</BODY>
</HTML>
```

Résultat

- Affichage initial de la page :

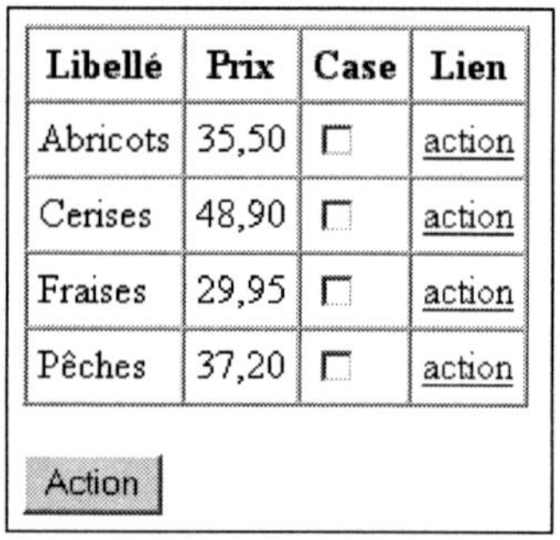

- Après clic sur un lien :

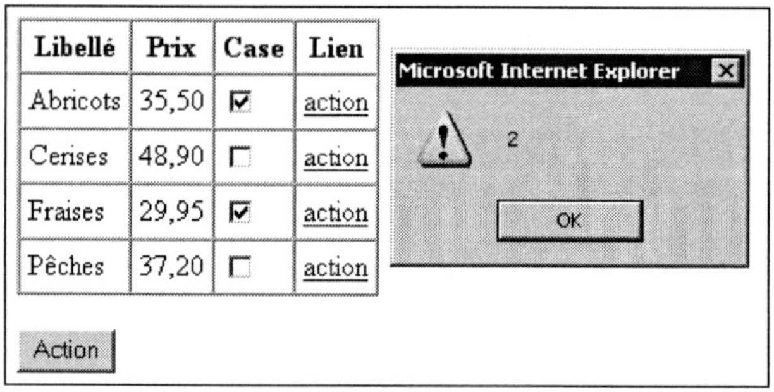

- Après clic sur le bouton Action :

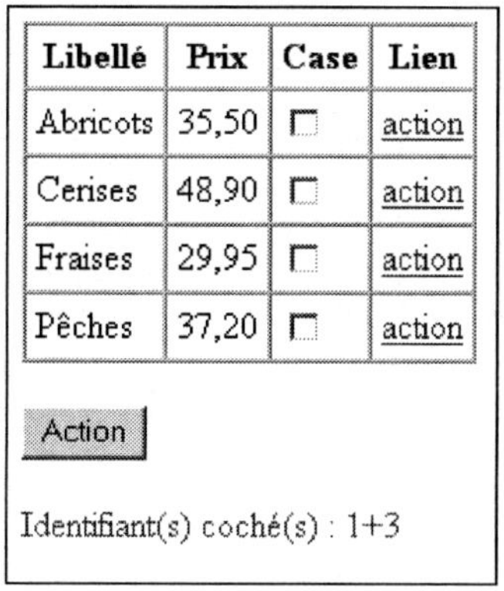

Libellé	Prix	Case	Lien
Abricots	35,50	☐	action
Cerises	48,90	☐	action
Fraises	29,95	☐	action
Pêches	37,20	☐	action

Action

Identifiant(s) coché(s) : 1+3

Sur le lien, à la place du code JavaScript, il est possible de mettre une vraie URL et d'enchaîner sur une autre page (voir le chapitre 9 pour comprendre comment placer un paramètre dans l'URL et pouvoir ainsi passer une information, ici l'identifiant choisi, à une autre page).

En ce qui concerne le traitement du formulaire, tout est envisageable.
Là encore, pour la lecture de plusieurs lignes, une fonction générique est possible.

Exemple

```
<?php
function db_lire_lignes_dans_tableau($requête) {
  // la variable $ok est utilisée pour savoir
  // si tout se passe bien
  // ouvrir la base
  $ok = ( ($base = sqlite_open('diane.dbf')) != FALSE );
  // exécuter la requête et récupérer le résultat directement
  // dans un tableau
  if ($ok) {
    $tableau = sqlite_array_query($requête,$base);
    // tester le résultat pour affecter la variable $ok
    $ok = ( $tableau != FALSE );
  }
  // retourner $tableau ou FALSE en cas d'erreur
  return ($ok)?$tableau:FALSE;
}
?>
```

Utilisation

```
<?php
// inclure le fichier qui contient les différentes fonctions
// générales
require("fonctions.inc");
// définir la requête
$requête = "SELECT * FROM articles";
// lire le résultat dans un tableau
$articles = db_lire_lignes_dans_tableau($requête);
```

```
// afficher le premier article lu
if ($articles) {
  echo count($articles)." articles<BR>";
  echo "Premier article : ";
  echo "{$articles[0]['libelle']} {$articles[0][ 'prix']}";
}
?>
```

Résultat (sauf erreur)

```
4 articles
Premier article : Abricots - 35.5
```

4. Mettre à jour des données

Mettre à jour des données consiste à exécuter des requêtes `INSERT` (création), `UPDATE` (modification) ou `DELETE` (suppression).

L'exécution de ce type de requête s'effectue avec la fonction `sqlite_query`, comme pour une requête `SELECT`.

En complément, deux fonctions sont intéressantes : `sqlite_changes` et `sqlite_last_insert_rowid`.

La fonction `sqlite_changes` permet de connaître le nombre de lignes concernées (insérées, modifiées ou supprimées) par la dernière requête `INSERT`, `UPDATE` ou `DELETE` exécutée sur une base.

Syntaxe

```
entier sqlite_changes(ressource base)
```

Avec

`base` Identifiant de base de données retourné par la fonction `sqlite_open`.

Si la dernière requête a échoué, la fonction `sqlite_changes` retourne 0.

La fonction `sqlite_last_insert_rowid` retourne la valeur du dernier identifiant généré par une requête `INSERT` sur une base, pour une colonne déclarée en `INTEGER PRIMARY KEY`.

Syntaxe

```
entier sqlite_last_insert_rowid(ressource base)
```

Avec

`base` Identifiant de base de données retourné par la fonction `sqlite_open`.

Si aucun identifiant n'a été généré automatiquement, la fonction `sqlite_last_insert_rowid` retourne 0.

La requête `INSERT` n'a pas besoin d'être la dernière requête exécutée sur la base.

Exemples

```
<?php
// inclusion du fichier qui contient la définition des
// fonctions générales
include("fonctions.inc");
// définition d'une petite fonction d'affichage de la liste
// des articles
function AfficherArticles() {
  $requête = "SELECT * FROM articles";
  $articles = db_lire_lignes_dans_tableau($requête);
  if ($articles) {
    echo "<B>Liste des articles :</B><BR>";
    foreach($articles as $a) {
      echo "$a[identifiant] - $a[libelle] - $a[prix]<BR>";
    }
  } else {
    echo "<B>Plus d'articles.</B><BR>";
  }
}
// ouverture
$base = sqlite_open('diane.dbf');
// affichage de contrôle
AfficherArticles();
// requête INSERT
$requête = "INSERT INTO articles(libelle,prix)
            VALUES('Poires',29.9)";
$résultat = sqlite_query($requête,$base);
// récupérer l'identifiant
$identifiant = sqlite_last_insert_rowid($base);
echo "Identifiant du nouvel article = $identifiant.<BR>";
// requête UPDATE
$requête = "UPDATE articles SET prix = prix * 1.1
            WHERE prix < 40";
$résultat = sqlite_query($requête,$base);
$nombre = sqlite_changes($base);
echo "$nombre article(s) augmenté(s).<BR>";
// requête DELETE
$requête = "DELETE FROM articles WHERE prix > 40";
$résultat = sqlite_query($requête,$base);
$nombre = sqlite_changes($base);
echo "$nombre article(s) supprimés(s).<BR>";
// affichage de contrôle
AfficherArticles();
?>
```

Résultat

```
Liste des articles :
1 - Abricots - 35.5
2 - Cerises - 48.9
3 - Fraises - 29.95
4 - Pêches - 37.2
Identifiant du nouvel article = 5.
4 article(s) augmenté(s).
2 article(s) supprimés(s).
Liste des articles :
1 - Abricots - 39.05
3 - Fraises - 32.945
5 - Poires - 32.89
```

Créer des formulaires qui permettent de mettre à jour les données est très simple. À titre d'exemple, nous allons construire un formulaire qui permet de réaliser une saisie en liste.

Présentation du formulaire

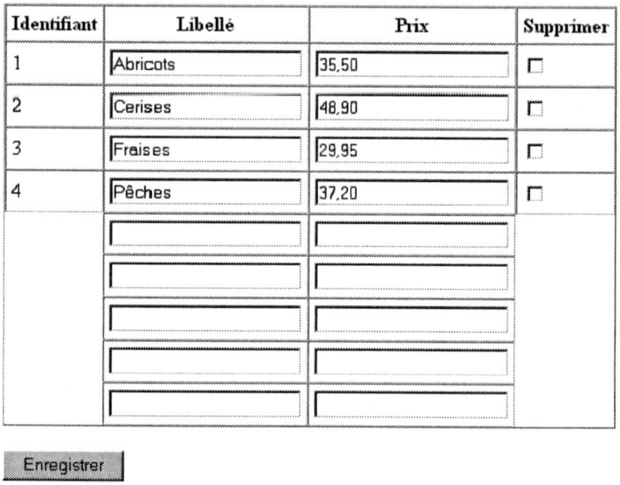

Le formulaire propose le contenu actuel de la table qui peut être modifié (saisie directe dans les zones) ou supprimé (par les cases à cocher), plus cinq lignes vides qui permettent de saisir de nouvelles valeurs ; dans tous les cas, l'identifiant n'est pas saisissable (c'est SQLite qui va l'attribuer).

Chaque ligne du tableau contient quatre zones de formulaire qui sont nommées (option NAME de la balise `<INPUT>`) de la manière suivante :

Colonne	Nom
Identifiant	saisie[i][modifier]
Libellé	saisie[i][libelle]
Prix	saisie[i][prix]
Supprimer	saisie[i][supprimer]

L'indice `i` est l'identifiant de l'article pour les lignes qui existent et un numéro compris entre -1 et -5 pour les lignes vides. La zone de la colonne **Identifiant** est une zone masquée (`TYPE="hidden"`) qui va être utilisée pour identifier les lignes dans lesquelles l'utilisateur a effectué une modification.

Avec ce processus de nommage, toute la saisie sera récupérée dans le script PHP sous la forme d'un tableau multidimensionnel nommé `$lignes`. Chaque ligne du tableau correspond à une ligne du formulaire avec la clé égale à l'identifiant (ou -1 à -5 pour les nouvelles lignes) et la valeur égale à un tableau associatif donnant les éléments saisis.

Pour identifier les lignes modifiées par l'utilisateur, les zones de saisie du libellé et du prix des lignes existantes contiennent le code JavaScript suivant :

```
onChange="document.formulaire[$n].value=1"
```

Ce code JavaScript a pour effet, à chaque fois que la zone en question est modifiée, de mettre un 1 dans la zone masquée associée à la ligne. Le formulaire s'appelant `formulaire` (`<FORM NAME = "formulaire"...`), l'expression `document.formulaire[n]` désigne la n-ième zone du formulaire `formulaire` du document courant, la première zone du formulaire ayant le numéro 0. Dans le source, la variable `$n` est calculée pour chaque ligne `$i` du formulaire par la formule `$n = 4 * ($i - 1)` : la zone cachée de la ligne 1 a le numéro 0 (c'est la première du formulaire), celle de la ligne 2 le numéro 4 et ainsi de suite.

Cet exemple peut (doit) être amélioré pour :

- contrôler la saisie de l'utilisateur ;
- gérer les erreurs.

<u>*Source*</u>

```
<?php
// inclure le fichier qui contient les différentes fonctions
// générales
require("fonctions.inc");
// initialiser la variable de message
$message = "";
// ouvrir la base
$base = sqlite_open('diane.dbf');
// traitement du formulaire
if (isset($_POST["OK"])) {
  // récupérer le tableau contenant la saisie
  $lignes = $_POST["saisie"];
  foreach($lignes as $identifiant => $ligne) {
    // nettoyage de la saisie
    $libellé = valeur_saisie($ligne["libelle"]);
    $prix = valeur_saisie($ligne["prix"]);
    $prix = str_replace(",",".",$prix); // , => .
    $prix = str_replace(" ","",$prix); // supprimer espaces
    // à ce niveau, il faudrait vérifier la saisie ...
    $requête = "";
    if ($identifiant < 0 and $libellé.$prix != "") {
      // identifiant négatif et quelque chose de saisi
      // = création = INSERT
      $requête = "INSERT INTO articles(libelle,prix)
                  VALUES('$libellé',$prix)";
    } elseif (isset($ligne["supprimer"])) {
      // case " supprimer " cochée = suppression = DELETE
      $requête = "DELETE FROM articles
                  WHERE identifiant = $identifiant";
    } elseif (isset($ligne["modifier"])) {
      // zone " modifier " TRUE (1) = modification = UPDATE
      $requête = "UPDATE articles
                  SET libelle = '$libellé', prix = $prix
                  WHERE identifiant = $identifiant";
    }
```

```
    // si une requête a été déterminée, l'exécuter
    if ($requête != "") {
      sqlite_query($requête,$base);
      // à ce niveau, il faudrait tester les erreurs ...
    }
  }
}
// recharger les articles
$requête = "SELECT * FROM articles";
$résultat = sqlite_unbuffered_query($requête,$base);
// à ce niveau, il faudrait tester les erreurs ...
// Affichage de la page ...
?>
<HTML>
<HEAD><TITLE>Gestion des articles</TITLE></HEAD>
<BODY>
<!-- construction d'une table HTML à l'intérieur d'un
---- formulaire -->
<FORM NAME="formulaire" METHOD="POST">
<TABLE BORDER="1" CELLPADDING="4" CELLSPACING="0">
<!-- ligne de titre -->
<TR ALIGN=\"center\">
<TH>Identifiant</TH><TH>Libellé</TH><TH>Prix</TH>
             <TH>Supprimer</TH>
</TR>
<!-- code PHP pour les lignes du tableau -->
<?php
if ($résultat) { // s'il y a un résultat à afficher
  // initialisation d'un compteur de ligne
  $i = 0;
  // boucle de fetch
  while ($article = sqlite_fetch_array($résultat)) {
    // incrémentation du compteur de ligne
    $i++;
    // calcul du numéro d'ordre dans le formulaire de la
    // zone cachée correspondant à l'identifiant
    $n = 4 * ($i - 1);
    // mise en forme des données
    $article["libelle"] = vers_page($article["libelle"]);
    $article["prix"] = vers_page(
        number_format($article["prix"],2,"," ," "));
    // génération de la ligne de la table HTML
    // insertion des balises INPUT du formulaire
    printf(
    "<TR><TD>%s</TD><TD>%s</TD><TD>%s</TD><TD>%s</TD></TR>",
    "$article[identifiant]
     <INPUT TYPE=\"hidden\"
        NAME=\"saisie[$article[identifiant]][modifier]\">",
    "<INPUT TYPE=\"text\"
        NAME=\"saisie[$article[identifiant]][libelle]\"
        VALUE=\"$article[libelle]\"
        onChange=\"document.formulaire[$n].value=1\">",
    "<INPUT TYPE=\"text\"
        NAME=\"saisie[$article[identifiant]][prix]\"
        VALUE=\"$article[prix]\"
        onChange=\"document.formulaire[$n].value=1\">",
    "<INPUT TYPE=\"checkbox\"
        NAME=\"saisie[$article[identifiant]][supprimer]\"
        VALUE=\"$article[identifiant]\">");
```

```
   } // while
   // ajout de 5 lignes vides pour la création
   // (sans identifiant, sans case de suppression)
   for($i=1;$i<=5;$i++) {
     printf(
     "<TR><TD>%s</TD><TD>%s</TD><TD>%s</TD><TD>%s</TD></TR>",
     "",
     "<INPUT TYPE=\"text\"
         NAME=\"saisie[-$i][libelle]\"
         VALUE=\"\">",
     "<INPUT TYPE=\"text\"
         NAME=\"saisie[-$i][prix]\"
         VALUE=\"\">",
     "");
   } // for
}
?>
</TABLE>
<BR><INPUT TYPE="submit" NAME="OK" VALUE="Enregistrer">
</FORM>
</BODY>
</HTML>
```

5. Gérer les erreurs

Les fonctions `sqlite_last_error` et `sqlite_error_string` permettent de récupérer des informations sur l'erreur éventuelle de la dernière opération effectuée sur une base.

Syntaxe

```
entier sqlite_last_error(ressource base)
chaîne sqlite_error_string(entier numéro)
```

Avec

`base`	Identifiant de base de données retourné par la fonction `sqlite_open`.
`numéro`	Numéro d'erreur SQLite.

La fonction `sqlite_last_error` retourne le numéro d'erreur de la dernière opération effectuée sur une base. La fonction `sqlite_error_string` retourne le message d'erreur associé à un numéro d'erreur.

Exemple

```
<?php
// ouverture
$base = sqlite_open('diane.dbf');
// une bonne requête pour commencer
$requête = "SELECT * FROM articles";
$résultat = sqlite_query($requête,$base);
$code = sqlite_last_error($base);
$message = sqlite_error_string($code);
echo "1 : $code - $message<BR>";
// requête sur une table qui n'existe pas
$requête = "SELECT * FROM article";
$résultat = sqlite_query($requête,$base);
$code = sqlite_last_error($base);
$message = sqlite_error_string($code);
```

```
echo "2 : $code - $message<BR>";
// requête INSERT qui viole une clé primaire
$requête = "INSERT INTO articles(identifiant,libelle,prix)
            VALUES(1,'Poires',29.9)";
$résultat = sqlite_query($requête,$base);
$code = sqlite_last_error($base);
$message = sqlite_error_string($code);
echo "3 : $code - $message<BR>";
// tentative de fetch sur un mauvais résultat
$requête = "SELECT * FROM article";
$résultat = sqlite_query($requête,$base);
$code = sqlite_last_error($base);
$message = sqlite_error_string($code);
echo "4 : $code - $message<BR>";
$ligne = sqlite_fetch_array($résultat);
$code = sqlite_last_error($base);
$message = sqlite_error_string($code);
echo "5 : $code - $message<BR>";
?>
```

Résultat

```
1 : 0 - not an error
Warning: sqlite_query() [function.sqlite-query]: no such table:
article in d:\scripts php\index.php on line 12
2 : 1 - SQL logic error or missing database
Warning: sqlite_query() [function.sqlite-query]: PRIMARY KEY
must be unique in d:\scripts php\index.php on line 19
3 : 19 - constraint failed
Warning: sqlite_query() [function.sqlite-query]: no such table:
article in d:\scripts php\index.php on line 25
4 : 1 - SQL logic error or missing database
Warning: sqlite_fetch_array() expects parameter 1 to be resource, boolean
given in d:\scripts php\index.php on line 29
5 : 1 - SQL logic error or missing database
```

Le point 5 illustre le fait que les erreurs liées à l'utilisation d'une ressource de résultat non valide n'est pas une erreur SQLite. Dans ce cas, la fonction `sqlite_last_error` n'est pas réinitialisée et ne retourne donc pas d'erreur spécifique : le code et le message du point 5 sont en fait ceux du point 4.

En pratique, les fonctions `sqlite_last_error` et `sqlite_error_string` sont employées après l'exécution des requêtes mais ne sont d'aucune utilité sur l'ouverture de la base et sur les "fetch". Pour l'ouverture de la base, nous avons vu que la fonction `sqlite_open` permettait de récupérer une erreur éventuelle dans une variable.

Par ailleurs, nous verrons au chapitre 12 comment supprimer l'affichage des alertes.

Ces fonctions peuvent être mises en œuvre à titre d'exemple sur une de nos fonctions génériques.

Source

```
<?php
function db_lire_ligne($requête, &$erreur) {
  // dans cette nouvelle version, db_lire_ligne prend un
  // deuxième paramètre par référence dans lequel un numéro
  // et un message seront stockés en cas d'erreur (sous la
  // forme d'un tableau)
```

```
  // initialiser $erreur
  $erreur = array(0,""); // numéro = 0, message vide
  // ouvrir la base et tester le résultat pour affecter
  // la variable $ok
  $base = sqlite_open('diane.dbf',666,$erreur_ouverture);
  $ok = empty($erreur_ouverture);
  // en cas d'erreur, affecter $erreur
  if (! $ok ) {
    // un code d'erreur fictif est utilisé
    $erreur = array(-1,$erreur_ouverture);
  }
  // exécuter la requête et tester le résultat pour affecter
  // la variable $ok
  if ($ok) {
    $ok = ( ($résultat = sqlite_query($requête,$base))
                                              != FALSE );
    // en cas d'erreur, récupérer les informations
    // sur l'erreur
    if (! $ok) {
      $erreur = array(sqlite_last_error($base),
                 sqlite_error_string(sqlite_last_error($base)));
    }
  }
  if ($ok) { // exécution OK
    // lire la ligne
    $ligne = sqlite_fetch_array($résultat);
  }
  // retourner $ligne ou FALSE en cas d'erreur
  return ($ok)?$ligne:FALSE;
}
?>
```

Utilisation

```
<?php
// inclure le fichier qui contient les différentes fonctions
// générales
require("fonctions.inc");
// premier appel avec une erreur
$requête = "SELECT * FROM article WHERE identifiant = 1";
if (! ($ligne = db_lire_ligne($requête,$erreur))) {
  echo "$erreur[0] - $erreur[1]<BR>";
} else {
  echo "$ligne[libelle] - $ligne[prix]<BR>";
}
// deuxième appel correct
$requête = "SELECT * FROM articles WHERE identifiant = 1";
if (! ($ligne = db_lire_ligne($requête,$erreur))) {
  echo "$erreur[0] - $erreur[1]<BR>";
} else {
  echo "$ligne[libelle] - $ligne[prix]<BR>";
}
?>
```

Résultat

```
Warning: sqlite_query() [function.sqlite-query]: no such
table: article in d:\scripts php\index.php on line 21
1 - SQL logic error or missing database
Abricots - 35.5
```

F. PHP Data Objects (PDO)

PHP Data Objects (PDO) est une extension apparue en version 5.1 qui définit une interface uniforme pour accéder aux bases de données en PHP. L'accès à une base de données à travers PDO s'effectue par l'intermédiaire d'un driver qui expose les fonctionnalités de la base de données.

Il faut bien noter que PDO ne fournit pas une couche d'abstraction de la base de données mais une couche d'abstraction de l'accès aux bases de données. Les requêtes que vous écrivez doivent respecter la syntaxe de la base de données que vous utilisez ; PDO ne récrit pas les requêtes SQL et n'émule pas les fonctionnalités manquantes (à l'exception des requêtes paramétrées).

De nombreuses bases de données disposent d'un driver PDO parmi lesquelles MySQL, Oracle, Microsoft SQL Server et SQLite. À noter qu'en version 5.2.3, les drivers PDO pour Oracle et SQL Server sont encore expérimentaux.

PDO est une extension orientée objet qui est constituée de trois classes :

- `PDO` : connexion entre PHP et la base de données,
- `PDOStatement` : requête préparée, et, après exécution, résultat associé,
- `PDOException` : exception levée par PDO.

Dans ce chapitre, nous présenterons cette extension par l'intermédaire d'un simple exemple commenté :

```
<?php
// Définition des paramètres de connexion.
// La syntaxe de la source (Data Source Name ou DSN)
// est spécifique à chaque driver.
// Modifier la valeur de la variable $test pour tester
// différentes bases de données.
$test = 2;
switch ($test) {
   case 1: // MySQL
      $source = 'mysql:host=localhost;dbname=diane';
      $utilisateur = 'root';
      $mot_de_passe = 'root';
      break;
   case 2: // Oracle
      $source = 'oci:dbname=diane';
      $utilisateur = 'demeter';
      $mot_de_passe = 'demeter';
      break;
   case 3: // Microsoft SQL Server
      $source = 'mssql:host=diane';
      $utilisateur = 'demeter';
      $mot_de_passe = 'demeter';
      break;
   case 4: // SQLite
      $source = 'sqlite:diane.dbf';
      break;
}
```

```
// Définition de deux requêtes de test.
// Noter que la requête d'insertion est paramétrée (c'est
// en fait la seule fonctionnalité qui est émulée par PDO,
// si elle n'est pas nativement supportée par la base de
// données).
$sql_select = "SELECT * FROM articles ORDER BY identifiant";
$sql_insert = "INSERT INTO articles(libelle,prix) VALUES(:p1,:p2)";
// Toutes les opérations sont effectuées dans un bloc
// 'try' afin de récupérer les exceptions levées par PDO.
try {
   // Connexion à la base de données.
   $db = new PDO($source, $utilisateur, $mot_de_passe);
   // Modification des paramètres de la connexion pour
   // demander que des exceptions soient levées en cas
   // d'erreur.
   $db->setAttribute(PDO::ATTR_ERRMODE,PDO::ERRMODE_EXCEPTION);
   // Préparer une requête pour l'insertion.
   $st = $db->prepare($sql_insert);
   // Lier les paramètres
   $st->bindParam(':p1',$nom);
   $st->bindParam(':p2',$prix);
   // Affecter une valeur aux variables.
   $nom = 'Pommes';
   $prix = 30.5;
   // Exécuter la requête.
   // Pour les bases de données qui supporte les transactions,
   // les méthodes beginTransaction(), commit() et rollback()
   // des objets PDO peuvent être utilisées.
   $st->execute();
   // Préparer une requête pour la sélection.
   $st = $db->prepare($sql_select);
   // Exécuter la requête
   $st->execute();
   // Récupérer le résultat.
   // Plusieurs méthodes sont disponibles pour récupérer
   // le résultat : fetch(), fetchObject(), fetchAll().
   // La méthode fetch() dispose d'un paramètre qui permet
   // de spécifier le type de résultat (tableau, objet, etc.).
   while ($ligne = $st->fetch()) {
      echo "$ligne[1] - $ligne[2]<BR>\n";
   }
   // Libérer les ressources
   $st = null;
   $db = null;
} catch (PDOException $e) {
   // Gérer les exceptions
   echo "Error!: " . $e->getMessage() . "<BR>";
   die();
}
?>
```

Résultat

```
Abricots - 35.5
Cerises - 48.9
Fraises - 29.95
Pêches - 37.2
Pommes - 30.5
```

G. "Magic quotes" : le retour

1. Préambule

Nous avons vu dans le chapitre 7 que PHP proposait une fonctionnalité, appelée "magic quotes", dont l'objectif principal est de résoudre un problème lié à l'enregistrement des données, dans une base de données, en effectuant un encodage sur les données saisies dans un formulaire.

Exemple (insertion en base d'une donnée qui contient une apostrophe)

```
<?php
// donnée qui pose problème (peut être saisie dans un formulaire)
$libellé = "Pomme d'api";
$prix = 10;
// requête
$requête = "INSERT INTO articles(libelle,prix)
            VALUES('$libellé',$prix)";
echo "$requête<BR>";
// Exécution avec MySQL
echo "<P><B>MySQL</B><BR>";
$connexion = mysql_connect();
$ok = mysql_select_db("diane",$connexion);
$résultat = mysql_query($requête);
echo mysql_error()."<BR>"; // MySQL ne génère pas d'alerte
// Exécution avec Oracle
echo "<P><B>Oracle</B><BR>";
$connexion = oci_connect("demeter","demeter","diane");
$résultat = oci_execute(oci_parse($connexion,$requête));
// Exécution avec SQL Serveur
echo "<P><B>SQL Serveur</B><BR>";
$connexion = mssql_connect("diane","demeter","demeter");
$résultat = mssql_query($requête);
// Exécution avec SQLite
echo "<P><B>SQLite</B><BR>";
$base = sqlite_open('diane.dbf');
$résultat = sqlite_query($requête,$base);
?>
```

Résultat

```
INSERT INTO articles(libelle,prix) VALUES('Pomme d'api',10)
MySQL
You have an error in your SQL syntax. Check the manual that corresponds to
your MySQL server version for the right syntax to use near 'api',10)' at
line 2
Oracle

Warning: oci_parse() [function.oci-parse]: OCIParse: ORA-01756:
une chaîne entre apostrophes ne se termine pas correctement
in d:\scripts php\index.php on line 16
Warning: oci_execute(): Supplied argument is not a valid OCI8-Statement
resource in d:\scripts php\index.php on line 16
SQL Serveur
Warning: mssql_query() [function.mssql-query]: message: Ligne 2 :
syntaxe incorrecte vers 'api'. (severity 15) in d:\scripts php\index.php
on line 20
```

```
Warning: mssql_query() [function.mssql-query]: message: Ouvrez
les guillemets avant la chaîne de caractères ',10)'.
(severity 15) in d:\scripts php\index.php on line 20
Warning: mssql_query() [function.mssql-query]: Query failed
in d:\scripts php\index.php on line 20
SQLite
Warning: sqlite_query() [function.sqlite-query]: near "api": syntax error
in d:\scripts php\index.php on line 27
```

En SQL, le délimiteur de chaîne de caractères est l'apostrophe : si une requête envoie la chaîne `'Pomme d'api'` à la base, cette dernière va interpréter `'Pomme d'` comme une chaîne et ne saura pas quoi faire du reste (`api'`).

Pour régler ce problème, il faut indiquer à la base que les apostrophes à l'intérieur de la chaîne ne sont pas les délimiteurs de la chaîne, généralement en faisant précéder l'apostrophe d'un caractère "magique" ("d'échappement") : c'est le caractère anti-slash (\) pour MySQL ou apostrophe (') pour MySQL et d'autres bases comme Oracle, Sybase ou Microsoft SQL Server.

Exemple

```
<?php
// donnée corrigée (valable pour toutes les bases)
$libellé = "Pomme d''api";
$prix = 10;
// requête
$requête = "INSERT INTO articles(libelle,prix)
            VALUES('$libellé',$prix)";
echo "$requête<BR>";
// Exécution avec MySQL
echo "<P><B>MySQL</B><BR>";
$connexion = mysql_connect();
$ok = mysql_select_db("diane",$connexion);
$résultat = mysql_query($requête);
echo mysql_error()."<BR>"; // MySQL ne génère pas d'alerte
// Exécution avec Oracle
echo "<P><B>Oracle</B><BR>";
$connexion = oci_connect("demeter","demeter","diane");
$résultat = oci_execute(oci_parse($connexion,$requête));
// Exécution avec SQL Serveur
echo "<P><B>SQL Serveur</B><BR>";
$connexion = mssql_connect("diane","demeter","demeter");
$résultat = mssql_query($requête);
// Exécution avec SQLite
echo "<P><B>SQLite</B><BR>";
$base = sqlite_open('diane.dbf');
$résultat = sqlite_query($requête,$base);
?>
```

Résultat

```
INSERT INTO articles(libelle,prix) VALUES('Pomme d''api',10)
MySQL
Oracle
SQL Serveur
SQLite
```

En ce qui concerne MySQL, un encodage avec le caractère anti-slash (\) aurait aussi fonctionne (mais pas avec les autres bases).

```
$libellé = "Pomme d\'api";
```

La fonctionnalité "magic quotes" d'encodage automatique répond à cette problématique : si elle est active (directive de configuration `magic_quotes_gpc = on`), toutes les données issues d'un formulaire (méthodes `GET` ou `POST`), d'une URL (méthode `GET`) ou d'un cookie sont automatiquement encodées avec le caractère anti-slash (\), ou apostrophe (') si la directive de configuration `magic_quotes_sybase` est à on.

Malheureusement, nous avons vu que cette fonctionnalité "magic quotes" posait d'autres problèmes vis-à-vis :

- de l'affichage des données dans la page HTML ;
- de la dépendance potentielle du code à des directives de configuration.

Pour mémoire, la solution proposée consiste à s'assurer que les données sont chargées dans des variables sans encodage et à faire ce qu'il faut au moment de l'enregistrement dans la base ; c'est ce que nous allons voir dans ce chapitre.

2. Chargement des données en provenance d'une base

Un encodage "magic quotes" automatique est possible sur les données lues dans une base, mais uniquement pour MySQL et SQL Server.

Si la directive de configuration `magic_quotes_runtime` est à on, toutes les données lues dans une base (ou dans un fichier) ont automatiquement un encodage avec un anti-slash (\) sur les caractères apostrophe ('), guillemet (") et bien sûr anti-slash (\).
Si la directive est à `off`, aucun encodage ne se produit.

Du point de vue du caractère d'échappement à utiliser, PHP propose la directive `magic_quotes_sybase` ; si cette directive est à on, PHP utilise le caractère d'échappement apostrophe (') à la place du caractère anti-slash (\). De plus, dans ce cas, seul le caractère apostrophe (') est échappé (les autres caractères ne posent pas de problème).

Exemple (avec l'article d'identifiant 5 contenant la donnée "Pomme d'api")

```
<?php
// requête
$requête = "SELECT libelle FROM articles
            WHERE identifiant = 5";
// Exécution avec MySQL
echo "<B>MySQL</B><BR>";
$connexion = mysql_connect();
$ok = mysql_select_db("diane",$connexion);
$résultat = mysql_query($requête);
$article = mysql_fetch_row($résultat);
echo "$article[0]<BR>";
// Exécution avec Oracle
echo "<B>Oracle</B><BR>";
$connexion = oci_connect("demeter","demeter","diane");
oci_execute($résultat = oci_parse($connexion,$requête));
$article = oci_fetch_row($résultat);
echo "$article[0]<BR>";
```

```
// Exécution avec SQL Serveur
echo "<B>SQL Serveur</B><BR>";
$connexion = mssql_connect("diane","demeter","demeter");
$résultat = mssql_query($requête);
$article = mssql_fetch_row($résultat);
echo "$article[0]<BR>";
// Exécution avec SQLite
echo "<B>SQLite</B><BR>";
$base = sqlite_open('diane.dbf');
$résultat = sqlite_query($requête,$base);
$article = sqlite_fetch_array($résultat);
echo "$article[0]<BR>";
?>
```

Résultat (`magic_quotes_runtime = off`)

```
MySQL
Pomme d'api
Oracle
Pomme d'api
SQL Serveur
Pomme d'api
SQLite
Pomme d'api
```

Résultat (`magic_quotes_runtime = on` et `magic_quotes_sybase = off`)

```
MySQL
Pomme d\'api
Oracle
Pomme d'api
SQL Serveur
Pomme d\'api
SQLite
Pomme d'api
```

Résultat (`magic_quotes_runtime = on` et `magic_quotes_sybase = on`)

```
MySQL
Pomme d''api
Oracle
Pomme d'api
SQL Serveur
Pomme d''api
SQLite
Pomme d'api
```

En complément, la fonction `get_magic_quotes_runtime` permet de connaître la valeur de la directive `magic_quotes_runtime` et la fonction `set_magic_quotes_runtime`, de la modifier en cours de script.

Syntaxe

```
entier get_magic_quotes_runtime()
booléen set_magic_quotes_runtime(entier valeur)
```

`valeur`	Nouvelle valeur de la directive `magic_quotes_runtime` `0` = désactivé (`off`), `1` = activé (`on`).

La fonction `set_magic_quotes_runtime` retourne `TRUE` si le changement s'est effectué et `FALSE` autrement.

La fonction `get_magic_quotes_runtime` retourne `0` si l'option est désactivée et `1` si elle est activée.

Exemple

```
<?php
// requête
$requête = "SELECT libelle FROM articles
            WHERE identifiant = 5";
// Exécution avec MySQL : magic_quotes_runtime = 1
echo "<B>set_magic_quotes_runtime(1)</B><BR>";
set_magic_quotes_runtime(1);
$connexion = mysql_connect();
$ok = mysql_select_db("diane",$connexion);
$résultat = mysql_query($requête);
$article = mysql_fetch_row($résultat);
echo "$article[0]<BR>";
// Exécution avec MySQL : magic_quotes_runtime = 0
echo "<B>set_magic_quotes_runtime(0)</B><BR>";
set_magic_quotes_runtime(0);
$connexion = mysql_connect();
$ok = mysql_select_db("diane",$connexion);
$résultat = mysql_query($requête);
$article = mysql_fetch_row($résultat);
echo "$article[0]<BR>";
?>
```

Résultat (si `magic_quotes_sybase = off`)

```
set_magic_quotes_runtime(1)
Pomme d\'api
set_magic_quotes_runtime(0)
Pomme d'api
```

La fonction `set_magic_quotes_runtime` sera particulièrement intéressante avec MySQL et SQL Server pour écrire un code indépendant de la configuration : avant chaque exécution d'une requête `SELECT`, il suffit d'appeler cette fonction avec la valeur `0` ou `1` correspondant à la stratégie que vous avez adoptée.
La fonction `db_lire_ligne` (ci-après) peut ainsi être adaptée, suivant la stratégie de ne pas avoir de données encodées dans les variables.

Exemple

```
<?php
function db_lire_ligne($requête, &$erreur) {
  // initialiser $erreur
  $erreur = array(0,""); // numéro = 0  message vide
  // pas d'encodage sur les données lues dans la base
  $ok = set_magic_quotes_runtime(0);
  // établir la connexion
  $ok = ($connexion = mysql_connect());
  if ($ok) {  // c'est bon
    // sélectionner la base de données
    $ok = mysql_select_db("diane",$connexion);
  }
```

```
    if ($ok) {  // c'est toujours bon
      // exécuter la requête et tester le résultat pour
      // affecter la variable $ok
      $ok = ( ($résultat = mysql_query($requête)) != FALSE );
    }
    if ($ok) {  // tout est OK
      // lire la ligne
      $ligne = mysql_fetch_assoc($résultat);
    } else {  // problème quelque part
      // récupérer les informations  sur l'erreur
      $erreur = array(mysql_errno(),mysql_error());
    }
    // retourner $ligne ou FALSE en cas d'erreur
    return ($ok)?$ligne:FALSE;
}
?>
```

Dans le même ordre d'idée, un appel du type `set_magic_quotes_runtime(get_magic_quotes_gpc())` permet d'obtenir, pour les données issues de la base, le même comportement que pour les données GPC.

3. Mise à jour des données dans la base

Pour la mise à jour des données dans la base, il faut s'assurer que toutes les données de type "texte" ont le caractère d'échappement adapté (\ ou ' pour MySQL, ' pour les autres bases) devant chaque apostrophe.

Si vous avez adopté une stratégie dans laquelle toutes les variables contiennent des données encodées, il n'y a rien à faire.

À l'inverse, si vous avez adopté une stratégie (plus naturelle ?) dans laquelle toutes les variables ne contiennent pas de données encodées, il convient d'assurer l'échappement des apostrophes dans les données envoyées à la base.

Les fonctions `addslashes` et `mysql_escape_string` peuvent être utilisées.

Syntaxe

```
chaîne addslashes(chaîne valeur)
chaîne mysql_escape_string(chaîne valeur)
```

`valeur` Chaîne de caractères à échapper.

La fonction `mysql_escape_string` ajoute un anti-slash (\) devant tous les caractères apostrophe ('), guillemet (") et anti-slash (\) trouvés dans la chaîne `valeur`, quelle que soit la valeur de la directive de configuration `magic_quotes_sybase`.

La fonction `addslashes` ajoute un anti-slash (\) devant tous les caractères apostrophe ('), guillemet (") et anti-slash (\) trouvés dans la chaîne `valeur`, si la directive de configuration `magic_quotes_sybase` est à `off`. Par contre, si la directive de configuration `magic_quotes_sybase` est à `on`, la fonction `addslashes` se contente d'ajouter une apostrophe (') devant les caractères apostrophe (') trouvés dans la chaîne `valeur`.

Le paramètre `valeur` ne doit pas déjà être échappé.

Exemple

```
<?php
$valeur = " ' \ \" "; // c'est pour tester ...
echo addslashes($valeur)."<BR>";
echo mysql_escape_string($valeur)."<BR>";
?>
```

Résultat si `magic_quotes_sybase = off`

```
\' \\ \"
\' \\ \"
```

Aucune différence entre les deux fonctions.

Résultat si `magic_quotes_sybase = on`

```
'' \ "
\' \\ \"
```

Il n'y a pas de changement pour la fonction `mysql_escape_string` mais un comportement différent pour la fonction `addslashes`. Conclusions :

- La fonction `mysql_escape_string` est intéressante, car indépendante de la configuration, mais elle est valable uniquement pour MySQL.
- La fonction `addslashes` est intéressante car elle est valable pour toutes les bases, mais elle est dépendante de la configuration.

La solution, si vous souhaitez avoir un code qui fonctionne avec toutes les bases et qui soit indépendant de la configuration, est d'écrire sa propre fonction.

Exemple

```
<?php
function vers_base($valeur) {
  // le seul caractère qui pose vraiment problème est l'apostrophe (') ;
  // c'est donc le seul qui est échappé par cette fonction
  // une solution valable pour toutes les bases consiste à
  // l'échapper par lui-même => remplacement de ' par ''
  return str_replace("'","''",$valeur);
}
$valeur = " ' \ \" "; // c'est pour tester ...
echo vers_base($valeur)."<BR>";
?>
```

Résultat

```
'' \ "
```

Une telle fonction peut facilement être appelée lors de la construction d'une requête.

Exemple

```
<?php
function vers_base($valeur) {
  // le seul caractère qui pose vraiment problème est l'apostrophe (') ;
  // c'est donc le seul qui est échappé par cette fonction une solution
  // valable pour toutes les bases consiste à
  // l'échapper par lui-même => remplacement de ' par ''
  return str_replace("'","''",$valeur);
}
```

```
$libellé = "Pomme d'api";
$prix = 10;
// l'utilisation du sprintf rend plus lisible la construction de la requête
$requête = sprintf(
    "INSERT INTO articles(libelle,prix) VALUES('%s',%s)",
    vers_base($libellé),
    $prix);
echo "$requête<BR>";
?>
```

Résultat

```
INSERT INTO articles(libelle,prix) VALUES('Pomme d''api',10)
```

Il est possible aussi d'écrire une fonction générique, dans le même esprit que la fonction `sprintf`, en marquant l'emplacement des paramètres par une séquence `%n`, `n` valant 1 pour le premier paramètre, 2 pour le deuxième... Cette fonction accepte un nombre variable de paramètres, le premier étant la structure de la requête et les suivants les valeurs des paramètres dans l'ordre de numérotation (cf. chapitre 3 - E - 2. Manipulation des chaînes de caractères).

Exemple

```
<?php
function construire_requête($requête) {
  // récupérer le nombre de paramètres
  $nombre_param = func_num_args();
  // boucler sur tous les paramètres à partir du deuxième
  // (le premier contient la requête de base)
  for($i=1;$i<$nombre_param;$i++) {
    // récupérer la valeur du paramètre
    $valeur = func_get_arg($i);
    // si c'est une chaîne, remplacer ' par ''
    if (is_string($valeur)) {
      $valeur = str_replace("'","''",$valeur);
    }
    // mettre la valeur à son emplacement %n (n = $i)
    $requête = str_replace("%$i",$valeur,$requête);
  }
  // retourner la requête
  return $requête;
}
// des variables contiennent des valeurs venant de quelque part ...
$libellé = "Pomme d'api";
$prix = 10;
// construction de la requête
$requête = construire_requête(
    "INSERT INTO articles(libelle,prix) VALUES('%1',%2)",
    $libellé,
    $prix);
echo "$requête<BR>";
?>
```

Résultat

```
INSERT INTO articles(libelle,prix) VALUES('Pomme d''api',10)
```

Il n'y a pas de problème de ce type lors de l'utilisation de requêtes paramétrées avec Oracle.

Exemple

```
<?php
// connexion
$connexion = oci_connect("demeter","demeter","diane");
// requête INSERT (paramétrée)
$requête = "INSERT INTO articles(libelle,prix)
            VALUES(:p1,:p2)";
// analyse
$curseur = oci_parse($connexion,$requête);
// association entre les variables et les paramètres
oci_bind_by_name($curseur,":p1",$libellé,50);
oci_bind_by_name($curseur,":p2",$prix,32);
// exécution de la requête
$libellé = "Pomme d'api"; // pas de problème avec d'api
/$prix = 10;
$ok = oci_execute($curseur); // COMMIT automatique
$nombre = oci_num_rows($curseur);
echo "$nombre article inséré.<BR>";
?>
```

Résultat

```
1 article inséré.
```

Chapitre 9 : Gérer les sessions

A. Description du problème

Le protocole HTTP *(HyperText Transfer Protocol)* est un protocole "sans état" : rien ne permet d'identifier que c'est le même utilisateur qui était précédemment sur la page A et qui, maintenant, accède à la page B.
En ce qui concerne PHP, nous savons maintenant qu'une variable a une portée égale au script dans lequel elle est définie, et qu'elle existe uniquement le temps de l'exécution du script.

Exemple

- Page HTML de connexion :

```
<HTML>
<HEAD><TITLE>Saisie</TITLE></HEAD>
<BODY>
<FORM ACTION="accueil.php" METHOD="POST">
Nom : <INPUT TYPE="text" NAME="nom" VALUE=""><BR>
<INPUT TYPE="submit" NAME="OK" VALUE="OK">
</FORM>
</BODY>
</HTML>
```

- Script PHP pour le traitement de la page :

```
<?php
// traitement du formulaire
if (! empty($_POST)) {
  // récupération de la valeur saisie
  $nom = $_POST["nom"];
}
// Affichage de la page d'accueil
?>
<HTML>
<HEAD><TITLE>Accueil</TITLE></HEAD>
<BODY>
Bonjour <?php echo $nom; ?> !<BR>
<!-- lien vers une autre page -->
<A HREF="action.php">Action</A>
</BODY>
</HTML>
```

- Script PHP appelé par le lien :

```
<HTML>
<HEAD><TITLE>Action</TITLE></HEAD>
<BODY>
<!-- affichage du nom de l'utilisateur -->
Bonjour <?php echo $nom; ?> !<BR>
Action...
</BODY>
</HTML>
```

Résultat

- Affichage initial et saisie :

- Résultat du clic sur le bouton **OK** :

Bonjour Olivier !
Action

- Résultat du clic sur le lien (si les erreurs de niveau `E_NOTICE` ne sont pas affichées) :

Bonjour !
Action...

L'information saisie sur la première page est définie dans la deuxième page qui est justement appelée pour traiter la saisie du formulaire. La variable `$nom`, définie dans ce script, n'existe pas dans le script `action.php` (problème de portée).

Le problème est le même si le script `accueil.php` est appelé de nouveau par le lien.

Exemple

```
<?php
// traitement du formulaire
if (! empty($_POST)) {
  // récupération de la valeur saisie
  $nom = $_POST["nom"];
}
// Affichage de la page d'accueil
?>
<HTML>
<HEAD><TITLE>Accueil</TITLE></HEAD>
<BODY>
Bonjour <?php echo $nom; ?> !<BR>
<!-- lien vers une autre page -->
<A HREF="accueil.php">Accueil</A>
</BODY>
</HTML>
```

Résultat

- Affichage dans la page d'accueil après l'identification :

Bonjour Olivier !
Accueil

- Résultat du clic sur le lien (si les erreurs de niveau `E_NOTICE` ne sont pas affichées) :

Bonjour !
Accueil

Le résultat est le même : la valeur de la variable à la fin de la première exécution du script n'est pas conservée à la fin du script (problème de durée de vie).

Or, un site interactif qui ne se contente pas d'afficher des pages les unes derrière les autres, a souvent besoin, du point de vue de la logique applicative, d'identifier un utilisateur d'une page à l'autre et de conserver des informations relatives à cet utilisateur d'une page à l'autre (typiquement, un panier électronique constitué par l'utilisateur sur une page doit toujours être défini sur la page permettant le paiement).

Le terme "session" désigne la période de temps correspondant à la navigation continue d'un utilisateur sur un site. "Gérer les sessions" signifie donc être en mesure d'identifier l'instant où un nouvel utilisateur accède à une page du site et de conserver des informations relatives à cet utilisateur jusqu'à ce qu'il quitte le site. L'utilisateur n'est pas forcément un utilisateur authentifié par un nom et un mot de passe mais peut très bien être un "anonyme", non référencé par le site, qui effectue un achat. De plus en plus, les sites interactifs proposent des fonctionnalités d'identification (membre, abonné...) car cela permet de conserver des informations sur l'utilisateur d'une visite à l'autre (préférences par exemple). Cette possibilité est également étudiée dans ce chapitre mais du point de vue de la notion de session, la visite de l'utilisateur le vendredi correspondra à une session différente de sa visite du lundi, même si certaines informations saisies le lundi sont susceptibles d'être restituées le vendredi.

Ce chapitre a pour objectif de présenter les différentes techniques qui vont permettre, d'une part d'identifier un utilisateur et, d'autre part, de "suivre" cet utilisateur et les données qui lui sont associées, d'une page à l'autre.

Nous allons aussi étudier une variante qui consiste à identifier un utilisateur et à conserver des informations d'une visite à une autre.

En préambule, nous allons voir comment authentifier un utilisateur et créer un identifiant unique.

Nous allons ensuite aborder pour la gestion des sessions, les méthodes "artisanales" puis les nouvelles fonctionnalités offertes par PHP depuis la version 4.

Enfin, nous allons terminer ce chapitre en évoquant les techniques permettant de conserver des informations d'une visite à l'autre.

B. Authentification

1. Vue d'ensemble

Certains sites ont besoin d'authentifier les utilisateurs qui accèdent au site afin de vérifier que ces derniers sont bien inscrits.

Cette authentification comprend généralement deux étapes :

- saisie par l'utilisateur d'informations d'identification, typiquement un nom et un mot de passe ;
- vérification que l'identification saisie correspond bien à un utilisateur inscrit.

2. Saisie de l'identification

L'identification peut être saisie de deux manières :

- par l'intermédiaire d'un formulaire prévu à cet effet ;
- par les fonctions d'authentification HTTP.

Formulaire

Il est très simple de créer un petit formulaire permettant à l'utilisateur de saisir un nom et un mot de passe.

Exemple de script PHP (`login.php`) qui affiche ce formulaire (fonction de vérification utilisateur_existe, pour l'instant non définie)

```
<?php
// inclusion du fichier contenant les fonctions générales
include("fonctions.inc");
function utilisateur_existe($identifiant,$mot_de_passe) {
  // fonction qui vérifie que l'identification saisie est correcte
  // aléatoire, en attendant mieux...
  return (bool) rand(0,1);
}
// initialisation des variables
$identifiant = "";
$mot_de_passe = "";
$message = "";
// traitement du formulaire
if (isset($_POST["connexion"])) {
  // récupérer les informations saisies
  $identifiant =
      valeur_saisie($_POST["identifiant"]);
  $mot_de_passe =
      valeur_saisie($_POST["mot_de_passe"]);
  // vérifier que l'utilisateur existe
  if (utilisateur_existe($identifiant,$mot_de_passe)) {
    // l'utilisateur existe ...
    // typiquement, partir sur une autre page et interrompre le script
    header("location: accueil.php");
    exit;
  } else {
    // l'utilisateur n'existe pas ...
    // typiquement, afficher un message et proposer de
    // nouveau l'identification
    $message  = "Identification incorrecte. ";
    $message .= "Essayez de nouveau.";
    // laisser le formulaire s'afficher de nouveau ...
  }
}
?>
<HTML>
<HEAD><TITLE>MonSite.com</TITLE></HEAD>
<BODY>
<FORM ACTION="login.php" METHOD="POST">
<TABLE BORDER=0>
<TR>
  <TD ALIGN="right">Identifiant :</TD>
```

```
  <TD><INPUT TYPE="text" NAME="identifiant" VALUE=
        "<?php echo vers_formulaire($identifiant); ?>"></TD>
</TR>
<TR>
  <TD ALIGN="right">Mot de passe :</TD>
  <TD><INPUT TYPE="password" NAME="mot_de_passe" VALUE=
        "<?php echo vers_formulaire($mot_de_passe); ?>"></TD>
</TR>
<TR>
  <TD></TD>
  <TD ALIGN="right"><INPUT TYPE="submit" NAME="connexion"
                      VALUE= "Connexion"></TD>
</TR>
</TABLE>
</FORM>
<FONT COLOR="red"><?php echo $message; ?></FONT>
</BODY>
</HTML>
```

Résultat

- Affichage initial :

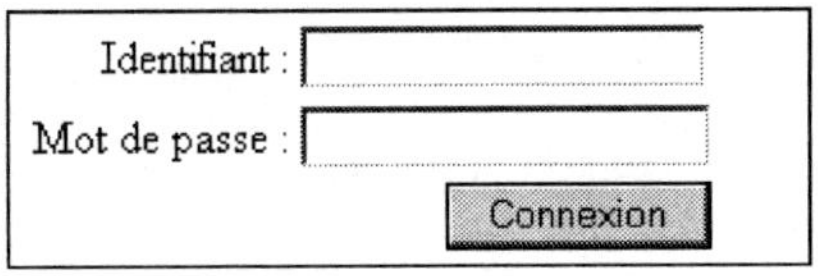

- Saisie :

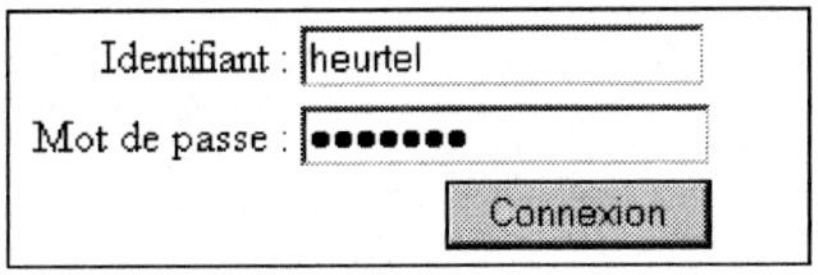

- Résultat si l'identification est erronée :

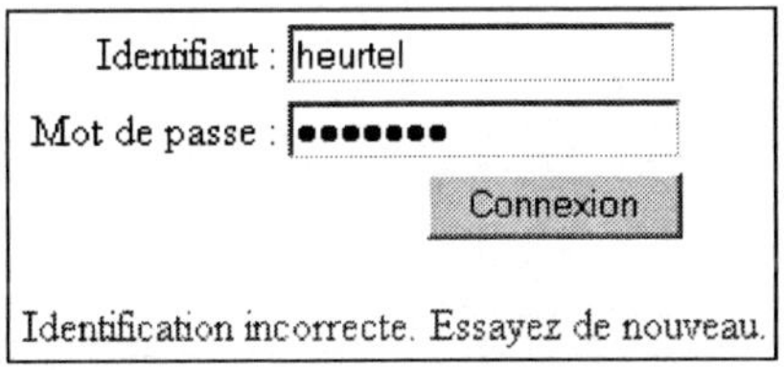

L'utilisation d'une zone de type `password` permet de masquer la saisie du mot de passe.

Si la saisie est incorrecte, la page est proposée de nouveau. Dans le cas contraire, une page d'accueil est affichée.

Authentification HTTP

À l'aide de la fonction `header`, il est possible de demander au navigateur d'afficher une fenêtre de dialogue invitant l'utilisateur à saisir un nom et un mot de passe. Le message d'en-tête à envoyer est :

```
WWW-Authenticate: Basic realm="xxxxx"
```

`xxxxx` = nom affiché (nom d'organisation par exemple)

Si l'utilisateur clique sur le bouton **OK**, le script est appelé de nouveau avec les valeurs saisies disponibles dans les variables PHP : `$PHP_AUTH_USER` et `$PHP_AUTH_PW`.

Par sécurité, il est préférable de récupérer ces informations via le tableau associatif `$_SERVER`, avec les clés `PHP_AUTH_USER` et `PHP_AUTH_PW`. Dans la pratique, ce n'est pas une obligation, car nous vérifierons ensuite que l'utilisateur existe bien. Si cet utilisateur nous a envoyé l'information sans passer par le dialogue, nous le saurons.

Exemple (script `login.php` avec cette technique)

```
<?php
// inclusion du fichier contenant les fonctions générales
include("fonctions.inc");
function utilisateur_existe($identifiant,$mot_de_passe) {
  // fonction qui vérifie que l'identification saisie est correcte
  // aléatoire, en attendant mieux...
  return (bool) rand(0,1);
}
function Authentification($message) {
  header("WWW-Authenticate: Basic realm=\"$message\"");
  // si l'utilisateur clique sur le bouton annuler,
  // les lignes suivantes s'exécutent (sinon, le script est
  // de nouveau appelé mais avec $PHP_AUTH_USER renseigné
  // et le script ne passera plus par ici)
  // typiquement, afficher un message et proposer à
  // l'utilisateur d'essayer de nouveau
  echo "<FONT COLOR=\"red\">Vous devez saisir un nom et
          un mot de passe pour accéder au site.</FONT><BR>";
  echo "<A HREF=login.php>Essayer de nouveau</A>";
  exit;
}
if (! isset($_SERVER["PHP_AUTH_USER"])) {
  // pas de variable $PHP_AUTH_USER = premier appel du script
  // demande d'identifiation
  Authentification("MonSite.com");
} else {
  // variable $PHP_AUTH_USER existe = appel après saisie
  // récupérer les information saisies
  $identifiant =
      valeur_saisie($_SERVER["PHP_AUTH_USER"]);
  $mot_de_passe =
      valeur_saisie($_SERVER["PHP_AUTH_PW"]);
  // vérifier que l'utilisateur existe
  if (utilisateur_existe($identifiant,$mot_de_passe)) {
    // l'utilisateur existe ...
    // typiquement, partir sur une autre page et interrompre le script
    header("location: accueil.php");
    exit;
```

```
  } else {
    // l'utilisateur n'existe pas ...
    // Essayer de nouveau
    Authentification
      ("MonSite.com : identification incorrecte");
  }
}
?>
```

Résultat

- Affichage initial (Internet Explorer version 6) :

- Clic sur le bouton **Annuler** :

Vous devez saisir un nom et un mot de passe pour accéder au site.
Essayer de nouveau

- Nouvel affichage (par le lien) et saisie :

- Nouvel affichage si l'identification est incorrecte :

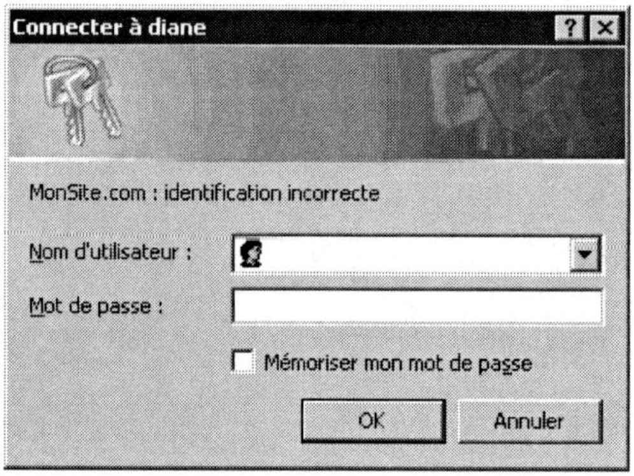

Si l'identification est correcte, une page d'accueil est affichée.

Pour l'instant, sur les deux exemples, l'accès à la page d'accueil n'est pas protégé : un utilisateur qui demande cette page y accède sans problème.

3. Vérifier l'identification saisie

Quelle que soit la méthode d'identification utilisée au point précédent, il convient ensuite de vérifier que les informations saisies correspondent bien à un utilisateur "connu".
Typiquement, ce contrôle est réalisé à l'aide d'une base de données qui contient la liste des utilisateurs, ainsi que, sans doute d'autres informations.
Nous allons prendre comme hypothèse de travail, pour la suite, l'utilisation d'une base mySQL, et dans cette base, l'existence d'une table `utilisateurs` présentant deux colonnes, `identifiant` et `mot_de_passe`.

Exemple

```
<?php
// inclusion du fichier contenant les fonctions générales
include("fonctions.inc");
function utilisateur_existe($identifiant,$mot_de_passe) {
  // fonction qui vérifie que l'identification saisie est correcte
  // définition et exécution de la requête
  $requête = sprintf(
    "SELECT * FROM utilisateurs WHERE identifiant = '%s'",
    vers_base($identifiant));
  $erreur = "";
  $utilisateur = db_lire_ligne($requête,$erreur);
  // l'identification est bonne s'il existe un utilisateur ayant
  // l'identifiant saisi (! empty...) et que le mot de passe corresponde
  // ($utilisateur...== ...)
  $existe = ((! empty($utilisateur)) and
    ($utilisateur["mot_de_passe"] == $mot_de_passe));
  // résultat
  return $existe;
}
?>
```

D'autres méthodes d'authentification, qui ne s'appuient pas sur une base de données sont envisageables (simple fichier par exemple).

C. Créer un identifiant unique

Dans de nombreuses situations, dont celles relatives à la gestion des sessions, il est nécessaire de générer des identifiants uniques.

En effet, dans le contexte de la gestion des sessions, cet identifiant est souvent utile car il permet, comme son nom l'indique, d'identifier les sessions et donc, de pouvoir les différencier.

PHP propose la fonction `uniqid` pour générer des identifiants uniques.

Syntaxe

`chaîne uniqid()([chaîne préfixe [, booléen plus_unique]])`

`préfixe`	Préfixe à ajouter à l'identifiant. Mettre une chaîne vide ou ne rien mettre si vous ne souhaitez pas de préfixe.
`plus_unique`	Si ce paramètre est positionné à `TRUE`, des données supplémentaires sont ajoutées à la fin de la valeur retournée pour obtenir un identifiant plus long et plus difficilement identifiable.

La fonction `uniqid` retourne une chaîne de treize caractères, ou vingt-trois si le paramètre `plus_unique` est à `TRUE` (sans compter le préfixe) calculée à partir de l'heure courante en microsecondes.

Exemple

```
<?php
echo uniqid()."<BR>";
echo uniqid()."<BR>";
echo uniqid("abc")."<BR>";
echo uniqid("",TRUE)."<BR>";
?>
```

Résultat

```
46a441974c4b7
46a441974c4c3
abc46a441974c4c8
46a441974c4cb2.69830597
```

Cet exemple montre que l'identifiant généré est unique, même si la différence entre deux appels successifs est faible. Par contre, l'identifiant généré peut être jugé insuffisamment aléatoire et un peu trop facile à déterminer.

Une technique classique consiste alors à crypter l'identifiant généré. La fonction `md5` permet de le faire très facilement, en utilisant une méthode MD5.

Syntaxe

`chaîne md5(chaîne valeur)`

`Valeur` Chaîne à crypter.

La fonction `md5` retourne la chaîne cryptée.

Exemple

```
<?php
echo md5("olivier");
?>
```

Résultat

```
d3ca5dde60f88db606021eeba2499c02
```

La combinaison des fonctions `uniqid` et `md5` donne le code suivant :

```
<?php
echo md5(uniqid())."<BR>";
echo md5(uniqid())."<BR>";
echo md5(uniqid())."<BR>";
?>
```

Résultat

```
7de6a154b916f6f96e3031dd002d0a3e
d45dd6c61405f3462219c2b0b8ec6865
790bcbaf32a4fcb76f6ee8fdf8b1ecfd
```

Le nouvel identifiant comprend 32 caractères ; il est, maintenant, plus aléatoire et moins facile à déterminer.

Pour les paranoïaques de la sécurité, il est possible d'aller encore plus loin en utilisant, en plus, un préfixe aléatoire.

Exemple

```
<?php
// génération d'identifiants à préfixe aléatoire cryptés
echo md5(uniqid(rand()))."<BR>";
echo md5(uniqid(rand()))."<BR>";
echo md5(uniqid(rand()))."<BR>";
?>
```

Résultat

```
7b8d690bd713a6486d1bea0b0444da66
85d53b9cf512f40484d9c5eecd2f9978
cb7b9243a45ff2beb5a57fde09a9d7a5
```

Une fonction générique peut être écrite pour définir un identifiant unique.

Exemple

```
<?php
function identifiant_unique() {
  // génération de l'identifiant
  return md5(uniqid(rand()));
}
?>
```

D. Passer des informations par l'URL

1. Principe

L'URL (*Uniform Resource Locator*) peut être utilisée pour passer des informations d'une page à une autre.

Syntaxe

```
url_classique?nom=valeur[&...]
```

Le point d'interrogation (?) introduit la liste des paramètres de l'URL séparés par le caractère éperluette (&) ; chaque paramètre est constitué par un couple nom/valeur sous la forme `nom=valeur`.

Exemples

```
www.monsite.com/info/accueil.php?prenom=Olivier
chercher.php?prenom=Olivier&nom=HEURTEL
```

En PHP, les paramètres passés à l'URL correspondant à un script, sont disponibles dans ce script sous la forme de variables sans avoir besoin d'effectuer la moindre analyse de l'URL.

Les principes de récupération de la variables sont les mêmes que pour les valeurs saisies dans un formulaire (cf. chapitre 7).

Tous les paramètres de l'URL sont automatiquement enregistrés dans le tableau associatif `$_GET` : la clé du tableau est égale au nom du paramètre.

Exemple

- Script `page1.php` :

```
<?php
// initialisation d'une variable
$nom="Olivier";
?>
<HTML>
<HEAD><TITLE>Page 1</TITLE></HEAD>
<BODY>
<!-- lien vers la page 2 en passant la valeur de $nom
     dans l'URL -->
<A HREF="page2.php?nom=<?php echo $nom; ?>">Page 2</A>
</BODY>
</HTML>
```

- Source de la page dans le navigateur :

```
<HTML>
<HEAD><TITLE>Page 1</TITLE></HEAD>
<BODY>
<!-- lien vers la page 2 en passant la valeur de $nom
     dans l'URL -->
<A HREF="page2.php?nom=Olivier">Page 2</A>
</BODY>
</HTML>
```

- Script page2.php

```
<?php
// récupération des informations passées dans l'URL
$nom=$_GET["nom"];
echo $nom;
?>
```

Résultat

- Affichage de la page 1 :

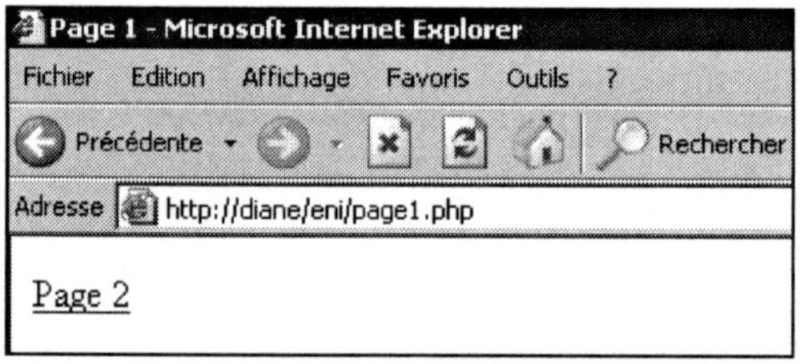

- Résultat du clic sur le lien :

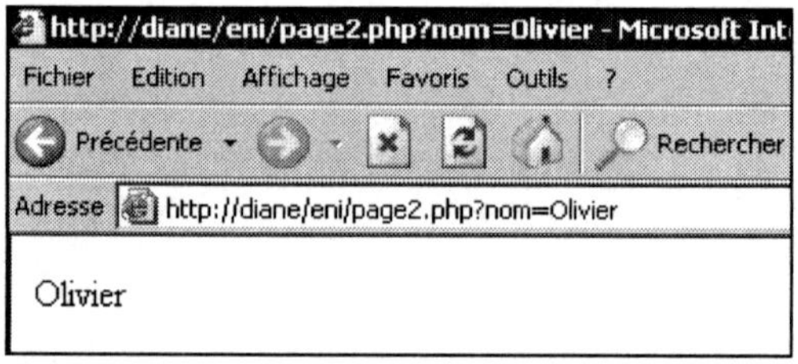

Ainsi, des variables définies dans un script peuvent être transmises à un autre script. C'est la valeur qui est transmise, pas la variable elle-même ; rien n'interdit dans le script cible de récupérer la valeur pour la mettre dans une variable portant un autre nom.

Si la valeur à transmettre ne contient pas de caractères spéciaux (espace, éperluette (&), point d'interrogation (?), etc.), elle peut être placée directement dans l'URL comme indiqué précédemment. Dans le cas contraire, il est nécessaire de l'encoder pour éviter que ces caractères particuliers soient mal interprétés.

Sur l'exemple précédent, si la variable contient "Olivier & Xavier", seul "Olivier" sera récupéré dans la variable `$nom` à l'arrivée car le `&` est interprété comme le séparateur de paramètre.

Cet encodage peut être réalisé très facilement grâce aux fonctions `urlencode` ou `rawurlencode`.

Syntaxe

```
chaîne urlencode(chaîne valeur)
chaîne rawurlencode(chaîne valeur)
```

`valeur` Chaîne à encoder.

Ces deux fonctions retournent la chaîne après encodage. L'encodage consiste à remplacer tous les caractères non alphanumériques par une séquence `%xy`, `xy` étant un nombre hexadécimal égal au code ASCII du caractère. La différence entre les deux fonctions est subtile et concerne juste le caractère espace : la fonction `urlencode` remplace les espaces par le caractère "plus" (+), le vrai caractère "plus" étant lui-même encodé, alors que la fonction `rawurlencode` remplace les espaces par la séquence `%20` (code ASCII 32 en hexadécimal). La fonction `urlencode` est conforme au type MIME application/x-www-form-urlencoded (type utilisé pour transmettre les valeurs des formulaires) alors que la fonction `rawurlencode` est conforme à la RFC1738 ; a priori, il faut plutôt employer la fonction `rawurlencode`.

Exemple

```
<?php
// initialisation d'une variable
$nom="Olivier & Xavier";
echo urlencode($nom)."<BR>";
echo rawurlencode($nom)."<BR>";
?>
```

Résultat

```
Olivier+%26+Xavier
Olivier%20%26%20Xavier
```

Le script `page1.php` peut être modifié de la manière suivante :

```
<?php
// initialisation d'une variable
$nom="Olivier & Xavier";
?>
<HTML>
<HEAD><TITLE>Page 1</TITLE></HEAD>
<BODY>
<!-- lien vers la page 2 en passant la valeur de $nom
     dans l'URL -->
<A HREF="page2.php?nom=<?php echo rawurlencode($nom); ?>">
   Page 2</A>
</BODY>
</HTML>
```

Source de la page dans le navigateur

```
<HTML>
<HEAD><TITLE>Page 1</TITLE></HEAD>
<BODY>
<!-- lien vers la page 2 en passant la valeur de $nom
     dans l'URL -->
<A HREF="page2.php?nom=Olivier%20%26%20Xavier">
    Page 2</A>
</BODY>
</HTML>
```

Résultat affiché à l'arrivée

```
Olivier & Xavier
```

La chaîne de la requête peut aussi être construite à l'aide de la fonction `http_build_query` apparue en version 5.

Syntaxe

```
chaîne http_build_query(tableau données [, chaîne préfixe])
```

Avec

`données` Tableau contenant les données à utiliser pour construire la chaîne de la requête. L'indice ou la clé du tableau sont utilisés comme nom du paramètre pour la valeur associée.

`préfixe` Préfixe à utiliser pour le nom des paramètres, lorsqu'il s'agit d'un indice numérique. Permet d'avoir à l'arrivée un nom exploitable comme nom de variable (un nom de variable PHP ne peut pas commencer par un chiffre).

Cette fonction construit, puis encode, une chaîne de requête sous la forme `clé1=valeur1&clé2=valeur2&...` en utilisant les clés (ou indices) et valeurs trouvées dans le tableau `données`. S'il est saisi, le paramètre `préfixe` est ajouté devant les indices numériques.

Exemple

```
<?php
// initialisation du tableau contenant les données
$données=array("nom" => "Olivier & Xavier","David + Thomas");
// construction de la chaîne de la requête
// - sans préfixe
echo http_build_query($données)."<BR>";
// - avec préfixe
echo http_build_query($données,"v_")."<BR>";
?>
```

Résultat

```
nom=Olivier+%26+Xavier&0=David+%2B+Thomas
nom=Olivier+%26+Xavier&v_0=David+%2B+Thomas
```

Il existe deux fonctions, `urldecode` et `rawurldecode`, qui permettent de décoder une chaîne préalablement encodée, respectivement par `urlencode` ou `rawurlencode`. Ces fonctions de décodage n'ont pas besoin d'être appelées lorsque des données encodées sont transmises par l'URL. En effet, ces données sont automatiquement décodées à l'arrivée.

2. "magic quotes" : le retour

Comme nous l'avons expliqué dans le chapitre 7, la valeur récupérée dans le script d'arrivée peut par contre, subir l'encodage "magic quotes" si la directive de configuration `magic_quotes_gpc` (souvenez-vous que `gpc` signifie *Get/Post/Cookie*) est à `on`.

Exemple

```
<?php
// initialisation d'une variable avec apostrophe
$nom="c'est l'été";
?>
<HTML>
<HEAD><TITLE>Page 1</TITLE></HEAD>
<BODY>
```

```
<!-- lien vers la page 2 en passant la valeur de $nom
     dans l'URL -->
<A HREF="page2.php?nom=<?php echo rawurlencode($nom); ?>">
    Page 2</A>
</BODY>
</HTML>
```

Source de la page (' est encodé en %27)

```
<HTML>
<HEAD><TITLE>Page 1</TITLE></HEAD>
<BODY>
<!-- lien vers la page 2 en passant la valeur de $nom
     dans l'URL -->
<A HREF="page2.php?nom=c%27est%201%27%E9t%E9">
     Page 2</A>
</BODY>
</HTML>
```

Résultat (magic_quotes_gpc = on et magic_quotes_sybase = off)

```
c\'est l\'été
```

En conséquence, lors de la récupération d'une information transmise par URL, il convient éventuellement d'appeler la fonction `stripslashes` ou notre fonction générique `valeur_saisie` pour supprimer l'encodage "magic quotes".

3. Application à la gestion des sessions

Cette technique de transmission de données par l'URL peut être utilisée pour la gestion des sessions, en transmettant les informations de session dans l'URL.

Les principes sont les suivants :

- Chaque session est matérialisée par un identifiant unique.
- Cet identifiant de session est systématiquement intégré dans les URL qui permettent de naviguer entre les différentes pages du site.
- Dans chaque script (page) concerné par la gestion des sessions, commencez par tester si le script a été appelé avec une URL contenant un identifiant de session ; si ce n'est pas le cas, l'utilisateur n'a pas encore de session (c'est la première page qu'il visite) et il faut ouvrir la session. Cette ouverture de session peut se matérialiser par la simple attribution d'un identifiant unique ou par la redirection vers une page d'identification, si le site n'accepte pas les utilisateurs anonymes.

Exemple (avec deux pages)

- Script `page1.php` :

```
<?php
// inclusion du fichier qui contient les fonctions générales
include("fonctions.inc");
// tester si la session est ouverte, c'est-à-dire si une
// variable " session " a été transmise par l'URL
if (! isset($_GET["session"]) ) {
  // variable " session " vide = pas de session
  // => ouvrir la session
```

```
  // pour cet exemple :
  //    - identifiant de session
  $session = identifiant_unique();
  //    - date/heure d'ouverture de la session
  $date = date("\l\e d/m/Y à H:i:s");
  //    - message
  $message = "Nouvelle session : $session - $date";
} else {
  // variable " session " non vide = session ouverte
  // => récupérer les informations de l'URL
  $session = $_GET["session"];
  $date = $_GET["date"];  //   message
  $message = "Session déjà ouverte: $session - $date";
}
// construction des paramètres de l'url : $session + $date
//   $session n'a pas besoin d'être encodé
$url = "?session=$session&date=".rawurlencode($date);
// détermination de la date et de l'heure actuelle (pas celle
// de l'ouverture de la session
$actuel = "Nous sommes le ".date("d/m/Y").
           " ; il est ".date("H:i:s");
?>
<HTML>
<HEAD><TITLE>Page 1</TITLE></HEAD>
<BODY>
<B>Page 1 - <?php echo $actuel; ?></B><BR>
<?php echo $message; ?><BR>
<!-- lien vers les autres pages -->
<A HREF="page2.php<?php echo $url; ?>">Page 2</A>
</BODY>
</HTML>
```

- Script `page2.php` (identique à l'exception de la partie HTML) :

```
<?php
...
?>
<HTML>
<HEAD><TITLE>Page 2</TITLE></HEAD>
<BODY>
<B>Page 2 - <?php echo $actuel; ?></B><BR>
<?php echo $message; ?><BR>
<!-- lien vers les autres pages -->
<A HREF="page1.php<?php echo $url; ?>">Page 1</A>
</BODY>
</HTML>
```

Résultat

- Premier appel de l'URL `http://.../page1.php` :

Page 1 - Nous sommes le 04/05/2004 ; il est 11:08:56
Nouvelle session : 048a17cd5d8a1be7af489f1b434123d9 - le 04/05/2004 à 11:08:56
Page 2

- Résultat du clic sur le lien Page 2 :

> **Page 2 - Nous sommes le 04/05/2004 ; il est 11:15:54**
> Session déjà ouverte: 048a17cd5d8a1be7af489f1b434123d9 - le 04/05/2004 à 11:08:56
> Page 1

- Résultat du clic sur le lien Page 1 :

> **Page 1 - Nous sommes le 04/05/2004 ; il est 11:16:19**
> Session déjà ouverte: 048a17cd5d8a1be7af489f1b434123d9 - le 04/05/2004 à 11:08:56
> Page 2

- Résultat du clic sur le bouton **Précédente** du navigateur :

> **Page 2 - Nous sommes le 04/05/2004 ; il est 11:15:54**
> Session déjà ouverte: 048a17cd5d8a1be7af489f1b434123d9 - le 04/05/2004 à 11:08:56
> Page 1

La page n'a pas été mise à jour car elle est dans le cache du navigateur. Une solution à ce problème est proposée au point 4 - Remarques et conclusion.

L'utilisation de cette technique peut être illustrée sur une gestion de sessions avec authentification des utilisateurs.

Exemple

- Script `login.php` pour l'authentification :

```
<?php
// inclusion du fichier contenant les fonctions générales
include("fonctions.inc");
function utilisateur_existe($identifiant,$mot_de_passe) {
  // fonction qui vérifie que l'identification saisie est correcte
  $requête = sprintf(
    "SELECT * FROM utilisateurs WHERE identifiant = '%s'",
    vers_base($identifiant));
  $erreur = "";
  $utilisateur = db_lire_ligne($requête,$erreur);
  // l'identification est bonne s'il existe un utilisateur
  // ayant l'identifiant saisi (! empty ...) et que le mot
  // de passe correspond ($utilisateur ... == ...)
  $existe = ((! empty($utilisateur)) and
    ($utilisateur["mot_de_passe"] == $mot_de_passe));
  return $existe;
}
// initialisation des variables
$identifiant = "";
$mot_de_passe = "";
$message = "";
// traitement du formulaire
if (isset($_POST["connexion"])) {
  // récupérer les informations saisies
  $identifiant =
      valeur_saisie($_POST["identifiant"]);
  $mot_de_passe =
      valeur_saisie($_POST["mot_de_passe"]);
```

```
  // vérifier que l'utilisateur existe
  if (utilisateur_existe($identifiant,$mot_de_passe)) {
    // l'utilisateur existe ...
    // => ouvrir la session
    $session = identifiant_unique();
    $date = date("\l\e d/m/Y à H:i:s");
    // puis le rediriger vers la page1 en fournissant les informations
     // dans l'URL
    $url = "?session=$session&date=".rawurlencode($date).
                "&identifiant=".rawurlencode($identifiant);
    header("location: page1.php$url");
    exit;
  } else {
    // l'utilisateur n'existe pas ...
    // typiquement, afficher un message et proposer de
    // nouveau l'identification
    $message = "Identification incorrecte.
                 Essayez de nouveau.";
    // laisser le formulaire s'afficher de nouveau ...
  }
}
?>
<HTML>
<HEAD><TITLE>Login</TITLE></HEAD>
<BODY>
<FORM ACTION="login.php" METHOD="POST">
<TABLE BORDER=0>
<TR>
  <TD ALIGN="right">Identifiant :</TD>
  <TD><INPUT TYPE="text" NAME="identifiant" VALUE=
        "<?php echo vers_formulaire($identifiant); ?>"></TD>
</TR>
<TR>
  <TD ALIGN="right">Mot de passe :</TD>
  <TD><INPUT TYPE="password" NAME="mot_de_passe" VALUE=
        "<?php echo vers_formulaire($mot_de_passe); ?>"></TD>
</TR>
<TR>
  <TD></TD>
  <TD ALIGN="right"><INPUT TYPE="submit" NAME="connexion"
                    VALUE= "Connexion"></TD>
</TR>
</TABLE>
</FORM>
<FONT COLOR="red"><?php echo $message; ?></FONT>
</BODY>
</HTML>
```

- Script `page1.php` pour une page du site :

```
<?php
// inclusion du fichier qui contient les fonctions générales
include("fonctions.inc");
// tester si la session est ouverte, c'est-à-dire si une
// variable " session " a été transmise par l'URL
if (! isset($_GET["session"]) ) {
  // variable " session " vide = pas de session
  // => rediriger l'utilisateur vers la page de login
  header("location: login.php");
```

```
  exit;
} else {
  // variable " session " non vide = session ouverte
  // => récupérer les autres informations de l'URL pour cet exemple :
  //    - identifiant de session
  $session = $_GET["session"];
  //    - date/heure d'ouverture de la session
  $date = $_GET_["date"];
  //    - identifiant de l'utilisateur
  $identifiant =
      valeur_saisie($_GET_["identifiant"]);
  //   message
  $message = "Session : $session - $identifiant - $date";
}
// construction des paramètres de l'url : $session + $date
//   $session n'a pas besoin d'être encodé
$url = "?session=$session&date=".rawurlencode($date).
                "&identifiant=".rawurlencode($identifiant);
// détermination de la date et de l'heure actuelle (pas celle
// de l'ouverture de la session
$actuel = "Nous sommes le ".date("d/m/Y").
            " ; il est ".date("H:i:s");
?>
<HTML>
<HEAD><TITLE>Page 1</TITLE></HEAD>
<BODY>
<B>Page 1 - <?php echo $actuel; ?></B><BR>
<?php echo $message; ?><BR>
<!-- lien vers les autres pages -->
<A HREF="page2.php<?php echo $url; ?>">Page 2</A>
</BODY>
</HTML>
```

Le premier appel de l'URL `http://.../page1.php` provoque la redirection de l'utilisateur vers la page d'identification. Après une identification réussie, l'utilisateur revient sur la page 1 qui affiche les informations suivantes :

Page 1 - Nous sommes le 04/05/2004 ; il est 11:26:20
Session : 5fb1ed8a147b56fc1349dd3d08799f0f - heurtel - le 04/05/2004 à 11:26:20
Page 2

L'accès aux pages du site est maintenant protégé, ou plutôt, semble protégé (détail dans la section suivante).

Le script `login.php` montre la possibilité de placer des paramètres derrière l'URL passée à la fonction `header`.

4. Remarques et conclusion

Les utilisateurs malins et/ou mal intentionnés

Pour les deux exemples donnés, un utilisateur (malin et/ou mal intentionné) qui appelle une URL `http://.../page1.php?session=abc` accède sans problème à la page demandée en outrepassant le mécanisme d'ouverture de session et, notamment, le passage par la page d'identification dans le deuxième exemple :

```
Page 1 - Nous sommes le 04/05/2004 ; il est 11:36:18
Session : abc - -
Page 2
```

En effet, actuellement, le script se contente de tester l'existence d'une valeur pour le paramètre session dans l'URL, sans vérifier que la valeur en question correspond à une vraie session. Pour cela, il faut conserver, côté serveur, dans un fichier ou dans une base, la trace des sessions réellement ouvertes, c'est-à-dire la trace des identifiants de session réellement attribués par l'application. En complément, il faut prévoir un mécanisme de durée de vie (30 minutes , 1 heure, 6 heures...) qui fasse en sorte qu'un utilisateur n'emploie pas un identifiant de session attribué précédemment.

Ne pas tout transmettre dans l'URL

Le mécanisme employé pour conserver, côté serveur, la trace des sessions ouvertes, peut aussi être utilisé pour conserver des informations complémentaires sur la session et ne pas être obligé ainsi de passer toutes les valeurs par l'URL : seul l'identifiant de session peut l'être. Il suffit alors, au début de chaque script, d'utiliser l'identifiant de session pour récupérer les informations complémentaires de la session, et, en fin de script, de réenregistrer, côté serveur, les informations de session qui ont été modifiées.

Cas du traitement d'un formulaire

Lors du traitement d'un formulaire, le script n'est pas appelé par un lien `<A HREF...>` tel que nous venons de le voir mais par l'option `ACTION` de la balise `<FORM>`.

La technique de transmission des informations de session par l'URL peut être utilisée dans l'URL de l'option `ACTION`.

Exemple

```
<?php
...
$url = "?session=$session";
...
?>
...
<FORM ACTION="page1.php<?php echo $url; ?>" METHOD="POST">
...
```

Le script appelé (`page1.php` sur notre exemple) peut récupérer l'identifiant de la session dans le tableau `$_GET` et les valeurs du formulaire dans le tableau `$_POST`.

Nous allons voir dans la partie E (Passer des informations par une zone de formulaire cachée), que l'information de session peut aussi, dans ce cas, être transmise dans le formulaire.

Forcer le rafraîchissement d'une page

Pour résoudre le problème des pages non mises à jour car toujours présentes dans le cache du navigateur, il faut envoyer des en-têtes complémentaires dans la page HTML à l'aide de la fonction `header`.

Exemple

```
// HTTP 1.0
header("Pragma: no-cache");
// HTTP 1.1
header("Cache-Control: no-store, no-cache, must-revalidate");
```

Conclusion

Utiliser l'URL pour transmettre des informations de session est envisageable mais nécessite beaucoup de code pour construire quelque chose de solide.

Nous n'indiquons volontairement pas d'exemple plus complet pour la gestion des sessions avec cette technique car, depuis PHP 4, les fonctionnalités de gestion des sessions ont été introduites pour simplifier le développement et apporter des solutions simples aux différentes problématiques évoquées précédemment : autant les utiliser (cf. G - Utiliser la gestion des sessions de PHP).

La technique présentée dans cette partie doit être vue comme une méthode permettant de transmettre des informations simples d'une page à une autre, sans chercher une sécurité importante.

E. Passer des informations par une zone de formulaire cachée

1. Principe

Nous avons vu dans le chapitre 7 que les informations saisies dans un formulaire étaient transmises au script chargé du traitement et pouvaient, ensuite, être affichées dans une nouvelle page.

Cette méthode peut être utilisée pour transmettre, au passage, d'autres informations non saisies par l'utilisateur, typiquement en les plaçant dans une zone de formulaire cachée.

Exemple

- Script `page1.php` :

```
<?php
// initialisation d'une variable
$nom="Olivier";
?>
<HTML>
<HEAD><TITLE>Page 1</TITLE></HEAD>
<BODY>
<!-- lien vers la page 2 avec un bouton de formulaire -->
<FORM ACTION="page2.php" METHOD="POST">
<!-- l'information à transmettre est cachée -->
<INPUT TYPE="hidden" NAME="nom" VALUE="<?php echo $nom; ?>">
<INPUT TYPE="submit" NAME="page2" VALUE="Page 2">
</FORM>
</BODY>
</HTML>
```

- Source de la page dans le navigateur :

```
<HTML>
<HEAD><TITLE>Page 1</TITLE></HEAD>
<BODY>
<!-- lien vers la page 2 avec un bouton de formulaire -->
<FORM ACTION="page2.php" METHOD="POST">
<!-- l'information à transmettre est cachée -->
<INPUT TYPE="hidden" NAME="nom" VALUE="Olivier">
<INPUT TYPE="submit" NAME="page2" VALUE="Page 2">
</FORM>
</BODY>
</HTML>
```

- Script `page2.php` :

```
<?php
// récupération des informations passées dans l'URL
$nom=$_POST["nom"];
echo $nom;
?>
```

Résultat

- Affichage de la page 1 :

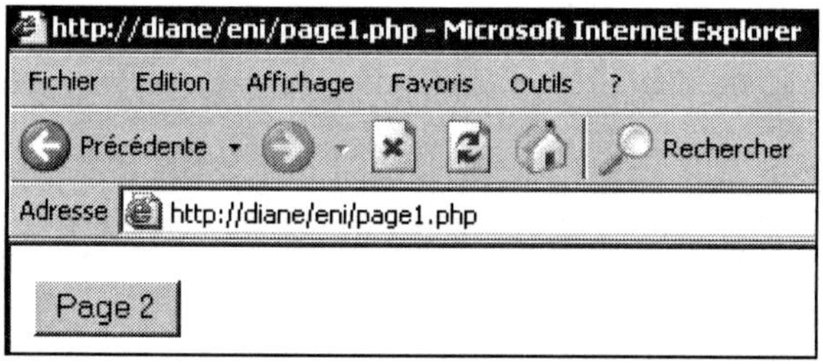

- Résultat du clic sur le bouton :

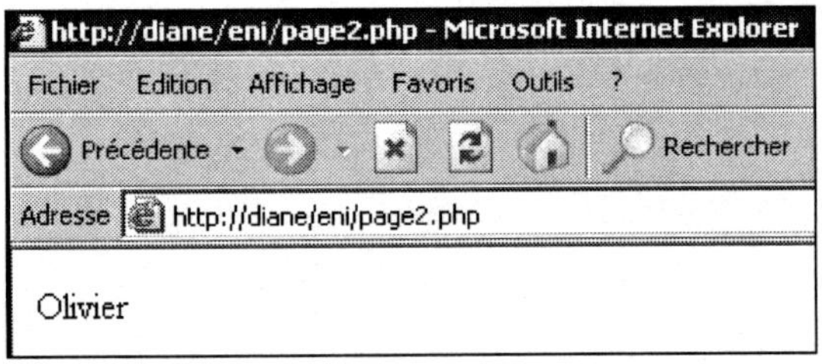

Avec le formulaire, il n'y a pas de problème d'encodage (effectué automatiquement).

Pas contre, dans le chapitre 7, nous avons vu (et résolu) les différents problèmes qui pouvaient se produire, avec la fonctionnalité "magic quotes" ou l'intégration dans le formulaire de caractères spéciaux. Il ne faut donc pas oublier d'utiliser les fonctions `stripslashes` et `htmlspecialchars` ou les fonctions génériques créées dans les exemples précédents `vers_formulaire` et `valeur_saisie`.

2. Application à la gestion des sessions

Cette technique de transmission de données par un formulaire peut être utilisée pour la gestion des sessions, en transmettant les informations de session dans les zones cachées d'un formulaire.

Les principes mis en œuvre sont les mêmes qu'avec l'URL.

Exemple (avec deux pages)

- Script `page1.php` :

```
<?php
// inclusion du fichier qui contient les fonctions générales
include("fonctions.inc");
// tester si la session est ouverte, c'est-à-dire si une
// variable " session " a été transmise par le formulaire
if (! isset($_POST["session"]) ) {
  // variable " session " vide = pas de session
  // => ouvrir la session
  // pour cet exemple :
  //    - identifiant de session
  $session = identifiant_unique();
  //    - date/heure d'ouverture de la session
  $date = date("\l\e d/m/Y à H:i:s");
  //    - message
  $message = "Nouvelle session : $session - $date";
} else {
  // variable " session " non vide = session ouverte
  // => récupérer les informations cachées du formulaire
  $session = $_POST["session"];
  $date = $_POST["date"];
  //   message
  $message = "Session déjà ouverte: $session - $date";
}
```

```
// détermination de la date et de l'heure actuelle (pas celle
// de l'ouverture de la session
$actuel = "Nous sommes le ".date("d/m/Y").
          " ; il est ".date("H:i:s");
?>
<HTML>
<HEAD><TITLE>Page 1</TITLE></HEAD>
<BODY>
<B>Page 1 - <?php echo $actuel; ?></B><BR>
<?php echo $message; ?><BR>
<!-- lien vers les autres pages avec un formulaire -->
<FORM ACTION="page2.php" METHOD="POST">
<INPUT TYPE="hidden" NAME="session"
   VALUE="<?php echo $session; ?>">
<INPUT TYPE="hidden" NAME="date"
   VALUE="<?php echo $date; ?>">
<INPUT TYPE="submit" NAME="page2" VALUE="Page 2">
</FORM>
</BODY>
</HTML>
```

- Script `page2.php` (identique à l'exception de la partie HTML) :

```
<?php
...
?>
<HTML>
<HEAD><TITLE>Page 2</TITLE></HEAD>
<BODY>
<B>Page 2 - <?php echo $actuel; ?></B><BR>
<?php echo $message; ?><BR>
<!-- lien vers les autres pages avec un formulaire -->
<FORM ACTION="page1.php" METHOD="POST">
<INPUT TYPE="hidden" NAME="session"
   VALUE="<?php echo $session; ?>">
<INPUT TYPE="hidden" NAME="date"
   VALUE="<?php echo $date; ?>">
<INPUT TYPE="submit" NAME="page1" VALUE="Page 1">
</FORM>
</BODY>
</HTML>
```

Résultat

- Premier appel de l'URL `http://.../page1.php` :

- Résultat du clic sur le bouton Page 2 :

- Résultat du clic sur le bouton Page 1 :

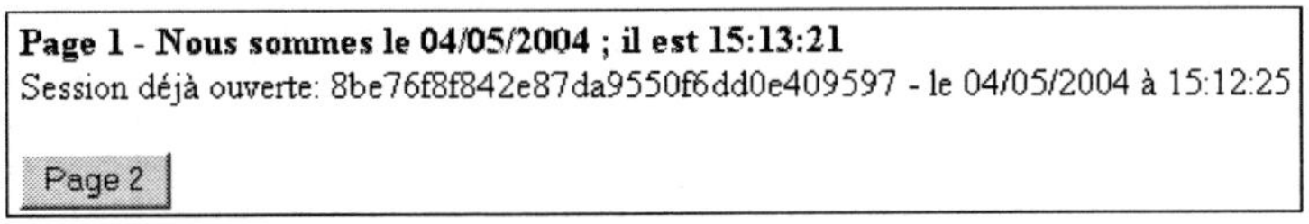

- Résultat du clic sur le bouton **Précédente** du navigateur :

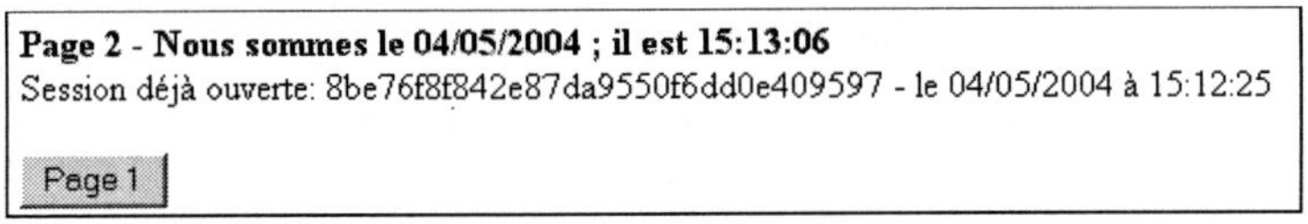

La page n'a pas été mise à jour car elle est dans le cache du navigateur. Une solution à ce problème a été proposée au point D - 4. Remarques et conclusion.

L'ouverture de session, par passage dans une page d'identification, peut s'effectuer sur le même principe qu'au point D - Passer des informations par l'URL. La seule difficulté à résoudre concerne la redirection de la page d'identification vers une autre page du site, après une connexion réussie : l'utilisation de la fonction `header` ne permet pas de transmettre des informations par la méthode du formulaire. Le plus simple consiste, alors, à inverser légèrement la logique et à faire traiter le formulaire d'identification par le script de la page 1 ; ce dernier se chargeant de renvoyer l'utilisateur sur la page d'identification en cas d'échec de connexion. Dans la pratique, cette approche n'est pas très élégante du point de vue de l'organisation du code.

3. Remarques et conclusion

Les utilisateurs malins et/ou mal intentionnés

Un utilisateur (malin et/ou mal intentionné) peut construire une page avec son propre formulaire, comprenant une zone nommée "session", contenant une valeur quelconque et qui appelle le script `page1.php` ; il accède alors sans problème à la page 1, en outrepassant le mécanisme d'ouverture de session et, notamment, le passage par la page d'identification dans le deuxième exemple.

Comme dans le point D - Passer des informations par l'URL, la solution consiste à garder trace, côté serveur, des sessions réellement ouvertes.

Ne pas tout transmettre dans le formulaire

Comme dans le point D - Passer des informations par l'URL, le mécanisme utilisé pour conserver, côté serveur, la trace des sessions ouvertes, peut aussi être utilisé pour conserver des informations complémentaires sur la session et, ainsi, ne pas être obligé de passer toutes les valeurs dans le formulaire.

Cas de la navigation par balise <A HREF...>

La technique proposée dans cette section n'est pas facile à combiner avec la navigation par balise `<A HREF...>`.

Plusieurs solutions sont envisageables :

- Mettre en place une navigation uniquement à base de boutons ; ce n'est pas très élégant et, surtout, pas dans l'esprit de la navigation sur le Web.
- Utiliser les deux techniques ; cela risque d'alourdir la programmation, sauf si l'on utilise systématiquement la méthode `GET` pour le traitement des formulaires : que les données soient transmises par URL ou par formulaire, elle sont récupérables dans `$_GET`.

Conclusion

Utiliser les formulaires pour transmettre des informations de session est envisageable mais ceci nécessite beaucoup de code pour construire quelque chose de solide et peut conduire à une interface de navigation qui n'est pas dans l'esprit du Web.

Comme pour la gestion des sessions par l'URL, nous n'allons pas plus loin dans les exemples : autant utiliser les fonctionnalités de gestion des sessions de PHP (cf. G - Utiliser la gestion des sessions de PHP).

La technique présentée dans cette partie doit être vue comme une technique permettant de transmettre ponctuellement des informations complémentaires dans un formulaire déjà présent. Par contre, créer un formulaire comprenant un bouton et quelques zones cachées, spécialement pour transmettre des informations, n'est pas très élégant du point de vue de l'organisation du code.

F. Utiliser des cookies

1. Principe

Un cookie est un petit fichier déposé, par un site, sur le poste de l'internaute et qui peut contenir des informations.
Les cookies sont automatiquement renvoyés au serveur Web, par le navigateur, lorsque l'internaute navigue dans les pages du site en question.
PHP permet de récupérer très facilement, dans des variables, les données stockées dans le cookie.

La fonction `setcookie` permet de déposer un cookie sur le poste de l'internaute.

Syntaxe

```
booléen setcookie(chaîne nom [, chaîne valeur [, entier expiration [, chaîne chemin [, chaîne domaine [, booléen securisé[, booléen http_uniquement]]]]]])
```

Avec

`nom`	Nom du cookie.
`valeur`	Valeur stockée dans le cookie.

`expiration`	Date d'expiration du cookie (*timestamp* Unix).
`chemin`	Chemin sur le serveur dans lequel le cookie est disponible. Mettre / pour rendre le cookie disponible sur le domaine entier ou `/rep/` pour rendre le cookie disponible dans le répertoire `/rep/` du domaine et tous ses sous-répertoires. Par défaut, égal au répertoire à partir duquel le cookie a été déposé.
`domaine`	Domaine auquel le cookie est renvoyé. `.monSite.com` (avec un point au début) permet par exemple de rendre le cookie disponible pour tous les sous-domaines de `monSite.com`.
`sécurisé`	Mettre `TRUE` pour indiquer que le cookie ne doit être transmis que sur une connexion sécurisée (`FALSE` par défaut).
`http_uniquement`	Mettre `TRUE` pour indiquer que le cookie ne doit être transmis que pour le protocole HTTP (`FALSE` par défaut). Ajouté dans la version 5.2.0.

Si la fonction n'est appelée qu'avec le paramètre `nom`, le cookie portant ce nom est supprimé du poste de l'internaute. Si les paramètres `domaine` et `chemin` avaient été spécifiés lors du dépot du cookie, il faut les spécifier à l'identique pour supprimer le cookie (mettre une date d'expiration dans le passé).
Si le paramètre `valeur` est spécifié, un cookie portant le nom `nom` et contenant la valeur `valeur` est envoyé sur le poste de l'utilisateur ; s'il existe déjà un cookie portant ce nom, ce dernier est mis à jour avec la nouvelle valeur.

Le paramètre `expiration` permet de déterminer la date d'expiration du cookie (et donc la date de sa suppression du poste de l'utilisateur) ; si ce paramètre est non spécifié (ou égal à 0) le cookie expire à la fin de la session, c'est-à-dire lorsque l'utilisateur quitte le site.

Les cookies sont envoyés dans l'en-tête de la page. À l'instar de la fonction `header`, la fonction `setcookie` doit donc être appelée avant toute instruction (PHP ou HTML), cette dernière ayant pour effet de commencer à construire la page HTML. En cas de problème, un message du type suivant est affiché :

```
Warning: Cannot add header information - headers already sent by (output
started at d:\scripts php\test.php:1) in d:\scripts php\test.php on line 7
```

La fonction `setcookie` retourne `TRUE` si l'instruction a pu être exécutée (pas de données déjà transmises), et `FALSE` dans le cas contraire. Par contre, le code de retour de la fonction ne donne aucune information sur le fait que le cookie a réellement pu être déposé sur le poste de l'utilisateur : si ce dernier refuse les cookies, la fonction `setcookie` retourne quand même `TRUE` bien que le cookie n'ait pas été déposé.

Les cookies sont gérés par site ; deux cookies de sites différents peuvent porter le même nom. Le cookie est déposé sur le poste de l'internaute par la fonction `setcookie` puis renvoyé ultérieurement lors de la visite de n'importe quelle page du site.

Exemple

```
<?php
// dépôt d'un cookie nommé " nom " contenant
// la valeur " Olivier " et expirant à la fin de la session
$ok = setcookie("nom","Olivier");
```

```
// idem mais expirant à date du jour (time() en secondes)
// plus 30 fois 24 fois 3600 secondes (soit 30 jours)
$ok = setcookie("nom","Olivier",time()+(30*24*3600));
// suppression du cookie nommé " nom "
$ok = setcookie("nom");
?>
```

Lorsque le cookie est renvoyé au serveur Web, par le navigateur, lors de la demande d'une page PHP, la valeur du cookie est accessible dans une variable PHP selon un mécanisme identique à celui mis en œuvre pour les formulaires et les URL.

La valeur de chaque cookie envoyé, par le navigateur, est automatiquement enregistrée dans le tableau associatif `$_COOKIE` : la clé du tableau est égale au nom du cookie.

Les variables de cookie sont aussi disponibles dans le tableau associatif `$_REQUEST` ou peuvent être importées dans le script par appel à la fonction `import_request_variables` (cf. chapitre 7 - B - Récupérer les données saisies dans le formulaire).

Exemple

- Script `page1.php` qui dépose deux cookies :

```
<?php
// premier cookie expirant à la fin de la session
$ok1 = setcookie("prénom","Olivier");
// deuxième cookie expirant dans 30 jours
$ok2 = setcookie("nom","HEURTEL",time()+(30*24*3600));
// résultat
if ($ok1 and $ok2) {
  $message = "Cookies déposés (du moins, a priori)";
} else {
  $message = "L'un des cookies n'a pas pu être déposé";
}
?>
<HTML>
<HEAD><TITLE>Page 1</TITLE></HEAD>
<BODY>
<B>Page 1</B><BR>
<?php echo $message; ?><BR>
<A HREF="page2.php">Page 2</A>
</BODY>
</HTML>
```

- Script `page2.php` qui affiche la valeur des deux cookies :

```
<HTML>
<HEAD><TITLE>Page 2</TITLE></HEAD>
<BODY>
<?php
if ( isset($_COOKIE["prénom"]) ) {
  echo "\$_COOKIE[\"prénom\"] = {$_COOKIE['prénom']}<BR>";
} else {
  echo "\$_COOKIE[\"prénom\"] = <BR>";
}
if ( isset($_COOKIE["nom"]) ) {
  echo "\$_COOKIE[\"nom\"] = {$_COOKIE['nom']}<BR>";
} else {
  echo "\$_COOKIE[\"nom\"] = <BR>";
```

```
}
?>
</BODY>
</HTML>
```

Résultat

- Affichage de la page 1 :

```
Page 1
Cookies déposés (du moins, a priori)
Page 2
```

- Résultat du clic sur le lien :

```
$_COOKIE["prénom"] = Olivier
$_COOKIE["nom"] = HEURTEL
```

- Résultat d'un retour, avant trente jours, sur la page 2 du même site :

```
$_COOKIE["prénom"] =
$_COOKIE["nom"] = HEURTEL
```

Le cookie de durée de vie égale à la session n'existe plus à la sortie de la session et l'information est perdue ; l'information stockée dans l'autre cookie reste disponible (dans la limite de sa durée de vie).

Il est possible de stocker n'importe quelle chaîne dans le cookie sans avoir à se soucier d'un éventuel encodage/décodage : l'encodage et le décodage sont effectués automatiquement.

Le cookie est déposé sur le poste de l'internaute par la fonction `setcookie`, puis est renvoyé ultérieurement lors de la visite de n'importe quelle page du site (en fonction de la valeur des paramètres `chemin` et `domaine`) ; le cookie n'est pas disponible immédiatement dans la page qui le dépose.

Exemple

```
<?php
// valeur du cookie avant
$avant = (isset($_COOKIE ["heure"]))?$_COOKIE ["heure"]:"";
// dépôt du cookie expirant à la fin de la session
$ok = setcookie("heure",date("H:i:s"));
// valeur du cookie après
$après = (isset($_COOKIE ["heure"]))?$_COOKIE ["heure"]:"";

// heure actuelle
$actuel = date("H:i:s");
// affichage
echo "Actuel : $actuel<BR>";
echo "Avant : $avant<BR>";
echo "Après : $après<BR>";

?>
```

Résultat du premier appel

```
Actuel : 14:53:18
Avant :
Après :
```

Lors du premier appel, le cookie n'existe pas avant (c'est normal) et n'existe toujours pas après, car il a simplement été envoyé mais n'est pas encore "revenu" (manière imagée de présenter les choses).

Résultat du deuxième appel (dans la même session)

```
Actuel : 14:53:30
Avant : 14:53:18
Après : 14:53:18
```

Lors du deuxième appel, la valeur du cookie est disponible dès le début du script (le cookie est revenu avec la requête pour la page), et a bien une valeur qui correspond à l'instant où il a été déposé ; par contre, sa valeur après ne reflète pas immédiatement la réalité (même principe que pour le dépôt initial : le cookie n'est pas encore "revenu").

Résultat du troisième appel (dans la même session)

```
Actuel : 14:53:41
Avant : 14:53:30
Après : 14:53:30
```

Lors du troisième appel, le cookie a bien une valeur qui correspond à sa mise à jour lors du deuxième appel.

Une des conséquences de ce mode de fonctionnement est qu'il n'est pas possible, tout de suite après avoir déposé le cookie, de tester si le cookie a été accepté ou non par le poste.

Pour savoir si un poste accepte les cookies, il faut déposer un cookie et recharger une page dans laquelle la présence ou non du cookie permettra de déterminer si le poste accepte les cookies.

Exemple de script `tester_cookie.php` qui permet de faire ce test

```
<?php
// tester si c'est le deuxième appel de la page
if (! isset($_GET["retour"])) {
  // non ...
  // déposer le cookie
  setcookie("test","test");
  // et recharger la page avec une information dans
  // l'URL indiquant que c'est le deuxième passage
  header("Location: tester_cookie.php?retour=1");
} else {
  // oui ...
  // tester si le cookie est revenu
  if (isset($_COOKIE["test"])) { // oui ...
    echo "Cookie accepté";
  } else { // non ...
    echo "Cookie refusé";
  }
}
?>
```

Il est possible de récupérer un tableau comme valeur de cookie sous réserve d'utiliser une notation de type tableau lors du dépôt du cookie.

Exemple (basé sur l'exemple précédent)

```
<?php
// inclusion du fichier qui contient les fonctions générales
include("fonctions.inc");
// tester si c'est le deuxième appel de la page
if (! isset($_GET["retour"])) {
  // non ...
  // déposer le cookie
  setcookie("test[0]","zéro");
  setcookie("test[1]","un");
  // et recharger la page avec une information dans
  // l'URL indiquant que c'est le deuxième passage
  header("Location: tester_cookie.php?retour=1");
} else {
  // oui ...
  // tester si le cookie est revenu
  if (isset($_COOKIE["test"])) { // oui ...
    echo "Cookie accepté<BR>";
    afficher_tableau($_COOKIE["test"]);
  } else { // non ...
    echo "Cookie refusé";
  }
}
?>
```

Résultat

```
Cookie accepté
0 = zéro
1 = un
```

Dans la pratique, il y a en fait plusieurs cookies déposés sur le poste de l'utilisateur, mais les valeurs sont bien récupérées dans le script PHP sous la forme d'un tableau. Pour déposer un seul cookie contenant plusieurs valeurs, vous pouvez procéder par concaténation, ou utiliser une fonction comme `implode` (et `explode` au retour du cookie).

2. "magic quotes" : le retour

Comme pour les données `GET` et `POST`, la valeur récupérée dans un cookie peut subir l'encodage "magic quotes" si la directive de configuration `magic_quotes_gpc` (*Get/Post/Cookie*) est à `on`.

Exemple en reprenant notre script de test de l'acceptation des cookies

```
<?php
// tester si c'est le deuxième appel de la page
if (! isset($_GET["retour"])) {
  // non ...
  // déposer le cookie
  setcookie("test","c'est l'été");
  // et recharger la page avec une information dans
  // l'URL indiquant que c'est le deuxième passage
  header("Location: tester_cookie.php?retour=1");
} else {
  // oui ...
  // tester si le cookie est revenu
  if (isset($_COOKIE["test"])) { // oui ...
```

```
    echo "Valeur du cookie = $_COOKIE[test]";
  } else { // non ...
    echo "Cookie refusé";
  }
}
?>
```

Résultat (magic_quotes_gpc = on et magic_quotes_sybase = off)

```
Valeur du cookie = c\'est l\'été
```

En conséquence, lors de la récupération d'une information transmise par cookie, il convient éventuellement d'appeler la fonction `stripslashes` ou notre fonction générique `valeur_saisie` pour supprimer l'encodage "magic quotes".

3. Application à la gestion des sessions

Les cookies présentent l'immense avantage, par rapport aux techniques étudiées jusqu'à maintenant, d'être parfaitement indépendants à la fois de la navigation par balise `<A HREF=...>` et de la gestion des formulaires : gérer les sessions à l'aide des cookies permet donc de s'affranchir des inconvénients liés aux deux autres méthodes.

Ils présentent, par contre, un gros inconvénient : ils peuvent être refusés par les internautes.

Les principes de mise en œuvre sont les mêmes que pour la gestion par l'URL.

Nous allons illustrer ces principes à l'aide de deux pages (en émettant l'hypothèse que les cookies sont acceptés).

Exemple (avec deux pages et partant de l'hypothèse que les cookies sont acceptés)

- Script `page1.php` :

```
<?php
// inclusion du fichier qui contient les fonctions générales
include("fonctions.inc");
// tester si la session est ouverte, c'est-à-dire si une
// variable " session " a été transmise par le cookie
if (! isset($_COOKIE["session"]) ) {
  // variable " session " vide = pas de session
  // => ouvrir la session
  // pour cet exemple :
  //    - identifiant de session
  $session = identifiant_unique();
  //    - date/heure d'ouverture de la session
  $date = date("\l\e d/m/Y à H:i:s");
  // déposer deux cookies pour stocker ces informations
  // durée de vie = la session justement !
  setcookie("session",$session);
  setcookie("date",$date);
  //    - message
  $message = "Nouvelle session : $session - $date";
} else {
  // variable " session " non vide = session ouverte
  // => récupérer les informations des cookies
  $session = $_COOKIE["session"];
  $date = $_COOKIE["date"];
```

```
  //   message
  $message = "Session déjà ouverte: $session - $date";
}
// détermination de la date et de l'heure actuelle (pas celle
// de l'ouverture de la session
$actuel = "Nous sommes le ".date("d/m/Y").
          " ; il est ".date("H:i:s");
?>
<HTML>
<HEAD><TITLE>Page 1</TITLE></HEAD>
<BODY>
<B>Page 1 - <?php echo $actuel; ?></B><BR>
<?php echo $message; ?><BR>
<!-- lien vers les autres pages -->
<A HREF="page2.php">Page 2</A>
</BODY>
</HTML>
```

- Script `page2.php` (identique à l'exception de la partie HTML) :

```
<?php
...
?>
<HTML>
<HEAD><TITLE>Page 2</TITLE></HEAD>
<BODY>
<B>Page 2 - <?php echo $actuel; ?></B><BR>
<?php echo $message; ?><BR>
<!-- lien vers les autres pages -->
<A HREF="page1.php">Page 1</A>
</BODY>
</HTML>
```

Résultat

- Premier appel de l'URL `http://.../page1.php` :

> **Page 1 - Nous sommes le 04/05/2004 ; il est 17:34:29**
> Nouvelle session : 5476222e20f5415a592db74a9c7ecd6c - le 04/05/2004 à 17:34:29
> Page 2

- Résultat du clic sur le lien Page 2 :

> **Page 2 - Nous sommes le 04/05/2004 ; il est 17:35:48**
> Session déjà ouverte: 5476222e20f5415a592db74a9c7ecd6c - le 04/05/2004 à 17:34:29
> Page 1

- Résultat du clic sur le lien Page 1 :

> **Page 1 - Nous sommes le 04/05/2004 ; il est 17:36:02**
> Session déjà ouverte: 5476222e20f5415a592db74a9c7ecd6c - le 04/05/2004 à 17:34:29
> Page 2

En cas de clic sur le bouton **Précédente** du navigateur, la page n'est pas mise à jour car elle est dans le cache du navigateur. Une solution à ce problème est proposée dans le point D - 4. Remarques et conclusion.

Avec les cookies, il est possible de naviguer entre les pages et de gérer des formulaires sans se soucier des informations de session : elles sont transmises en parallèle.

L'utilisation de cette technique peut être illustrée sur une gestion de session avec authentification des utilisateurs.

Exemple

- Script `login.php` pour l'authentification :

```
<?php
// inclusion du fichier contenant les fonctions générales
include("fonctions.inc");
function utilisateur_existe($identifiant,$mot_de_passe) {
  // fonction qui vérifie que l'identification saisie est correcte
  $requête = sprintf(
    "SELECT * FROM utilisateurs WHERE identifiant = '%s'",
    vers_base($identifiant));
  $erreur = "";
  $utilisateur = db_lire_ligne($requête,$erreur);
  // l'identification est bonne s'il existe un utilisateur
  // ayant l'identifiant saisi (! empty ...) et que le mot
  // de passe correspond ($utilisateur ... == ...)
  $existe = ((! empty($utilisateur)) and
    ($utilisateur["mot_de_passe"] == $mot_de_passe));
  return $existe;
}
// initialisation des variables
$identifiant = "";
$mot_de_passe = "";
$message = "";
// traitement du formulaire
if (isset($_POST["connexion"])) {
  // récupérer les informations saisies
  $identifiant =
      valeur_saisie($_POST["identifiant"]);
  $mot_de_passe =
      valeur_saisie($_POST["mot_de_passe"]);
  // vérifier que l'utilisateur existe
  if (utilisateur_existe($identifiant,$mot_de_passe)) {
    // l'utilisateur existe ...
    // => ouvrir la session
    $session = identifiant_unique();
    $date = date("\l\e d/m/Y à H:i:s");
    // déposer trois cookies pour stocker ces informations
    // durée de vie = la session justement !
    setcookie("session",$session);
    setcookie("date",$date);
    setcookie("identifiant",$identifiant);
    header("location: page1.php ");
    exit;
  } else {
    // l'utilisateur n'existe pas ...
    // typiquement, afficher un message et proposer de
    // nouveau l'identification
    $message = "Identification incorrecte.
                  Essayez de nouveau.";
```

```
    // laisser le formulaire s'afficher de nouveau ...
  }
}
?>
<HTML>
<HEAD><TITLE>Login</TITLE></HEAD>
<BODY>
<FORM ACTION="login.php" METHOD="POST">
<TABLE BORDER=0>
<TR>
  <TD ALIGN="right">Identifiant :</TD>
  <TD><INPUT TYPE="text" NAME="identifiant" VALUE=
        "<?php echo vers_formulaire($identifiant); ?>"></TD>
</TR>
<TR>
  <TD ALIGN="right">Mot de passe :</TD>
  <TD><INPUT TYPE="password" NAME="mot_de_passe" VALUE=
        "<?php echo vers_formulaire($mot_de_passe); ?>"></TD>
</TR>
<TR>
  <TD></TD>
  <TD ALIGN="right"><INPUT TYPE="submit" NAME="connexion"
                     VALUE= "Connexion"></TD>
</TR>
</TABLE>
</FORM>
<FONT COLOR="red"><?php echo $message; ?></FONT>
</BODY>
</HTML>
```

- Script page1.php pour une page du site :

```
<?php
// inclusion du fichier qui contient les fonctions générales
include("fonctions.inc");
// tester si la session est ouverte, c'est-à-dire si une
// variable "session" a été transmise par le cookie
if (! isset($_COOKIE["session"]) ) {
  // variable " session " vide = pas de session
  // => rediriger l'utilisateur vers la page de login
  header("location: login.php");
  exit;
} else {
  // variable "session" non vide = session ouverte
  // => récupérer les autres informations des cookies
  // pour cet exemple :
  //    - identifiant de session
  $session = $_COOKIE["session"];
  //    - date/heure d'ouverture de la session
  $date = $_COOKIE["date"];
  //    - identifiant de l'utilisateur
  $identifiant =
      valeur_saisie($_COOKIE["identifiant"]);
  //   message
  $message = "Session : $session - $identifiant - $date";
}
// détermination de la date et de l'heure actuelles (pas celles
// de l'ouverture de la session
$actuel = "Nous sommes le ".date("d/m/Y").
```

```
            " ; il est ".date("H:i:s");
?>
<HTML>
<HEAD><TITLE>Page 1</TITLE></HEAD>
<BODY>
<B>Page 1 - <?php echo $actuel; ?></B><BR>
<?php echo $message; ?><BR>
<!-- lien vers les autres pages -->
<A HREF="page2.php">Page 2</A>
</BODY>
</HTML>
```

Le premier appel de l'URL `http://.../page1.php` provoque la redirection de l'utilisateur vers la page d'identification ; après une identification réussie, l'utilisateur revient sur la page 1 qui affiche les informations suivantes :

```
Page 1 - Nous sommes le 04/05/2004 ; il est 17:59:08
Session : c0f92baa8180154ca93230d7f40148a0 - heurtel - le 04/05/2004 à
17:59:08
Page 2
```

4. Remarques et conclusion

Les utilisateurs malins et/ou mal intentionnés

Bien que ce soit un peu plus complexe à mettre en œuvre, un utilisateur (malin et/ou mal intentionné) peut accéder à la page 1, en outrepassant le mécanisme d'ouverture de session et, notamment, le passage par la page d'identification dans le deuxième exemple.
Comme dans les deux autres cas (URL et formulaire), la solution consiste à garder trace, côté serveur, des sessions réellement ouvertes.

Ne pas tout transmettre dans les cookies

Les cookies possèdent leurs limites :

- Le nombre de cookies est limité à vingt par serveur.
- La taille d'un cookie est limitée.

Là encore, le mécanisme utilisé pour conserver, côté serveur, la trace des sessions ouvertes, peut aussi être employé pour conserver des informations complémentaires sur la session. Ainsi, vous n'êtes pas obligé de passer toutes les valeurs dans des cookies.

Conclusion

Les cookies sont très pratiques pour gérer les sessions mais ne sont pas forcément acceptés par tous les utilisateurs.

Pour un site destiné à des utilisateurs identifiés (abonnés, inscrits), il est possible d'imposer l'acceptation des cookies pour être membre du site, l'important étant de bien informer les utilisateurs que le cookie ne reste que le temps de la session.

Pour un site "grand public", il n'est sans doute pas acceptable de fonder une gestion des sessions sur les cookies.

De toutes les méthodes abordées jusqu'à présent, la technique "cookie" et la technique "URL" peuvent être considérées comme les moins contraignantes. Une gestion des sessions, dans laquelle seul l'identifiant de session doit être transmis d'une page à l'autre (les autres informations étant stockées sur le serveur) peut être mise en place relativement facilement en employant les cookies, si l'utilisateur les accepte et en utilisant l'URL dans le cas contraire. C'est exactement ce que propose la gestion des sessions de PHP que nous allons voir maintenant : ne nous amusons donc pas à redévelopper ce qui existe déjà !

Nous allons également voir dans ce chapitre (cf. H - Conserver des informations d'une visite à une autre), que le cookie est un bon outil (sous réserve toujours de l'accord de l'utilisateur) pour stocker une information d'une session à l'autre (en utilisant donc un cookie ayant une durée de vie spécifiée à la création).

G. Utiliser la gestion des sessions de PHP

1. Principes

Depuis la version 4, PHP propose un ensemble de fonctions qui facilitent la gestion des sessions. Les principes sont les suivants :

- Un identifiant unique est automatiquement attribué à chaque session.
- Cet identifiant unique est transmis d'une page à l'autre, soit par cookie (si le poste accepte les cookies), soit par l'URL dans le cas contraire ; en tout état de cause, c'est PHP qui choisit automatiquement la bonne méthode et assure ce transfert (à quelques réserves près, liées à la configuration).
- Les variables, dont vous souhaitez conserver la valeur d'une page à l'autre pendant la durée de la session, sont indiquées à PHP qui se charge automatiquement de restituer leurs valeurs au début du script, et de les sauvegarder à la fin du script. Par défaut, la sauvegarde s'effectue sur disque, dans des fichiers temporaires, mais il est possible, moyennant un peu de développement, de faire sauvegarder ces valeurs par PHP dans une base. Ces variables sont désignées sous le terme "variables de session".

En bref, PHP se charge de toute la gestion.

2. Les fonctions

Les principales fonctions du module de gestion des sessions sont les suivantes :

Nom	Rôle
`session_start`	Ouvre une nouvelle session ou réactive la session courante.
`session_id`	Retourne (ou éventuellement modifie) l'identifiant de la session.
`session_name`	Retourne (ou éventuellement modifie) le nom de la variable utilisée pour stocker l'identifiant de la session.
`session_register`	Enregistre une variable dans la session courante.

Nom	Rôle
`session_is_registered`	Indique si une variable est enregistrée dans la session.
`session_unregister`	Supprime l'enregistrement de la variable dans la session.
`session_unset`	Supprime l'enregistrement de toutes les variables de la session.
`session_destroy`	Supprime la session.

session_start

Syntaxe

```
booléen session_start()
```

La fonction `session_start` va interroger l'environnement pour détecter si une session a déjà été ouverte pour l'utilisateur actuel. Si oui, les variables enregistrées dans la session sont restituées. Autrement, une nouvelle session est ouverte avec attribution d'un identifiant.

La fonction `session_start` retourne toujours `TRUE`.

Tout script concerné par la gestion des sessions doit appeler `session_start` pour avoir accès aux variables de session.

Si la session n'est pas encore ouverte, la fonction `session_start` va chercher à déposer un cookie, contenant l'identifiant de session, sur le poste de l'utilisateur : il est donc primordial, comme pour les fonctions `header` et `setcookie` que le début de la page n'ait pas encore été envoyé au navigateur. En cas de problème, un message du type suivant est affiché :

```
Warning: session_start() [function.session-start]: Cannot send session
cookie - headers already sent by (output started at
d:\scripts php\test.php:1) in d:\scripts php\test.php on line 4
```

Exemple

```
<?php
// ouvrir/réactiver la session
session_start();
?>
```

session_id

Syntaxe

```
chaîne session_id([chaîne nouvelle_valeur])
```

`nouvelle_valeur` Nouvelle valeur attribuée à l'identifiant de session.

Appelée sans paramètre, la fonction `session_id` retourne la valeur de l'identifiant de session. Cette valeur sera toujours vide si `session_start` n'a pas été appelée dans le script.
Appelée avec un paramètre, la fonction `session_id` modifie la valeur attribuée à l'identifiant de session. En pratique, dans la majorité des cas, cela ne présente pas un grand intérêt.

Exemple

```
<?php
// récupérer la valeur de session_id avant
$avant = session_id();
// ouvrir/réactiver la session
session_start();
// récupérer la valeur de session_id après
$après = session_id();
// affichage
$actuel = date("H:i:s");
echo "Heure : $actuel<BR>";
echo "Avant : $avant<BR>";
echo "Après : $après<BR>";
?>
```

Résultat

- Premier appel :

```
Heure : 16:48:23
Avant :
Après : 5367261e1325076530d5f4c756b55e07
```

- Deuxième appel (sans quitter le site) :

```
Heure : 16:48:37
Avant :
Après : 5367261e1325076530d5f4c756b55e07
```

- Troisième appel (après avoir quitté le site) :

```
Heure : 16:49:33
Avant :
Après : 124b271be50112948ae2279dbb28e43d
```

Les trois exemples montrent qu'avant appel à la fonction `session_start`, la fonction `session_id` retourne une chaîne vide, même si la session a déjà été ouverte (cas du deuxième appel).
Sur le troisième appel, l'identifiant de session est nouveau car c'est une nouvelle session.

session_name

Syntaxe

`*chaîne* session_name([*chaîne* nouvelle_valeur])`

`nouvelle_valeur` Nouvelle valeur attribuée au nom de la variable qui stocke l'identifiant de session.

Appelée sans paramètre, la fonction `session_name` retourne le nom de la variable dans laquelle l'identifiant de session est stocké. La fonction `session_name` retourne un résultat même si la fonction `session_start` n'a pas été appelée dans le script.

Appelée avec un paramètre, la fonction `session_name` modifie le nom de la variable. En pratique, dans la majorité des cas, cela ne présente pas un grand intérêt (il est remis à sa valeur par défaut à la fin du script).

Exemple

```
<?php
// récupérer la valeur de session_name avant
$avant = session_name();
// ouvrir/réactiver la session
session_start();
// récupérer la valeur de session_name après
$après = session_name();
// affichage
echo "Avant : $avant<BR>";
echo "Après : $après<BR>";
// affichage de la valeur en utilisant la technique de variable variable
echo "$après = ${$après}<BR>";
?>
```

Résultat

```
Avant : PHPSESSID
Après : PHPSESSID
PHPSESSID = 4f7acd051136cafc0464d44583f7ff68
```

Le nom de la variable est défini par la directive de configuration `session.name`. Vous pouvez modifier cette directive pour utiliser un autre nom.

session_register

Syntaxe

booléen `session_register(`*mixte* `nom_variable[,...])`

`nom_variable`	Chaîne (ou tableau) contenant le nom de la (ou des) variable(s) à enregistrer dans la session. Dans les deux cas, les noms de variable sont indiqués sans le caractère $.

Cette fonction est conservée pour des raisons de compatibilité ascendante et ne fonctionne que lorsque la directive de configuration `register_globals` est à `on` (rappel : elle est à `off` par défaut depuis la version 4.2 et passera définitivement à `off` dans une prochaine version). À la place, il est conseillé de travailler directement avec le tableau `$_SESSION` (voir ci-après).

La fonction `session_register` accepte plusieurs paramètres permettant ainsi d'enregistrer plusieurs variables en un seul appel.

La fonction `session_register` fait un appel implicite à la fonction `session_start` pour ouvrir ou réactiver la session.

La fonction `session_register` retourne `TRUE`, en cas de succès, et `FALSE`, en cas d'échec.

Tout type de variable est accepté (notamment les tableaux). Des exemples sont donnés dans la section suivante.

Manipuler les variables enregistrées dans la session

Lors de l'appel à la fonction `session_start`, toutes les variables enregistrées dans la session sont restaurées et accessibles selon des mécanismes identiques à ceux déjà étudiés pour les données `GET` et `POST` ou pour les cookies.

La valeur de chaque variable enregistrée est notamment automatiquement restituée dans le tableau associatif `$_SESSION` (`$HTTP_SESSION_VARS` avant la 4.1) : la clé du tableau est égale au nom de la variable enregistrée.

En complément, si la directive de configuration `register_globals` est à `on`, la valeur de chaque variable enregistrée, est automatiquement restituée dans une variable de même nom.

N'oubliez pas que la directive de configuration `register_globals` est à `off` par défaut depuis la version 4.2 et qu'elle passera définitivement à `off` dans une prochaine version.

Le tableau `$_SESSION` présente une fonctionnalité supplémentaire intéressante : toutes les entrées stockées dans ce tableau sont automatiquement enregistrées en tant que données de session si la fonction `session_start` a été appelée au préalable, sans avoir besoin d'appeler la fonction `session_register`. `$_SESSION` ne sert donc pas uniquement à récupérer les données de session mais aussi à les enregistrer.

Exemple (avec session_register)

- Script `page1.php` qui ouvre une session et enregistre des variables dans la session :

```
<?php
// ouvrir/réactiver la session
session_start();
// initialiser deux variables
$prénom = "";
$informations = "";
// enregistrer les deux variables dans la session
session_register("prénom");
session_register("informations");
// donner des valeurs aux variables
$prénom = "Olivier";
$informations = array("prénom"=>"Olivier","nom"=>"HEURTEL");
    // c'est un tableau associatif
// autre variable non enregistrée
$nom = "HEURTEL";
?>
<HTML>
<HEAD><TITLE>Page 1</TITLE></HEAD>
<BODY>
<B>Page 1</B><BR>
<A HREF="page2.php">Page 2</A>
</BODY>
</HTML>
```

- Script page2.php qui affiche la valeur des variables de session :

```
<?php
// appel à session_start
session_start();
// affichages
echo '$prénom = ',isset($prénom)?$prénom:'','<BR>';
echo '$_SESSION["prénom"] = ',
     isset($_SESSION["prénom"])?$_SESSION["prénom"]:'',
     '<BR>';
echo '$nom = ',isset($nom)?$nom:'','<BR>';
echo '$_SESSION["nom"] =',
     isset($_SESSION["nom"])?$_SESSION["nom"]:'',
     '<BR>';
echo '$informations["nom"] = ',
     isset($informations["nom"])?$informations["nom"]:'',
     '<BR>';
echo '$_SESSION["informations"]["nom"] = ',
     isset($_SESSION["informations"]["nom"])?
                 $_SESSION["informations"]["nom"]:'',
     '<BR>';
?>
```

Résultat sur la page 2 après affichage de la page 1 et clic sur le lien (si register_globals est à on)

```
$prénom = Olivier
$_SESSION["prénom"] = Olivier
$nom =
$_SESSION["nom"] =
$informations["nom"] = HEURTEL
$_SESSION["informations"]["nom"] = HEURTEL
```

La variable $nom n'a pas de valeur, car elle n'est pas définie dans le script page2.php, ni enregistrée en tant que variable de session dans le script page1.php. Par contre, le nom est présent dans le tableau associatif qui, lui, a bien été enregistré.

Résultat si session_start est mis en commentaire dans le script page2.php

```
$prénom =
$_SESSION["prénom"] =
$nom =
$_SESSION["nom"] =
$informations["nom"] =
$_SESSION["informations"]["nom"] =
```

Les variables de session ne sont pas restaurées.

Résultat si register_globals est à off

```
$prénom =
$_SESSION["prénom"] =
$nom =
$_SESSION["nom"] =
$informations["nom"] =
$_SESSION["informations"]["nom"] =
```

Les variables de session n'ont pas été restaurées ... car elles n'ont, en fait, pas été enregistrées. Si register_globals est à off, session_register ne fait rien (et ne dit rien).

Remarques :

- La fonction `session_register` indique à PHP le nom des variables à sauvegarder dans la session ; la valeur proprement dite de la variable est sauvegardée lorsque le script se termine et non lors de l'appel à la fonction `session_register`.
- À partir du moment où une variable est enregistrée, il n'est plus nécessaire d'appeler `session_register` lorsque la variable est modifiée, quel que soit le script (celui dans lequel la variable a été enregistrée ou un autre).

Exemple (avec $_SESSION)

- Script `page1.php` qui ouvre une session et enregistre des variables dans la session :

```
<?php
// ouvrir/réactiver la session
session_start();
// enregistrer deux "variables" dans la session
$_SESSION["prénom"] = "Olivier";
$_SESSION["informations"] =
  array("prénom"=>"Olivier","nom"=>"HEURTEL");
?>
<HTML>
<HEAD><TITLE>Page 1</TITLE></HEAD>
<BODY>
<B>Page 1</B><BR>
<A HREF="page2.php">Page 2</A>
</BODY>
</HTML>
```

- Script `page2.php` qui affiche la valeur des variables de session :

```
<?php
// appel à session_start
session_start();
// affichages
echo '$_SESSION["prénom"] = ',
     isset($_SESSION["prénom"])?$_SESSION["prénom"]:'',
     '<BR>';
echo '$_SESSION["informations"]["nom"] = ',
     isset($_SESSION["informations"]["nom"])?
                $_SESSION["informations"]["nom"]:'',
     '<BR>';
?>
```

Résultat sur la page 2 après affichage de la page 1 et clic sur le lien

```
$_SESSION["prénom"] = Olivier
$_SESSION["informations"]["nom"] = HEURTEL
```

Cette méthode fonctionne quelle que soit la configuration ; c'est la méthode recommandée.

Il n'y a aucun encodage (ni même de "magic quotes" !) sur les données stockées dans une variable de session.

Par contre, il existe des différences de fonctionnement, à première vue troublantes, selon la valeur de la directive de configuration `register_globals` :

- Si `register_globals` est à `off`, la variable de session `$x` n'existe pas a priori ; il faut aller la lire dans `$_SESSION["x"]`. Pour la mise à jour, utiliser `$x` (même après l'avoir initialisé avec `$_SESSION ["x"]`) est sans effet ; pour PHP, ce n'est pas `$x` qui contient la valeur à sauvegarder ; c'est `$_SESSION["x"]` (qu'il faut donc modifier directement).
- Si `register_globals` est à `on`, la variable de session `$x` existe et référence la même valeur (même zone mémoire) que `$_SESSION["x"]`. Modifier l'une modifie l'autre (et vice versa).

Pour terminer, il existe un problème similaire si les variables de session sont manipulées, non pas directement dans le script, mais dans une fonction appelée dans le script. Les variables de session sont, en fait, implicitement des variables définies dans le script, c'est-à-dire des variables globales vis-à-vis de la fonction en question.

Pour manipuler des variables de session à l'intérieur d'une fonction, il faut les traiter en tant que variables globales, tout en étant confronté au même problème vis-à-vis de la valeur de la directive de configuration `register_globals` : déclarer la variable `$x` comme variable (`global $x;`) dans la fonction, et la lire ou la modifier alors que `register_globals` est à `off`, est erroné.

Heureusement, le tableau `$_SESSION` est une variable "super globale" : elle est disponible dans la totalité du script, même à l'intérieur des fonctions, sans devoir la déclarer globale (`global $_SESSION` est inutile).

En résumé (et en conclusion), utilisez le tableau `$_SESSION` et laissez la directive de configuration `register_globals` à `off` (ou faites comme si).

L'exemple ci-après, composé de trois scripts, illustre diverses utilisations du tableau `$_SESSION`. Ce code fonctionne quelle que soit la configuration, est facile à écrire et respecte bien les recommandations de la communauté PHP sur la gestion des sessions.

Script `page1.php`

```
<?php
// ouvrir/réactiver la session
session_start();
// enregistrer une variable dans la session
$_SESSION["prénom"] = "Olivier";
?>
<HTML>
<HEAD><TITLE>Page 1</TITLE></HEAD>
<BODY>
<B>Page 1</B><BR>
<A HREF="page2.php">Page 2</A><BR>
<?php
// afficher un message
echo "Bonjour ". $_SESSION["prénom"];
?>
</BODY>
</HTML>
```

Script page2.php

```
<?php
// définir une fonction qui "manipule" la session
function manipuler_session() {
  // ouvrir/réactiver la session
  session_start();
  // modifier la valeur de la variable de session
  $_SESSION["prénom"] = "Xavier";
}
// appeler la fonction qui manipule la session
manipuler_session();
?>
<HTML>
<HEAD><TITLE>Page 2</TITLE></HEAD>
<BODY>
<B>Page 2</B><BR>
<A HREF="page2.php">Page 3</A><BR>
<?php
// afficher un message
echo "Bonjour ". $_SESSION["prénom"];
?>
</BODY>
</HTML>
```

Script page3.php

```
<?php
// définir une fonction qui ouvre la session
function activer_session() {
  // ouvrir/réactiver la session
  session_start();
}
// définir une fonction qui affiche l'information de session
function afficher_information_session() {
  // afficher un message
  echo "Bonjour ". $_SESSION["prénom"];
}
// appeler la fonction qui ouvre la session
activer_session();
?>
<HTML>
<HEAD><TITLE>Page 3</TITLE></HEAD>
<BODY>
<B>Page 3</B><BR>
<A HREF="page1.php">Page 1</A><BR>
<?php
// appeler la fonction qui affiche l'information de session
afficher_information_session();
?>
</BODY>
</HTML>
```

Résultat dans la page 1

Page 1
Page 2
Bonjour Olivier

Résultat dans la page 2 après clic sur le lien de la page 1

```
Page 2
Page 3
Bonjour Xavier
```

Résultat dans la page 3 après clic sur le lien de la page 2

```
Page 3
Page 1
Bonjour Xavier
```

Si `$_SESSION` est utilisé, il est déconseillé d'employer `session_register` (et nous allons le voir avec `session_is_registered` et `session_unregister`).

---

session_is_registered

Syntaxe

booléen `session_is_registered(`*chaîne* `nom_variable)`

`nom_variable`	Nom de la variable (sous forme de chaîne sans le caractère `$`) à tester.

Cette fonction est conservée pour des raisons de compatibilité ascendante.
À la place, il est conseillé d'utiliser la fonction `isset` pour tester la valeur dans le tableau `$_SESSION`.

La fonction `session_is_registered` retourne `TRUE` ou `FALSE` selon que la variable, dont le nom est passé en paramètre, est enregistrée ou non.

La fonction `session_is_registered` doit être appelée après la fonction `session_start` ; dans le cas contraire, elle retourne toujours `FALSE`.

Exemple

- Script `page1.php` :

```
<?php
// ouvrir/réactiver la session
session_start();
// enregistrer une variable dans la session
$_SESSION["nom"] = "Olivier";
?>
<HTML>
<HEAD><TITLE>Page 1</TITLE></HEAD>
<BODY>
<B>Page 1</B><BR>
<?php echo $_SESSION["nom"]; ?><BR>
<A HREF="page2.php">Page 2</A>
</BODY>
</HTML>
```

- Script `page2.php` (avec `session_is_registered`) :

```
<?php
// récupérer la valeur avant appel à session_start
$avant = session_is_registered("nom");
// ouvrir/réactiver la session
session_start();
// récupérer la valeur après appel à session_start
$après = session_is_registered("nom");
// affichage
echo "Avant : ".($avant?"TRUE":"FALSE")."<BR>";
echo "Après : ".($après?"TRUE":"FALSE")."<BR>";
?>
```

- Script `page2.php` (avec `isset`) :

```
<?php
// récupérer la valeur avant appel à session_start
$avant = session_is_registered("nom");
// ouvrir/réactiver la session
session_start();
// récupérer la valeur après appel à session_start
$après = session_is_registered("nom");
// affichage
echo "Avant : ".($avant?"TRUE":"FALSE")."<BR>";
echo "Après : ".($après?"TRUE":"FALSE")."<BR>";
?>
```

Résultat (dans les deux cas)

```
Avant : FALSE
Après : TRUE
```

session_unregister

Syntaxe

booléen `session_unregister(`*chaîne* `nom_variable)`

`nom_variable` Nom de la variable (sous forme de chaîne sans le caractère `$`) à ne plus enregistrer dans la session.

Cette fonction est conservée pour des raisons de compatibilité ascendante. À la place, il est conseillé d'utiliser la fonction `unset` pour supprimer la valeur dans le tableau `$_SESSION`.

La fonction `session_unregister` retourne `TRUE`, en cas de succès, et `FALSE`, en cas d'échec.

La fonction `session_unregister` est sans effet si elle est appelée avant la fonction `session_start`.

La fonction `session_unregister` ne supprime pas la variable dans le script en cours.

Exemple (avec `session_unregister`)

- Script `page1.php` inchangé.

- Script `page2.php` :

```
<?php
// ouvrir/réactiver la session
session_start();
?>
<HTML>
<HEAD><TITLE>Page 2</TITLE></HEAD>
<BODY>
<B>Page 2</B><BR>
<?php
// variables avant
echo 'Avant :','<BR>';
echo '$nom = ', isset($nom)?$nom:'','<BR>';
echo '$_SESSION[nom] = ',
     isset($_SESSION["nom"])?$_SESSION["nom"]:'','<BR>';
// supprimer l'enregistrement de la variable
session_unregister("nom");
// que sont devenues les variables dans le script ?
echo 'Après :','<BR>';
echo '$nom = ', isset($nom)?$nom:'','<BR>';
echo '$_SESSION[nom] = ',
     isset($_SESSION["nom"])?$_SESSION["nom"]:'','<BR>';
?>
<A HREF="page3.php">Page 3</A>
</BODY>
</HTML>
```

- Script `page3.php` :

```
<?php
// ouvrir/réactiver la session
session_start();
?>
<HTML>
<HEAD><TITLE>Page 3</TITLE></HEAD>
<BODY>
<B>Page 3</B><BR>
<?php
// que sont devenues les variables dans le script ?
echo '$nom = ', isset($nom)?$nom:'','<BR>';
echo '$_SESSION[nom] = ',
     isset($_SESSION["nom"])?$_SESSION["nom"]:'','<BR>';
?>
</BODY>
</HTML>
```

Résultat (si `register_globals = on`)

- Page 2 :

```
Page 2
Avant :
$nom = Olivier
$_SESSION[nom] = Olivier
Après :
$nom = Olivier
$_SESSION[nom] =
Page 3
```

- Page 3 :

```
Page 3
$nom =
$_SESSION[nom] =
```

Résultat (si `register_globals = off`)

- Page 2 :

```
Page 2
Avant :
$nom =
$_SESSION[nom] = Olivier
Après :
$nom =
$_SESSION[nom] =
Page 3
```

- Page 3 :

```
Page 3
$nom =
$_SESSION[nom] =
```

Dans ce cas, la variable `$nom` n'existait pas (effet de `register_globals = off`).

Exemple (avec `unset`)

- Script `page1.php` inchangé.
- Script `page2.php` :

```
<?php
// ouvrir/réactiver la session
session_start();
?>
<HTML>
<HEAD><TITLE>Page 2</TITLE></HEAD>
<BODY>
<B>Page 2</B><BR>
<?php
// variables avant
echo 'Avant :','<BR>';
echo '$nom = ', isset($nom)?$nom:'','<BR>';
echo '$_SESSION[nom] = ',
     isset($_SESSION["nom"])?$_SESSION["nom"]:'','<BR>';
// supprimer l'enregistrement de la variable
unset($_SESSION["nom"]);
// que sont devenues les variables dans le script ?
echo 'Après :','<BR>';
echo '$nom = ', isset($nom)?$nom:'','<BR>';
echo '$_SESSION[nom] = ',
     isset($_SESSION["nom"])?$_SESSION["nom"]:'','<BR>';
?>
<A HREF="page3.php">Page 3</A>
</BODY>
</HTML>
```

- Script `page3.php` inchangé.

Le résultat est identique.

Ne supprimez pas la totalité de la variable `$_SESSION` (`unset($_SESSION)`) !

session_unset

Syntaxe

```
session_unset()
```

Cette fonction est conservée pour des raisons de compatibilité ascendante. À la place, il est conseillé d'utiliser la fonction `unset` pour supprimer les valeurs dans le tableau `$_SESSION`, ou de lui affecter un tableau vide (`array()`).

La fonction `session_unset` supprime l'enregistrement de toutes les variables de la session ainsi que les variables elles-mêmes (à la différence de la fonction `session_unregister`).

La fonction `session_unset` est sans effet si elle est appelée avant la fonction `session_start`.

session_destroy

Syntaxe

```
booléen session_destroy()
```

Après un appel à la fonction `session_destroy`, la session n'existe plus ; un appel à la fonction `session_id` retourne une chaîne vide, et un appel ultérieur à la fonction `session_start` va ouvrir une nouvelle session. Par contre, la fonction `session_destroy` ne supprime pas les variables de session dans le script en cours. Pour supprimer immédiatement toutes les données de session, appelez la fonction `session_unset` ou affectez un tableau vide à `$_SESSION`.
La fonction `session_destroy` retourne `TRUE`, en cas de succès, et `FALSE`, en cas d'échec.
La fonction `session_destroy` retourne `FALSE` et affiche une alerte, si elle est appelée avant la fonction `session_start`.

Exemple

- Script `page1.php` inchangé.
- Script `page2.php` :

```
<?php
// ouvrir/réactiver la session
session_start();
// supprimer l'enregistrement des variables
session_destroy();
// récupérer l'identifiant de la session après
$après = session_id();
?>
<HTML>
<HEAD><TITLE>Page 2</TITLE></HEAD>
<BODY>
<B>Page 2</B><BR>
<?php
```

```
// affichage de session_id après
echo "session_id après = $après<BR>";
// que sont devenues les variables dans le script ?
echo '$_SESSION[nom] = ',
     isset($_SESSION["nom"])?$_SESSION["nom"]:'','<BR>';
?>
<A HREF="page3.php">Page 3</A>
</BODY>
</HTML>
```

- Script `page3.php` :

```
<?php
// ouvrir/réactiver la session
session_start();
?>
<HTML>
<HEAD><TITLE>Page 3</TITLE></HEAD>
<BODY>
<B>Page 3</B><BR>
<?php
// que sont devenues les variables dans le script ?
echo '$_SESSION[nom] = ',
     isset($_SESSION["nom"])?$_SESSION["nom"]:'','<BR>';
?>
</BODY>
</HTML>
```

Résultat

- Page 2 :

```
Page 2
session_id après =
$_SESSION[nom] = Olivier
Page 3
```

- Page 3 :

```
Page 3
$_SESSION[nom] =
```

Dans la deuxième page, les données de sessions ne sont pas encore supprimées. Par contre, dans la troisième page, les variables sont vides (en fait, une nouvelle session a été ouverte).

Le script `page2.php` suivant supprime tout de suite les données :

```
<?php
// ouvrir/réactiver la session
session_start();
// supprimer l'enregistrement des variables
session_destroy();
// supprimer les données de session
$_SESSION = array();
// récupérer l'identifiant de la session après
$après = session_id();
?>
<HTML>
<HEAD><TITLE>Page 2</TITLE></HEAD>
<BODY>
```

```
<B>Page 2</B><BR>
<?php
// affichage de session_id après
echo "session_id après = $après<BR>";
// que sont devenues les variables dans le script ?
echo '$_SESSION[nom] = ',
     isset($_SESSION["nom"])?$_SESSION["nom"]:'','<BR>';
?>
<A HREF="page3.php">Page 3</A>
</BODY>
</HTML>
```

3. Gérer soi-même la transmission de l'identifiant de session

Normalement, l'identifiant de session est automatiquement transmis par PHP, soit par cookie soit par l'URL (si l'utilisateur n'accepte pas les cookies).

Néanmoins, trois directives de configuration pilotent ce comportement :

- `session.use_cookies` ;
- `session.use_trans_sid` ;
- `session.use_only_cookies`.

Si la directive `session.use_cookies` est égale à 0, PHP ne tente même pas d'utiliser les cookies pour transmettre l'identifiant de session. Par contre, si la directive est égale à 1 (valeur par défaut), PHP tente d'utiliser les cookies.

Si la directive `session.use_trans_sid` est égale à 0 (valeur par défaut), PHP n'utilise pas l'URL pour transmettre l'identifiant de session. Par contre, si la directive est égale à 1 <u>et</u> que l'identifiant de session ne puisse pas être transmis par cookie (du fait de la configuration ou d'un refus de l'utilisateur), alors PHP utilise l'URL pour transmettre l'identifiant de session.

Si la directive `session.use_only_cookies` est à 1, seuls les cookies sont utilisés pour transmettre l'identifiant de session. Par défaut, la directive est à 0 (compatibilité ascendante).

La conséquence principale est la suivante : si la directive `session.use_trans_sid` est égale à 0 (valeur par défaut) et si l'identifiant de session ne peut pas être transmis par cookie (du fait de la configuration ou d'un refus de l'utilisateur), la gestion ne fonctionne plus.

En terme de sécurité, il est déconseillé de permettre la transmission de l'identifiant de session par l'URL. Il est préférable d'utiliser des cookies, mais cela nécessite que l'internaute les acceptent. Les valeurs par défaut des directives de configuration vont dans ce sens.

<u>Exemple</u>

- Script `page1.php` :

```
<?php
// ouvrir/réactiver la session
session_start();
// enregistrer une variable dans la session
```

```
$_SESSION["nom"] = "Olivier";
?>
<HTML>
<HEAD><TITLE>Page 1</TITLE></HEAD>
<BODY>
<B>Page 1</B><BR>
<?php
// afficher l'ID de la session
echo 'session_id = ',session_id(),'<BR>';
// afficher la donnée de session
echo 'nom = ',
     isset($_SESSION["nom"])?$_SESSION["nom"]:'','<BR>';
?>
<A HREF="page2.php">Page 2</A>
</BODY>
</HTML>
```

- Script `page2.php` :

```
<?php
// ouvrir/réactiver la session
session_start();
?>
<HTML>
<HEAD><TITLE>Page 2</TITLE></HEAD>
<BODY>
<B>Page 2</B><BR>
<?php
// afficher l'ID de la session
echo 'session_id = ',session_id(),'<BR>';
// afficher la donnée de session
echo 'nom = ',
     isset($_SESSION["nom"])?$_SESSION["nom"]:'','<BR>';
?>
</BODY>
</HTML>
```

Résultat (premier cas)

- Affichage initial de la page 1 :

```
Page 1
session_id = d726fe0c341a5318e23ce8fa458f6b2b
nom = Olivier
Page 2
```

- Affichage de la page 2 après un clic sur le lien Page 2 (si l'utilisateur refuse les cookies et que **session.use_trans_sid = 0**) :

```
Page 2
session_id = 7ea06105fcd63c888171925e59c973f2
nom =
```

Les informations de session n'ont pas été transmises et l'appel à la fonction `session_start` a ouvert une nouvelle session.

Résultat (deuxième cas)

- Affichage initial de la page 1 :

```
Page 1
session_id = 508036f27cbd7a7bac0317288c1a2ce0
nom = Olivier
Page 2
```

- Affichage de la page 1 après un clic sur le lien Page 2 si l'utilisateur refuse les cookies et que **session.use_trans_sid = 1** :

```
Page 2
session_id = 508036f27cbd7a7bac0317288c1a2ce0
nom = Olivier
```

Dans ce cas, la session est bien conservée.

Regardons le source HMTL de la première page pour comprendre ce qui s'est passé :

```
<HTML>
<HEAD><TITLE>Page 1</TITLE></HEAD>
<BODY>
<B>Page 1</B><BR>
session_id = 508036f27cbd7a7bac0317288c1a2ce0<BR>nom = Olivier<BR>
<A HREF=
  "page2.php?PHPSESSID=508036f27cbd7a7bac0317288c1a2ce0">
Page 2</A>
</BODY>
</HTML>
```

La balise `<A HREF>` a été automatiquement réécrite par PHP, pour intégrer la transmission de l'identifiant de session (nommé `PHPSESSID` par défaut). Si un paramètre avait été présent dans l'URL, PHP aurait ajouté le paramètre `PHPSESSID` dans l'URL (`&PHPSESSID=...`).

Par contre, un problème se pose en cas de retour sur la page 1, par le bouton **Précédente** du navigateur :

```
Page 1
session_id = e0d99af15c40395379681f47a27393af
nom = Olivier
Page 2
```

Comme l'identifiant de session n'est pas retransmis lors de l'appel à cette page, une nouvelle session est ouverte.

De la même manière, si une page propose un formulaire, une zone cachée est automatiquement ajoutée par PHP, pour transmettre l'identifiant de session lors de la soumission du formulaire.

Exemple

```
<input type="hidden" name="PHPSESSID" value="556e46fb45de467e0b2a18ce46855
016" />
```

Par contre, l'information n'est pas transmise lors d'une redirection avec la fonction `header`.

Si l'identifiant n'est pas automatiquement transmis par PHP, il convient d'assurer soi-même cette transmission, le plus simple étant de le faire par l'URL (comme PHP le fait quand l'option est activée).

Le nom de l'identifiant de session est défini par une directive de configuration et utiliser "en dur" la valeur `PHPSESSID` peut conduire à du code non portable.

Une première possibilité consiste à employer les fonctions `session_name` et `session_id`, pour construire le paramètre à insérer dans l'URL sous la forme `nom_identifiant=valeur_identifiant`.

La deuxième possibilité (plus simple), consiste à utiliser une constante, nommée `SID`, qui est automatiquement initialisée par PHP, avec une chaîne `nom_identifiant=valeur_identifiant`.

Exemple (si les cookies ne sont pas utilisés)

```
<?php
// ouvrir/réactiver la session
session_start();
// construire la chaîne soi-même
echo "Mon SID : ".session_name()."=".session_id()."<BR>";
// afficher la constante SID
echo "SID : ".SID;;
?>
```

Résultat

```
Mon SID : PHPSESSID=9716743bd5071180629fbd66156001d1
SID : PHPSESSID=9716743bd5071180629fbd66156001d1
```

Si le nom de la variable est modifié dans le fichier `php.ini`, la constante `SID` en tient compte.

Résultat

```
SID : ID_SESSION=af15b302ccf0e48620ac7ab8b0b6b671
```

Cette constante, telle qu'elle est définie, peut être utilisée directement pour construire une URL, transmettant la valeur de l'identifiant de session.

Exemples

- Dans une balise `<A HREF=...>` :

```
<A HREF="page2.php?<?php echo SID; ?>">Page 2</A>
```

- Dans l'option `ACTION` de la balise `<FORM>` :

```
<FORM ACTION="page2.php?<?php echo SID; ?>" METHOD"POST">
```

- Dans une zone cachée du formulaire (dans ce cas, il faut utiliser les fonctions `session_name` et `session_id`) :

```
<INPUT TYPE = "hidden"
  NAME="<?php echo session_name(); ?>"
  VALUE="<?php echo session_id(); ?>">
```

- Dans une redirection avec la fonction `header` :

```
header("Location: page2.php?".SID);
```

La constante `SID` n'est pas renseignée si le cookie est accepté, sauf dans le script qui vient juste d'ouvrir la session (car PHP ne sait pas encore si le cookie est accepté par le client).
Intégrer un `SID` vide dans une URL n'est pas très élégant mais ne pose pas de problème (`<A HREF="page2.php?">` est valide).
Si vous intégrez systématiquement le `SID` dans les URL et que la transmission automatique fonctionne (soit par cookie, soit par l'URL), ce n'est pas non plus très élégant mais cela ne pose pas de problème.

Pour écrire du code portable et élégant, il convient donc de n'intégrer, soi-même, le `SID` dans l'URL que lorsque cela est nécessaire.
Une fonction générique peut très bien se charger de cette tâche, en testant la directive de configuration et la constante `SID`.

Exemple

```
<?php
function url($url) {
  // si la directive de configuration session.use_trans_sid
  // est à 0 (pas de transmission automatique par l'URL) et
  // si SID est non vide (le poste a refusé le cookie) alors
  // il faut gérer soi-même la transmission
  if ((get_cfg_var("session.use_trans_sid") == 0)
        and (SID != "")) {
    // ajouter la constante SID derrière l'URL avec un ?
    // s'il n'y a pas encore de paramètre ou avec un & dans le cas contraire
    $url .= ((strpos($url,"?") === FALSE)?"?":"&").SID;
  }
  return $url;
}
// ouvrir/réactiver la session
session_start();
// quelques tests
echo url("page2.php")."<BR>";
echo url("page3.php?nom=Olivier")."<BR>";
?>
```

Résultat

- Si `session.trans_id = 0` et cookie refusé :

```
page2.php?PHPSESSID=27c63e18284afaffb658d3495149d295
page3.php?nom="Olivier"&PHPSESSID=
     27c63e18284afaffb658d3495149d295
```

- Si `session.trans_id = 0` et cookie accepté (mais premier appel) :

```
page2.php?PHPSESSID=5a32506a14cc7d42a88fc7f4fec7ede0
page3.php?nom=Olivier&PHPSESSID=
     5a32506a14cc7d42a88fc7f4fec7ede0
```

- Si `session.trans_id = 0` et cookie accepté (mais deuxième appel) :

```
page2.php
page3.php?nom=Olivier
```

- Si `session.trans_id = 1` et cookie accepté ou refusé :

```
page2.php
page3.php?nom=Olivier
```

Dans le dernier cas, lorsque le cookie est refusé, c'est PHP qui ajoute automatiquement le `SID` dans l'URL (car la directive `session.trans_id` est à `on`).
Cette fonction peut ensuite être appelée partout où il faut construire une URL susceptible de transmettre l'identifiant de session.

Quelle que soit la configuration, cette fonction doit être utilisée lors d'une redirection avec la fonction header (car PHP ne réécrit jamais les URL appelées par cette fonction).

4. Quelques directives de configuration supplémentaires

En complément de celles déjà citées, il est bon de connaître les directives de configuration suivantes :

`session.save_path`	Répertoire dans lequel les fichiers temporaires contenant les informations de session sont enregistrés.
`session.auto_start`	Si elle est positionnée à `1`, la fonction `session_start` est automatiquement appelée au début de chaque script (pour un code portable, il est préférable d'appeler explicitement la fonction `session_start`).
`session.cookie_lifetime`	Durée de vie des cookies déposés sur le poste de l'utilisateur. La valeur 0 proposée par défaut, est bien adaptée pour un cookie de session.
`session.cache_limiter`	Détermine le comportement vis-à-vis du cache de toutes les pages concernées par la gestion des sessions envoyées au navigateur. Valeurs possibles : `nocache`, `private`, `public`. Cette information est transmise dans l'en-tête de la réponse du serveur Web. `nocache` par défaut.
`session.cookie_path`	Chemin sur le serveur dans lequel le cookie de session est disponible (voir la fonction `setcookie`). / par défaut.
`session.cookie_domain`	Domaine auquel le cookie est renvoyé (voir la fonction `setcookie`). Vide par défaut.
`session.cookie_secure`	Indique si le cookie ne doit être transmis que via une connexion sécurisée (voir la fonction `setcookie`). `Off` par défaut.
`session.cache_expire`	Durée de vie en minutes des pages dans le cache. 180 par défaut. Sans effet si la valeur `nocache` est spécifiée dans `session.cache_limiter`.

5. Application à la gestion des sessions

Les principes définis avec les autres techniques vont s'appliquer de manière similaire, lors de l'utilisation de la fonctionnalité de gestion des sessions de PHP4.

Le principe essentiel est de systématiquement appeler la fonction `session_start` au début de chaque script, soit pour ouvrir une session lors d'une première visite, soit pour réactiver un contexte de session lors de la poursuite de la navigation.

Exemple (avec deux pages)

- Script `page1.php` :

```
<?php
// inclusion du fichier qui contient les fonctions générales
include("fonctions.inc");
// ouvrir/réactiver la session
session_start();
// tester si la session est nouvelle (i.e. ouverte par
// l'appel session_start ci-dessus) ou ancienne (i.e ouverte
// par un appel antérieur à session_start)
// le mieux est de tester si une de nos variables de session
// est déjà enregistrée
if (! isset($_SESSION["date"])) {
  // variable " date " pas encore enregistrée
  // => nouvelle session
  // => ouvrir la session au niveau applicatif
  // pour cet exemple :
  //    - déterminer la date/heure d'ouverture
  //      de la session
  $date = date("\l\e d/m/Y à H:i:s");
  //    - enregistrer la date/heure d'ouverture
  //      de la session
  $_SESSION["date"] = $date;
  //    - récupérer l'identifiant de la session (pour info)
  $session = session_id();
  //    - message
  $message = "Nouvelle session : $session - $date";
} else {
  // variable " date " déjà enregistrée
  // => ancienne session
  // => récupérer les variables de session (uniquement
  //     celles utilisées dans ce script)
  // pour cet exemple :
  //    - date/heure d'ouverture de la session
  $date = $_SESSION["date"];
  //    - récupérer l'identifiant de la session (pour info)
  $session = session_id();
  //   message
  $message = "Session déjà ouverte: $session - $date";
}
// détermination de la date et de l'heure actuelle (pas celle
// de l'ouverture de la session
$actuel = "Nous sommes le ".date("d/m/Y").
            " ; il est ".date("H:i:s");
?>
<HTML>
<HEAD><TITLE>Page 1</TITLE></HEAD>
<BODY>
```

```
<B>Page 1 - <?php echo $actuel; ?></B><BR>
<?php echo $message; ?><BR>
<!-- lien vers les autres pages
     utiliser notre fonction générique url() pour être
     certain que l'identifiant de session est transmis
     quelles que soient les conditions  -->
<A HREF="<?php echo url("page2.php"); ?>">Page 2</A>
</BODY>
</HTML>
```

- Script `page2.php` (identique à l'exception de la partie HTML) :

```
<?php
...
?>
<HTML>
<HEAD><TITLE>Page 2</TITLE></HEAD>
<BODY>
<B>Page 2 - <?php echo $actuel; ?></B><BR>
<?php echo $message; ?><BR>
<!-- lien vers les autres pages -->
<A HREF="<?php echo url("page1.php"); ?>">Page 1</A>
</BODY>
</HTML>
```

Résultat

- Premier appel de l'URL `http://.../page1.php` :

> **Page 1 - Nous sommes le 05/05/2004 ; il est 10:04:53**
> Nouvelle session : me74227cos2tk96l04t7chdks3 - le 05/05/2004 à 10:04:53
> Page 2

- Résultat du clic sur le lien Page 2 :

> **Page 2 - Nous sommes le 05/05/2004 ; il est 10:06:10**
> Session déjà ouverte: me74227cos2tk96l04t7chdks3 - le 05/05/2004 à 10:04:53
> Page 1

- Résultat du clic sur le lien Page 1 :

> **Page 1 - Nous sommes le 05/05/2004 ; il est 10:06:38**
> Session déjà ouverte: me74227cos2tk96l04t7chdks3 - le 05/05/2004 à 10:04:53
> Page 2

- Résultat du clic sur le bouton **Précédente** du navigateur :

> **Page 2 - Nous sommes le 05/05/2004 ; il est 10:06:52**
> Session déjà ouverte: me74227cos2tk96l04t7chdks3 - le 05/05/2004 à 10:04:53
> Page 1

Le fait que cette page soit mise à jour est lié à la directive de configuration `session.cache_limiter` qui est égale à `nocache` sur l'exemple : les pages concernées par la gestion des sessions ne sont pas mises dans le cache du navigateur et sont donc systématiquement rafraîchies.

Le code commun à toutes les pages est bien entendu défini dans une fonction, appelée par les différents scripts.

L'utilisation de cette technique peut être illustrée sur une gestion de sessions avec authentification des utilisateurs.

Exemple

- Script `login.php` pour l'authentification :

```
<?php
// inclusion du fichier contenant les fonctions générales
include("fonctions.inc");
function utilisateur_existe($identifiant,$mot_de_passe) {
  // fonction qui vérifie que l'identification saisie est correcte
  $requête = sprintf(
    "SELECT * FROM utilisateurs WHERE identifiant = '%s'",
    vers_base($identifiant));
  $erreur = "";
  $utilisateur = db_lire_ligne($requête,$erreur);
  // l'identification est bonne s'il existe un utilisateur
  // ayant l'identifiant saisi (! empty ...) et que le mot
  // de passe corresponde ($utilisateur ... == ...)
  $existe = ((! empty($utilisateur)) and
    ($utilisateur["mot_de_passe"] == $mot_de_passe));
  return $existe;
}
// traitement du formulaire
if (isset($_POST["connexion"])) {
  // récupérer les informations saisies
  $identifiant =
      valeur_saisie($_POST["identifiant"]);
  $mot_de_passe =
      valeur_saisie($_POST["mot_de_passe"]);
  // vérifier que l'utilisateur existe
  if (utilisateur_existe($identifiant,$mot_de_passe)) {
    // l'utilisateur existe ...
    // => ouvrir la session au niveau applicatif
    // pour cet exemple :
    //    - ouvrir la session
    session_start();
    //    - enregistrer les données de session
    $_SESSION["date"] = date("\l\e d/m/Y à H:i:s");
    $_SESSION["identifiant"] = $identifiant;
    // puis rediriger l'utilisateur vers la page1 en
    // appelant la fonction générique url pour être
    // certain que l'identifiant de session est transmis
    // quelles que soient les conditions
    header("location: ".url("page1.php"));
    exit;
  } else {
    // l'utilisateur n'existe pas ...
    // typiquement, afficher un message et proposer de nouveau
    // l'identification
    $message = "Identification incorrecte.
                Essayez de nouveau.";
    // laisser le formulaire s'afficher de nouveau ...
  }
```

```
}
?>
<HTML>
<HEAD><TITLE>Login</TITLE></HEAD>
<BODY>
<FORM ACTION="login.php" METHOD="POST">
<TABLE BORDER=0>
<TR>
  <TD ALIGN="right">Identifiant :</TD>
  <TD><INPUT TYPE="text" NAME="identifiant" VALUE=
       "<?php echo vers_formulaire($identifiant); ?>"></TD>
</TR>
<TR>
  <TD ALIGN="right">Mot de passe :</TD>
  <TD><INPUT TYPE="password" NAME="mot_de_passe" VALUE=
       "<?php echo vers_formulaire($mot_de_passe); ?>"></TD>
</TR>
<TR>
  <TD></TD>
  <TD ALIGN="right"><INPUT TYPE="submit" NAME="connexion"
                     VALUE= "Connexion"></TD>
</TR>
</TABLE>
</FORM>
<FONT COLOR="red"><?php echo $message; ?></FONT>
</BODY>
</HTML>
```

- Script `page1.php` pour une page du site :

```
<?php
// inclusion du fichier qui contient les fonctions générales
include("fonctions.inc");
// ouvrir/réactiver la session
session_start();
// tester si la session est nouvelle (i.e. ouverte par
// l'appel session_start ci-dessus) ou ancienne (i.e ouverte
// par un appel antérieur à session_start)
// le mieux est de tester si l'une de nos variables de session
// est déjà enregistrée
if (! isset($_SESSION["identifiant"])) {
  // variable " identifiant " pas encore enregistrée
  // => l'utilisateur n'est pas connecté
  // => rediriger l'utilisateur vers la page de login
  header("location: login.php");
  exit;
} else {
  // variable " identifiant" déjà enregistrée
  // => l'utilisateur est connecté
  // => récupérer les variables de session (uniquement
  //    celles utilisées dans ce script)
  // pour cet exemple :
  //    - date/heure d'ouverture de la session
  $date = $_SESSION ["date"];
  //    - identifiant de l'utilisateur
  $identifiant = $_SESSION["identifiant"];
  //    - récupérer l'identifiant de la session (pour info)
  $session = session_id();
```

```
  //   message
  $message = "Session : $session - $identifiant - $date";
}
// détermination de la date et de l'heure actuelle (pas celle
// de l'ouverture de la session
$actuel = "Nous sommes le ".date("d/m/Y").
            " ; il est ".date("H:i:s");
?>
<HTML>
<HEAD><TITLE>Page 1</TITLE></HEAD>
<BODY>
<B>Page 1 - <?php echo $actuel; ?></B><BR>
<?php echo $message; ?><BR>
<!-- lien vers les autres pages
     utiliser notre fonction générique url() pour être
     certain que l'identifiant de session est transmis
     quelles que soient les conditions  -->
<A HREF="<?php echo url("page2.php"); ?>">Page 2</A>
</BODY>
</HTML>
```

Le premier appel de l'URL `http://.../page1.php` provoque la redirection de l'utilisateur vers la page d'identification ; après une identification réussie, l'utilisateur revient sur la page 1 qui affiche les informations suivantes :

```
Page 1 - Nous sommes le 05/05/2004 ; il est 10:18:43
Session : me74227cos2tk96l04t7chdks3 - heurtel - le 05/05/2004 à 10:18:43
Page 2
```

6. Remarques et conclusion

Les utilisateurs malins ou mal intentionnés

Le passage de l'identifiant de session par l'URL peut poser des problèmes de sécurité.

Considérons le script `page.php` suivant :

```
<?php
// ouvrir/réactiver la session
session_start();
// afficher l'id de session
echo 'session_id = ',session_id();
?>
```

Si l'URL `http://_/page.php`**`?PHPSESSID=abc`** est appelée, et si la directive `session.use_only_cookie` est à 0, nous obtenons le résultat suivant :

```
session_id : abc
```

La valeur donnée à la variable `PHPSESSID` dans l'URL a été prise comme identifiant de session. Cela peut permettre à un utilisateur (malin et/ou mal intentionné) de faire croire à votre application qu'il a déjà une session ouverte, ou d'utiliser une session ouverte par un autre utilisateur.

Ce phénomène se produit même si la directive `session.use_trans_id` est à 0, ce qui interdit à PHP de transmettre l'identifiant de session dans l'URL, mais pas de le recevoir.

Pour empêcher ce phénomène, il faut mettre la directive de configuration `session.use_only_cookies` à `1`, afin de forcer l'utilisation d'un cookie pour la transmission de l'identifiant de session. L'inconvénient est que l'utilisateur peut refuser les cookies et que cette méthode n'est, de toutes façons, pas complètement sécurisée ; la seule solution vraiment sûre consiste à utiliser une connexion sécurisée.

Indépendamment de cela, il est relativement simple de se prémunir contre l'emploi d'un faux identifiant de session, soit en mémorisant côté serveur les identifiants des sessions ouvertes, soit en testant l'existence d'une donnée de session dans `$_SESSION`.

```
<?php
// ouvrir/réactiver la session
session_start();
if (! isset($_SESSION["identifiant"])) {
  // si la donnée de session "identifiant"
  // n'existe pas, c'est que la session n'a
  // pas été réellement ouverte par l'application
  // faire ce qu'il faut ...
  // pour cet exemple :
  //   - afficher un message
  echo "Session non ouverte","<BR>";
  //   - simuler l'ouverture applicative de la session
  $_SESSION["identifiant"] = "123";
} else {
  // si la donnée de session "identifiant" existe,
  // c'est que la session a réellement été ouverte
  // par l'application
  echo "Session ouverte","<BR>";
  echo "identifiant = ",$_SESSION["identifiant"],"<BR>";
}
// afficher l'id de session
echo 'session_id = ',session_id(),'<BR>';
?>
```

Résultat

- Premier appel du type `http://.../page.php`**`?PHPSESSID=abc`** :

```
Session non ouverte
session_id = abc
```

- Deuxième appel (sans fermer le navigateur) :

```
Session ouverte
identifiant = 123
session_id = abc
```

PHP a conservé l'identifiant de session initial. En cas de besoin, la fonction `session_regenerate_id` peut être appelée pour régénérer un identifiant de session.

Exemple

```
<?php
// ouvrir/réactiver la session
session_start();
if (! isset($_SESSION["identifiant"])) {
  // si la donnée de session "identifiant"
  // n'existe pas, c'est que la session n'a
  // pas été réellement ouverte par l'application
  // faire ce qu'il faut ...
```

```
    // pour cet exemple :
    //  - régénérer un identifiant de session
    session_regenerate_id();
    //  - afficher un message
    echo "Session non ouverte","<BR>";
    //  - simuler l'ouverture applicative de la session
    $_SESSION["identifiant"] = "123";
} else {
    // si la donnée de session "identifiant" existe,
    // c'est que la session a réellement été ouverte
    // par l'application
    echo "Session ouverte","<BR>";
    echo "identifiant = ",$_SESSION["identifiant"],"<BR>";
}
// afficher l'id de session
echo 'session_id = ',session_id(),'<BR>';
?>
```

Résultat

- Premier appel du type `http://_/page.php`**`?PHPSESSID=abc`** :

```
Session non ouverte
session_id = 69r09ddjnjjo5c5227rp2kls22
```

- Deuxième appel (sans fermer le navigateur) :

```
Session ouverte
identifiant = 123
session_id = 69r09ddjnjjo5c5227rp2kls22
```

Cette technique ne met pas l'abri de l'utilisation abusive, par un internaute, d'un identifiant de session d'un autre internaute.

Résultat

- Un premier utilisateur effectue un appel du type `http://.../page.php` :

```
Session non ouverte
session_id = ed63nvl9mbtv11muljg826r3q7
```

- Un deuxième utilisateur réussit à récupérer l'identifiant de session du premier utilisateur et effectue un appel du type :
  `http://_/page.php`**`?PHPSESSID=ed63nvl9mbtv11muljg826r3q7`**

```
Session ouverte
identifiant = 123
session_id = ed63nvl9mbtv11muljg826r3q7
```

Si vous avez besoin d'un haut niveau de sécurité, utilisez une connexion sécurisée.

Conclusion

Moyennant un peu de rigueur dans le code, la fonctionnalité de gestion des sessions de PHP est facile à mettre en œuvre et indépendante des techniques de navigation utilisées (liens, formulaires). Pour des besoins de sécurité avancée, elle peut être facilement employée dans le cadre d'une connexion sécurisée ; dans ce cas, il s'agit surtout d'une problématique de configuration du serveur web et il n'y a rien de particulier à faire au niveau de PHP.

H. Conserver des informations d'une visite à une autre

Si vous souhaitez conserver des informations sur un utilisateur d'une visite à l'autre (éventuellement très éloignées dans le temps), il existe deux solutions prédominantes :

- déposer un cookie sur son poste (si possible avec son accord préalable) ;
- stocker les informations côté serveur (le plus pratique étant d'utiliser une base de données), et associer ces informations à une identification (typiquement un nom et un mot de passe) que l'utilisateur devra saisir à chaque visite.

Une solution intermédiaire, élégante et respectueuse de l'utilisateur, est employée par certains sites ; cette solution consiste à proposer à l'utilisateur de déposer sur son poste un cookie qui ne contient qu'une ou deux informations permettant la connexion automatique au site (sans saisir de nom et de mot de passe), les informations complémentaires étant récupérées dans une base.

Nous allons illustrer cette solution à l'aide de deux pages :

- une page de personnalisation (script `personnaliser.php`) qui permet à l'utilisateur d'activer ou de désactiver la connexion automatique ;
- une page d'identification (script `login.php`) qui, selon le cas, effectue la connexion automatique ou demande à l'utilisateur de se connecter.

Chaque connexion de l'utilisateur est une session.

Exemple

- Script `personnaliser.php` :

```
<?php
// inclusion du fichier contenant les fonctions générales
include("fonctions.inc");
// ouvrir/réactiver la session
session_start();
// initialisation des variables
$message = "";
// la session a-t-elle été ouverte au niveau applicatif ?
if (isset($_SESSION["identifiant"])) { // oui
  // récupérer les variables de session
  $identifiant = $_SESSION["identifiant"];
  $mot_de_passe = $_SESSION["mot_de_passe"];
  // le script est-il appelé en traitement du formulaire ?
  if (isset($_POST["activer"])) { // oui
    // activer la connexion automatique
    // déposer deux cookies d'une durée de vie de 30 jours
    // un pour l'identifiant de l'utilisateur et un pour son mot de passe
    $expiration = time()+ (30 * 24 * 3600);
    setcookie("identifiant",$identifiant,$expiration);
    setcookie("mot_de_passe",$mot_de_passe,$expiration);
    // préparer un message
    $message = "Connexion automatique activée";
  } elseif (isset($_POST["désactiver"])) { // oui
    // désactiver la connexion automatique
    // supprimer les deux cookies
    setcookie("identifiant");
```

```
    setcookie("mot_de_passe");
    // préparer un message
    $message = "Connexion automatique désactivée";
  }
} else { // session non ouverte au niveau applicatif
  // rediriger l'utilisateur vers la page de login
  header("Location: login.php");
  exit;
}
?>
<HTML>
<HEAD><TITLE>Personnaliser</TITLE></HEAD>
<BODY>
<!-- Formulaire simple avec deux boutons -->
<FORM METHOD="POST">
<INPUT TYPE="submit" NAME="activer" VALUE="Activer la connexion
automatique"><BR>
<INPUT TYPE="submit" NAME="désactiver" VALUE="Désactiver la connexion
automatique"><BR>
</FORM>
<!-- Affichage du message éventuel -->
<FONT COLOR="green"><?php echo $message; ?></FONT>
</BODY>
</HTML>
```

- Script `login.php` (variante simple de la version précédente) :

```
<?php
// inclusion du fichier contenant les fonctions générales
include("fonctions.inc");
function utilisateur_existe($identifiant,$mot_de_passe) {
  // fonction qui vérifie que l'identification saisie
  // est correcte
  $requête = sprintf(
    "SELECT * FROM utilisateurs WHERE identifiant = '%s'",
    vers_base($identifiant));
  $erreur = "";
  $utilisateur = db_lire_ligne($requête,$erreur);
  // l'identification est bonne s'il existe un utilisateur
  // ayant l'identifiant saisi (! empty _) et que le mot
  // de passe correspond ($utilisateur _ == _)
  $existe = ((! empty($utilisateur)) and
    ($utilisateur["mot_de_passe"] == $mot_de_passe));
  return $existe;
}
// initialisation des variables
$message = "";
$identifiant = "";
$mot_de_passe = "";
$action = "";
// le script est-il appelé en validation du formulaire
if (isset($_POST["connexion"])) { // oui
  // => connexion manuelle
  // récupérer les information saisies
  $identifiant =
      valeur_saisie($_POST["identifiant"]);
  $mot_de_passe =
      valeur_saisie($_POST["mot_de_passe"]);
```

```
    // indiquer l'action à effectuer pour la suite
    $action = "connexion";
    // préparer un message en cas de problème
    $message = "Identification incorrecte.
                 Essayez de nouveau.";
  // sinon, existe-t-il un cookie " identifiant " ?
  } elseif (isset($_COOKIE["identifiant"])) { // oui
    // => connexion automatique
    // récupérer les informations des cookies
    $identifiant =
        valeur_saisie($_COOKIE["identifiant"]);
    $mot_de_passe =
        valeur_saisie($_COOKIE["mot_de_passe"]);
    // indiquer l'action à effectuer pour la suite
    $action = "connexion";
    // préparer un message en cas de problème
    $message = "Identification automatique incorrecte.
                 Essayez manuellement.";
  }
  // finalement, que fait-on ?
  if ($action == "connexion") { // tenter une connexion
    // vérifier que l'utilisateur existe
    if (utilisateur_existe($identifiant,$mot_de_passe)) {
      // l'utilisateur existe _
      // => ouvrir la session au niveau applicatif
      session_start();
      session_regenerate_id(); // au cas ou ...
      $_SESSION["identifiant"] = $identifiant;
      $_SESSION["mot_de_passe"] = $mot_de_passe;
      // rediriger l'utilisateur vers une autre page du site
      // (il n'y en a qu'une !)
      header("location: ".url("personnaliser.php"));
      exit;
    } // utilisateur_existe
  }// $action == "connexion"
  // si c'est le premier appel, ou si la connexion manuelle
  // ou automatique a échoué, laisser le formulaire s'afficher
  ?>
  <HTML>
  <HEAD><TITLE>Login</TITLE></HEAD>
  <BODY>
  <FORM ACTION="login.php" METHOD="POST">
  <TABLE BORDER=0>
  <TR>
    <TD ALIGN="right">Identifiant :</TD>
    <TD><INPUT TYPE="text" NAME="identifiant" VALUE=
          "<?php echo vers_formulaire($identifiant); ?>"></TD>
  </TR>
  <TR>
    <TD ALIGN="right">Mot de passe :</TD>
    <TD><INPUT TYPE="password" NAME="mot_de_passe" VALUE=
          "<?php echo vers_formulaire($mot_de_passe); ?>"></TD>
  </TR>
  <TR>
    <TD></TD>
    <TD ALIGN="right"><INPUT TYPE="submit" NAME="connexion"
                       VALUE= "Connexion"></TD>
  </TR>
  </TABLE>
```

```
</FORM>
<FONT COLOR="red"><?php echo $message; ?></FONT>
</BODY>
</HTML>
```

Résultat

- Premier appel :

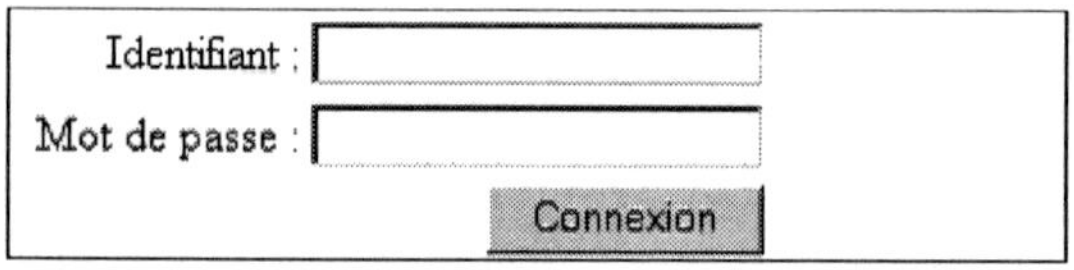

- Connexion manuelle erronée :

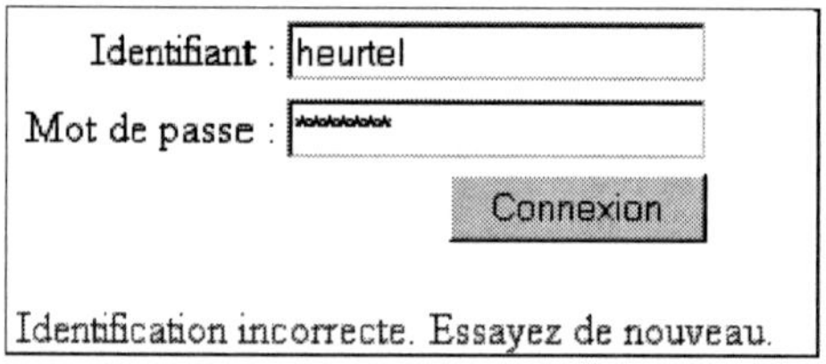

- Après une connexion réussie :

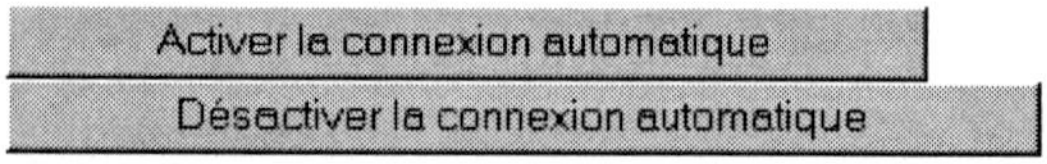

- Clic sur le bouton **Activer** :

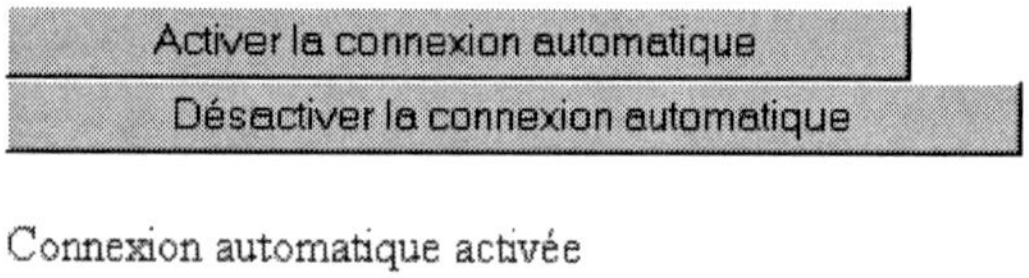

- Quitter puis revenir sur une des deux pages : arrivée directe sur la page de personnalisation (une connexion automatique s'est effectuée) :

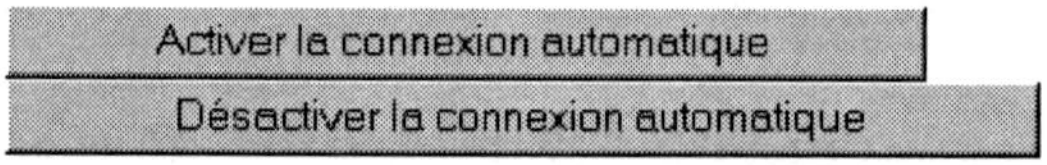

- Clic sur le bouton **Désactiver** :

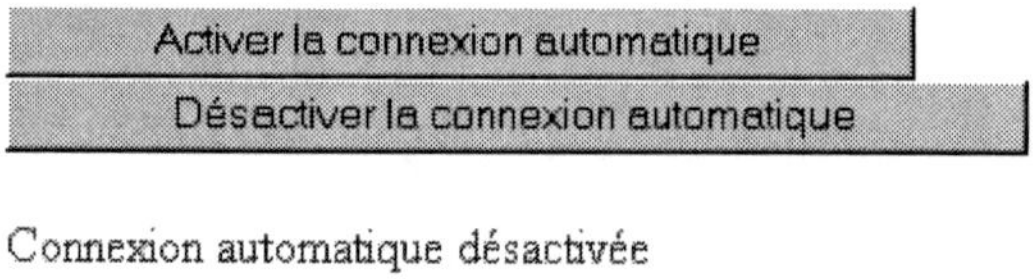

- Quitter puis revenir sur une des deux pages : la page d'identification est proposée (plus de connexion automatique) :

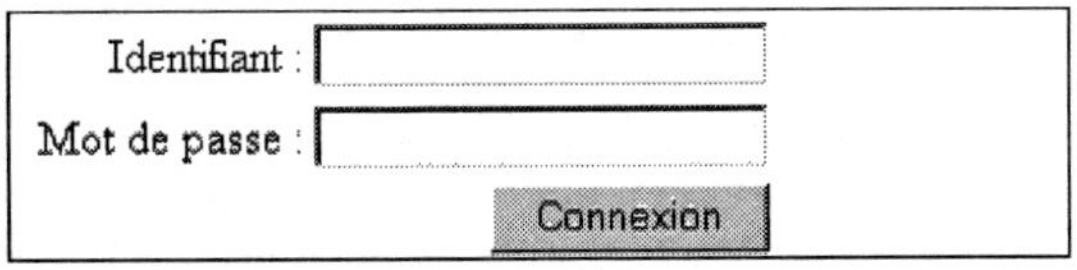

- Refaire la séquence d'activation puis revenir sur l'une des deux pages, après avoir supprimé le compte de l'utilisateur (la connexion automatique échoue) :

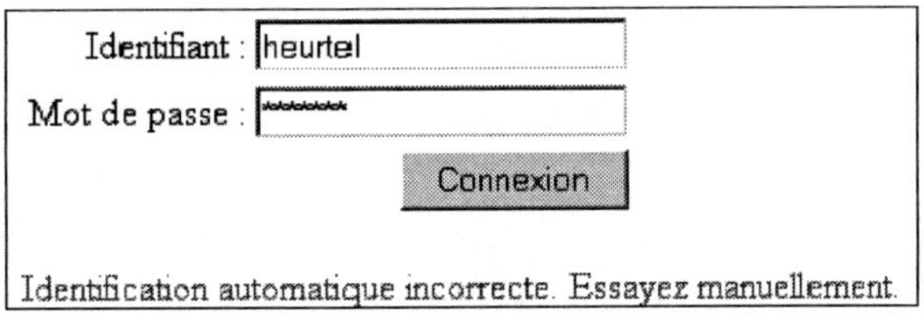

Il est préférable de stocker le mot de passe de l'utilisateur sous forme cryptée ou d'utiliser un identifiant de connexion automatique associé à l'utilisateur. De cette manière, dans les deux cas, le mot de passe de l'utilisateur n'est pas exposé aux regards indiscrets.

I. Petite synthèse sur les variables GPCS

Depuis le début de cet ouvrage, nous avons rencontré des variables "particulières" : celles associées à des données de formulaire, à des données transmises par une URL, à des données d'un cookie ou encore, à des données de sessions.

Ces différents types de variables sont désignés sous le terme de variables GPCS (*Get/Post/Cookie/Session*).

Nous avons vu que ces variables fonctionnaient selon les mêmes principes :

- Elles sont accessibles directement sous la forme `$x`, si la directive de configuration `register_globals` est à `on`.
- Les variables `Get/Post/Cookie` peuvent aussi être explicitement importées dans le script grâce à la fonction `import_request_variables` (utile si `register_globals` est à `off`).
- Elle sont aussi accessibles par l'intermédiaire de tableaux associatifs `$_GET`, `$_POST`, `$_COOKIE` et `$_SESSION`. En complément, le tableau associatif `$_REQUEST` regroupe le contenu des tableaux `$_GET`, `$_POST` et `$_COOKIE`.

Pour chaque type, le conseil est le même : utiliser de préférence l'accès par le tableau associatif correspondant. Deux raisons justifient ce conseil :

- C'est la seule manière d'être certain que l'information lue arrive bien par le moyen attendu.

- La directive de configuration `register_globals` est à `off` par défaut et passera définitivement à `off` dans une prochaine version de PHP.

En effet, que se passe-t-il si, dans le même script, il existe des variables GPCS portant le même nom ?

Exemple

- Script `page1.php` :

```
<?php
// ouvrir une session et enregistrer une variable de
// session nommée " x " de valeur " SESSION "
session_start();
session_register("x"); // déconseillé
$x = "SESSION";
// déposer un cookie nommé " x " de valeur " COOKIE "
setcookie("x","COOKIE");
?>
<!-- Dans le formulaire, mettre une variable nommée " x " de
     valeur " GET " dans l'URL de ACTION -->
<FORM ACTION="page2.php?x=GET" METHOD="POST">
<!-- et une zone nommée " x " de valeur " POST " -->

<INPUT TYPE="hidden" NAME="x" VALUE="POST">
<!-- Plus un bouton pour aller sur la page 2 -->
<INPUT TYPE="submit" NAME="OK" VALUE="Page 2">
</FORM>
```

- Script `page2.php` :

```
<?php
// réactiver la session
session_start();
// afficher $x directement
echo '$x = ',isset($x)?$x:'','<BR>';
// afficher les valeurs de " x " à partir des tableaux
echo '$_GET["x"] = ',
     isset($_GET["x"])?$_GET["x"]:'','<BR>';
echo '$_POST["x"] = ',
     isset($_POST["x"])?$_POST["x"]:'','<BR>';
echo '$_COOKIE["x"] = ',
     isset($_COOKIE["x"])?$_COOKIE["x"]:'','<BR>';
echo '$_SESSION["x"] = ',
     isset($_SESSION["x"])?$_SESSION["x"]:'','<BR>';
echo '$_REQUEST["x"] = ',
     isset($_REQUEST["x"])?$_REQUEST["x"]:'','<BR>';
?>
```

Résultat de l'affichage de la page 1 et du clic sur le bouton Page 2

- Si la directive `register_globals` est à `on` :

```
$x = SESSION
$_GET["x"] = GET
$_POST["x"] = POST
$_COOKIE["x"] = COOKIE
$_SESSION["x"] = SESSION
$_REQUEST["x"] = COOKIE
```

- Si la directive `register_globals` est à `off` :

```
$x =
$_GET["x"] = GET
$_POST["x"] = POST
$_COOKIE["x"] = COOKIE
$_SESSION["x"] =
$_REQUEST["x"] = COOKIE
```

Cet exemple permet trois constatations :

- Les valeurs des différentes variables `x` sont bien accessibles simultanément, sans ambiguïté dans leur tableau respectif. La seule exception concerne la donnée de session enregistrée avec `session_register` lorsque `register_globals` est à `off` : dans ce cas, nous avons déjà vu que `session_register` ne faisait rien. Si la donnée avait été enregistrée sous la forme `$_SESSION["x"] = "SESSION"`, le problème ne se produirait pas et la donnée serait présente à l'arrivée dans `$_SESSION`.
- La variable `$x` n'est pas forcément initialisée et, lorsqu'elle l'est, elle est égale à la valeur de la variable de session. Mais est-ce toujours le cas ?
- Le tableau `$_REQUEST` contient uniquement la valeur `COOKIE`. Mais est-ce toujours le cas ?

Si nous refaisons la manipulation sans la variable de session, nous obtenons le résultat suivant (si `register_globals` est à `on`) :

```
$x = COOKIE
$_GET["x"] = GET
$_POST["x"] = POST
$_COOKIE["x"] = COOKIE
$_SESSION["x"] =
$_REQUEST["x"] = COOKIE
```

Cette fois, c'est la valeur du cookie qui est prise en compte. Si nous enlevons le cookie, le résultat est le suivant :

```
$x = POST
$_GET["x"] = GET
$_POST["x"] = POST
$_COOKIE["x"] =
$_SESSION["x"] =
$_REQUEST["x"] = POST
```

Ici, c'est la valeur de la zone formulaire (`POST`) qui est prise en compte. Si nous enlevons cette dernière, le résultat est le suivant :

```
$x = GET
$_GET["x"] = GET
$_POST["x"] =
$_COOKIE["x"] =
$_SESSION["x"] =
$_REQUEST["x"] = GET
```

Il ne reste plus que la valeur transmise par l'URL.

Ceux qui le souhaitent peuvent réaliser le test, le résultat obtenu n'est pas lié à un quelconque ordre d'apparition des informations, ni dans la page 1 ni dans la page 2.

En fait, en cas de conflit, le type de variable qui a la priorité et qui écrase les autres est défini par la directive de configuration `variables_order`. Cette directive est une chaîne composée des caractères G, P, C et S, correspondant aux types déjà évoqués, et d'un cinquième caractère, E, correspondant aux variables d'environnement.

Les variables d'environnement correspondent aux variables d'environnement du système d'exploitation qui sont rendues disponibles dans l'environnement PHP, soit directement sous la forme `$x`, soit à travers le tableau associatif `$_ENV`.

L'ordre d'apparition des lettres EGPCS dans la directive, correspond à un ordre de priorité croissant.

Le résultat obtenu précédemment est dû à la valeur suivante de la directive :

```
variables_order="GPCS"
```

La variable `$x` est bien d'abord égale à la valeur de la variable de session, puis à celle du cookie, etc.

Un problème similaire peut se produire lors de l'utilisation de la fonction `import_request_variables`. Le premier paramètre de cette fonction indique les types de variables à importer, sous la forme d'une combinaison des lettres `G`, `P` et `C` : `PC` par exemple. Les variables sont importées dans l'ordre indiqué et écrasent les variables de même nom précédemment importées. Dans notre exemple, les variables `COOKIE` écraseront les variables `POST` de même nom préalablement importées. Pour éviter ce genre de problème, il est possible d'appeler plusieurs fois la fonction, en indiquant à chaque fois un préfixe différent pour le nom de la variable (deuxième paramètre).

Ce n'est pas une bonne habitude de programmation d'utiliser le même nom pour plusieurs informations ; un développeur sensé ne sera pas confronté à ce problème.
Cette situation écartée, il faut avoir conscience qu'un utilisateur (malin et/ou mal intentionné) peut assez facilement fournir une valeur, par un moyen donné (GPC en l'occurrence), à une variable dont vous pensez contrôler l'origine.
Écrire du code dont le fonctionnement est lié à une certaine valeur de la directive `variables_order` n'est sans doute pas, non plus, une bonne idée du point de vue de la portabilité et de la maintenabilité.

Le conseil avisé, donné par l'équipe de développement de PHP, est donc le suivant :

Récupérez les valeurs "EGPCS" par les tableaux associatifs pour éviter tout problème.

C'est pour cela que la directive `register_globals` est à `off` par défaut, et qu'elle sera forcée définitivement à `off` dans une prochaine version de PHP.

Chapitre 10 : Envoyer un courrier électronique

A. Vue d'ensemble

Un site interactif a souvent besoin d'envoyer des messages électroniques aux utilisateurs, par exemple pour confirmer un achat, une inscription ou envoyer une lettre d'information.

La fonction `mail`, proposée par PHP, permet de répondre simplement à ce genre de besoin. Cette fonction est détaillée dans ce chapitre, d'abord, pour envoyer des messages textes (sans pièce jointe), puis pour envoyer des messages au format MIME (*Multipurpose Internet Mail Extensions*).

En complément, PHP propose une bibliothèque puissante, mais plus complexe d'utilisation, pour gérer des messages selon le protocole IMAP (*Internet Message Access Protocol*). Cette bibliothèque ne sera pas abordée dans cette ouvrage car elle n'est pas indispensable pour répondre au besoin évoqué précédemment.

B. Envoyer un message texte sans pièce jointe

La fonction `mail` permet d'envoyer un message électronique.

Syntaxe

```
booleen mail(chaîne destinataire, chaîne objet, chaîne message
[, chaîne entête])
```

`destinataire`	Adresse e-mail du destinataire. Des destinataires multiples peuvent être indiqués en les séparant par des virgules.
`objet`	Objet du message.
`message`	Texte du message.
`entête`	En-têtes supplémentaires.

La fonction `mail` envoie le message caractérisé par les différents paramètres à un serveur de messagerie défini par les directives de configuration suivantes :

Win32	`SMTP`	Adresse du serveur SMTP (*Simple Mail Transfer Protocol*) auquel envoyer le message : `smtp.wanadoo.fr`
	`sendmail_from`	Adresse e-mail de l'émetteur. Exemple : `webmaster@monsite.com` Cette directive doit être présente, même vide.
Unix	`sendmail_path`	Chemin d'accès vers l'exécutable du serveur de messagerie (peut comprendre des paramètres). Exemple : `sendmail -t -i`

La fonction `mail` retourne `TRUE` si le message a pu être envoyé au serveur (ce qui ne garantit pas que ce dernier a pu l'envoyer avec succès) et `FALSE` dans le cas contraire. Il n'y a aucun moyen de savoir si le message a été envoyé avec succès ; cette vérification doit être réalisée en dehors de PHP.

Le quatrième paramètre permet de spécifier des informations supplémentaires qui sont envoyées dans l'en-tête du message ; des informations multiples doivent être séparées par la séquence `\r\n`.

La séquence à utiliser comme séparateur d'en-tête est souvent source de problème (et de débat dans les forums de discussion). Très souvent, la séquence `\n` seule fonctionne ; parfois, la séquence `\r\n` ne fonctionne pas.

Exemple de message simple

```
<?php
// destinataire
$destinataire = "contact@olivier-heurtel.fr";
// objet
$objet = "Inscription à monSite.com";
// message
$message =
"Monsieur Heurtel,
Nous vous remercions pour votre inscription sur note site monSite.com.
Nous espérons que ce site répondra à vos attentes.
Le webmaster.";
// envoi
$ok = mail($destinataire,$objet,$message);
?>
```

Cet exemple montre que le message peut être directement écrit sur plusieurs lignes ; il est aussi possible de le construire par concaténation.

Exemple de message plus complexe

```
<?php
// deux destinataires séparés par une virgule
$destinataires = "olivier@diane.com,xavier@zeus.fr";
// objet
$objet = "Réservation d'un court de squash";
// message
$message .= "";
$message .= "Olivier, Xavier,\r\n";
$message .= "Nous vous confirmons votre réservation pour\r\n";
$message .= "un court de squash le lundi 10 septembre de\r\n";
$message .= "18h30 à 19h30.\r\n\r\n";
$message .= "Le CSM.\r\n";
// en-têtes supplémentaires
$entêtes .= "";
$entêtes .= "From: \"Réservation CSM\" <resa@csm.fr>\r\n";
$entêtes .= "Reply-To: \"Réservation CSM\" <resa@csm.fr>\r\n";
$entêtes .= "X-Priority: 1\r\n";
// envoi
$ok = mail($destinataires,$objet,$message,$entêtes);
?>
```

Les en-têtes supplémentaires sont spécifiés sous la forme `mot_clé: valeur`.

Les en-têtes les plus courants sont les suivants :

`From:`	Origine du message sous la forme `["nom en clair"] <adresse e-mail>`. Exemples :
	`"Olivier HEURTEL" <contact@olivier-heurtel.fr>`
	`<contact@olivier-heurtel.fr>`

`To:`	Destinataire(s) (même format que l'en-tête `From`).
`Reply-To:`	Adresse de réponse (même format que l'en-tête `From`).
`X-Priority:`	Priorité du message. 1 = priorité la plus haute 2 = priorité haute 3 = priorité normale 4 = priorité basse

Dans le paramètre destinataire, il n'est pas possible de spécifier une adresse sous la forme `["nom en clair"] <adresse e-mail>`. Par contre, il est possible d'indiquer des adresses sous cette forme en les envoyant dans l'en-tête `To:`, en doublon du paramètre destinataire.

C. Envoyer un message au format MIME

1. Préambule

Dans cette partie, nous allons étudier comment envoyer des messages au format MIME ou plus généralement au format Multipart MIME.

Le format MIME permet d'envoyer un message ayant un autre format que du texte : format HTML, image...

Le format Multipart MIME permet d'envoyer un message composé de plusieurs parties ayant chacune un format différent (du texte plus une image, par exemple), une des "parties" pouvant être une pièce jointe.

L'objectif de ce point, sans rentrer dans le détail du format MIME (les amateurs peuvent se pencher sur les nombreuses RFC qui traitent du sujet), est de montrer concrètement comment procéder sur deux cas typiques, l'envoi d'un message au format HTML et l'envoi d'un message avec une pièce jointe.

2. Message au format HTML

Le cas de l'envoi d'un message au format HTML permet d'illustrer l'utilisation du format MIME simple.

Exemple (source d'un message MIME au format HTML) :

```
From: "Olivier" <olivier@diane.com>
To: "Xavier" <xavier@zeus.fr>
Subject: Bonjour !
Date: Mon, 10 Sep 2001 09:24:13 -0100
Message-ID: <3b9c6a403d9f000b@hermes.diane.com>
MIME-Version: 1.0
Content-Type: text/html; charset=iso-8859-1
Content-Transfer-Encoding: 8bit

<HTML>
<HEAD><TITLE>Bonjour !</TITLE></HEAD>
<BODY>
<FONT COLOR="green">Bonjour !</FONT>
</BODY>
</HTML>
```

Un message MIME simple comprend d'abord les en-têtes standards d'un message, puis, trois lignes d'en-têtes supplémentaires (en gras) indiquant que le message est au format MIME, et enfin, le corps du message proprement dit.

Les trois lignes d'en-têtes supplémentaires sont les suivantes :

`MIME-Version`	Indique que le message est au format MIME et précise la version.
`Content-Type`	Indique le type MIME du contenu.
`Content-Transfer-Encoding`	Indique le type d'encodage.

Quelques types MIME usuels :

`text/plain`	Texte simple. Le jeu de caractères utilisé peut être spécifié par l'option `charset` (par exemple iso-8859-1).
`text/html`	Document au format HTML. Le jeu de caractères utilisé peut être spécifié par l'option `charset` (par exemple iso-8859-1).
`image/jpeg`	Image au format JPEG.
`application/octet-stream`	Données binaires.

Quelques types d'encodages usuels :

`7bit`	Encodage du texte sur 7 bits.
`8bit`	Encodage du texte sur 8 bits (à utiliser pour conserver les caractères accentués).
`base64`	Encodage pour les données binaires (voir fonction `base64_encode`).

Classiquement, pour les types MIME `text/*`, un type d'encodage `7bit` ou `8bit` est utilisé et le corps du message contient le texte en clair. Il est aussi possible d'employer un encodage `base64` et de placer dans le corps du message des données encodées en conséquence (voir la fonction `base64_encode` plus loin).

Pour les types MIME correspondant à des données binaires (image, son, document PDF...), un encodage `base64` est utilisé et le corps du message contient les données encodées en conséquence (voir la fonction `base64_encode` plus loin).

Envoyer un message au format HTML avec la fonction `mail` est relativement simple. Il faut :

- placer les lignes adéquates dans l'en-tête ;
- mettre les données HTML dans le corps du message.

Exemple

```
<?php
// destinataires
$destinataires = "xavier@zeus.fr";
// objet
$objet = "Bonjour !";
// en-têtes supplémentaires
$entêtes .= "";
$entêtes .= "From: \"Olivier\" <olivier@diane.com>\r\n";
$entêtes .= "MIME-Version: 1.0\r\n";
$entêtes .= "Content-Type: text/html; charset=iso-8859-1\r\n";
$entêtes .= "Content-Transfer-Encoding: 8bit\r\n";
// message (HTML)
$message .= "";
$message .= "<HTML>\r\n";
$message .= "<HEAD><TITLE>Bonjour !</TITLE></HEAD>\r\n";
$message .= "<BODY>\r\n";
$message .= "<FONT COLOR=\"green\">Bonjour !</FONT>\r\n";
$message .= "</BODY>\r\n";
$message .= "</HTML>\r\n";
// envoi
$ok = mail($destinataires,$objet,$message,$entêtes);
?>
```

Si vous utilisez un encodage `base64`, vous pouvez appeler la fonction `base64_encode` pour effectuer l'encodage des données.

Syntaxe

```
chaîne base64_encode(chaîne données)
```

`données`	Données à encoder.

Cette fonction retourne les données encodées.

En complément, pour se conformer aux spécifications, il faut découper les données encodées en `base64` en morceaux de 76 octets séparés par une séquence `\r\n`.

Cette opération sera réalisée très simplement grâce à la fonction `chunk_split`.

Syntaxe

```
chaîne chunk_split (chaîne données, entier longueur, chaîne
séparateur)
```

`données`	Données à découper.
`longueur`	Longueur des morceaux (76 par défaut).
`séparateur`	Séparateur des morceaux (`\r\n` par défaut).

La fonction `chunk_split` retourne la chaîne découpée.

Exemple

```
<?php
// message
$message .= "";
$message .= "<HTML>\n";
$message .= "<HEAD><TITLE>Bonjour !</TITLE></HEAD>\n";
$message .= "<BODY>\n";
$message .= "<FONT COLOR=\"green\">Bonjour !</FONT>\n";
$message .= "</BODY>\n";
$message .= "</HTML>\n";
// encodage et découpage du message
$message = chunk_split(base64_encode($message));
// affichage du message
echo $message;
?>
```

Résultat


```
PEhUTUw+CjxIRUFEPjxUSVRMRT5Cb25qb3VyICE8L1RJVExFPjwvSEVBRD4KPEJPRFk+CjxGT05U
IENPTE9SPSJncmVlbiI+Qm9uam91ciAhPC9GT05UPgo8L0JPRFk+CjwvSFRNTD4K
```


Exemple

```
<?php
// lecture d'une image
$fichier = fopen("logo.gif","r");
$données = fread($fichier,filesize("logo.gif"));
fclose($fichier);
// encodage et découpage des données
$données = chunk_split(base64_encode($données));
// affichage des données
echo $données;
?>
```

Résultat


```
R0lGODlhCgEkAPcAAAAAAIAAAACAAICAAAAAgIAAgACAgMDAwMDcwKbK8EAgAGAgAIAgAKAgAMAg
AOAgAABAACBAAEBAAGBAAIBAAKBAAMBAAOBAAABgACBgAEBgAGBgAIBgAKBgAMBgAOBgAACAACCA
AECAAGCAAICAAKCAAMCAAOCAAACgACCgAECgAGCgAICgAKCgAMCgAOCgAADAACDAAEDAAGDAAIDA
...
AAj/AP8JHEiwoMGDCBMqXMiwocOHECNKnEixosWLGDNq3Mixo8ePIEOKHEmypMmTKFOqXMmyZUp7
CchJI0BAWjsEC2EeILfNpc+fQIO2I0DO3kB75IgitEezKbmgGw80nap0oFSqNHv+u4q1a82B27wS
MMi16YGtYqWRS3CQqdiu0tC+pQ==
```


Exemple d'utilisation pour l'envoi d'un message

```
<?php
// destinataires
$destinataires = "xavier@zeus.fr";
// objet
$objet = "Bonjour !";
// en-têtes supplémentaires
$entêtes  = "";
$entêtes .= "From: \"Olivier\" <olivier@diane.com>\r\n";
$entêtes .= "MIME-Version: 1.0\r\n";
$entêtes .= "Content-Type: text/html; charset=iso-8859-1\r\n";
$entêtes .= "Content-Transfer-Encoding: base64\r\n";
```

```
// message
$message  = "";
$message .= "<HTML>\n";
$message .= "<HEAD><TITLE>Bonjour !</TITLE></HEAD>\n";
$message .= "<BODY>\n";
$message .= "<FONT COLOR=\"green\">Bonjour !</FONT>\n";
$message .= "</BODY>\n";
$message .= "</HTML>\n";
// encodage et découpage
$message = chunk_split(base64_encode($message));
// envoi
$ok = mail($destinataires,$objet,$message,$entêtes);
?>
```

3. Message avec pièce jointe

Le cas de l'envoi d'un message avec pièce jointe permet d'illustrer l'utilisation du format Multipart MIME.

Exemple (source d'un message avec pièce jointe au format Multipart MIME)

```
From: "Olivier" <olivier@diane.com>
To: "Xavier" <xavier@zeus.fr>
Subject: Bonjour !
Date: Mon, 10 Sep 2001 09:24:13 -0100
Message-ID: <3b9c6a403d9f000b@hermes.diane.com>
MIME-Version: 1.0
Content-Type: multipart/mixed; boundary="=O=L=I=V=I=E=R="

--=O=L=I=V=I=E=R=
Content-Type: text/plain; charset=iso-8859-1
Content-Transfer-Encoding: 8bit

Voir la pièce jointe.

--=O=L=I=V=I=E=R=
Content-Type: application/octet-stream; name="PJ.DOC"
Content-Transfer-Encoding: base64
Content-Disposition: attachment; filename="PJ.DOC"

0M8R4KGxGuEAAA...
AAAAAAAAAAAAAAAAAAAAAAAAAA==

--=O=L=I=V=I=E=R=--
```

Un message Multipart MIME contient d'abord les en-têtes standards d'un message, puis, deux lignes d'en-têtes supplémentaires (en gras) indiquant que le message est au format Multipart MIME, et enfin les différentes parties du message ; chaque partie possède son propre en-tête indiquant son format (type MIME et encodage).

Dans l'en-tête du message, nous retrouvons les deux lignes `MIME-Version` et `Content-Type`. Pour un message Multipart MIME, `Content-Type` est égal à `multipart/mixed` suivi d'une option `boundary` qui donne la chaîne utilisée pour marquer le début des différentes parties du message (`=O=L=I=V=I=E=R=` sur notre exemple).

Chaque partie du message commence par deux signes "moins" suivis de la chaîne donnée par `boundary` (`--=O=L=I=V=I=E=R=`, sur notre exemple).

Dans l'en-tête de chaque partie, nous retrouvons les deux lignes `Content-Type` et `Content-Transfer-Encoding` qui précisent le type MIME et l'encodage de la partie.

Les données de la partie viennent ensuite.

La fin du message est marquée par deux signes "moins", suivis de la chaîne donnée par `boundary` suivie de deux signes "moins" (`--=O=L=I=V=I=E=R=--`, sur notre exemple).

La chaîne donnée par `boundary` doit être choisie avec soin pour éviter d'être confondue avec des données, ce qui conduirait à une mauvaise interprétation du message.

Dans l'en-tête de chaque partie, il est possible d'indiquer une ligne d'en-tête supplémentaire (`Content-Disposition`) qui va suggérer au client de messagerie une manière de présenter les données correspondantes à l'utilisateur : les deux valeurs possibles sont `inline` (les données sont présentées directement dans le message) ou `attachment` (les données sont présentées en pièce-jointe) ; dans ce cas, un nom de fichier peut être suggéré grâce à l'option `filename`.

Exemple

```
Content-Disposition: attachment; filename="PJ.DOC"
```

Pour envoyer un message Multipart MIME avec la fonction `mail`, il faut construire les différentes parties du message dans le paramètre `message`, en respectant la structure indiquée précédemment ; le paramètre `entête` de la fonction `mail` contient les en-têtes standard, y compris l'en-tête indiquant qu'il s'agit d'un message au format Multipart MIME.

Les différentes parties du message doivent être séparées par une ligne vide (`\r\n`). Au sein de chaque partie, il en est de même entre l'en-tête de la partie et les données. Voir la remarque dans le chapitre 10 - B - Envoyer un message texte sans pièce jointe au sujet de la séquence `\r\n`.

Exemple d'envoi d'un message avec pièce jointe

```
<?php
// destinataires
$destinataires = "xavier@zeus.fr";
// objet
$objet = "Bonjour !";
// en-têtes supplémentaires
$entêtes  = "";
//    - origine du message
$entêtes .= "From: \"Olivier\" <olivier@diane.com>\r\n";
//    - message au format Multipart MIME
$entêtes .= "MIME-Version: 1.0\r\n";
$entêtes .= "Content-Type: multipart/mixed; ";
$entêtes .= "boundary=\"=O=L=I=V=I=E=R=\"\r\n";
// message
$message  = "";
//    - première partie du message (texte proprement dit)
//         - en-tête de la partie
$message .= "--=O=L=I=V=I=E=R=\r\n";
$message .= "Content-Type: text/plain; ";
$message .= "charset=iso-8859-1\r\n ";
$message .= "Content-Transfer-Encoding: 8bit\r\n";
```

```
$message .= "\r\n";  // ligne vide
//         - données de la partie
$message .= "Voir la pièce jointe.\r\n";
$message .= "\r\n";  // ligne vide
//     - deuxième partie du message (pièce-jointe)
//         - en-tête de la partie
$message .= "--=O=L=I=V=I=E=R=\r\n";
$message .= "Content-Type: application/octet-stream; ";
$message .= "name=\"PJ.DOC\"\r\n";
$message .= "Content-Transfer-Encoding: base64\r\n";
$message .= "Content-Disposition: attachment; ";
$message .= "filename=\"PJ.DOC\"\r\n";
$message .= "\r\n";  // ligne vide
//         - lecture du fichier correspond à la pièce jointe
$fichier = fopen("pj.doc","rb");
$données = fread($fichier,filesize("pj.doc"));
fclose($fichier);
//         - encodage et découpage des données
$données = chunk_split(base64_encode($données));
//         - données de la partie (intégration dans le message)
$message .= "$données\r\n";
$message .= "\r\n";  // ligne vide
// délimiteur de fin du message
$message .= "--=O=L=I=V=I=E=R=--\r\n";
// envoi du message
$ok = mail($destinataires,$objet,$message,$entêtes);
?>
```

Plusieurs pièces jointes peuvent être envoyées en répétant, autant de fois que nécessaire, les lignes de code correspondantes.

En théorie, la totalité du message pourrait être construite dans l'en-tête (paramètre `message` égal à une chaîne vide). Dans la pratique, et en règle générale, cela fonctionne sur plate-forme Linux, mais pas sur plate-forme Windows.

Chapitre 11 : Gestion des fichiers

A. Manipuler les fichiers sur le serveur

PHP propose un grand nombre de fonctions permettant de manipuler les fichiers sur le serveur.
Les fonctions les plus utiles sont les suivantes :

Nom	Rôle
`fopen`	Ouvrir un fichier
`fclose`	Fermer un fichier
`fread`	Lire le contenu d'un fichier (dans une chaîne)
`file`	Lire le contenu d'un fichier (dans un tableau)
`fwrite`	Écrire dans un fichier
`file_get_contents`	Ouvrir, lire et fermer un fichier
`file_put_contents`	Ouvrir, écrire et fermer dans un fichier
`copy`	Copier un fichier
`unlink`	Supprimer un fichier
`rename`	Renommer un fichier
`file_exists`	Tester l'existence d'un fichier
`filesize`	Lire la taille d'un fichier
`chdir`	Changer de répertoire courant
`opendir`	Ouvrir un répertoire
`closedir`	Fermer un répertoire
`readdir`	Lire le contenu d'un répertoire

Certaines de ces fonctions vont prendre comme paramètre un nom de fichier ou de répertoire. Sur une plate-forme Windows, pour spécifier un chemin d'accès dans une chaîne de caractères délimitée par des guillemets, vous devez échapper l'anti-slash (par un anti-slash = \\) ou vous pouvez utiliser une notation type "Unix", avec des slashs (/). Par exemple, le chemin c:\temp\info.txt peut être écrit `"c:\\temp\\info.txt"` ou `"c:/temp/info.txt"`. Si aucun chemin n'est indiqué, c'est le répertoire courant qui est utilisé. Des noms relatifs peuvent être spécifiés en utilisant le caractère **.** (point) pour désigner le répertoire courant, et **..** (deux points) pour désigner le répertoire supérieur.

La constante prédéfinie `DIRECTORY_SEPARATOR` donne le caractère de séparation utilisé dans les noms de répertoire pour la plate-forme sur laquelle PHP est installé. La constante prédéfinie `PHP_EOL` donne la séquence de caractères utilisée par la plate-forme pour représenter une nouvelle ligne.

Par ailleurs, plusieurs fonctions possèdent un paramètre (appelé `utiliser_inclusion` dans les syntaxes de cet ouvrage) qui permet de rechercher le fichier dans les répertoires spécifiés par la directive de configuration `include_path`.

fopen

La fonction `fopen` permet d'ouvrir un fichier.

Syntaxe

```
ressource fopen(chaîne nom_fichier, chaîne mode
[, entier utiliser_inclusion])
```

`nom_fichier`	Chemin d'accès au fichier à ouvrir.
`mode`	Mode d'ouverture du fichier `r` = lecture seule `r+` = lecture/écriture `w` = écriture seule (vide le fichier s'il existe, le crée s'il n'existe pas) `w+` = lecture/écriture (vide le fichier s'il existe, le crée s'il n'existe pas) `a` = écriture seule (en ajout - crée le fichier s'il n'existe pas) `a+` = lecture/écriture (en ajout - crée le fichier s'il n'existe pas) `x` = écriture seule avec création préalable du fichier (génère une erreur si le fichier existe déjà) `x+` = lecture/écriture avec création préalable du fichier (génère une erreur si le fichier existe déjà) Sous Windows, ajouter un `b` pour manipuler les fichiers binaires (cette option, si présente, est ignorée sous Unix) ; utiliser un `t` à la place du `b` spécifie un mode texte (les séquences `\n` sont automatiquement remplacées par un `\r\n`).
`utiliser_inclusion`	Mettre `1` (ou `TRUE`) pour rechercher le fichier dans les répertoires spécifiés par la directive de configuration `include_path`.

La fonction `fopen` retourne un pointeur de fichier en cas de succès et `FALSE` en cas d'échec.

fclose

La fonction `fclose` permet de fermer un fichier.

Syntaxe

```
booléen fclose(ressource fichier)
```

`fichier`	Pointeur de fichier préalablement ouvert.

La fonction `fclose` retourne `TRUE` en cas de succès et `FALSE` en cas d'échec.

fread

La fonction `fread` permet de lire le contenu d'un fichier (dans une chaîne).

Syntaxe

```
chaîne fread(ressource fichier, entier longueur)
```

`fichier`	Pointeur de fichier préalablement ouvert.
`longueur`	Nombre d'octets à lire dans le fichier.

La fonction `fread` retourne les données lues ou `FALSE` en cas d'échec.

file

La fonction `file` permet de lire le contenu d'un fichier (dans un tableau).

Syntaxe

```
tableau file(chaîne nom_fichier [, entier indicateur])
```

`nom_fichier`	Chemin d'accès au fichier à lire.
`indicateur`	Une ou plusieurs en les ajoutant aux constantes suivantes : `FILE_USE_INCLUDE_PATH` : rechercher le fichier dans les répertoires spécifiés par la directive de configuration `include_path`. `FILE_IGNORE_NEW_LINES` : ne pas ajouter la séquence de nouvelle ligne à la fin de chaque ligne du tableau. `FILE_SKIP_EMPTY_LINES` : ignorer les lignes vides.

fwrite

La fonction `fwrite` permet d'écrire dans un fichier.

Syntaxe

```
entier fwrite(ressource fichier, chaîne données[, entier longueur])
```

`fichier`	Pointeur de fichier préalablement ouvert.
`données`	Données à écrire dans le fichier.
`longueur`	Si précisé, indique le nombre d'octets à écrire (toute la chaîne `données` par défaut).

La fonction `fwrite` retourne le nombre d'octets écrits ou `FALSE` en cas d'échec.

file_get_contents

La fonction `file_get_contents` permet de lire le contenu d'un fichier (dans une chaîne).

Syntaxe

```
chaîne file_get_contents(chaîne nom_fichier [, entier utiliser_inclusion])
```

Avec

`nom_fichier`	Chemin d'accès au fichier à lire.
`utiliser_inclusion`	Mettre `1` (ou `TRUE`) pour rechercher le fichier dans les répertoires spécifiés par la directive de configuration `include_path`.

La fonction `file_get_contents` ouvre le fichier dont le nom est passé en paramètre et le retourne dans une chaîne. La fonction retourne `FALSE` en cas d'erreur.

Utiliser cette fonction se révèle plus performant qu'ouvrir le fichier (`fopen`), le lire (`fread`) et le refermer (`fclose`).

file_put_contents

La fonction `file_put_contents` permet d'écrire le contenu d'une chaîne dans un fichier. Cette fonction est apparue en version 5.

Syntaxe

`*entier* file_put_contents(*chaîne* nom_fichier, *chaîne* données [, *entier* mode])`

Avec

`nom_fichier`	Chemin d'accès au fichier à lire.
`données`	Données à écrire dans le fichier.
`mode`	Constante `FILE_USE_INCLUDE_PATH` pour écrire dans le premier répertoire spécifié dans la directive de configuration `include_path`. Constante `FILE_APPEND` pour ajouter les données à la fin du fichier, s'il existe déjà. Spécifier la somme des deux constantes pour combiner les deux options.

La fonction `file_put_contents` ouvre le fichier dont le nom est passé en paramètre, écrit le contenu de la chaîne passée en paramètre puis ferme le fichier.

Si le fichier n'existe pas, il est créé. Si le fichier existe, son contenu est remplacé, sauf si la constante `FILE_APPEND` est spécifiée en troisième paramètre ; auquel cas les données sont ajoutées à la fin du fichier.

La fonction retourne le nombre d'octets écrits dans le fichier, ou `FALSE` en cas d'erreur.

copy

La fonction `copy` permet de copier un fichier.

Syntaxe

`*booléen* copy(*chaîne* source, *chaîne* destination)`

`source`	Emplacement du fichier source.
`destination`	Emplacement du fichier destination.

La fonction `copy` effectue la copie et retourne `TRUE` en cas de succès et `FALSE` en cas d'échec.

unlink

La fonction `unlink` permet de supprimer un fichier.

Syntaxe

`*booléen* unlink(*chaîne* nom_fichier)`

`nom_fichier`	Emplacement du fichier à supprimer.

La fonction `unlink` supprime le fichier, retourne `TRUE` en cas de succès et `FALSE` en cas d'échec.

rename

La fonction `rename` permet de renommer un fichier.

Syntaxe

`*booléen* rename(*chaîne* ancien_nom, *chaîne* nouveau_nom)`

`ancien_nom`	Emplacement du fichier à renommer.
`nouveau_nom`	Nouveau nom du fichier.

La fonction `rename` renomme le fichier et retourne `TRUE` en cas de succès et `FALSE` en cas d'échec.

file_exists

La fonction `file_exists` permet de tester l'existence d'un fichier.

Syntaxe

`*booléen* file_exists(*chaîne* nom_fichier)`

`nom_fichier`	Emplacement du fichier à tester.

La fonction `file_exists` retourne `TRUE` si le fichier existe et `FALSE` dans le cas contraire.

filesize

La fonction `filesize` permet de lire la taille d'un fichier.

Syntaxe

`*entier* filesize(*chaîne* nom_fichier)`

`nom_fichier`	Emplacement du fichier.

La fonction `filesize` retourne la taille du fichier ou `FALSE` en cas d'échec.

chdir

La fonction `chdir` permet de changer de répertoire courant.

Syntaxe

`*booléen* chdir(*chaîne* chemin)`

`chemin`	Répertoire souhaité.

La fonction `chdir` retourne `TRUE` en cas de succès et `FALSE` en cas d'échec.

opendir

La fonction `opendir` permet d'ouvrir un répertoire.

Syntaxe

`*ressource* opendir(*chaîne* chemin)`

`chemin`	Répertoire à ouvrir.

La fonction `opendir` ouvre un répertoire en vue de lire ce qu'il contient et retourne un pointeur sur le dossier, ou `FALSE` en cas d'échec.

closedir

La fonction `closedir` permet de fermer un répertoire.

Syntaxe

`closedir(`*`ressource`*` répertoire)`

`répertoire` Pointeur de répertoire préalablement ouvert.

La fonction `closedir` ferme un pointeur de répertoire préalablement ouvert.

readdir

La fonction `readdir` permet de lire le contenu d'un répertoire.

Syntaxe

`chaîne`` readdir(`*`ressource`*` répertoire)`

`répertoire` Pointeur de répertoire préalablement ouvert.

La fonction `readdir` retourne le nom du fichier suivant dans le répertoire (sans ordre particulier), ou `FALSE` s'il n'y a plus de nom de fichier à lire dans le répertoire.

Exemples d'utilisation

Quelques opérations de base sur les fichiers

```
<?php
// ouvrir un fichier
$f = fopen("e:/info.txt","w");
// écrire dans le fichier
fwrite($f, "Olivier HEURTEL");
// fermer le fichier
fclose($f);
// copier un fichier
copy("e:/info.txt","e:/temp/info.txt");
// supprimer un fichier
unlink("e:/info.txt");
// renommer un fichier
rename("e:/temp/info.txt","e:/temp/auteur.txt");
// ouvrir un fichier
$f = fopen("e:/temp/auteur.txt","r");
// lire dans le fichier
$texte = fread($f, filesize("e:/temp/auteur.txt"));
// fermer le fichier
fclose($f);
// afficher les informations lues
echo $texte;
?>
```

Résultat

```
Olivier HEURTEL
```

Affichage du contenu d'un répertoire

```
<?php
// ouvrir le répertoire
$dir = opendir("e:/temp");
// parcourir le répertoire en lisant le nom d'un fichier à chaque itération
while($fichier = readdir($dir)) {
  echo "$fichier<BR>";
}
// ferme le répertoire
closedir($dir);
?>
```

Résultat

```
.
..
lisez-moi.txt
auteur.txt
```

La fonction `readdir` permet de récupérer le nom des fichiers et des répertoires contenus dans un répertoire. Le répertoire courant et le répertoire supérieur sont aussi retournés avec les symboles **.** (point) et **..** (deux points).

B. magic quotes

Si la directive de configuration `magic_quotes_runtime` est à `on`, les données lues dans les fichiers subiront le désormais traditionnel encodage "magic quotes".

Exemple

```
<?php
// écriture d'une information dans un fichier
$f = fopen("e:/temp/info.txt","w");
fwrite($f, "C'est l'été");
fclose($f);
// lecture du contenu du fichier
$f = fopen("e:/temp/info.txt","r");
$texte = fread($f, filesize("e:/temp/info.txt"));
fclose($f);
// affichage des informations lues
echo $texte;
?>
```

Résultat si `magic_quotes_runtime = off`

```
C'est l'été
```

Résultat si `magic_quotes_runtime = on` (et `magic_quotes_sybase = off`)

```
C\'est l\'été
```

Comme nous l'avons vu dans le chapitre 8 sur l'accès aux bases de données, il est très facile de modifier la valeur de la directive `magic_quotes_runtime` en cours de script grâce à la fonction `set_magic_quotes_runtime`.

Exemple

```
<?php
// écriture d'une information dans un fichier
$f = fopen("e:/temp/info.txt","w");
fwrite($f, "C'est l'été");
fclose($f);
// mettre magic_quotes_runtime à off (0)
set_magic_quotes_runtime(0);
// lecture du contenu du fichier
$f = fopen("e:/temp/info.txt","r");
$texte = fread($f, filesize("e:/temp/info.txt"));
fclose($f);
// affichage des informations lues
echo $texte;
?>
```

Résultat (quelle que soit la valeur de la directive `magic_quotes_runtime`)

```
C'est l'été
```

Il est donc très facile d'écrire un code qui soit indépendant de la configuration et afin que toute donnée lue dans un fichier soit encodée "magic quotes" ou non.

En complément, la fonction `stripslashes` peut être utilisée en cas de besoin pour supprimer l'encodage.

Les données lues dans une base et les données lues dans un fichier ont le même comportement vis-à-vis de la fonctionnalité "magic quotes".

Par ailleurs, il faut remarquer le comportement de la fonction `fwrite` vis-à-vis de la directive `magic_quotes_runtime` : si `magic_quotes_runtime` est à `on` et si le paramètre `longueur` de la fonction `fwrite` n'est pas spécifié, les anti-slashs sont automatiquement supprimés des données écrites.

Le tableau suivant montre le résultat de l'écriture de la chaîne "`e:\temp\info.txt`" dans un fichier selon les cas :

	`magic_quotes_runtime`	
	`on`	`off`
`fwrite($f, "e:\\temp\\info.txt", 100)`	e:\temp\info.txt	e:\temp\info.txt
`fwrite($f, "e:\\temp\\info.txt")`	**e:tempinfo.txt**	e:\temp\info.txt

Si ce comportement n'est pas désiré, il convient donc de mettre `magic_quotes_runtime` à `off` (dans le script ou dans la directive de configuration) ou de systématiquement appeler `fwrite` en spécifiant la longueur.

C. Télécharger un fichier à partir du client : "file upload"

Certains sites peuvent proposer aux utilisateurs de transférer des documents de leur poste vers le serveur Web : déposer un CV sur un site (site de recherche d'emploi), mettre une pièce jointe dans un message (site de messagerie) ou simplement stocker le document sur le serveur (site de stockage).

Dans la terminologie anglo-saxonne, cette fonctionnalité s'appelle le "file upload" (à opposer au "download" qui permet de télécharger un document du serveur vers son poste).

Cette fonctionnalité, très simple à mettre en œuvre en PHP, présente deux exigences :

- dans un formulaire, proposer une zone permettant à l'utilisateur de désigner l'emplacement du fichier sur son poste ;
- dans le script de traitement du formulaire, récupérer le fichier envoyé par l'utilisateur et en faire quelque chose.

Dans le chapitre 7, nous avons évoqué la possibilité de mettre dans un formulaire une zone permettant d'indiquer l'emplacement d'un fichier sur son poste (`TYPE="file"`) :

Exemple

```
<?php
// inclusion du fichier qui contient les fonctions générales
include("fonctions.inc");
// traitement du formulaire
$fichier = "";
if (isset($_POST["fichier"])) {
  $fichier = valeur_saisie($_POST["fichier"]);
}
?>
<HTML>
<HEAD><TITLE>Saisie</TITLE></HEAD>
<BODY>
<FORM ACTION="saisie.php" METHOD="POST">
Fichier : <INPUT TYPE="file" NAME="fichier"><BR>
<INPUT TYPE="submit" NAME="OK" VALUE="OK">
</FORM>
<?php
echo vers_page($fichier);
?>
</BODY>
</HTML>
```

Résultat

- Affichage initial :

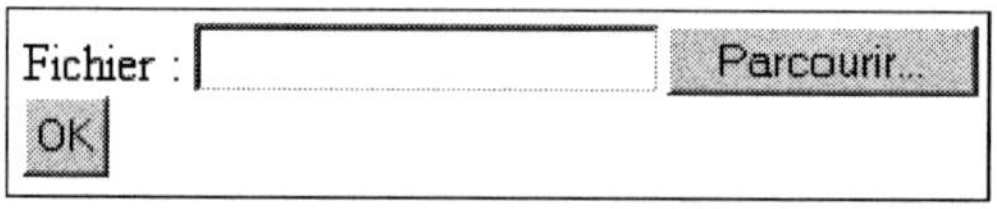

- Localisation d'un fichier et clic sur le bouton **OK** :

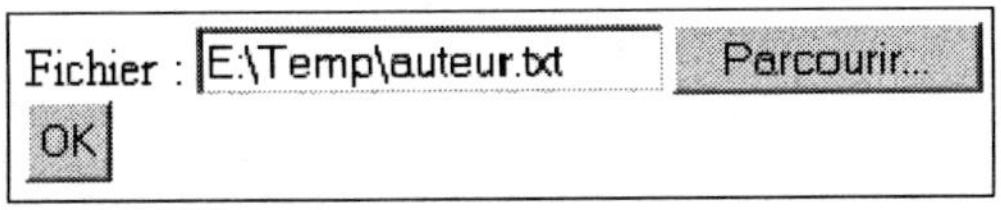

- Affichage après traitement du formulaire :

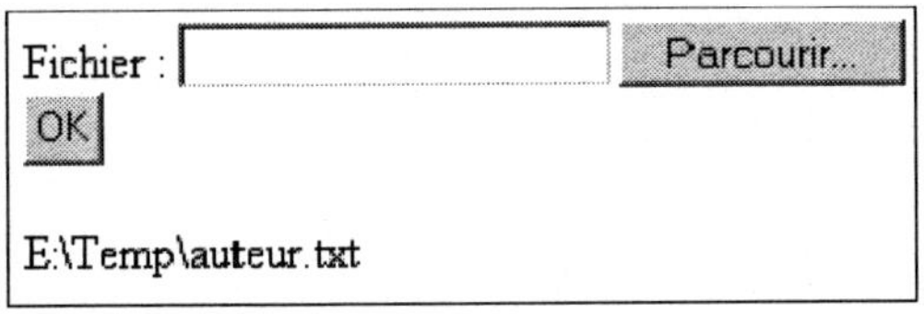

Le formulaire, tel qu'il est actuellement construit, ne provoque pas le transfert proprement dit du fichier ; seule la valeur saisie dans la zone de type `file` est transmise.

Pour provoquer le transfert du fichier, il suffit d'ajouter l'option `ENCTYPE="multipart/form-data"` dans la balise `<FORM>` :

```
<FORM ACTION="saisie.php" METHOD="POST"
     ENCTYPE="multipart/form-data">
```

Cette technique ne fonctionne qu'avec les formulaires qui utilisent la méthode `POST`.

En complément, il est possible d'ajouter une zone cachée dans le formulaire afin de limiter la taille des fichiers qui peuvent être envoyés vers le serveur. Cette zone cachée, obligatoirement située avant la zone de type `file` doit s'appeler `MAX_FILE_SIZE` (option `NAME`) et préciser la taille maximum en octets dans l'option `VALUE` :

Exemple de zone cachée pour limiter la taille des fichiers à 10 Ko

```
<INPUT TYPE="hidden" NAME="MAX_FILE_SIZE" VALUE="10240">
```

La valeur précisée dans cette zone ne peut pas être supérieure à la valeur de la directive de configuration `upload_max_filesize` (2 Mo par défaut). Si la zone cachée n'est pas présente, c'est la taille spécifiée dans la directive `upload_max_filesize` qui s'applique.

Par ailleurs, le téléchargement n'est possible que si la directive de configuration `file_uploads` est à `on`.

Exemple de formulaire complet

```
<FORM ACTION="saisie.php" METHOD="POST"
    ENCTYPE="multipart/form-data">
<INPUT TYPE="hidden" NAME="MAX_FILE_SIZE" VALUE="10240">
Fichier : <INPUT TYPE="file" NAME="fichier"><BR>
<INPUT TYPE="submit" NAME="OK" VALUE="OK">
</FORM>
```

Lorsqu'un fichier est envoyé avec un formulaire, des informations sur ce fichier sont accessibles, dans le script PHP, grâce à la variable `$_FILES` ; et la valeur saisie par l'utilisateur n'est plus disponible dans `$_POST`.

`$_FILES` est un tableau associatif multidimensionnel ; la première clé est égale au nom de la zone de type `file` du formulaire (`fichier` sur notre exemple) et le tableau associatif correspondant présente cinq lignes :

Clé	Valeur
`name`	Nom du fichier (sans chemin d'accès)
`type`	Type MIME du fichier (fourni par le navigateur)
`size`	Taille du fichier en octets
`tmp_name`	Nom du fichier temporaire créé sur le serveur (chemin complet)
`error`	Code d'erreur. Une des constantes suivantes : `UPLOAD_ERR_OK (0)` : pas d'erreur `UPLOAD_ERR_INI_SIZE (1)` : taille du fichier supérieure à la taille définie par la directive de configuration `upload_max_filesize` `UPLOAD_ERR_FORM_SIZE (2)` : taille du fichier supérieure à la taille définie par l'option `MAX_FILE_SIZE` du formulaire `UPLOAD_ERR_PARTIAL (3)` : le fichier a été chargé partiellement `UPLOAD_ERR_NO_FILE (4)` : aucun fichier saisi `UPLOAD_ERR_NO_TMP_DIR` (6) : pas de répertoire temporaire. Introduit en version 5.0.3 `UPLOAD_ERR_CANT_WRITE` (7) : erreur lors de l'écriture du fichier sur disque. Introduit en version 5.1.0 `UPLOAD_ERR_EXTENSION` (8) : transfert stoppé par l'extension. Introduit en version 5.2.0.

Dans les versions précédentes, Il existait un code erreur 5, sans nom de constante, en cas d'erreur dans le fichier saisi (nom, chemin). Ce code erreur n'existe plus.

Sur le serveur, le fichier transféré est un fichier temporaire portant un nom du type `php*.tmp`, situé dans le répertoire défini par la directive de configuration `upload_tmp_dir`.

La structure de `$_FILES` permet d'avoir plusieurs zones de type `file` dans le formulaire et donc d'autoriser le chargement de plusieurs fichiers.

Exemple (le formulaire contient deux zones de type `file` nommées `fichier1` et `fichier2`

fichier1	name	Photo.gif
	type	image/gif
	tmp_name	d:\temp\phpB.tmp
	size	2376
fichier2	name	cv.pdf
	type	application/pdf
	tmp_name	d:\temp\php12.tmp
	size	52147

Si le fichier temporaire créé sur le serveur n'est pas exploité (renommé/copié/déplacé) par le script PHP qui traite le formulaire, il est supprimé automatiquement à la fin du script. Dans le script PHP, il convient donc de manipuler le fichier temporaire selon les besoins de l'application.

Exemple complet

```
<?php
// inclusion du fichier qui contient les fonctions générales
include("fonctions.inc");
// initialisation de la variable de message
$message = "";
// traitement du formulaire
if (isset($_POST["OK"])) {
   // récupérer les informations sur le fichier
   $informations = $_FILES["fichier"];
   // en extraire
   //       - son nom
   $nom = valeur_saisie($informations["name"]);
   //       - son type MIME
   $type_mime = $informations["type"];
   //       - sa taille
   $taille = $informations["size"];
   //       - l'emplacement du fichier temporaire
   $fichier_temporaire = $informations["tmp_name"];
   //       - le code d'erreur
   $code_erreur = $informations["error"];
   // contrôles et traitement
   switch ($code_erreur) {
   case UPLOAD_ERR_OK :
      // fichier bien reçu
      // déterminer sa destination finale
      $destination = "e:/temp/$nom";
      // copier le fichier temporaire (tester le résultat)
      if (copy($fichier_temporaire,$destination)) {
         // copie OK => mettre un message de confirmation
         $message  = "Transfert terminé - Fichier = $nom - ";
         $message .= "Taille = $taille octets - ";
         $message .= "Type MIME = $type_mime.";
      } else {
         // problème de copie => mettre un message d'erreur
         $message = "Problème de copie sur le serveur.";
      }
      break;
   case UPLOAD_ERR_NO_FILE :
      // pas de fichier saisi
      $message = "Pas de fichier saisi.";
      break;
   case UPLOAD_ERR_INI_SIZE :
      // taille fichier > upload_max_filesize
      $message  = "Fichier '$nom' non transféré ";
      $message .= " (taille > upload_max_filesize).";
      break;
   case UPLOAD_ERR_FORM_SIZE :
      // taille fichier > MAX_FILE_SIZE
      $message  = "Fichier '$nom' non transféré ";
      $message .= " (taille > MAX_FILE_SIZE).";
      break;
```

```
    case UPLOAD_ERR_PARTIAL :
       // fichier partiellement transféré
       $message  = "Fichier '$nom' non transféré ";
       $message .= " (problème lors du tranfert).";
       break;
    case UPLOAD_ERR_NO_TMP_DIR :
       // pas de répertoire temporaire
       $message  = "Fichier '$nom' non transféré ";
       $message .= " (pas de répertoire temporaire).";
       break;
    case UPLOAD_ERR_CANT_WRITE :
       // erreur lors de l'écriture du fichier sur disque
       $message  = "Fichier '$nom' non transféré ";
       $message .= " (erreur lors de l'écriture du fichier sur disque).";
       break;
    case UPLOAD_ERR_EXTENSION :
       // transfert stoppé par l'extension
       $message  = "Fichier '$nom' non transféré ";
       $message .= " (transfert stoppé par l'extension).";
       break;
    default :
       // erreur non prévue !
       $message  = "Fichier non transféré ";
       $message .= " (erreur inconnue : $code_erreur ).";
    }
}
?>
<HTML>
<HEAD><TITLE>Saisie</TITLE></HEAD>
<BODY>
<FORM ACTION="saisie.php" METHOD="POST"
      ENCTYPE="multipart/form-data">
<INPUT TYPE="hidden" NAME="MAX_FILE_SIZE" VALUE="10240">
Fichier : <INPUT TYPE="file" NAME="fichier"><BR>
<INPUT TYPE="submit" NAME="OK" VALUE="OK">
</FORM>
<?php
echo vers_page($message);
?>
</BODY>
</HTML>
```

D. Télécharger un fichier à partir du serveur : "download"

Pour télécharger un fichier à partir du serveur, il est possible d'utiliser la méthode classique qui consiste à utiliser un lien (balise <A>).

Exemple

```
<A HREF="cv.pdf">Télécharger</A>
```

Cette technique peut poser des problèmes :

- C'est le navigateur qui décide de proposer à l'utilisateur un dialogue d'enregistrement ou d'afficher directement le document s'il sait comment faire.

- Les fichiers qui sont interprétés par le serveur (`.php` par exemple) ou par le navigateur (`.htm` par exemple) ne peuvent pas être chargés de cette manière.

Une autre technique est utilisable, si vous souhaitez forcer le navigateur à proposer à l'utilisateur un dialogue d'enregistrement, et ce, pour n'importe quel type de document.

Cette technique consiste à envoyer certains en-têtes particuliers à l'aide de la fonction `header`, suivie du document proprement dit.

Il n'est pas garanti que la technique décrite précédemment fonctionne correctement, ou de la même manière, avec tous les navigateurs. En effet, elle est basée sur une fonctionnalité non standard du protocole HTTP qui est implémentée par les navigateurs. C'est aussi la raison pour laquelle, vous trouverez de nombreuses variantes de cette méthode dans les forums de discussion.

Les en-têtes minimums à envoyer sont les suivants :

`Content-Disposition: attachment; filename=...`	Cet en-tête suggère au navigateur de traiter le document comme une pièce jointe (`attachment`) et de proposer à l'utilisateur de l'enregistrer sous le nom défini par `filename`.
`Content-Type: ...`	Cet en-tête communique au navigateur le type MIME du document.

Quelques types MIME courants :

Type MIME	Nature du document
`application/msword`	Document Microsoft Word
`application/octetstream`	Générique
`application/pdf`	Document PDF
`application/vnd.ms-excel`	Document Microsoft Excel
`application/vnd.ms-powerpoint`	Document Microsoft PowerPoint
`application/zip`	Document Zip
`image/bmp`	Image au format bitmap
`image/gif`	Image au format GIF
`image/jpeg`	Image au format JPEG
`image/tiff`	Image au format TIFF
`image/png`	Image au format PNG
`text/html`	Document HMTL
`text/plain`	Document texte

En mettant n'importe quoi comme type MIME (`x/y` par exemple), le navigateur doit normalement se débrouiller avec l'extension du document.

Après l'envoi des en-têtes, il ne reste plus qu'à envoyer le document "directement" dans la page, soit par une lecture (`fread`) suivie d'un `echo`, soit plus simplement à l'aide de la fonction `readfile` qui lit un fichier et l'envoie directement vers la sortie.

Syntaxe

`entier readfile(chaîne nom_fichier [, entier utiliser_inclusion])`

`nom_fichier`	Chemin d'accès au fichier à lire.
`utiliser_inclusion`	Mettre `1` (ou `TRUE`) pour rechercher le fichier dans les répertoires spécifiés par la directive de configuration `include_path`.

La fonction `readfile` retourne le nombre d'octets lus ou `FALSE` en cas d'erreur.

Cette technique va être illustrée à l'aide d'un script `download.php` qui propose une liste de documents en téléchargement. Ce script génère un formulaire qui offre un bouton de type "image" (`TYPE="image"`) pour chaque fichier proposé en téléchargement, le nom du bouton étant égal au numéro du document.
Comme nous l'avons vu dans le chapitre 3, nous allons récupérer dans `$_POST` deux variables `n_x` et `n_y` donnant respectivement la position relative horizontale et verticale du clic à l'intérieur de l'image (`n` étant le nom de l'image cliquée, dans notre cas, un numéro).

Exemple

```
<?php
// liste des documents (viendrait sans doute d'une
// base de donnés dans une vraie application)
$documents = array("cv.pdf","photo.gif");
// traitement du formulaire si $_POST nom vide
if (! empty($_POST)) {
  // récupérer le numéro du document
  //  - prendre la clé de la première ligne de
  //      $_POST (normalement du type n_x,
  //     n étant le numéro du document)
  list($numéro) = each($_POST);
  //  - convertir la chaîne en entier => seul le n reste
  $numéro = (integer) $numéro;
  // en déduire le nom du document
  $NomFichier = $documents[$numéro];
  // envoyer l'en-tête d'attachement
  $header  = "Content-Disposition: attachment; ";
  $header .= "filename=$NomFichier\n" ;
  header($header);
  // envoyer l'en-tête du type MIME (ici, " inconnu ")
  header("Content-Type: x/y\n");
  // envoyer le document
  //  - pas d'encodage magic quotes
  set_magic_quotes_runtime(0);
  //  - lire le document
  readfile($NomFichier);
}
?>
<HTML>
<HEAD><TITLE>Download</TITLE></HEAD>
<BODY>
<FORM ACTION="download.php" METHOD="POST">
<TABLE BORDER=1 CELLPADDING=4 CELLSPACING=0>
```

```
<TR ALIGN="center" BGCOLOR="lemonchiffon">
  <TH>Document</TH><TH>Télécharger</TH>
</TR>
<?php
// un petit bout de code PHP pour générer les lignes du
// tableau présentant la liste des documents
// parcourir la liste des documents et utiliser le nom
// pour l'affichage et le numéro comme nom de l'image
foreach($documents as $numéro => $document) {
  echo sprintf
      (
      "<TR><TD>%s</TD><TD ALIGN=\"center\"%s</TD></TR>\n",
      $document,
      "<INPUT TYPE=\"image\" NAME=\"$numéro\"
      SRC=\"download.gif\">"
      );
}
?>
</TABLE>
</FORM>
</BODY>
</HTML>
```

Résultat (dans Internet Explorer 6)

- Affichage initial de la page :

Document	Télécharger
cv.pdf	
photo.gif	

- Après un clic sur l'image associée au document `photo.gif` :

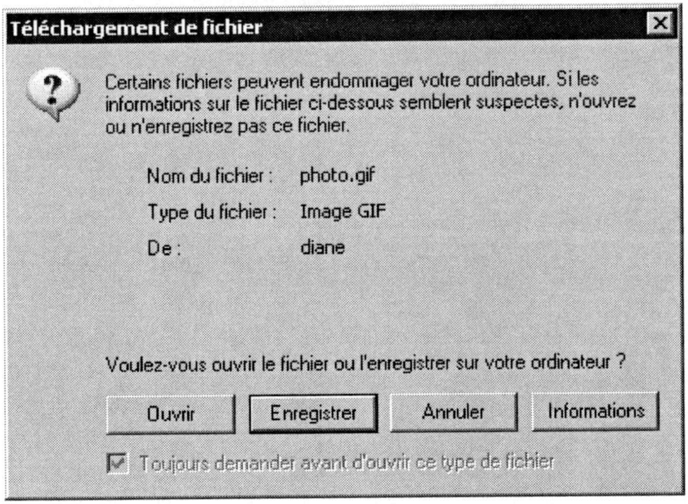

- Après un clic sur le bouton **OK**.

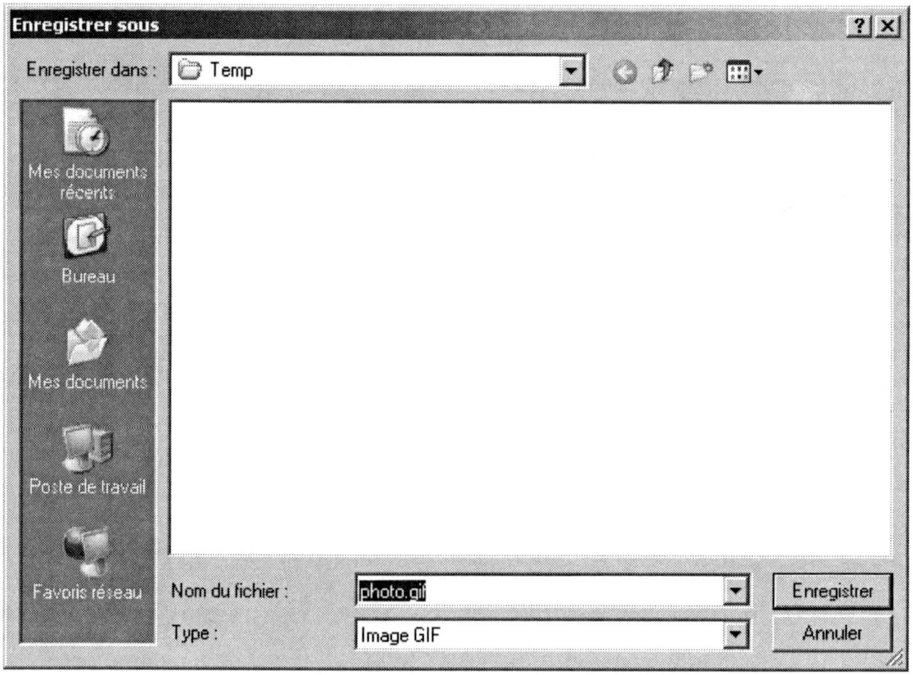

Chapitre 12 : Gérer les erreurs dans un script PHP

A. Vue d'ensemble

Une erreur, dans un script PHP, peut se manifester de deux façons, éventuellement simultanées :

- par une valeur de retour particulière de la fonction PHP dans laquelle l'erreur est rencontrée ;
- par un message envoyé directement dans la page.

Exemples

Fonction	Comportement en cas d'erreur
`require`	Si le fichier passé en paramètre n'existe pas, un message est affiché mais aucun code particulier n'est retourné par la fonction.
`mysql_query`	Si le serveur MySQL retourne une erreur sur l'exécution d'une requête, aucun message n'est affiché mais la fonction retourne `FALSE` (la nature de l'erreur pouvant être récupérée par d'autres fonctions).
`oci_execute`	Si le serveur Oracle retourne une erreur sur l'exécution d'une requête, un message est affiché et la fonction retourne `FALSE` (la nature de l'erreur pouvant être récupérée par d'autres fonctions).

Gérer les erreurs dans un script PHP consiste donc, en général, à mettre en place un mécanisme permettant de détecter la génération d'une erreur afin d'afficher soi-même un message à la place du message directement affiché par PHP.

B. Les messages d'erreur PHP

Les messages d'erreur (ou d'alerte) affichés par PHP ont un niveau correspondant à leur gravité :

Valeur	Constante associée	Description
1	`E_ERROR`	Erreur fatale d'exécution (message "fatal error: ..."). Le script ne s'exécute pas. Exemples : appel à une fonction qui n'existe pas, fichier mentionné dans l'instruction `require` qui n'existe pas.
2	`E_WARNING`	Alerte d'exécution (message "warning: ..."). Le script se poursuit. Exemples : tentative d'ouverture (avec `fopen`), d'un fichier qui n'existe pas, ouverture d'une connexion MySQL qui échoue... Généralement, la poursuite du script provoque d'autres messages du même type.

Valeur	Constante associée	Description
4	`E_PARSE`	Erreur de compilation ("Parse error: ..."). Le script ne s'exécute pas. Exemples : oubli d'un point-virgule, d'une parenthèse fermante...
8	`E_NOTICE`	Avertissement lors de l'exécution (message "Notice: ..."). Par défaut, PHP est configuré pour ne pas afficher ces avertissements. Le script se poursuit. Exemple : utilisation d'une variable non initialisée.
16	`E_CORE_ERROR`	Erreur fatale lors de l'initialisation de PHP.
32	`E_CORE_WARNING`	Alerte lors de l'initialisation de PHP.
64	`E_COMPILE_ERROR`	Erreur fatale lors de la compilation.
128	`E_COMPILE_WARNING`	Alerte lors de la compilation.
256	`E_USER_ERROR`	Erreur générée par le développeur.
512	`E_USER_WARNING`	Alerte générée par le développeur.
1024	`E_USER_NOTICE`	Avertissement généré par le développeur.
2048	`E_STRICT`	Conseils lors de l'exécution. Autorise PHP à suggérer des modifications pour améliorer la portabilité du code, notamment vers les futures versions (utilisation d'une fonction dépréciée par exemple). Semble masquer les erreurs de niveau inférieur. Ce niveau est apparu en version 5.
4096	`E_RECOVERABLE_ERROR`	Erreur fatale récupérable. Si l'erreur n'est pas gérée par le développeur (voir plus loin), le script s'interrompt. Ajouté en version 5.2.0.
6143	`E_ALL`	Toutes les erreurs et avertissements (somme des niveaux précédents), à l'exception de `E_STRICT`. En version 5, `E_ALL` valait 2047 : toutes les erreurs et avertissements, à l'exception de `E_STRICT` et `E_RECOVERABLE_ERROR`.

Exemple d'erreur fatale

```
<?php
$fichier = fope("e:/temp/info.txt","r");
$texte = fread($fichier,100);
fclose($fichier);
?>
```

Résultat

```
Fatal error: Call to undefined function: fope() in
d:\scripts php\index.php on line 2
```

Exemples d'alerte

```
<?php
$fichier = fopen("e:/temp/infos.txt","r");
$texte = fread($fichier,100);
fclose($fichier);
?>
```

Résultat

```
Warning: fopen(e:/temp/infos.txt) [function.fopen]: failed to open stream:
No such file or directory in d:\scripts php\index.php on line 2
Warning: fread(): supplied argument is not a valid stream resource in
d:\scripts php\index.php on line 3
Warning: fclose(): supplied argument is not a valid stream resource in
d:\scripts php\index.php on line 4
```

Exemple d'erreur d'analyse

```
<?php
echo "Bonjour !<BR>"  // pas de point virgule !
echo "Bienvenue !<BR>";
?>
```

Résultat

```
Parse error: parse error, unexpected T_ECHO, expecting ',' or ';' in
d:\scripts php\index.php on line 3
```

C. Les fonctions de gestion des erreurs

PHP propose plusieurs fonctions permettant de gérer correctement les erreurs dans un script :

Nom	Rôle
`error_reporting`	Définit les niveaux d'erreurs qui sont affichés par PHP.
`error_log`	Envoie un message d'erreurs vers une destination (fichier par exemple).
`set_error_handler`	Indique le nom d'une fonction utilisateur à employer comme gestionnaire d'erreurs.
`restore_error_handler`	Réactive l'ancien gestionnaire d'erreurs.
`trigger_error` `user_error`	Déclenche une erreur définie par le développeur (`user_error` est un alias de `trigger_error`).
`error_get_last`	Retourne des informations sur la dernière erreur rencontrée dans le script.

En complément, l'opérateur @, placé devant le nom d'une fonction, permet de supprimer l'affichage des messages générés, en cas d'erreur, dans la fonction.

Exemple

```
<?php
$fichier = @fopen("e:/temp/infos.txt","r");
$texte = @fread($fichier,100);
@fclose($fichier);
?>
```

Lors de l'exécution de ce script, aucun message n'est affiché bien que le fichier demandé n'existe pas.

Si l'erreur provoque l'arrêt du script, l'utilisation de l'opérateur @ n'y change rien ; la page affichée est alors vide ou incomplète, et aucun message n'est affiché à l'utilisateur. Il convient donc de tester le résultat des fonctions, ou d'utiliser un gestionnaire d'erreurs, afin de contrôler le déroulement du programme et de réaliser les traitements nécessaires.

error_reporting

La fonction `error_reporting` permet de définir les niveaux d'erreurs pour lesquels le programme laisse PHP afficher les messages.

Syntaxe

`entier error_reporting([entier niveaux])`

`niveaux`	Niveaux d'erreur affichés par PHP, exprimés sous la forme d'une somme des valeurs affectées à chaque niveau.

La fonction `error_reporting` retourne l'ancienne valeur. Appelée sans paramètre, cette fonction se contente de retourner la valeur courante sans rien changer.

Afin de définir les niveaux souhaités, il est vivement conseillé, pour la compatibilité future, d'utiliser les constantes et de ne pas mettre les valeurs en dur dans le programme.

La constante `E_ALL`, égale à la somme de toutes les autres constantes (sauf `E_STRICT`), peut être utilisée pour demander l'affichage de tous les niveaux d'erreur.

Inversement, un niveau égal à 0 provoque la suppression de l'affichage de tous les messages ; c'est l'équivalent, pour l'ensemble du script, de l'opérateur @ qui peut être utilisé sur une fonction.

Telles que les valeurs de niveaux d'erreurs sont définies, spécifier plusieurs niveaux se fait très simplement par des opérations arithmétiques sur les constantes.

Exemple

`E_ERROR+E_WARNING`	Niveaux `E_ERROR` et `E_WARNING`
`E_ALL-E_USER_ERROR-E_USER_WARNING-E_USER_NOTICE`	Tous les niveaux sauf `E_USER_ERROR`, `E_USER_WARNING`, et `E_USER_NOTICE`

La valeur par défaut (tout sauf `E_NOTICE = E_ALL-E_NOTICE`) est définie par la directive de configuration `error_reporting`.

En complément, la directive de configuration `display_errors` permet d'autoriser (`on`) ou d'interdire (`off`) l'affichage des messages d'erreur ; si `display_errors` est à `off`, donner une valeur quelconque à `error_reporting` (dans le fichier `.ini` ou dans un script) est sans effet.

En phase de développement, il est conseillé d'afficher toutes les erreurs (`E_ALL`), y compris les avertissements, afin d'écrire le code le plus propre possible.

Exemple

```
<?php
// valeur courante de error_reporting
echo "<P><B>error_reporting = ".error_reporting()."</B><BR>";
// par défaut égal à tout sauf E_NOTICE = E_ALL - E_NOTICE
echo "= E_ALL - E_NOTICE = ".(E_ALL-E_NOTICE)."<BR>";
// affichage d'une variable non initialisée
echo "\$x (non initialisée) = $x => pas de message <BR>";
// passage de error_reporting à E_ALL (tout)
error_reporting(E_ALL);
echo "<P><B>error_reporting = E_ALL</B><BR>";
// affichage d'une variable non initialisée
echo "\$x (non initialisée) = $x => message <BR>";
// lecture d'un fichier qui n'existe pas
if (! readfile("e:/temp/infos.txt")) {
  echo "Erreur dans readfile => message<BR>";
};
// passage de error_reporting à 0 (rien)
error_reporting(0);
echo "<P><B>error_reporting = 0</B><BR>";
// lecture d'un fichier qui n'existe pas
if (! readfile("e:/temp/infos.txt")) {
  echo "Erreur dans readfile => plus de message<BR>";
};
?>
```

Résultat

```
error_reporting = 2039
= E_ALL - E_NOTICE = 2039
$x (non initialisée) = => pas de message
error_reporting = E_ALL
Warning: Undefined variable: x in d:\scripts php\index.php on line 12
$x (non initialisée) = => message
Warning: readfile(e:/temp/infos.txt) [function.readfile]:
failed to open stream: No such file or directory in
d:\scripts php\index.php on line 14
Erreur dans readfile => message
error_reporting = 0
Erreur dans readfile => plus de message
```

En général, une fois en production, il est conseillé de désactiver l'affichage des messages d'erreur (soit par une directive de configuration, soit par un appel à `error_reporting(0)` au début de chaque script pour être indépendant de la configuration). Cette inhibition des messages d'erreurs, justifiée d'une part pour des raisons de sécurité (les messages d'erreurs PHP révèlent des informations sur l'arborescence du serveur) permet également d'afficher soi-même des messages propres.

error_log

La fonction `error_log` permet d'envoyer un message d'erreur vers une destination donnée.

Syntaxe

```
entier error_log(chaîne message, entier type_destination, [chaîne destination[, chaîne complément])
```

`message`	Message à envoyer.
`type_destination`	Type de destination : 0 : historique PHP 1 : adresse e-mail 2 : poste de déboggage 3 : fichier.
`destination`	Précise la destination pour les types 1 à 3 : 1 : adresse e-mail 2 : adresse (IP ou nom) du poste distant et éventuellement numéro de port 3 : nom du fichier (créé automatiquement s'il n'existe pas).
`complément`	En-tête(s) complémentaire(s) à envoyer dans le message dans le cas 1 (voir la fonction `mail` au chapitre 10 pour plus d'informations).

La fonction `error_log` retourne `TRUE` si le message a pu être envoyé et `FALSE` dans le cas contraire.

Pour le type de destination 0 (historique PHP), le fichier de sortie est défini par la directive de configuration `error_log`.

Si la directive de configuration `log_errors` est à `on`, les messages sont systématiquement écrits dans le fichier spécifié par la directive `error_log`, sans qu'il soit nécessaire d'appeler la fonction `error_log`.

Le type de destination 2 permet de mettre en place une "console" de déboggage sur un poste distant du serveur. Dans les grandes lignes, un petit programme doit être développé (en C, C++, Visual Basic...) sur le poste en question, pour récupérer, sur un socket, les informations envoyées par le programme PHP. Cette possibilité ne sera pas étudiée plus en détail dans cet ouvrage.

Exemple

```
<?php
// pas d'affichage des erreurs dans le script
error_reporting(0);
// lecture d'un fichier qui n'existe pas
$nom_fichier = "e:/temp/infos.txt";
if (! readfile($nom_fichier)) {
  // écriture d'un message d'erreur dans un fichier de trace
  // spécifique à l'application
  error_log("Impossible de lire le fichier $nom_fichier.\n",
        3, "e:/log/monApplication.log");
  // affichage d'un message pour l'utilisateur
```

```
  echo "Votre requête ne peut pas aboutir ; essayez de
          nouveau plus tard.";
};
?>
```

Résultat dans le fichier `monApplication.log`

```
Impossible de lire le fichier e:/temp/infos.txt.
```

Résultat dans le navigateur

```
Votre requête ne peut pas aboutir ; essayez de nouveau plus tard.
```

La fonction `error_log` est pratique, en phase de test ou de production, pour conserver la trace d'une erreur quelque part. Cependant, elle ne remplace pas l'affichage d'un message explicite pour l'utilisateur.

set_error_handler

La fonction `set_error_handler` permet de spécifier le nom d'une fonction utilisateur qui doit être appelée pour gérer les erreurs de façon centralisée.

Syntaxe

`chaîne set_error_handler(chaîne fonction [, entier niveaux])`

`fonction`	Nom de la fonction chargée de gérer les erreurs.
`niveaux`	Niveaux d'erreur concernés (apparu en version 5).

La fonction `set_error_handler` retourne le nom de l'ancienne fonction chargée de la gestion des erreurs (chaîne vide s'il n'y en avait pas) ou `FALSE` en cas d'erreur.

La fonction de gestion des erreurs doit accepter au minimum deux paramètres : le premier, pour le niveau de l'erreur, et le deuxième pour le message d'erreur. Trois paramètres supplémentaires peuvent être spécifiés pour le nom du fichier dans lequel l'erreur est apparue, le numéro de la ligne où l'erreur a été générée et le contexte de l'erreur (tableau de toutes les variables qui existaient au moment de l'erreur).

À partir du moment où un gestionnaire d'erreurs est spécifié, plus aucun message n'est affiché par PHP, quelle que soit la valeur de `error_reporting`. De plus, par défaut, le gestionnaire d'erreurs est appelé pour toutes les erreurs, quel que soit leur niveau, et quelle que soit la valeur de `error_reporting`. Le paramètre niveaux permet de spécifier les niveaux concernés. Les niveaux `E_ERROR`, `E_PARSE`, `E_CORE_ERROR`, `E_CORE_WARNING`, `E_COMPILE_ERROR` et `E_COMPILE_WARNING` ne peuvent pas être gérés de cette façon.

Exemple

```
<?php
// définir le gestionnaire d'erreurs
function gestionnaire_erreurs
       ($niveau,$message,$fichier,$ligne) {
  // afficher le fichier concerné, avec le numéro de ligne
  echo "Fichier = $fichier<BR>";
  echo "Ligne   = $ligne<BR>";
  // afficher le niveau et le message
  echo "\$niveau = $niveau <BR>";
```

```
  echo "\$message = $message<BR>";
}
// spécifier le gestionnaire à utiliser
set_error_handler("gestionnaire_erreurs");
// générer une erreur
readfile("e:/temp/infos.txt");
// afficher un message de fin
echo "Fin";
?>
```

Résultat

```
Fichier = d:\scripts php\index.php
Ligne = 15
$niveau = 2
$message = readfile(e:/temp/infos.txt) [function.readfile]:
failed to open stream: No such file or directory
Fin
```

Cet exemple montre que si l'erreur ne provoque pas l'interruption du script, ce dernier se poursuit après l'appel au gestionnaire d'erreurs ; il est donc de sa responsabilité d'arrêter l'exécution du script, à l'aide de l'instruction `exit` ou de la fonction `die` (cf. chapitre 5 - E - Interrompre le script).

Exemple

```
<?php
// définir le gestionnaire d'erreurs
function gestionnaire_erreurs
      ($niveau,$message,$fichier,$ligne) {
  // afficher le fichier concerné, avec le numéro de ligne
  echo "Fichier = $fichier<BR>";
  echo "Ligne   = $ligne<BR>";
  // afficher le niveau et le message
  echo "\$niveau = $niveau <BR>";
  echo "\$message = $message<BR>";
  // interrompre le script
  exit;
}
// spécifier le gestionnaire à utiliser
set_error_handler("gestionnaire_erreurs");
// générer une erreur
readfile("e:/temp/infos.txt");
// afficher un message de fin
echo "Fin";
?>
```

Résultat

```
Fichier = d:\scripts php\index.php
Ligne = 17
$niveau = 2
$message = readfile(e:/temp/infos.txt) [function.readfile]:
failed to open stream: No such file or directory
```

Dans le gestionnaire d'erreurs, il est possible d'utiliser la fonction `header` (cf. chapitre 7 - G - Aller sur une autre page à la fin du traitement) pour rediriger l'utilisateur vers une page HTML ou un script PHP chargé de l'affichage des messages d'erreurs.

Cette technique est très pratique car elle permet de centraliser la gestion des erreurs (la fonction peut être définie dans un fichier inclus) et de séparer clairement le code chargé du traitement normal, du code chargé de gérer les erreurs.

restore_error_handler

La fonction `restore_error_handler` permet de restaurer l'ancien gestionnaire d'erreur après un changement effectué avec `set_error_handler`.

Syntaxe

```
restore_error_handler()
```

Exemple

```
<?php
// définir un premier gestionnaire d'erreur
function gestionnaire1 ($numéro,$message) {
  // affiche un simple message
  echo "=> gestionnaire n° 1<BR>";
}
// définir un deuxième gestionnaire d'erreur
function gestionnaire2 ($numéro,$message) {
  // affiche un simple message
  echo "=> gestionnaire n° 2<BR>";
}
// définir une fonction qui génère une erreur
function générer_erreur() {
  // afficher un message
  echo "Générer une erreur<BR>";
  // lire un fichier qui n'existe pas
  readfile("e:/temp/infos.txt");
}
// Première séquence : pas de gestionnaire
echo "<P><B>Pas de gestionnaire</B><BR>";
générer_erreur();
// Deuxième séquence : gestionnaire numéro 1
set_error_handler("gestionnaire1");
echo "<P><B>Utiliser le gestionnaire n° 1</B><BR>";
générer_erreur();
// Troisième séquence : gestionnaire numéro 2
set_error_handler("gestionnaire2");
echo "<P><B> Utiliser le gestionnaire n° 2</B><BR>";
générer_erreur();
// Quatrième séquence : restaurer l'ancien gestionnaire
restore_error_handler();
echo "<P><B>Premier restore_error_handler()</B><BR>";
générer_erreur();
// Cinquième séquence : restaurer l'ancien gestionnaire
restore_error_handler();
echo "<P><B>Deuxième restore_error_handler()</B><BR>";
générer_erreur();
?>
```

Résultat

```
Pas de gestionnaire
Générer une erreur
Warning: readfile(e:/temp/infos.txt) [function.readfile]: failed to open
stream: No such file or directory in d:\scripts php\index.php on line 10
Utiliser le gestionnaire n° 1
Générer une erreur
=> gestionnaire n° 1
Utiliser le gestionnaire n° 2
Générer une erreur
=> gestionnaire n° 2
Premier restore_error_handler()
Générer une erreur
=> gestionnaire n° 1
Deuxième restore_error_handler()
Générer une erreur
Warning: readfile(e:/temp/infos.txt) [function.readfile]: failed to open
stream: No such file or directory in d:\scripts php\index.php on line 20
```

Cet exemple illustre la possibilité d'empiler et de désempiler les gestionnaires d'erreurs grâce aux fonctions `set_error_handler` et `restore_error_handler`.

Si une partie de script a besoin d'un gestionnaire différent de celui utilisé dans le reste du script, il suffit d'appeler `set_error_handler`, au début de la section concernée pour définir le gestionnaire, puis `restore_error_handler`, à la fin de la section, pour remettre l'ancien.
Par ailleurs, le gestionnaire par défaut, c'est-à-dire celui de PHP, est systématiquement replacé à la fin de l'exécution d'un script ; il n'est donc pas nécessaire d'appeler `restore_error_handler` en fin de script.

trigger_error (ou son alias user_error)

La fonction `trigger_error` permet de déclencher une erreur définie par le développeur comme si cette erreur avait été déclenchée nativement par PHP.

Syntaxe

trigger_error(*chaîne* message, *entier* niveau)

message	Message de l'erreur.
niveau	Niveau de l'erreur parmi `E_USER_ERROR`, `E_USER_WARNING` et `E_USER_NOTICE` (toute autre valeur génère une erreur !)

L'erreur déclenchée par `trigger_error` est traitée par le gestionnaire interne de PHP (affichage du message), ou le gestionnaire éventuellement défini par `set_error_handler`. Dans le premier cas, le script est interrompu si le niveau de l'erreur est égal à `E_USER_ERROR` (sinon, il se poursuit). Dans le deuxième cas, le script se poursuit quel que soit le niveau de l'erreur (c'est au gestionnaire d'interrompre le script si besoin).

Exemple avec le gestionnaire interne

```
<?php
// déclencher une erreur E_USER_NOTICE
trigger_error("*** mon message ***",E_USER_NOTICE);
// déclencher une erreur E_USER_WARNING
trigger_error("*** mon message ***",E_USER_WARNING);
// déclencher une erreur E_USER_ERROR
trigger_error("*** mon message ***",E_USER_ERROR);
// afficher un message de fin
echo "Fin";
?>
```

Résultat

```
Notice: *** mon message *** in d:\scripts php\index.php on line 3
Warning: *** mon message *** in d:\scripts php\index.php on line 5
Fatal error: *** mon message *** in d:\scripts php\index.php on line 7
```

Cet exemple montre que les deux premières erreurs (niveaux `E_USER_NOTICE` et `E_USER_WARNING`) ne provoquent pas l'arrêt du script, à la différence de la troisième (niveau `E_USER_ERROR`).

Exemple avec un gestionnaire externe

```
<?php
// définir le gestionnaire d'erreurs
function gestionnaire_erreurs($niveau,$message) {
  // afficher simplement le niveau et le message
  echo "\$niveau = $niveau <BR>";
  echo "\$message = $message<BR>";
  // ne pas interrompre le script
  // exit;
}
// spécifier le gestionnaire à utiliser
set_error_handler("gestionnaire_erreurs");
// déclencher une erreur E_USER_NOTICE
trigger_error("*** mon message ***",E_USER_NOTICE);
// déclencher une erreur E_USER_WARNING
trigger_error("*** mon message ***",E_USER_WARNING);
// déclencher une erreur E_USER_ERROR
trigger_error("*** mon message ***",E_USER_ERROR);
// afficher un message de fin
echo "Fin";
?>
```

Résultat

```
$niveau = 1024
$message = *** mon message ***
$niveau = 512
$message = *** mon message ***
$niveau = 256
$message = *** mon message ***
Fin
```

error_get_last

La fonction `error_get_last` retourne des informations sur la dernière erreur rencontrée dans le script. Cette fonction est apparue en version 5.2.3.

Syntaxe

```
tableau error_get_last()
```

La fonction `error_get_last` retourne un tableau associatif contenant les clés `type`, `message`, `file` et `line`.

Exemple

```
<?php
// générer une erreur
readfile("e:/temp/infos.txt");
// poursuivre le script
echo "suite ...<BR>";
// afficher des informations sur la dernière erreur
foreach (error_get_last() as $clé => $valeur) {
   echo "$clé => $valeur<BR>";
}
?>
```

Résultat

```
Warning: readfile(e:/temp/infos.txt) [function.readfile]: failed to open
stream: No such file or directory in d:\scripts php\index.php on line 3
suite ...
type => 2
message => readfile(e:/temp/infos.txt) [function.readfile]: failed to open
stream: No such file or directory
file => d:\scripts php\index.php
line => 3
```

La variable $php_errormsg

Si la directive de configuration `track_errors` est à `on`, le message de la dernière erreur est disponible dans la variable `$php_errormsg`.

Exemple

```
<?php
// ne pas afficher les messages
error_reporting(0);
// générer une erreur
readfile("e:/temp/infos.txt");
// afficher $php_errormsg
echo "\$php_errormsg = $php_errormsg";
?>
```

Résultat (si `track_errors = on`)

```
$php_errormsg = readfile(e:/temp/infos.txt) [function.readfile]: failed to
open stream: No such file or directory
```

L'utilisation de cette variable, directement dans un script, est un substitut possible à la mise en place d'un gestionnaire d'erreurs.

Il existe de nombreuses directives de configuration relatives aux erreurs, en plus de celles présentées dans ce chapitre. Pour plus d'informations, reportez-vous à la documentation de PHP.

Annexe

A. Variables PHP prédéfinies

PHP prédéfinit un grand nombre de variables relatives à son fonctionnement. Ces variables sont directement accessibles sous la forme `$x` si la directive de configuration `register_globals` est à `on`, mais ce n'est pas la méthode recommandée. Pour accéder à ces informations, il est préférable d'utiliser les tableaux associatifs proposés par PHP.

Les tableaux associatifs sont les suivants :

Nom	Contenu
`$GLOBALS`	Tableau associatif de toutes les variables disponibles dans la portée du script (chapitre 6)
`$_COOKIE`	Tableau associatif des variables passées au script par les cookies (chapitre 9)
`$_GET`	Tableau associatif des variables passées au script par une méthode `GET` (chapitres 7 et 9)
`$_POST`	Tableau associatif des variables passées au script par une méthode `POST` (chapitres 7 et 9)
`$_FILES`	Tableau associatif contenant les informations sur les fichiers téléchargés du poste de l'utilisateur vers le serveur Web (chapitre 11)
`$_ENV`	Tableau associatif des variables d'environnement du système d'exploitation passées au script (chapitre 9)
`$_SERVER`	Tableau associatif des variables du serveur passées au script (variable d'environnement et variables du serveur HTTP notamment)
`$_REQUEST`	Tableau associatif regroupant les tableaux `$_GET`, `$_POST` et `$_COOKIE` (chapitres 7 et 9)
`$_SESSION`	Tableau associatif des données de session accessible dans le script (chapitre 9)

Ces tableaux associatifs sont des variables "super globales" : ils sont disponibles dans la totalité du script, même à l'intérieur des fonctions, sans qu'il soit nécessaire de les déclarer globaux (`global $...` est inutile).

Exemple : affichage partiel du contenu de `$_SERVER`

```
COMSPEC = C:\WINNT\system32\cmd.exe
CONTENT_LENGTH = 45
CONTENT_TYPE = application/x-www-form-urlencoded
DOCUMENT_ROOT = d:/apache/htdocs
HTTP_ACCEPT = image/gif, image/x-xbitmap, image/jpeg, image/pjpeg,
application/vnd.ms-excel, application/vnd.ms-powerpoint,
application/msword, application/x-shockwave-flash, */*
HTTP_ACCEPT_ENCODING = gzip, deflate
HTTP_ACCEPT_LANGUAGE = fr
HTTP_CACHE_CONTROL = no-cache
HTTP_CONNECTION = Keep-Alive
HTTP_COOKIE = PHPSESSID=c70tfq25k3b8djff17td884a57
HTTP_HOST = diane
HTTP_REFERER = http://diane/eni/
```

```
HTTP_USER_AGENT = Mozilla/4.0 (compatible; MSIE 6.0; Windows NT 5.1)
REDIRECT_STATUS = 200
REDIRECT_URL = /eni/
REMOTE_ADDR = 192.168.1.4
REMOTE_PORT = 1791
SCRIPT_FILENAME = d:/scripts PHP/index.php
SERVER_ADDR = 192.168.1.99
SERVER_ADMIN = you@your.address
SERVER_NAME = diane
SERVER_PORT = 80
SystemRoot = C:\WINNT
WINDIR = C:\WINNT
GATEWAY_INTERFACE = CGI/1.1
SERVER_PROTOCOL = HTTP/1.1
REQUEST_METHOD = POST
QUERY_STRING =
REQUEST_URI = /eni/
SCRIPT_NAME = /eni/index.php
PATH_TRANSLATED = d:/scripts PHP/index.php
PHP_SELF = /eni/index.php
```

Quelques informations intéressantes apparaissent en gras.

La fonction `phpinfo` permet d'afficher ces différentes informations (entre autres).

B. Constantes PHP prédéfinies

PHP prédéfinit un grand nombre de constantes parmi lesquelles :

Nom	Contenu
`__FILE__ *`	Nom du fichier en cours d'exécution. Donne le nom du fichier inclus si elle est utilisée dans un fichier inclus.
`__LINE__ *`	Numéro de la ligne actuellement exécutée. Donne le numéro de ligne dans le fichier inclus si elle est utilisée dans un fichier inclus.
`PHP_VERSION`	Version de PHP.
`PHP_OS`	Système d'exploitation du serveur PHP. Exemples (non exhaustifs) : `AIX`, `Linux`, `SunOS`, `WINNT`.
`TRUE *`	Valeur booléenne vraie (`TRUE`).
`FALSE *`	Valeur booléenne fausse (`FALSE`).
`E_*`	Codes des erreurs (chapitre 12).
`DIRECTORY_SEPARATOR`	Caractère de séparation utilisé dans les noms de répertoire pour la plate-forme sur laquelle PHP est installée.
`PHP_EOL`	Séquence de caractères utilisée par la plate-forme pour représenter une nouvelle ligne. Ajouté en version 5.0.2.
`PHP_INT_MAX`	Valeur du plus grand entier. Ajouté en version 5.0.5.
`PHP_INT_SIZE`	Taille des entiers (nombre d'octets). Ajouté en version 5.0.5.

Les constantes suivies d'une étoile sont insensibles à la casse (et peuvent être utilisées indifféremment en majuscules ou en minuscules).

C. Exemples complémentaires

1. Introduction

La puissance du langage PHP est renforcée par l'existence d'un grand nombre de bibliothèques qui étendent les fonctionnalités du langage : vérification d'orthographe, génération de documents PDF (*Portable Document Format*), manipulation de documents XML (*eXtensible Markup Language*), accès à des serveurs FTP (*File Transfer Protocol*), accès à des serveurs IMAP (*Internet Message Access Protocol*), accès à des annuaires LDAP (*Lightweight Directory Access Protocol*), cryptage, génération de documents Shockwave Flash, gestion du protocole SNMP (*Simple Network Management Protocol*), compression, etc. Certaines bibliothèques nécessitent des librairies complémentaires. Ces différentes bibliothèques correspondent à des besoins particuliers et ne sont pas décrites plus en détail dans cet ouvrage.

Dans cette partie de l'annexe, nous allons donner trois exemples commentés d'utilisation de ces bibliothèques correspondant à trois besoins fréquents :

- lire un document XML ;
- générer un document PDF ;
- générer une image.

Pour plus d'informations sur les bibliothèques disponibles ou sur une fonction, reportez-vous à l'aide en ligne accessible sur le site officiel de PHP (www.php.net/manual/fr/).

2. Lire un document XML

Cet exemple illustre les possibilités de l'extension SimpleXML apparue en version 5.

Pour cet exemple, nous supposons qu'une liste d'articles est stockée dans un fichier nommé `articles.xml` :

```
<?xml version='1.0' encoding='UTF-8'?>
<articles>
  <article code="A1" couleur="jaune">
    <identifiant>1</identifiant>
    <libelle>Abricots</libelle>
    <prix>35.5</prix>
  </article>
  <article code="A2" couleur="rouge">
    <identifiant>2</identifiant>
    <libelle>Cerises</libelle>
    <prix>48.9</prix>
  </article>
  <article code="A3" couleur="rouge">
    <identifiant>3</identifiant>
    <libelle>Fraises</libelle>
    <prix>29.95</prix>
  </article>
```

```
  <article code="A4" couleur="jaune">
    <identifiant>4</identifiant>
    <libelle>Pêches</libelle>
    <prix>37.2</prix>
  </article>
</articles>
```

Code

```
<?php

// charger le document XML = simplexml_load_file
// - retourne un objet de la classe simplexml_element
//   ou FALSE en cas d'erreur (document XML mal formé par exemple)
$xml = simplexml_load_file("articles.xml");
if (! $xml) { exit; }

// l'objet $xml a une structure qui correspond à la
// structure de notre document
// - article (tableau d'objets)
//     - identifiant
//     - libelle
//     - prix

// parcours du noeud article (tableau)
echo "<B>Parcours de \$xml->article</B><BR>\n";
foreach ($xml->article as $article) {
  echo sprintf("%s,%s,%s,%s,%s<BR>\n",
               $article->identifiant,
               $article->libelle,
               $article->prix,
               $article["code"],
               $article["couleur"]);
}

// accès à une information particulière
echo "<B>Accès à une information particulière</B><BR>\n";
echo sprintf("Avant - Prix de %s = %s (code = %s)<BR>\n",
             $xml->article[2]->libelle,
             $xml->article[2]->prix,
             $xml->article[2]['code']);
$xml->article[2]->prix = 123;
$xml->article[2]['code'] .= '+';
echo sprintf("Après - Prix de %s = %s (code = %s)<BR>\n",
             $xml->article[2]->libelle,
             $xml->article[2]->prix,
             $xml->article[2]['code']);

// extraction des attributs d'un noeud = méthode attributes()
// - retourne un objet de la classe simplexml_element
// - sur notre exemple, récupération des attributs du 1er article
$attributs = $xml->article[0]->attributes();

// parcours des attributs ainsi récupérés
echo "<B>Attributs du premier article</B><BR>\n";
foreach($attributs as $nom => $valeur) {
   echo sprintf("%s = %s<BR>\n",$nom,$valeur);
}
```

```
// extraire les enfants d'un noeud = méthode children()
// - retourne un objet de la classe simplexml_element
echo "<B>Parcours de l'arborescence</B><BR>\n";
echo "racine<BR>\n";
foreach ($xml->children() as $nom1 => $niveau1) {
  echo sprintf("----%s (%s,%s)<BR>\n",
               $nom1,$niveau1['code'],$niveau1['couleur']);
  foreach ($niveau1->children() as $nom2 => $niveau2) {
    echo sprintf("--------%s = %s<BR>\n",$nom2,$niveau2);
     // echo "--> " . $niveau2 . "<BR>\n";
   }
}

// effectuer une recherche Xpath = méthode xpath()
// - retourne un tableau d'objets de la classe simplexml_element
echo "<B>Recherche Xpath : /articles/article</B><BR>\n";
$résultat = $xml->xpath("/articles/article");
foreach ($résultat as $valeur) {
  echo sprintf("%s,%s<BR>\n",$valeur->identifiant,$valeur->libelle);
}
echo "<B>Recherche Xpath : article/libelle</B><BR>\n";
$résultat = $xml->xpath("article/libelle");
foreach ($résultat as $valeur) {
  echo sprintf("%s<BR>\n",$valeur);
}
echo "<B>Recherche Xpath : //prix</B><BR>\n";
$résultat = $xml->xpath("//prix");
foreach ($résultat as $valeur) {
  echo sprintf("%s<BR>\n",$valeur);
}

// générer une chaîne XML = méthode asXML()
echo "<B>Chaîne XML</B><BR>\n";
file_put_contents ('les_articles.xml',$xml->asXML());
file_put_contents ('un_article.xml',$xml->article[0]->asXML());
echo "Voir les fichiers 'les_articles.xml' et 'un_article.xml'<BR>\n";

?>
```

Résultat à l'écran

```
Parcours de $xml->article
1,Abricots,35.5,A1,jaune
2,Cerises,48.9,A2,rouge
3,Fraises,29.95,A3,rouge
4,Pêches,37.2,A4,jaune
Accès à une information particulière
Avant - Prix de Fraises = 29.95 (code = A3)
Après - Prix de Fraises = 123 (code = A3+)
Attributs du premier article
code = A1
couleur = jaune
Parcours de l'arborescence
racine
----article (A1,jaune)
--------identifiant = 1
--------libelle = Abricots
--------prix = 35.5
----article (A2,rouge)
```

```
--------identifiant = 2
--------libelle = Cerises
--------prix = 48.9
----article (A3+,rouge)
--------identifiant = 3
--------libelle = Fraises
--------prix = 123
----article (A4,jaune)
--------identifiant = 4
--------libelle = Pêches
--------prix = 37.2
Recherche Xpath : /articles/article
1,Abricots
2,Cerises
3,Fraises
4,Pêches
Recherche Xpath : article/libelle
Abricots
Cerises
Fraises
Pêches
Recherche Xpath : //prix
35.5
48.9
123
37.2
Chaîne XML
Voir les fichiers 'les_articles.xml' et 'un_article.xml'
```

Contenu du fichier `les_articles.xml`

```
<?xml version="1.0" encoding="UTF-8"?>
<articles>
  <article code="A1" couleur="jaune">
    <identifiant>1</identifiant>
    <libelle>Abricots</libelle>
    <prix>35.5</prix>
  </article>
  <article code="A2" couleur="rouge">
    <identifiant>2</identifiant>
    <libelle>Cerises</libelle>
    <prix>48.9</prix>
  </article>
  <article code="A3+" couleur="rouge">
    <identifiant>3</identifiant>
    <libelle>Fraises</libelle>
    <prix>123</prix>
  </article>
  <article code="A4" couleur="jaune">
    <identifiant>4</identifiant>
    <libelle>Pêches</libelle>
    <prix>37.2</prix>
  </article>
</articles>
```

Contenu du fichier `un_article.xml`

```
<article code="A1" couleur="jaune">
    <identifiant>1</identifiant>
    <libelle>Abricots</libelle>
    <prix>35.5</prix>
  </article>
```

3. Générer un document PDF

L'extension PDF de PHP permet de générer des documents PDF. Cette extension utilise la librairie PDFlib qui nécessite une licence (http://www.pdflib.com/products/pdflib-family/).

Le code ci-après permet de générer le document PDF suivant :

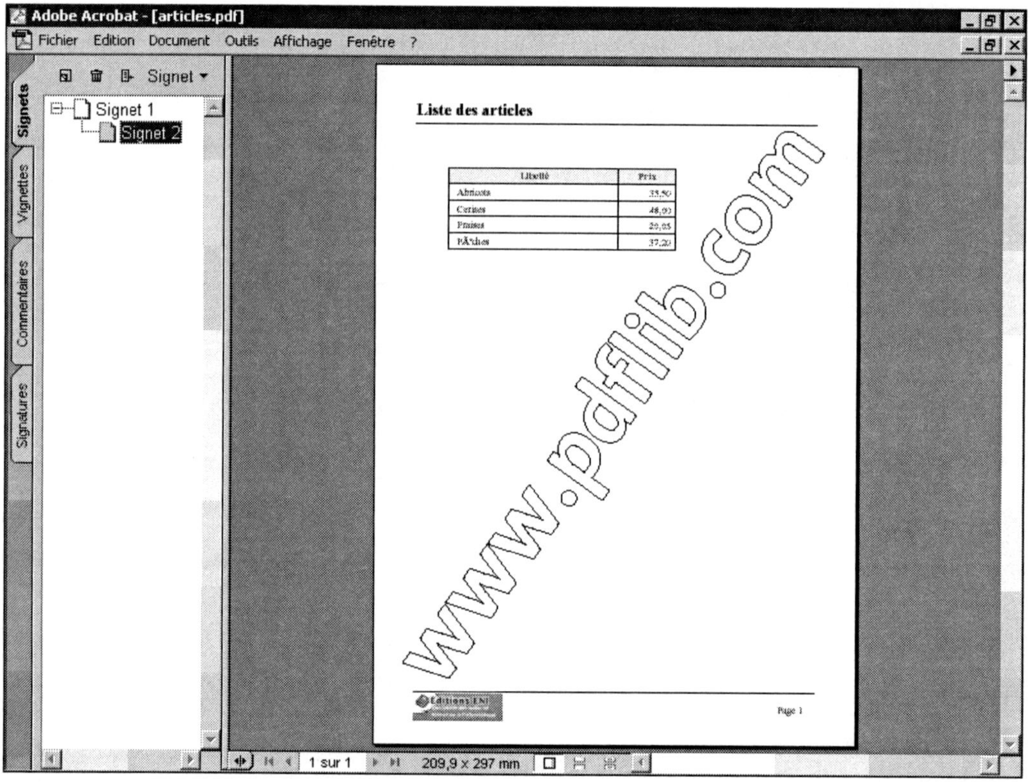

> Le filigrame www.pdflib.com indique que la librairie PDFlib utilisée est une version de démonstration.

La liste des articles est supposée être stockée dans un document XML.

Code

```
<?php

// Utilise PDFlib version 7

// charger la liste des articles à partir du document XML
$xml = simplexml_load_file("articles.xml");

// créer une nouvelle ressource PDF = pdf_new
$pdf = pdf_new();

// créer un nouveau document PDF = pdf_open_file
// - si le nom de fichier n'est pas spécifié, le document est
//   créé en mémoire
$ok = pdf_open_file($pdf, "articles.pdf");

// définir les informations de résumé du document = pdf_set_info
$ok = pdf_set_info($pdf, "Author", "Olivier HEURTEL");
$ok = pdf_set_info($pdf, "Title", "Liste des articles");
$ok = pdf_set_info($pdf, "Subject", "Fruits");

// créer une nouvelle page dans le document = pdf_begin_page
// - largeur et hauteur en points (ici format A4)
$ok = pdf_begin_page($pdf, 595, 842);

// définir un signet = pdf_create_bookmark
// - premier niveau
$signet1 = pdf_create_bookmark($pdf,"Signet 1","");
// - deuxième niveau
$signet2 = pdf_create_bookmark($pdf,"Signet 2","parent=$signet1");

// préparer les polices utilisées = pdf_load_font
$policeTimes = pdf_load_font($pdf, "Times-Roman", "winansi","");
$policeTimesGras = pdf_load_font($pdf, "Times-Bold", "winansi","");

// définir la police à utiliser = pdf_setfont
// - troisième paramètre = taille
$ok = pdf_setfont($pdf, $policeTimesGras, 20);

// bool pdf_set_value ( resource pdfdoc, string key, float value)
// définir des paramètres = pdf_set_value
// - deuxième paramètre = nom du paramètre
//      > textrendering = rendu du texte - 0 = plein
// - troisième paramètre = valeur du paramètre
$ok = pdf_set_value($pdf, "textrendering", 0);

// écrire du texte à un endroit = pdf_show_xy
// - utilise les caractéristiques actuelles de police, couleurs, etc.
// l'origine du document est le coin en bas à gauche
$ok = pdf_show_xy($pdf, "Liste des articles",50,780); // x = 50 - y = 780

// changer de police
$ok = pdf_setfont($pdf, $policeTimesGras, 12);

// définir la couleur à utiliser = pdf_setcolor
// - deuxième paramètre = destination
//      > fill (remplissage), stroke (bord), both (les deux)
// - troisième paramètre = espace de couleur
```

```
//        > gray, rgb, cmyk, spot, pattern
// - paramètres suivants = définition de la couleur dans l'espace utilisé
//        > en RGB : R, G et B dans l'ordre, entre 0 et 1
$ok = pdf_setcolor($pdf, "fill", "rgb", 1, 1, 140/255, 0); // jaune pale

// dessiner un rectangle = pdf_rect
// - paramètres = x, y, largeur, hauteur - (x,y) du coin inférieur gauche
// - rectangle pour la ligne de titre du tableau
$ok = pdf_rect($pdf, 90, 715-20, 370-90, 20);

// remplir un chemin avec une couleur = pdf_fill
// - utilise la couleur courante
// - ici, le "chemin" est le rectangle précédent
$ok = pdf_fill($pdf);

// changer de couleur
$ok = pdf_setcolor($pdf, "both", "rgb", 1, 0, 0, 0); // rouge

// calculer la largeur d'une chaîne = pdf_stringwidth
// - tient compte des caractéristiques de la police passée en paramètre
$largeur = pdf_stringwidth($pdf, "Libellé", $policeTimesGras, 12);

// écrire le titre de la colonne "Libellé"
// - ici le texte est centré dans sa cellule
$ok = pdf_show_xy($pdf, "Libellé", (100-10+300-$largeur)/2, 700);

// même chose pour le titre de la colonne "Prix"
$largeur = pdf_stringwidth($pdf, "Prix", $policeTimesGras, 12);
$ok = pdf_show_xy($pdf, "Prix", (300+370-$largeur)/2, 700);

// changer de couleur et de police
$ok = pdf_setcolor($pdf, "both", "rgb", 0, 0, 0, 0); // noir
$ok = pdf_setfont($pdf, $policeTimes, 12);

// dans une boucle, écrire les données du tableau
// - progresser d'une ligne (20 points) à chaque itération
// - aligner le prix à droite
$nombre_articles = 0;
foreach ($xml->article as $article) {
 $nombre_articles++;
 $prix = number_format($article->prix,2,"," ," ");
 $largeur = pdf_stringwidth($pdf, $prix, $policeTimes, 12);
 $ok = pdf_show_xy($pdf, $article->libelle, 100, 700-20*$nombre_articles);
 $ok = pdf_show_xy($pdf, $prix, 365 - $largeur, 700-20*$nombre_articles);
}

// écrire le numéro de page en base
pdf_show_xy($pdf, "Page 1",500,40);

// charger une image = pdf_load_image
$logo = pdf_load_image($pdf, "gif", "logo.gif", "");

// placer une image dans la page = pdf_place_image
// - paramètres = x, y, échelle - (x,y) du coin inférieur gauche
$ok = pdf_place_image($pdf, $logo, 50, 30, 0.5);

// définir le point courant dans la page = pdf_moveto
// - x, y
$ok = pdf_moveto($pdf, 50, 770);
```

```
// dessiner une ligne = pdf_lineto
// - du point courant à un point (x,y) qui devient le nouveau point courant
// ici, ligne d'en-tête
$ok = pdf_lineto($pdf, 595-50, 770);

// dessiner les lignes horizontales du tableau
$i = 0;
for ($i = 1 ; $i <= $nombre_articles + 2; $i++) {
 $ok = pdf_moveto($pdf, 100-10, 715+20-20*$i);
 $ok = pdf_lineto($pdf, 370, 715+20-20*$i);
}

// dessiner les lignes verticales du tableau
$ok = pdf_moveto($pdf, 100-10, 715);
$ok = pdf_lineto($pdf, 100-10, 715+20-20*6);
$ok = pdf_moveto($pdf, 300, 715);
$ok = pdf_lineto($pdf, 300, 715+20-20*6);
$ok = pdf_moveto($pdf, 370, 715);
$ok = pdf_lineto($pdf, 370, 715+20-20*6);

// dessiner la ligne de pied de page
$ok = pdf_moveto($pdf, 50, 65);
$ok = pdf_lineto($pdf, 595-50, 65);

// dessiner une ligne sur le chemin courant = pdf_stroke
// - utilise la couleur courante et l'épaisseur courante
// - ici, le "chemin" est l'ensemble des lignes dessinées précédemment
$ok = pdf_stroke($pdf);

// terminer la page = pdf_end_page
$ok = pdf_end_page($pdf);

// fermer le document PDF = pdf_close
$ok = pdf_close($pdf);

// récupérer le document PDF en mémoire = pdf_get_buffer
// - uniquement si le document a été généré en mémoire
//   (appel à pdf_open_file sans nom de fichier)
// $données = pdf_get_buffer($pdf);

// supprimer l'objet PDF = pdf_delete
$ok = pdf_delete($pdf);

echo "Terminé";

?>
```

4. Générer une image

L'extension GD de PHP permet de créer et manipuler des images.

Le code ci-après permet de générer la page suivante :

Mon beau graphique

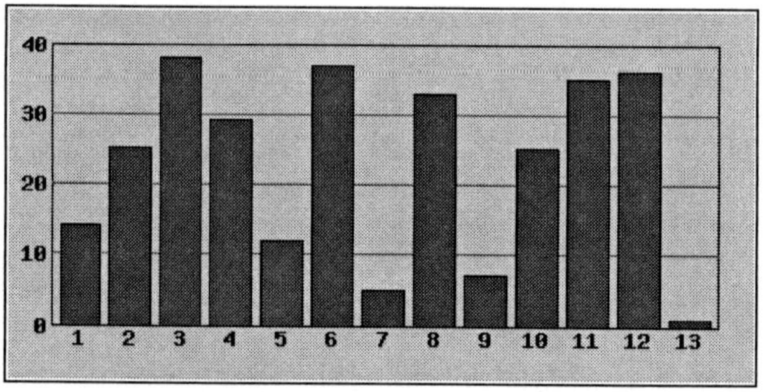

La génération du graphique est effectuée dynamiquement lors de l'appel à la page ; pour cet exemple, les données du graphique sont calculées aléatoirement.

Code

```
<HTML>
<HEAD><TITLE>Saisie</TITLE></HEAD>
<BODY>

<B>Mon beau graphique<B>
<P><IMG SRC="image.php" BORDER="0">

</BODY>
</HTML>
```

La source de l'image est un script PHP qui crée l'image dynamiquement lorsque la page est affichée. Cette technique peut aussi être utilisée pour afficher dans une page une image stockée dans une base de données.

Script image.php

```
<?php

// définir un en-tête indiquant qu'il s'agit d'une image (ici PNG)
header("Content-type: image/png");

/*

Les fonctions définies dans le script utilisent deux variables globales :
- $image         = ressource image en cours de création
- $hauteur_image = hauteur de l'image

Pour les coordonnées, l'origine de l'image est l'angle supérieur gauche.
Pour le dessin de notre graphique, nous utilisons une origine dans l'angle
inférieur gauche (plus pratique). Les fonctions effectuent la conversion.
```

```
*/

// fonction de dessin d'un rectangle
// - $x1,$y1           = point 1
// - $x2,$y2           = point 2
// - $bordure, $fond = couleurs de la bordure et du fond
//
function rectangle($x1,$y1,$x2,$y2,$bordure,$fond) {

  global $image;
  global $hauteur_image;

  // conversion du système de coordonnées pour l'axe y
  $y1 = $hauteur_image - 1 - $y1;
  $y2 = $hauteur_image - 1 - $y2;

  // dessiner le bord d'un rectangle = imagerectangle
  imagerectangle($image,$x1,$y1,$x2,$y2,$bordure);

  // remplissage (si demandé i.e. $fond renseigné)
  if ( ( $fond != NULL) and ($x1 != $x2) and ($y1 != $y2) ) {

    // remplir un rectangle = imagefilledrectangle
    imagefilledrectangle($image,$x1+1,$y1-1,$x2-1,$y2+1,$fond);
  }
}
// fonction de dessin d'une ligne
// - $x1,$y1  = point 1
// - $x2,$y2  = point 2
// - $couleur = couleur
//
function ligne($x1,$y1,$x2,$y2,$couleur) {

  global $image;
  global $hauteur_image;

  // conversion du système de coordonnées pour l'axe y
  $y1 = $hauteur_image - 1 - $y1;
  $y2 = $hauteur_image - 1 - $y2;

  // dessiner une ligne = imageline
  imageline($image,$x1,$y1,$x2,$y2,$couleur);

}

// fonction de dessin d'un texte
// - $police     = code de la police prédéfinie (1 à 5)
// - $x,$y       = point de référence
// - $texte      = texte
// - $couleur    = couleur
// - $horizontal = alignement horizontal par rapport au point
//                 de référence
//       > D = aligné à droite, C = centré, G = aligné à gauche
// - $vertical   = alignement vertical par rapport au point de référence
//       > H = texte en haut, C = centré, B = texte en bas
//
function texte($police,$x,$y,$texte,$couleur,$horizontal,$vertical) {
```

```
  global $image;
  global $hauteur_image;

  // conversion du système de coordonnées pour l'axe y
  $y = $hauteur_image - 1 - $y;

  // calculer la largeur d'un caractère dans une police =
  // imagefontwidth
  $largeur = imagefontwidth($police) * strlen($texte);

  // calculer la hauteur d'un caractère dans une police =
  // imagefontheight
  $hauteur = imagefontheight($police);

  // calcul des coordonnées en fonction de l'alignement
  switch ($horizontal) {
    case "D":
      $x = $x - $largeur;
      break;
    case "C":
      $x = $x - floor($largeur/2);
      break;
    case "G":
      break;
  }
  switch ($vertical) {
    case "H":
      $y = $y - $hauteur;
      break;
    case "C":
      $y = $y - floor($hauteur/2);
      break;
    case "B":
      break;
  }

  // dessiner un texte = imagestring
  imagestring($image,$police,$x,$y,$texte,$couleur);
}

// pour cet exemple, les données du graphe sont calculées de façon aléatoire
// - unité, valeur min et valeur max pour l'axe y
$axe_y_unite = 10;
$axe_y_min = 0;
$axe_y_max = 40;
// - nombre de barres : entre 5 et 15
$nombre_barres = rand(5,15);
// - mettre les données dans le tableau
$données = array();
for ($i = 1 ; $i <= $nombre_barres ; $i++) {
  $données[$i] = rand($axe_y_min,$axe_y_max);
}

// dimensions du dessin (pixels)
$largeur_image = 400; // largeur de l'image
$hauteur_image = 200; // hauteur de l'image
$marge_blanche = 2;   // marge blanche
$marge_gauche = 25;   // marge gauche avec la zone de traçage
$marge_droite = 20;   // marge droite avec la zone de traçage
```

```
$marge_haute = 20;     // marge haute avec la zone de traçage
$marge_basse = 30;     // marge basse avec la zone de traçage
$écart_barres = 5;     // écart entre les barres

// en déduire la largeur et la hauteur de la zone de traçage
$largeur_tracé = $largeur_image - $marge_droite - $marge_gauche;
$hauteur_tracé = $hauteur_image - $marge_haute - $marge_basse;

// en déduire la largeur des barres et l'échelle de l'axe y
$largeur_barre = ($largeur_tracé-$écart_barres)/$nombre_barres -
$écart_barres ;
$échelle_axe_y = ($hauteur_tracé-1) / $axe_y_max ;

// créer l'image = imagecreatetruecolor
$image = imagecreatetruecolor($largeur_image,$hauteur_image);

// définir des couleurs = imagecolorallocate
// - en RGB
$blanc = imagecolorallocate($image, 255, 255, 255);
$noir = imagecolorallocate($image, 0, 0, 0);
$gris_clair = imagecolorallocate($image, 192, 192, 192);
$gris_foncé = imagecolorallocate($image, 100, 100, 100);
$vert = imagecolorallocate($image, 0, 128, 0);

// coordonnées de l'image
$ox1 = 0; $oy1 = 0;
$ox2 = $largeur_image - 1; $oy2 = $hauteur_image - 1;
// dessiner le cadre extérieur
rectangle($ox1,$oy1,$ox2,$oy2,$noir,$blanc);

// coordonnées de l'image moins le bord blanc
$mx1 = $ox1 + $marge_blanche; $my1 = $oy1 + $marge_blanche;
$mx2 = $ox2 - $marge_blanche; $my2 = $oy2 - $marge_blanche;
// dessiner le fond gris clair
rectangle($mx1,$my1,$mx2,$my2,$gris_clair,$gris_clair);

// coordonnées de la zone de traçage
$tx1 = $ox1 + $marge_gauche; $ty1 = $oy1 + $marge_basse;
$tx2 = $ox2 - $marge_droite; $ty2 = $oy2 - $marge_haute;
// dessiner le cadre de la zone de traçage
rectangle($tx1,$ty1,$tx2,$ty2,$noir,NULL);

// dessin des lignes horizontales avec leur étiquette
$x1 = $tx1;
$x2 = $tx2;
for ($axe = $axe_y_min ; $axe <= $axe_y_max ; $axe += $axe_y_unite) {
  $y1 = $ty1 + $axe * $échelle_axe_y;
  $y2 = $y1;
  // ne pas dessiner la ligne en bas et en haut
  if ( ( $axe > $axe_y_min ) and ( $axe < $axe_y_max ) ) {
    ligne($x1,$y1,$x2,$y2,$gris_foncé);
  }
  texte(3,$x1-2,$y1,$axe,$noir,"D","C");
}
```

```
// dessin des barres
$i = 0;
foreach($données as $clé => $valeur) {
  $i++;
  $x1 = $tx1 + $écart_barres + ($i-1)*($écart_barres+$largeur_barre);
  $x2 = $x1 + $largeur_barre;
  $y1 = $ty1;
  $y2 = $y1 + $valeur * $échelle_axe_y;
  rectangle($x1,$y1,$x2,$y2,$noir,$vert);
  texte(3,($x1+$x2)/2,$y1,$clé,$noir,"C","B");
}

// générer l'image au format PNG = imagepng
// - soit à l'écran (pas de deuxième paramètre)
// - soit dans un fichier (deuxième paramètre = nom du fichier)
// il existe des fonctions similaires pour d'autres formats
imagepng($image /*, "image.png" */);

// supprimer l'image = imagedestroy
imagedestroy($image);

?>
```

!

A

B

C

D

E

F

G

H

I

J

K

L

M

N

O

P

R

S

Liste des titres disponibles de la collection Ressources Informatiques

Consultez notre site Internet pour avoir la liste des derniers titres parus.
http://www.editions-eni.com

Active Directory - Les services d'annuaires Windows 2003
Active Directory - Les services d'annuaires Windows 2000
AJAX – Développez pour le Web 2.0 – Entrez dans le code : JavaScrpit, XML, DOM, XMLHttpRequest...
Algorithmique – Techniques fondamentales de programmation
Apache Tomcat 5 - Serveur d'applications Java
Apache V.2 - Installation, configuration et administration
Applications Serveur sous .Net
Asp.Net : Développement Web avec Visual Studio et Web Matrix
Asp.Net 2.0 Avec C#2 - Conception et développement d'applications Web avec Visual Studio 2005
Asp.Net 2.0 Avec VB.NET 2005 - Conception et développement d'applications Web avec Visual Studio 2005
ASP 3
AutoCad 2008 - De la conception au dessin et à la présentation détaillée
AutoCad 2007 -Tous les outils, de la conception jusqu'au dessin et à la présentation détaillée
AutoCad 2006
AutoCad 2005
AutoCad 2004
AutoCad 2002
Autocad LT 2007 - Tous les outils, de la conception jusqu'au dessin et à la présentation détaillée
Autocad LT 2006
Autocad LT 2005
Autocad LT 2004
Autocad LT 2002
Business Intelligence avec Oracle 10 g - (ETL, Data warehouse, Data mining, rapports...)
Business Objects 6
Business Objects 5
Business Objects Designer 6.5 et XI
Business Objects XI - Desktop Intelligence
C#2.0 - Le Framework .Net 2.0 avec Visual C#
C++ - Développement d'applications MFC et .Net
Cisco - Interconnexion de réseau à l'aide de routeurs et de commutateurs
Citrix Metaframe XP (FR3) - Présentation Server - Administration
Conception et programmation objet - Applications de gestion en environnement graphique
Citrix Presentation Server (versions 3 et 4) - Installation, configuration, administration
Crystal Reports XI
Crystal Reports 9
CSS 1 et CSS 2.1 - Adoptez les feuilles de style pour maîtriser les standards du Web
DB2 Universal Database et SQL (version 8.2 pour Windows)
Debian GNU / Linux - Version 3.1 (Sarge) - Administration du système
Delphi 7 et Kylix 3 - Développement sous Windows et Linux
Des CSS au DHTLM - JavaScript appliqué aux feuilles de style
Développement Java sous STRUTS (version 1.2)
Exchange Server 2007 – Conception de l'infrastructure, implémentation, administration
Exchange Server 2003 - Implémentation et gestion
Exchange Server 2000 - Administration et configuration
HTML 4 - Maîtriser le code source
Infopath 2007 – Optimisez le travail collaboratif
Infopath 2003 - Pour des solutions collaboratives via XML, de la bureautique au développement
Infrastructure d'annuaire - Conception sous Windows Server 2003
Internet Information Server V.6
ISA Server 2004 - Protégez votre système d'information
ISA Server 2000 Proxy et Firewall - Optimiser l'accès Internet et sécuriser son réseau d'entreprise
J2SE - Les fondamentaux de la programmation Java
J2EE - Développement d'applications Web
Langage C++
LDAP - Maîtrise du protocole - exploitation d'un service d'annuaire (OpenLADP, Active Directory)
Linux - Administration système
Linux - Principes de base de l'utilisation système
Linux - Sécurité du système, sécurité des données
Linux Debian - TCP/IP - Les services réseaux
Linux Fedora Core 6 - Administration du système
Linux Fedora Core 4 - Administration du système
Linux Red Hat Fedora TCP/IP - Les services réseaux
Lotus Notes et Domino 7 - Administration de serveurs Domino
Lotus Notes et Domino 7 - Développement d'applications Notes et Web
Lotus Notes 6 - Administration de serveurs Domino
Lotus Notes 6 - Développement d'applications Notes et Web
LotusScript et JavaScript - Développement sous Lotus Notes 6
Maintenance et dépannage d'un PC en réseau
Mandriva Linux 2007 - Administration du système
Mandriva Linux 2006 - Administration du système
Merise - Concepts et mise en œuvre
Microsoft Office SharePoint Server 2007 - MOSS 2007 - De l'intégration au développement
MySQL 5 - Installation, mise en œuvre, administration et programmation

MySQL 4 - Installation, mise en œuvre et programmation
.Net, Framework, ADO et services Web
Novell Netware 6 - Installation, configuration et administration
Oracle 8i - Administration
Oracle 9i - Administration
Oracle 9i - SQL, PL/SQL, SQL*PLUS
Oracle 10 g - Administration
Oracle 10 g - Optimisation d'une base de données
Oracle 10 g - SQL, PL/SQL, SQL*PLUS
Perl 5
PHP 4 - Développer un site Web dynamique et interactif
PHP 5.2 - Développer un site Web dynamique et interactif
PHP 5 - Développer un site Web dynamique et interactif
PostgreSQL 8.1 - Administration et exploitation d'une base de données
PowerBuilder - Techniques avancées de développement (pour les versions 7, 8 et 9)
Programmation Shell sous Unix/Linux - sh (Bourne), ksh, bash
Project Server 2003 - Solution pour la gestion de projets d'entreprise
PSNext (version 1.9) - La gestion de projets
Réseaux Informatiques - Notions fondamentales
Samba - Installation, mise en œuvre et administration
Sécuriser l'informatique de l'entreprise - Enjeux, menaces, préventions et parades
Serveurs LAMP - Administration de la plate-forme Web
SharePoint Portal Server 2003 - Personnalisation et Développement
SharePoint Portal Server - Conception et mise en œuvre de solutions
Solaris 10 - Administration d'un système Unix
SQL Server 2005 - Administration d'une base de données avec SQL Server Management Studio
SQL Server 2005 - SQL, Transact SQL
SQL Server 2000 - Mise en œuvre
SQL Server 2000 - Administration
Suse Linux 10.1 - de Windows à Linux par la pratique
TCP/IP sous Windows 2000
TSE 2003 - Terminal Server Edition
Ubuntu Linux - Création, configuration et gestion d'un réseau local d'entreprise
UML 2 - Initiation, exemples et exercices corrigés
Unix Administration système - AIX, HP-UX, Solaris, Linux
Unix - Les bases indispensables
VB.NET
VBA Access 2003 - Programmer sous Access
VBA Access 2002 - Programmer sous Access
VBA Excel 2007 - Programmer sous Excel : Macros et Langage VBA
VBA Excel 2003 - Programmer sous Excel : Macros et Langage VBA
VBA Excel 2002 - Programmer sous Excel : Macros et Langage VBA
Visual Basic 2005 (VB.NET) - Développez pour le Framework .NET 2.0 avec Visual Studio 2005
Visual C # - Concept et mise en œuvre
WebDev 11 - Mise en œuvre d'applications Web
WebDev 10 - Mise en œuvre d'applications Web
WebDev (V. 7 et 9) - Mise en œuvre d'applications Web
WebSphere 5 - Développement JSP/EJB et administration du serveur
Wi-Fi - Mise en place de 6 solutions entreprise
Wi-Fi - Réseaux sans fil 802.11 - Technologie,déploiement, sécurité
WinDev 11 - Les fondamentaux du développement avec WinDev – Présentation de WinDev Mobile
WinDev 10 - De l'objet au composant d'architecture
WinDev 10 - Les fondamentaux du développement avec WinDev
WinDev 9 - Implémentation de méthodes décisionnelles
WinDev 9 - Les fondamentaux du développement WinDev
Windows Scripting Host (WSH) - Automatiser les tâches d'administration sous Windows 2000 et XP
Windows XP - Dépannage des applications
Windows XP Professionnel - Installation, configuration et administration
Windows Server 2003 - Administration de la sécurité
Windows Server 2003 - Les services réseaux TCP/IP
Windows Server 2003 - Mise à jour des compétences NT4
Windows Server 2003 - Installation, configuration et administration
Windows Server 2003 - Planifier et optimiser une infrastructure réseau
Windows Vista - Installation, configuration et administration
Windows Vista - Toute l'information que vous attendez
Windows 2000 Server - Installation, configuration et administration
XML et les services Web
XML et XSL - Les feuilles de style XML
XML par la pratique - Bases indispensables, concepts et cas pratiques